Revista de Direito Tributário

101

MALHEIROS EDITORES

Revista de Direito Tributário

Publicada sob os auspícios do
Instituto Geraldo Ataliba — IDEPE — Instituto Internacional de Direito Público e Empresarial
Presidente: Prof. Aires Barreto

ISS 0102-7956

REVISTA DE DIREITO TRIBUTÁRIO
publicação trimestral de
MALHEIROS EDITORES LTDA.
Rua Paes de Araújo, 29, 17º andar - conj. 171
CEP: 04531-940 - São Paulo, SP
Tel. (11) 3078-7205
Fax. (11) 3168-5495
Diretor Responsável: Álvaro Malheiros
Diretora: Suzana Fleury Malheiros

Assinaturas e comercialização:
CATAVENTO DISTRIBUIDORA
DE LIVROS S.A.
Rua Conselheiro Ramalho, 928
CEP 01325-000 - São Paulo - SP
Tel. (11) 3289-0811 – Fax. (11) 3251-3756
Supervisão Gráfica: Vânia Lúcia Amato
Composição: *Scripta*
Impressão: Paym Gráfica e Editora Ltda.

SUMÁRIO

XXI CONGRESSO BRASILEIRO DE DIREITO TRIBUTÁRIO

SESSÃO INAUGURAL 7

CONFERÊNCIA

O PAPEL DISCURSIVO DOS PRINCÍPIOS NA RETÓRICA JURÍDICO-TRIBUTÁRIA 11
PROF. PAULO DE BARROS CARVALHO

MESAS DE DEBATES

A) SISTEMA TRIBUTÁRIO BRASILEIRO: ALTERAÇÕES E PROPOSTAS DE REFORMA 21
PRESIDENTE DA MESA: PROF. EUGÊNIO DOIN VIEIRA

B) TRIBUTOS FEDERAIS 39
PRESIDENTE DA MESA: PROF. AMÉRICO LACOMBE

CONFERÊNCIA

A REFORMA DA TRIBUTAÇÃO DO CONSUMO NO BRASIL: CONTRIBUTO PARA UM DIAGNÓSTICO DO SISTEMA 59
PROF. VASCO BRANCO GUIMARÃES

MESAS DE DEBATES

C) TRIBUTOS ESTADUAIS 69
PRESIDENTE DA MESA: PROF. ROBSON MAIA LINS

D) PROCESSO JUDICIAL 93
PRESIDENTE DA MESA: PROFA. ELIZABETH NAZAR CARRAZZA

OFICINAS

PROCESSO ADMINISTRATIVO TRIBUTÁRIO 133
COORDENADOR DA MESA: PROF. EDUARDO DOMINGOS BOTTALLO

ISS 145
COORDENADOR DA MESA: PROF. AIRES BARRETO

MESAS DE DEBATES

E) PROCESSO ADMINISTRATIVO 161
Presidente da Mesa: Prof. Valdir de Oliveira Rocha

F) DIREITOS HUMANOS/TRIBUTOS MUNICIPAIS 189
Presidente da Mesa: Prof. Tácio Lacerda Gama

SESSÃO MAGNA

LIMITES ENTRE A INFRAÇÃO TRIBUTÁRIA E A INFRAÇÃO PENAL – A ATUAÇÃO DO MINISTÉRIO PÚBLICO E DAS AUTORIDADES POLICIAIS EM MATÉRIA TRIBUTÁRIA 215
Prof. Antônio Cláudio Mariz de Oliveira

RESPONSABILIDADE TRIBUTÁRIA E REDIRECIONAMENTO DA EXECUÇÃO FISCAL – RESPONSABILIDADE DOS SÓCIOS 220
Min. Carlos Mário Velloso

UM CAMINHO DE ESPECIALIZAÇÃO: DIREITO TRIBUTÁRIO AMBIENTAL E MECANISMOS DE MERCADO (CRÉDITO DE CARBONO) 226
Prof. José Souto Maior Borges

SESSÃO DE ENCERRAMENTO 235
Prof. Roque Antônio Carrazza

TESE APROVADA NO XXI CONGRESSO

SÚMULA VINCULANTE EM MATÉRIA TRIBUTÁRIA 241
Bruno Maciel dos Santos

***XXII CONGRESSO BRASILEIRO DE DIREITO TRIBUTÁRIO* – 22 a 24 de outubro de 2008** 253

INSTITUTO GERALDO ATALIBA – IDEPE

Instituto Internacional de Direito Público e Empresarial

PRESIDENTE: PROF. AIRES BARRETO

XXI CONGRESSO BRASILEIRO DE DIREITO TRIBUTÁRIO

17 a 19 de outubro de 2007

PRESIDENTE DO CONGRESSO

PROF. PAULO AYRES BARRETO

PRESIDENTE DA COMISSÃO CIENTÍFICA

PROF. PAULO DE BARROS CARVALHO

PRESIDENTE DA COMISSÃO EXECUTIVA

PROFA. MARIA RITA FERRAGUT

PRESIDENTE DA COMISSÃO DE TRABALHOS

PROFA. FABIANA DEL PADRE TOMÉ

CONFERENCISTAS

PROF. PAULO DE BARROS CARVALHO

PROF. VASCO BRANCO GUIMARÃES

PROF. ANTÔNIO CLÁUDIO MARIZ DE OLIVEIRA

MIN. CARLOS MÁRIO VELLOSO

PROF. JOSÉ SOUTO MAIOR BORGES

SESSÃO INAUGURAL

Presidente do IDEPE (Prof. Aires Barreto) – É com satisfação que iniciamos o *XXI Congresso Brasileiro de Direito Tributário*! Eu convido a todos para, de pé, ouvirmos o *Hino Nacional*.

Vamos fazer um minuto de silêncio em homenagem póstuma ao Prof. Dejalma de Campos, recentemente falecido. [*Um minuto de silêncio*]

Obrigado a todos!

Compõem a Mesa os Profs. Paulo de Barros Carvalho, Roque Carrazza, Eduardo Bottallo, Paulo Ayres Barreto, José Eduardo Soares de Melo, Estevão Horvath, Maria Leonor Leite Vieira, Maria Rita Ferragut, Fabiana Del Padre Tomé, José Artur Lima Gonçalves e José Eduardo Soares de Melo e o Des. Federal Nery Jr. Agradeço a presença do Presidente do Tribunal de Impostos e Taxas, Dr. Walter Castilho, do Conselheiro do Conselho Municipal de Tributos, Dr. Anis Kfouri, e de uma plêiade de professores, quase uma centena, cuja menção, aqui, se revelaria demorada, se não impossível.

Este XXI *Congresso Brasileiro de Direito Tributário* teve 536 inscrições e uma lista de espera – que, infelizmente, não foi passível de atendimento – de mais de 50 interessados. Limitações de espaço impediram-nos de atender a essas pessoas. E é exatamente isso que me motiva a lhes repetir as palavras que escrevi a propósito deste *XXI Congresso Brasileiro de Direito Tributário*, e que são as seguintes.

Há hora de pedir trabalho e hora de agradecer. Geraldo Ataliba, o grande timoneiro do IDEPE, hoje, Instituto Geraldo Ataliba – IDEPE, jamais permitiu que o Instituto cobrasse mensalidade de seus associados, e quando alguém lhe indagava sobre como ingressar no IDEPE, a resposta vinha rápida e firme: "Já está inscrito". À míngua de contribuições mensais, como justificar, então, a realização vitoriosa de 21 Congressos Brasileiros de Direito Tributário? Mais que isso, como explicar o prosseguimento do sucesso dos últimos 12 conclaves já sem a presença do seu ilustre Mentor? Duas são as razões que embasam esse êxito. A ilimitável colaboração de uma Diretoria composta por Paulo de Barros Carvalho, Eduardo Domingos Bottallo, Maria Leonor Leite Vieira, José Eduardo Soares de Melo, Estevão Horvath e Paulo Ayres Barreto, que tem dado seus melhores esforços para o êxito desses eventos, e, ao lado disso, a abnegação de dezenas de professores, orgulhosamente referidos em nossos *folders*, que têm crescentemente trabalhado com denodo, descortino, dedicação e altruísmo, contribuindo com seus elevados conhecimentos de juristas para que os Congressos tenham sempre o timbre indelével do empenho para fazer ciência.

Seria impossível nomear a todos. Por isso, em nome de cada um deles e no meu próprio, peço licença para homenagear dois nomes que simbolizam o brilhantismo da atuação dos nossos colaboradores. Entre os homens, Eugênio Doin Vieira; e no elenco feminino, Rosoléa Folgosi. Acresço-lhes, por fim, o apoio inconteste de um expressivo número de congressistas de escol, que, com sua presença e colaboração, têm honrado sobremodo nossas realizações, e sem os quais não teríamos chegado até aqui. Por essas saborosas razões, ao longo desse *XXI Congresso Brasileiro de Direito Tributário*, as horas – todas elas – serão horas de agradecer. Obrigado! [*Palmas*]

Tenho a satisfação, a honra e o privilégio de passar a palavra ao Presidente desse *XXI Congresso Brasileiro de Direito Tributário*, Prof. Paulo Ayres Barreto.

Prof. Paulo Ayres Barreto – Eminente Presidente do Instituto Geraldo Ataliba – IDEPE, Prof. Aires Barreto; ilustre Presidente de Honra do Instituto, Prof. Paulo de Barros Carvalho – nosso conferencista desta manhã; prezados Professores que compõem esta Sessão Solene – aos quais peço vênia para saudá-los na pessoa do Prof. Eduardo Domingos Bottallo –, é com grande honra que presido o *XXI Congresso Brasileiro de Direito Tributário*.

Quero agradecer, inicialmente, aos Diretores do Instituto Geraldo Ataliba pela oportunidade que me ofereceram.

Já disse Fernando Pessoa que o valor das coisas não está no tempo que elas duram, mas na intensidade com que acontecem. Por isso, existem momentos inesquecíveis, coisas inexplicáveis e pessoas incomparáveis. Este é, para mim, um momento inesquecível; produz sentimentos inexplicáveis, por todo o carinho de pessoas incomparáveis.

Pessoas que inicialmente, sob a liderança de Geraldo Ataliba e, atualmente, sob sua inspiração, fazem deste evento um grande evento. Professores que representam a história desse Congresso, desde sua primeira edição, aqui, neste mesmo hotel, em 1981, sob a coordenação de Sampaio Dória, Geraldo Ataliba e Paulo de Barros Carvalho.

Nas suas Comissões já figuravam os Profs. Aires Barreto, Eduardo Bottallo, Elizabeth Nazar Carrazza, Osíris Lopes, José Souto Maior Borges, Eugênio Doin Vieira, Américo Lacombe, Misabel Derzi, Sacha Calmon Navarro Coelho, José Eduardo Monteiro de Barros.

Nos Congressos seguintes, a eles se juntaram José Eduardo Soares de Melo, Estevão Horvath, Maria Leonor Leite Vieira, José Artur Lima Gonçalves – enfim, esse rol de Professores incomparáveis, de pessoas que são a alma e a razão do sucesso deste evento. Um grupo coeso, que diverge nas idéias – e como diverge! – mas converge nos ideais.

Vejam na minha escolha como Presidente desse *XXI Congresso* uma homenagem aos congressistas. Em grande parte das edições atuei neste conclave como congressista. Digo "atuei", porque este é um Congresso que sempre valorizou muito a atuação dos congressistas nos debates, nas sessões plenárias, nas oficinas, nas comissões de trabalho. E foi nessa condição de congressista que aprendi com o Prof. Geraldo Ataliba a relevância deste evento. Num dos primeiros Congressos, aqui mesmo no *Maksoud*, lembro-me de ter chegado atrasado ao primeiro dia de trabalho. No intervalo encontrei-me com o Prof. Geraldo, meu Mestre, paradigma então, e que me questionou sobre o atraso. Surpreso com o fato de ter notado minha ausência – tinha acabado de me formar, participar do I ou II Congresso –, respondi, com sinceridade: "Professor, eu estava numa reunião importante com um cliente". E ouvi a reprimenda, em seguida: "Não há cliente, assunto ou reunião que seja mais importante que este evento".

Ao aqui adentrarmos, ficam de fora advogados, procuradores, magistrados e ministros. Neste recinto somos todos estudiosos do Direito Tributário. Preocupados em fazer Ciência do Direito, independentemente de saber se as proposições desenvolvidas atenderão a interesses ocasionais do Fisco ou do contribuinte.

No momento em que vivemos um quadro errático, de mudanças constantes nas tendências dos nossos tribunais, cabe uma palavra sobre segurança jurídica. Mais importante que a estabilidade nas relações econômicas é a estabilidade nas relações jurídicas.

Introduzo que *segurança jurídica*, que o Prof. Paulo de Barros Carvalho chama de *sobreprincípio*, era o tema pelo qual o Prof. Geraldo Ataliba também tinha verdadeira obsessão. Em uma de suas cartas ao Min. Carlos Mário Velloso, que aqui estará na próxima sexta-feira, dizia o Prof. Geraldo Ataliba: "Sem segurança jurídica não adianta ter clima, terra, subsolo, gente boa; basta comparar o Japão, a Alemanha, a Suíça, a Inglaterra, com o Brasil". Ora, para chegarmos a isso, cada um de nós, juristas, deve, diariamente, trazer um tijolo para a construção deste país, com a solidez normativa que gera segurança jurídica.

De minha parte – dizia ele –, cada aula, cada conferência, cada petição, cada parecer, cada sustentação e até cada palpite em conversas informais sempre estiveram carregados desse ideal, desse desejo, dessa visão.

Estou certo de que sucessivas manifestações deste Congresso trilharão o caminho proposto por Geraldo Ataliba. Cada conferência, cada palestra, cada debate, cada pergunta formulada por Congressista terão esse propósito.

Com isso, tenho certeza de que estaremos contribuindo, e muito, para a construção deste país, com essa solidez normativa que nos parece tão relevante.

Bom Congresso a todos! [*Palmas*]

Dando início aos nossos trabalhos, convido o Prof. Aires Barreto para fazer a saudação ao nosso conferencista desta manhã, Prof. Paulo de Barros Carvalho.

PRESIDENTE DO IDEPE (PROF. AIRES BARRETO) – Pediram-me que a saudação do Prof. Paulo de Barros Carvalho não excedesse dois minutos. Mas dois minutos são insuficientes para falar de Paulo de Barros Carvalho, sob qualquer das perspectivas que o timbram. Dois minutos são insuficientes para falar do Paulo de Barros Carvalho advogado arguto; dois minutos são insuficientes para falar do Paulo consagrado professor, único professor titular das duas mais expressivas Faculdades de Direito brasileiras, em razão de concurso: a Faculdade de Direito da USP e a Faculdade de Direito da PUC. Dois minutos são absolutamente insuficientes para falar do notável conferencista que é Paulo. Dois minutos são insuficientes para falar do exímio parecerista Paulo. Dois minutos são mais que insuficientes para falar do cientista do Direito Paulo. Então, diante disso, eu só posso falar, em dois minutos, sobre alguns tópicos relativos ao autor Paulo de Barros Carvalho.

Entre suas obras destaco *A Regra-Matriz do ICM*, *Teoria da Norma Tributária*, *Comentários ao Código Tributário Nacional*, com co-autoria com Rubens Gomes de Souza e Geraldo Ataliba, *Fundamentos Jurídicos da Incidência*, em sua 5ª edição, e *Curso de Direito Tributário*, na sua 19ª edição.

Paulo é o único professor brasileiro que teve suas obras vertidas para o Espanhol e para o Italiano. Deveras, a obra *Fundamentos Jurídicos da Incidência*, que lhe valeu a Cadeira Titular da Faculdade de Direito do Largo de São Francisco, foi lançada também na Argentina sob o título *Derecho Tributario – Fundamentos Jurídicos de la Incidencia*. Posteriormente essa sua obra foi lançada na Itália com a designação de *Diritto Tributario*. Mas não é só. No próximo dia 6 de novembro, em Madri, em evento para o qual confirmaram presença mais de 100 professores da América Latina e da Europa, será lançado seu *Curso de Derecho Tributario*, evento para o qual convido a todos.

Basta este ângulo do currículo de Paulo de Barros Carvalho para autorizar a invocação das palavras de Bertold Brecht: "Há homens que lutam por um dia e são bons. Há homens que lutam por um ano e são melhores. Há homens que lutam por muitos anos e que são muito bons. Há, porém, os que lutam por toda a vida, esses são os imprescindíveis". Paulo de Barros Carvalho compõe o escasso rol dos imprescindíveis. Vamos ouvi-lo! [*Palmas*]

CONFERÊNCIA

O PAPEL DISCURSIVO DOS PRINCÍPIOS NA RETÓRICA JURÍDICO-TRIBUTÁRIA

PAULO DE BARROS CARVALHO

PROF. PAULO DE BARROS CARVALHO – Bom dia a todos! Sr. Presidente deste Congresso, Dr. Paulo Ayres Barreto; ilustre Presidente do Instituto Geraldo Ataliba, Prof. Aires, a quem agradeço de todo coração a amável saudação que acaba de fazer; Srs. Diretores do Instituto Geraldo Ataliba – IDEPE. É também com grande emoção que vivemos a XXI versão deste Congresso. Congresso idealizado por Geraldo Ataliba, com todo aquele entusiasmo, vigor e energia que caracterizava suas iniciativas. E Congresso que se mantém vivo, forte, consistente, até hoje, como se vê pela presença maciça neste XXI Congresso.

O tema que me foi proposto é "O Papel Discursivo dos Princípios na Retórica Jurídico-Tributária". E eu devo dizer a todos os Srs. Congressistas, a todos os presentes, a todos os professores, que tiveram seu dia merecidamente comemorado ontem, que este tema tem me preocupado muito nos últimos tempos, porque eu advogo a tese de que o excesso de princípios, enquanto valores, dá um sentido político ao discurso jurídico, confere dimensão política incontrolável. O discurso jurídico deixa de ser algo aderente ao Direito Positivo, com pretensões descritivas, e passa a ser um amontoado de lugares-comuns, à semelhança dos discursos em que o político, o orador, quando apertado, constrangido para explicar determinado valor, escorrega e vai para outro, e dali para outro, e assim por diante, terminando o discurso político sem que ele se defina, sem que se comprometa, sem que tome uma posição firme na sua mensagem.

Uma demonstração eloqüente disso que acabo de dizer está no anteprojeto de Lei de Transação Tributária, com todas as imperfeições, com todas as atecnias que nós já vimos e foram apontadas por vários críticos. A despeito da presença de um órgão de alta respeitabilidade e por quem tenho manifestado sempre o maior apreço e admiração – qual seja, a Procuradoria da Fazenda Nacional –, o anteprojeto, sob muitos pontos, parece-me lamentável.

Num dos dispositivos, o art. 2º – vejam bem, Srs. Congressistas –, são arrolados 20 princípios, princípios como valores. Imaginem só! O art. 2º diz que "em todos os atos e procedimentos desta Lei serão observados, entre outros, os princípios da (...)" – e relaciona: "legalidade, impessoalidade, igualdade, não-discriminação, colaboração entre Fisco e contribuinte, aproximação da Administração aos cidadãos, moralidade, imparcialidade, interesse publico, segurança jurídica, confidencialidade, eficiência, razoabilidade, proporcionalidade, motivação, boa-fé, confiança legítima, economicidade, publicidade e transparência", entre outros. Isso só num artigo, que é o art. 2º.

Agora, como dar consistência, como dar seriedade ao texto que se apega a tantos lugares-comuns, a tantos termos de vaga demarcação, de vaga definição? Como fazer uma proeza dessa natureza? Eu quero chamar a atenção para a circunstância de que o Governador do Distrito Federal, em recente fato político que ele criou, aliás, habilmente, demitiu o gerúndio do Distrito Federal e deu outras previdências. É o Decreto 28.314, de 28.9.2007:

"O Governador do Distrito Federal, no uso das atribuições que lhe confere o art. 100, inciso VII, da Lei Orgânica do Distrito Federal, decreta:

"Art. 1º. Fica demitido o gerúndio de todos os órgãos do Governo do Distrito Federal.

"Art. 2º. Fica proibido, a partir desta data, o uso do gerúndio para a desculpa de ineficiência.

"Este Decreto entra em vigor na data da sua publicação. Revogam-se as disposições em contrário."

Vejam que tudo isso é feito em nome da ineficiência, ou, melhor, em nome da eficiência. Que todo valor tem, com sua bipolaridade característica, o contravalor do outro lado; então, nós podemos falar tanto de eficiência como de ineficiência, que seria o contravalor.

Em nome da eficiência da Administração, o Governador do Distrito Federal, querendo criar, como de fato criou, esse acontecimento político, baniu ou tentou banir o gerúndio, de uma forma radical. Sabemos que o gerúndio é uma forma verbal e que presta relevantes serviços à estrutura do idioma. O que devemos combater – e, naturalmente, eu imagino que o Governador quisesse eliminar – é o excesso do gerúndio. O "gerundismo" que os puristas da Língua Portuguesa chamam por um nome muito feio: *endorréia*. *Endorréia* é o abuso do gerúndio; é o gerúndio sem se referir a uma ação durativa, a uma ação que se prolongue no tempo; sentido, este, que seria muito bem aceito e corretamente formulado.

Então, em nome da eficiência administrativa, pretende-se banir o gerúndio... Mas o que é *eficiência administrativa*? Todos falam em nome da eficiência administrativa, até para fazer uma barbaridade dessa, tratando apressadamente o gerúndio, sem considerar suas particularidades. Não há dúvida de que existe um uso condenável do gerúndio, e que está grassando por aí, a partir dos atendimentos de *telemarketing*. Isso se espalhou em decorrência de uma influência perniciosa da Língua Inglesa. É claro que há influências positivas da Língua Inglesa no idioma Português, mas há a influência perniciosa, e essa influência perniciosa se manifesta, aqui, no gerúndio que não seja com referência a uma ação durativa.

Pois bem. O Governador não teve paciência, não teve a cautela de estudar em uma, duas páginas de qualquer gramática da Língua Portuguesa, o uso do gerúndio, e radicalmente o demitiu, como se isso fosse possível. Desse modo, ele agiu com ineficiência, em nome da eficiência da Administração.

Vejam como esses princípios são fluidos, são voláteis, são princípios escorregadios, são princípios no meio dos quais se torna difícil locomover-se com segurança, com seriedade. Isso que relatei é um fato político, criado há 15 dias ou 20 dias, mais precisamente dia 28.9.2007. E eu repito, como um fato político, tem até seu sentido, tem até seu grau de sutileza; mas como um fato da Língua Portuguesa é lamentável, sendo um fato que nos mostra o perigo do manejo inadequado dos valores, algo que me parece precioso, porque, agindo com ineficiência, ele operou em nome da eficiência da Administração.

O que nós vemos hoje é que existem muitos e muitos princípios, existem muitos e muitos valores. O jurista, ao invés de se ater ao Direito Positivo nas suas formulações expressas e implícitas, que já são numerosas, fica se movendo entre valores. E, ao fazer isso, dá um sentido político ao seu discurso; sentido político que, infelizmente, se aproxima do discurso que os políticos fazem em horário eleitoral: falam em nome da democracia, do bem comum, da segurança pública, dos direitos e garantias individuais. Quem é que não fala em nome desses valores? Todos falam. Então, esses valores vão se depreciando, vão se degradando semanticamente. Assim como ocorreu com a palavra "democracia". Esta foi sendo tão surrada através dos últimos tempos, que hoje pouco significa, porque todos se dizem democratas. Onde todos são democratas, o primeiro pensamento que nos ocorre é que ninguém é democrata, já que todos são. Demonstrando o perigo de tal discurso, fundado em valores acriteriosamente utilizados, eu gosto de repetir que o Presidente Geisel fechou o Congresso Nacional, processou o Presidente do MDB na época, Ulisses Guimarães, e cassou o líder da Oposição, Alencar Furtado, em nome dos ideais democráticos do Povo Brasileiro. Então, vejam como já foi usado aqui, em termos históricos, há não muito tempo, o vocábulo "democracia". Fidel Castro também fuzilou vários indivíduos em nome da democracia – e assim a democracia vai seguindo sua trajetória com um sentido de depreciação semântica muito grande.

Quanto ao vocábulo "tributo", por sua vez, este vem se recuperando, cada vez com mais força, do sentido pejorativo que teve no passado, como algo pago pela ralé, pelos povos oprimidos. Hoje em dia o vocábulo "tributo" ocupa um papel de destaque na sociedade moderna e na sociedade pós-moderna. Os delitos que atentam contra a integridade do tributo estão sendo elevados à condição de atos criminosos. Há um movimento no mundo ocidental, movimento praticamente unânime, no sentido de elevá-los à categoria de crimes, estabelecendo penas privativas da liberdade. Por quê? Porque *tributo*, agora, é um bem caro para a sociedade atual; é um bem prezado, um bem cuidado. Essa evolução positiva que ocorreu com tributo não ocorre com outros valores. Isso depende, evidentemente, das circunstâncias históricas, e a história é uma análise longitudinal da realidade. Nós vamos percorrendo a realidade e vamos identificando, depois que a história acontece, como ela se deu.

Não sabemos como as palavras vão se comportar no futuro. Não sabemos, por exemplo, que palavras serão acrescidas positivamente, ou que palavras serão depreciadas negativamente. "Burocracia" era uma palavra usada com todo o respeito, representando organizações, esquemas de administração, e as pessoas até se orgulhavam ao dizer que eram burocratas. Hoje, com o passar do tempo, por uma série de razões – que não nos interessa, aqui, ressaltar, porque são objeto da chamada gramática histórica (que estuda a origem e evolução semântica das palavras) –, "burocracia" e "burocrata" são quase que xingamentos. Se alguém disser para o colega ou para outra pessoa que ele é um burocrata, certamente essa afirmação não será bem recebida.

Nisso reside todo o perigo de nós descaracterizarmos o discurso jurídico. O discurso jurídico deveria ater-se ao texto do Direito posto, e dali – naturalmente, procurando fazer as combinações e conjugações que os cientistas do Direito em sentido estrito sabem fazer – prestigiar as formulações expressas e as formulações implícitas.

Há um descuido muito grande quanto a problemas fundamentais. Eu lia uma posição do STF, tendo, inclusive, como Relator o Min. Carlos Velloso, ilustre Professor, amigo nosso, que estará presente aqui no Congresso, e vi que o Supremo entendeu que o "Preâmbulo" da Constituição brasileira não teria força obrigatória. O Relator citava outros autores no seu voto, como Manoel Gonçalves Ferreira Filho, para quem o "Preâmbulo" não traz normas jurídicas. Referia também outros ilustres professores, renomados constitucionalistas, que não dão ao "Preâmbulo" a força que ele pretenderia ter.

Na verdade, o "Preâmbulo", sobre ser um texto muito bonito da Constituição brasileira, fixa, estabelece, estipula valores caríssimos para o patrimônio jurídico nacional. Lá estão firmadas diretrizes da maior relevância para a compreensão do nosso sistema. Quero lembrar que o "Preâmbulo" é proposto, discutido amplamente e votado pela Assembléia Constituinte. No nosso caso, assim foi. E, portanto, tem a mesmíssima força daquilo que se costuma chamar de "corpo dogmático" da Constituição, que vem articulado em artigos, parágrafos, incisos, alíneas; e também a mesma força dos atos das disposições constitucionais transitórias, que formam uma outra parte da Constituição. Tudo aquilo é Constituição brasileira. É linguagem prescritiva. Tudo aquilo foi posto por um agente credenciado para tanto, que foi a Assembléia Constituinte, a qual discutiu, votou e aprovou o texto na sua integridade constitutiva.

É claro que não falta alguém para dizer: "Mas o 'Preâmbulo' não tem força jurídica". E pergunto: como ficam os valores que estão estipulados ali no "Preâmbulo"? O primado da segurança jurídica vem expresso apenas no "Preâmbulo", se não me falha a memória. Qual a função de tais valores? Acerca desse assunto há uma cláusula que foi discutida pelo Estado do Acre a respeito da expressão "sob a inspiração de Deus", questionando se era obrigatória sua reprodução, ou não, no texto constitucional do Acre. Muitos disseram: "Alguns não acreditam em Deus, alguns são ateus". E eu diria: "Sim, mas alguns são monarquistas; e o governo é republicano". Então, a esses sujeitos não se aplica o "Preâmbulo"? O "Preâmbulo" diz que o Brasil é uma República Federativa e, depois, no corpo dogmático da Constituição, nós vamos encontrar a República muito bem cuidada, muito bem prestigiada pelo legislador. Se seguíssemos aquela orientação de que alguns não acreditam em Deus – e, portanto, a eles não seria aplicável a referida cláusula do "Preâmbulo", nós teríamos que concluir, também, que aqueles que forem monarquistas, por exemplo, não deveriam se submeter à cláusula da República.

E quanto àqueles que fazem discriminações, que não respeitam o princípio da igualdade, que fazem distinções indevidas e assumem adotar posturas discriminatórias? Esses também estariam excluídos da sujeição ao "Preâmbulo", no que se refere à igualdade. É uma questão insustentável; mas, no entanto, foi a posição tomada pelo STF, recentemente.

Quero fazer notar que o sistema do Direito Positivo brasileiro tem suas formulações expressas, mas tem também formulações implícitas, com a mesma força das expressas. Isso, vários autores, da melhor categoria, já afirmaram. Vem à minha mente, neste momento, o Prof. Roque Carrazza, que sempre proclamou que os princípios implícitos têm a mesma força que os princípios explícitos, mesmo porque os dois princípios básicos do Direito Administrativo no Brasil, consistentes na disponibilidade do interesse público e na supremacia do interesse público ao do particular, não estão escritos. No entanto, são as colunas que sustentam o Direito Administrativo do Brasil.

Há muitos valores expressos. "Todos são iguais perante a lei", por exemplo, vem referido no art. 5º da CF. Mas não podemos nos esquecer de que há princípios implícitos.

Eu propus que estudássemos os valores, assim como os princípios que são valores, segundo a Teoria dos Valores. Segundo a Teoria dos Valores, formulada magistralmente por Giovanni Vattimo, e depois incorporada pelo Prof. Miguel Reale e também o Luiz Fernando Coelho, além de outros filósofos do Direito, os valores são preferências por núcleos de significação; ou, melhor, são centros significativos que representam a preferibilidade de certos conteúdos de expectativas. Os valores são isso. São atos de valoração. Muitos dizem que os valores não existem, não têm existência ontológica, porque os valores não *são*; os valores *valem*. Mas eu diria: o modo de ser dos valores é o valer. Os valores são atos de valoração. Os valores são atitudes que nós tomamos e atribuímos aos objetos culturais. Os valores não estão nos objetos em si. O belo não está no quadro de Picasso. O belo nós atribuímos àquele quadro do Picasso, que pode amanhã, por uma razão ou por outra, não ser mais atribuído, ou ser conferido com menor intensidade. Numa Bienal de São Paulo, por exemplo, os críticos comportam-se de maneiras variadas; alguns atribuem valores altíssimos a certos objetos de cultura, enquanto outros não. Portanto, os valores são atribuídos, assim como as significações, assim como o sentido das palavras, das frases, assim como a norma jurídica.

As normas jurídicas são atribuições de sentidos que nós damos aos textos legislados. É por isso que, se entregarmos um mesmo texto a dois, três, advogados, cada um construirá norma jurídica diferente. É bem possível isso. Um processo submetido à apreciação do STF, numa reunião do Supremo, por exemplo, nós vamos ver resultados como 6 a 5 a favor da constitucionalidade ou da inconstitucionalidade de algo. Que significa isso? Significa que aquele mesmo processo – aqueles mesmos autos, que passaram de mão em mão pelos Ministros – mereceu interpretações diferentes: 5 de um lado, dizendo, por exemplo, pela inconstitucionalidade, e 6 de outro, optando pela constitucionalidade. São interpretações bem diferentes, nós sabemos. É por isso que eu tomei esse exemplo.

Agora, o pior é que as fundamentações desses votos também não são coincidentes. Não há coincidência necessária na fundamentação desses votos. Vejam como a interpretação do Direito se dá de uma forma eu não diria inteiramente livre, mas construída por parte daquele que interpreta. Para limitar o intérprete temos apenas os limites da nossa cultura. Realmente, esses limites são imperceptíveis, não são tangíveis, e só com o tempo histórico é que haverá luzes para sua demarcação. Podemos falar, hoje, quando começou e quando terminou a cultura greco-romana, a cultura egípcia, de um certo período etc. Mas é muito difícil como dizer da cultura ocidental, na qual estamos imersos, delimitando quais são os limites dessa cultura.

Pois bem, os limites da interpretação são os limites da nossa cultura, e também a influência que exerce no nosso espírito uma série de vetores que o texto constitucional estabelece. A somatória desses vetores, tendo em conta a cultura comum sobre a qual discutamos, é que vai nos dar os limites. Mas esses limites são tênues. Tanto assim que os Tribunais Administrativos e Judiciais estão abarrotados de questões, de desencontros de opiniões, de desacordos entre as partes, sobre posse, sobre propriedade, sobre tributo, sobre isenção, imunidade, sobre inconstitucionalidade de toda ordem etc. É só pensar um pouco, e nós saberemos denotar esse campo em que os conflitos de interesses surgem a cada instante.

A interpretação é difícil, porque depende da atribuição de sentido que nós damos, que não está no texto, pois o texto é o mesmo para todos nós e, no entanto, nossas opiniões, muitas vezes, são bem diferentes. Nós fazemos essa atribuição de sentido. Assim, fazemos as atribuições de valores. Os valores têm 11 aspectos sintáticos ou lógicos. Um deles é a *bipolaridade*: onde houver um valor, na outra ponta haverá o contravalor, o desvalor. É o bem e o mal; o belo e o feio; o sacro e o profano – e assim por diante. Temos sempre o valor e o contravalor. Este é um aspecto sintático lógico que está presente em todos os valores.

Outro é o da *implicação recíproca*. O valor implica sempre o contravalor, e o contravalor implica o valor: um implicando o outro. Nesse eixo que une os dois não há o *ponto zero*, porque o ponto zero é a indiferença, e a indiferença significa falta de preferibilidade, ao passo que o valor é um ato de preferência que nós exercitamos.

Além disso, há a *referibilidade*. Os valores sempre se referem aos objetos do mundo, seja do mundo exterior ou do mundo interior, mas há sempre objetos no mundo. E identificamos a *preferibilidade*: os valores implicam, necessariamente, uma tomada de posição. É por isso que eu me referi à preferibilidade por certos conteúdos de expectativa. Preferimos isso em detrimento daquilo. Quer dizer, nós preferimos certos objetos a outros objetos. A preferibilidade é um dado importante.

A *incomensurabilidade* é mais um dos 11 aspectos lógicos dos valores. Os valores são incomensuráveis. Não teria o menor cabimento eu atribuir pontos a quadros, por exemplo. Não estou me referindo ao valor econômico – que é outra coisa –, mas a valores em termos filosóficos. Isso aplicado ao Direito, especialmente ao Direito Tributário, vai ter um sentido bem presente, porque muitos países tentaram, para definir a proibição do confisco, atribuir limites para demarcar esse valor. Procuraram identificar o que era um avanço na capacidade contributiva do sujeito passivo e o que não significava esse avanço; mas esses limites não andaram bem, tendo sido retificados e, muitas vezes, abandonados pelo Direito Positivo.

Tudo isso tem aplicação imediata aos valores jurídicos de um modo geral, e aos valores jurídico-tributários de modo especial. Ainda, vale anotar o caráter da *objetividade*. Os valores não ficam sobrepairando à sociedade. Eles são incorporados por atos ou agentes; são incorporados a certos objetos. Se digo que este microfone é útil, estou atribuindo-lhe o valor "utilidade". Mas alguém pode dizer: "Ah, eu acho que é inútil". Pronto, eis o desvalor, que pode ser adotado, desde que com fundamento e assumindo-se a responsabilidade dessa tomada de posição. Resumindo, a objetividade significa que os valores reclamam objetos do nosso contorno existencial para neles se objetivarem.

Os valores apresentam tendência à *graduação hierárquica*. Se soltarmos dois ou três valores juntos, logo em seguida nós vamos ver que esses dois ou três valores serão escalonados pelo intérprete. Alguém colocará um valor em primeiro lugar, outro em segundo, outro em terceiro. Muitos, na área do Direito Tributário, falam sobre os valores e demonstram preferências de todos os tipos. Um diz: "O princípio mais importante é o da igualdade no Direito Tributário"; enquanto outro enfatiza: "O princípio mais importante é o da legalidade". Outros entendendo que é o sobreprincípio da segurança jurídica, como o Prof. Geraldo Ataliba certamente adotaria. Outro concluindo que o princípio sobranceiro no Direito é o princípio da justiça. Alguns postulando o princípio da certeza do Direito, nas três acepções que a certeza do Direito pode assumir – e assim por diante. Quem está certo? Quem está errado? Não existe um tribunal para julgar a respeito disso. É o poder retórico de cada um que vai fazer prevalecer, ou não, o valor escolhido.

Mas, seguindo adiante, temos também a *inexauribilidade*. Os valores são inexauríveis. Não é porque eu atribuo um valor a certo objeto que ele se esgota ali. Se fico extasiado diante da beleza de um objeto de arte, não quer dizer que não vai me sobrar o valor "belo" para atribuir a outro, como uma paisagem. No âmbito jurídico, não é porque eu entendi justíssima uma decisão do STF que não possa dizer também que foi justa a conduta daquele cidadão que se portou de determinada maneira. Por isso, o valor é inexaurível.

A *historicidade* é muito importante. Os valores não caem do céu. Os valores vão sendo depositados gradativamente, no passar do tempo, de tal modo que eles vão se formando, vão sendo depositados, até que assumem certas posições de destaque. A historicidade é fundamental para um exame apurado dos valores.

Temos a *atributividade*. Os valores são atribuídos. Eles não vêm com os objetos. O quadro do Picasso já não vem com todos os valores estéticos inerentes a ele. Nós é que efetuamos a atribuição valorativa a esse objeto.

Por fim, identificamos o caráter de *indefinibilidade*. Os valores são insuscetíveis de serem definidos. Não há como definir o "belo" ou a "justiça". Posso, é claro, examinar uma decisão e lhe atribuir o valor "justo"; mas definir a "justiça" em si não é possível. E isso é decorrência de outro aspecto lógico que já mencionei: a *objetividade*.

Nós já temos no Direito Brasileiro, e no Direito Tributário brasileiro especificamente, um número grande de valores,

valores tradicionais, valores que já fazem parte da nossa tradição, da nossa doutrina, como o valor da *igualdade*, a quem o Prof. Celso Antônio Bandeira de Mello dedicou páginas admiráveis, e agora também o Prof. Humberto Ávila escreveu sobre o princípio da igualdade no Direito Tributário, tema de sua tese de Livre-Docência na USP, em que eu tive o prazer de integrar a Banca.[1] Além disso, temos a *legalidade*, a *igualdade*, a *proibição do confisco*, a *irretroatividade*, a *anterioridade*, e uma série de outros valores. Temos valores que são da tradição do nosso Direito, da tradição da nossa dogmática jurídica no sentido de Ciência do Direito em sentido estrito. No momento em que vivemos, todavia, está havendo uma produção incontida de novos valores, numa espécie de proliferação de valores. Valores que são criados do nada; que são criados da necessidade de argumentar. Por exemplo, não há dúvida de que existe um princípio da *moralidade pública*. Apesar disso, ficar trazendo esse princípio a cada instante não convém, pois ninguém age em nome da imoralidade, ninguém conscientemente assume que está agindo em nome da imoralidade, assim como ninguém assume que está agindo em nome da irracionalidade.

O Prof. Souto Maior Borges lembrava, nos últimos Congressos em que estivemos juntos, que Aristóteles chamou a atenção para o fato de que o princípio do bom senso é o princípio mais bem dividido do mundo, porque não existe ninguém sem bom senso. Ninguém admite não usar o bom senso. Seria um absurdo a pessoa emitir sua opinião e, ao mesmo tempo, admitir que não está operando o bom senso. Eu sei que – e aqui vamos evocar novamente o Prof. Geraldo Ataliba, que no seu tempo já dizia: "Bom senso nada tem a ver com Direito, ou se tiver é muito pouco. Para o Direito o que interessa é o senso jurídico" – não há bom senso algum nas presunções que o Direito faz. Não há bom senso algum na presunção de que todos conhecem a integridade do Direito Positivo brasileiro. Se ninguém pode alegar a ignorância da lei, então, todos a conhecem, inclusive os analfabetos. A começar pelos analfabetos, eles não podem alegar desconhecer o Direito Civil, o Direito Penal, o Direito Processual, o Direito Tributário etc. Ora, isso não consulta às regras do bom senso. Um economista, um antropólogo, um historiador, ficará impressionado com isso, como ficará impressionado quando souber que as aeronaves, para certos fins, são bens imóveis; que um navio, para certos fins, é um bem imóvel; que uma pessoa física, para certos fins de imposto sobre a renda, é uma pessoa jurídica, como se fora uma empresa, um estabelecimento. Os economistas não compreendem nem podem compreender isso; eles podem aceitar, mas não pelo simples bom senso.

Para nós, juristas, também não faz sentido algum, por exemplo, algo que para outros setores é fundamental, principalmente para a Sociologia e para a Economia, que é a Estatística. Se demonstrarem que 98,5% das pessoas não estão respeitando a ordem municipal "é proibido pisar a grama", isto, para nós, não faz a menor diferença, pois continua sendo proibido pisar a grama. Para o jurista a validade se antepõe aos acontecimentos da realidade. Não faz sentido algum, portanto, dizer que todos cumprem rigorosamente o que foi preceituado, ou que ninguém cumpre. Em qualquer caso, continua sendo proibido, permitido ou obrigatório aquele comportamento.

Posto isso, gostaria de levantar uma tese – evidentemente, em termos de reflexões, em termos de meditações, já que estamos, aqui, no *XXI Congresso Brasileiro de Direito Tributário*, e este é o momento de reflexão, é a oportunidade para pensarmos no que tem sido feito, no que está sendo feito, no que está por vir. E é nesse sentido que eu tomei esse tema e fiquei fazendo evoluções em torno do assunto. Está havendo uma profusão de princípios.

1. **Nota da Editora:** publicada pela Malheiros Editores em 2008, com o título: *Teoria da Igualdade Tributária*,.

A Profa. Maria Leonor destacou aqui, já há uns dois anos, colhido esse princípio, se não me engano no Tribunal de Impostos e Taxas, por um dos seus Membros, que é nada mais, nada menos, que o princípio da salvabilidade do lançamento. Ora, mas de onde vem esse princípio? O princípio da salvabilidade do lançamento... A idéia é a de que, se o lançamento foi constituído, mediante sua lavratura, o crédito foi constituído, de modo que temos, a qualquer preço, de salvá-lo. Essa é a estrutura, o conteúdo, do esdrúxulo princípio da salvabilidade do lançamento.

E da mesma forma nós vamos encontrar um rol de novos princípios nesse anteprojeto, que está sendo tão falado e malfalado, de Lei de Transações Tributárias. Refere a aproximação da Administração aos cidadãos. Nós sabemos, a Administração Pública tem todas as suas dificuldades em cumprir seu papel. O contribuinte também. Quem tem mais dificuldades eu não sei; a verdade é que o contribuinte, sempre que pode, deixa de pagar seus tributos. O Fisco, o que faz? Exige implacavelmente esses tributos, mas sempre que pode deixa de pagar seus compromissos em termos precatórios. Aqui eu não posso deixar de registrar uma perplexidade muito grande: com que autoridade o Fisco que não paga seus precatórios exige, de forma tão implacável, inclusive com penhoras *on line* etc., o débito do contribuinte? O contribuinte, o que faz? Também fica inventando mil maneiras de se safar das obrigações tributárias.

Se não me engano, nosso ilustre amigo e conferencista deste Congresso, que foi Secretário da Receita Federal, Osíris de Azevedo Lopes Filho, disse: "A cada Real recolhido, um Real sonegado". Isso significa que o contribuinte diz não recolher tudo que devia porque o Fisco não administra bem as quantias recebidas, não constrói estradas, não presta os serviços que deveria prestar. E o Fisco afirma: "Sim, eu não presto, realmente, mas eu não presto esses serviços porque eu não recebo; eu recebo só metade daquilo que eu tinha direito de receber". Então, nós não sabemos quem é o culpado disso. É o problema do ovo e da galinha. Ninguém sabe onde é que começa esse círculo vicioso.

A Administração Pública costuma ser um espelho da sociedade privada, principalmente no Brasil, onde não há carreira, não há quadros de carreira do funcionalismo público independentes da sociedade. O governo que se instala vai buscar os talentos dentro do Poder Privado, procurando os grandes economistas, os grandes administradores. Assim tem sido a história da nossa Administração Pública. Isso fez com que se confundissem o Poder Público com o Poder Privado. Muitos que estão falando mal do Poder Público, ao fazê-lo, estão falando mal do Poder Privado. Outros falam mal do setor privado, e ao falar mal do setor privado estão falando mal do Poder Público. São dados da nossa realidade. Dados dos nossos dias. São temas para os quais nós não podemos fechar os olhos, como não podemos fechar os olhos também para o crescimento espantoso dos deveres instrumentais ou formais, das chamadas "obrigações acessórias". E o contribuinte do Brasil e de fora do Brasil – porque é geral essa reclamação – se insurge contra esse crescimento espantoso. Mas esse crescimento espantoso é normalíssimo, porque nós vivemos em tempos de sociedade pós-moderna, e o que caracteriza a sociedade pós-moderna é o aumento significativo das complexidades.

Hoje, essas complexidades aumentam para todos, inclusive para nós. Um dia desses eu saía de casa sem o telefone celular. Pareceu que eu estava sem um pé do sapato. Por quê? Porque não se concebe mais a pessoa andar sem o celular. Uns andam com dois, três, aparelhos para receber ligações. Enfim, é muito cômodo, mas é muito mais complexo. E assim a sociedade pós-moderna tem um aumento significativo de complexidades.

Só para terminar, eu quero dizer que li numa revista da FEBRABAN – e ninguém há de dizer que os bancos não trabalham com grande teor de racionalidade, de praticidade – que uma operação bancária que era feita há 12 anos, aproximadamente, com 9 procedimentos, hoje requer 23 procedimentos. Ora, ninguém vai dizer, em sã consciência, que os bancos aumentam seus expedientes burocráticos só por aumentar; porque querem. Não. É que a sociedade pós-moderna exige esse aumento. Isso é um fator de intranqüilidade para o contribuinte, porque ele sabe que as chamadas "obrigações acessórias", os deveres instrumentais ou formais, tendem a aumentar, e, portanto, há uma necessidade de se contratar mais especialistas, de se criar mais departamentos, mais seções, porque esse problema é inexorável; é uma característica de toda sociedade pós-moderna, uma sociedade em que vivemos.

Eu quero agradecer imensamente a atenção de todos os Srs.; quero fazer as minhas homenagens à direção do Instituto Geraldo Ataliba, que eu faço nas pessoas do Presidente do Congresso, Prof. Paulo Ayres, do Presidente do Instituto, Prof. Aires F. Barreto, e de toda a Diretoria, que com muita competência vem gerindo aquilo que Geraldo Ataliba criou com todo entusiasmo, com toda energia, com toda competência. Saúdo a todos, e que tenham um excelente Congresso! [*Palmas*]

PROF. PAULO AYRES BARRETO – Agradeço muitíssimo ao Prof. Paulo de Barros Carvalho pela brilhante conferência proferida. Dou por encerrada esta Sessão Inaugural. Convido-os para um brevíssimo intervalo de 10 minutos, e às 10:30h retomaremos os trabalhos, com a primeira Mesa de Debates.

MESA DE DEBATES "A"

SISTEMA TRIBUTÁRIO BRASILEIRO: ALTERAÇÕES E PROPOSTAS DE REFORMA

PRESIDENTE DA MESA: PROF. EUGÊNIO DOIN VIEIRA

MEMBROS DA MESA: PROF. ESTEVÃO HORVATH, PROF. EDUARDO DOMINGOS BOTTALLO, PROF. AIRES BARRETO, PROF. ALCIDES JORGE COSTA

PRESIDENTE DA MESA (PROF. EUGÊNIO DOIN VIEIRA) – Desculpem o equipamento/e o tanque de oxigênio!/Falta de ar é meu tormento,/mas não afeta o meu gênio./ Livre e lindo é o pensamento!/Afinal, me chamo Eugênio! [*Palmas*]

Vamos conceder 20 minutos a cada congressista, para falarem sobre "Sistema Tributário Brasileiro: Alterações e Propostas de Reforma". Sendo que o Professor falará sobre "Super-Receita e Simples Nacional (Supersimples)":

O homem busca sempre o ideal da perfeição./Lida, pesquisa e estuda e persegue a verdade./Na Hungria ou no Brasil, com igual devoção./Conserva-se menino e esconde assim a idade./Coração juvenil. Cabeça cor da aurora./Pois o Estevão Horvath vai nos falar agora. [*Palmas*]

SUPER-RECEITA E SIMPLES NACIONAL (SUPERSIMPLES)

PROF. ESTEVÃO HORVATH – Bom dia a todos! É com satisfação que me encontro aqui novamente nesse Congresso de Geraldo Ataliba, em sua 21ª edição, e especialmente hoje, ladeado por grandes juristas e por grandes amigos que fiz no decorrer dos últimos anos: Prof. Eugênio Doin Vieira, Prof. Aires Barreto, Presidente do Instituto, Prof. Eduardo Bottallo, Prof. Alcides Jorge Costa.

É uma honra imensa só pelo fato de estar aqui presente nesta mesma Mesa para compartilhar com eles a sua sabedoria.

Fui incumbido de falar sobre a Super-Receita e o Simples Nacional ou Supersimples.

Trata-se de tema extenso, mas, de acordo com a pesquisa que fiz, vou procurar trazer, nesse pouco tempo que nós temos, alguma coisa que me pareceu mais interessante com relação às últimas inovações.

Nós temos inovações deste ano. Ambas são deste ano de 2007. Tratamos da Lei Complementar 123, o chamado "Estatuto das Microempresas e Empresas de Pequeno Porte", que, embora de dezembro/2006, passou a vigorar agora em janeiro, e a sua parte tributária em 1º de julho deste ano. E temos também a Super-Receita ou a atualmente chamada de Secretaria da Receita Federal do Brasil, criada pela Lei 11.457, de 16.3.2007. Como os Srs. sabem, ela já fora objeto de uma medida provisória que não havia sido aprovada pelo Congresso Nacional, e depois voltou por meio de uma lei já de março deste ano.

Chama-se "Receita Federal do Brasil" porque, além das atribuições que a Receita possuía, outras foram acrescidas, e na lei que a criou se diz que, além das atribuições que a Secretaria da Receita Federal possuía, hoje tem atribuições relativas a tributação, fiscalização, arrecadação, cobrança e recolhimento das contribuições sociais.

Aquelas contribuições que estão mencionadas no art. 195 da CF e que, na verdade, a lei remete à Lei 8.812/1991. Aqui já faço uma pequena observação, que nada tem a ver com o tema propriamente, mas parece que existe uma resistência sempre muito grande em se remeter ao texto constitucional, quando é ele que primeiro disciplina tudo. Quer dizer, se ele está acima de tudo, por que não se remeteu ao art. 195 da CF? Não, a lei que criou a Super-Receita remete à Lei 8.812, que reestruturou o INSS, essas contribuições etc.

Destaquei desta lei a competência para o julgamento referente às contribuições sociais, que passaram a ser de atribuição da Super-Receita, que foram transferidas do Conselho de Recursos da Previdência Social para o 2º Conselho de Contribuintes.

E vou procurar fazer um paralelo, sempre que for possível, entre esta Lei Complementar 123 e as atribuições da Super-Receita, mas não só da Super-Receita.

Em primeiro lugar deve-se referir a qualificação para microempresa e empresa de pequeno porte, a definição de microempresa e empresa de pequeno porte. Os Srs. todos sabem – mas perdoem repetir certos conceitos básicos, se não nós não podemos prosseguir no exame da legislação.

Para efeito dessa lei, são *microempresas* as empresas em que o empresário é pessoa jurídica ou a ela equiparada que auferiram no ano-calendário receita bruta igual ou inferior a 240 mil Reais. E *empresas de pequeno porte* são as que ficam entre 240 mil Reais anuais a 2 milhões e 400 mil Reais anuais.

E a própria lei traz as situações em que se incluem, as pessoas que se incluem na conceituação de microempresa e empresa de pequeno porte.

Na lei, assim como na Constituição Federal, nós temos a previsão de tratamento diferenciado a microempresas e empresas de pequeno porte. Percebam, nós já temos esses tratamentos diferenciados previstos na Constituição desde o texto original de 1988. Então, isso não é novidade alguma: novidade é o atual sistema. Então, leis federais, estaduais e algumas municipais já haviam tratado, de uma certa forma, das microempresas. Essas leis todas foram substituídas por uma lei de cunho nacional, que é justamente essa Lei Complementar 123.

O Simples Nacional ficou conhecido como Supersimples (aliás, nós estamos na era da moda dos "super" "hiper" "mega", não é? Super-Receita, Supersimples). O Supersimples se referiria ao regime tributário de pagamento de certos tributos – teoricamente, deveria ser a maioria dos tributos – por parte dessas empresas, justamente para facilitar a vida desses pequenos empresários.

Nós temos no art. 13 os tributos abrangidos por esse regime de simplificação de pagamento, que são: o imposto de renda de pessoa jurídica, o IPI, a contribuição social sobre o lucro líquido, a COFINS, o PIS, às vezes contribuições para a Seguridade Social, o ICMS e o ISS.

Muitas vezes essa lei se refere a "tributos *e contribuições*". Não só esta Lei, mas nesta lei também é uma tradição já – no Direito Financeiro nós temos legislação que também trata disso –, se referindo a "tributos e contribuições", como se contribuições não fossem tributos.

De uma certa forma, é didático que seja assim, para que ninguém diga que não segue o mesmo regime tributário. Mas, de qualquer forma, são tributos como os outros todos.

Talvez, neste ponto, a maior inovação da Lei Complementar 123 tenha sido a inclusão dessa possibilidade de pagamento conjunto do ICMS e do ISS. Vários Estados – não sei se todos – tinham seus respectivos Simples Estaduais, mas agora tudo isso foi colocado como sendo uma tributação unificada, uma mesma guia de pagamento, embora tenha sua forma de distribuição feita por ato infralegal, como seria lógico supor, não é?

Então, a regra é a inclusão desses tributos que eu me referi, com exceções que eu vou citar: por exemplo, o ICMS, embora esteja incluído na possibilidade de pagamento desse regime simplificado, quando se tratar de ICMS referente às operações de prestações sujeitas a regime de substituição tributária tem que ser pago de forma apartada do que desse regime unificado decorre.

A mesma coisa acontece também com o ISS na importação, por exemplo. O ISS integra esse regime simplificado, mas se se tratar de ISS incidente na importação de serviço o regime já é o regime natural da tributação normal. Os impostos retidos na fonte, a mesma coisa. A própria lei se encarrega de relacionar vários tributos que continuam com seus regimes de recolhimento como já eram antes. E ainda há um artigo que diz que, além dos que estão expressamente previstos, quaisquer outros que não foram mencionados no art. 13 continuam sendo recolhidos da forma tradicional.

A tributação se dá com base na receita. Então, não importa que seja, por exemplo, ICMS ou ISS, a tributação se dá com base na receita bruta. Eu tento com bastante veemência resistir à tentação de encontrar inconstitucionalidades nesta lei, porque ela tem vários pontos que beneficiam as empresas de pequeno porte, segundo me parece e segundo alguns técnicos opinam. No entanto, eu questiono: isso também não é uma inteira novidade do Supersimples, porque os Simples Estaduais, de uma certa maneira, também podem oferecer.

Mas não sei se perceberam, embora seja mais ou menos óbvio: alterou-se por esta lei a base de cálculo do ICMS e do próprio ISS. Sabemos que a base de cálculo do ICMS se refere ao valor da operação; por exemplo, quando for mercadoria o valor da operação mercantil, o ISS ao valor preço do serviço prestado, e aqui nós temos a tributação por meio da receita bruta. Se é verdade que simplifica bastante esse esquema para o recolhimento dos tributos, não é menos verdade que se pode perquirir acerca da constitucionalidade dessa mudança de base de cálculo: será que essa seria uma base de cálculo permitida implicitamente pelo texto constitucional nos respectivos artigos que cuidam desses impostos?

A tributação dá-se conforme anexos que estão seguindo essa lei. Dependendo do tipo de atividade a que a empresa se dedique, ela vai ser tributada pelo Anexo 1 ou pelo Anexo 2, pelo Anexo 3. Por exemplo, no Anexo 1: Partilha do Simples Nacional para o comércio; Anexo 2: Indústria; Anexo 3: Serviços e locação de bens imóveis – e daí por diante. Assim se faz a simplificação da tributação; é isso que se pretende com o chamado Supersimples. Uma coisa para a qual queria chamar também a atenção – isso, sim, "arrepia" até hoje, embora já tenha se tornado uma coisa com a qual parece que já se está acostumando, e assim perdurará: esta lei prevê logo no seu art. 1º, § 1º, que cabe ao Comitê Gestor, de que trata o inciso I do § 2º, apreciar a necessidade de revisão de valores expressos em moeda nessa lei complementar.

Mas o tratamento diferenciado e favorecido a ser dispensado às microempresas e empresas de pequeno porte, de que trata o art. 1º, será gerido pelas instâncias a seguir especificadas: Comitê Gestor das microempresas e empresas de pequeno porte, vinculado ao Ministério da Fazenda – e aí traz sua composição.

O Comitê Gestor, segundo essa lei, é um verdadeiro Poder Legislativo. Se prestarem atenção, tiverem que trabalhar com essa lei ou tiverem curiosidade, vão verificar que, inclusive, ele pode criar obrigações acessórias, deveres instrumentais, deveres formais; quer dizer: ao arrepio do que diz a doutrina e implicitamente a própria Constituição. Mas eu acabei assinalando inúmeras passagens, e são muitas mais, em que a lei fala em Comitê Gestor, em disciplina por parte do Comitê Gestor. Então, ela vai dizer, por exemplo: os tributos devidos deverão ser pagos em banco integrante da rede arrecadadora do Simples Nacional, na forma regulamentada pelo Comitê Gestor. Poderá ser adotado o sistema simplificado tal, na forma do que dispuser o Comitê Gestor. Aí, fala das obrigações acessórias. As microempresas e empresas de pequeno porte optantes pelo Simples apresentarão à Secretaria da Receita Federal – agora, Super-Receita – declaração única e simplificada de informações sócio-econômicas e fiscais que deverão ser disponibilizadas aos órgãos de fiscalização tributária, observados os prazos e modelos aprovados pelo Comitê Gestor. Emitir documentos fiscais de venda ou prestação de serviços, também de acordo com as instruções expedidas pelo Comitê Gestor.

Então, quer dizer que o Comitê Gestor acabou sendo um legislador, exercendo o papel de legislador; enfim, de qualquer forma, regulamentador.

Nós já temos, se eu não estou equivocado, 19 resoluções do Comitê Gestor, sendo que a Resolução 2 do Comitê Gestor do Simples Nacional prevê, por exemplo, a competência para exclusão de ofício: a exclusão de ofício da empresa do regime do Simples Nacional. A competência para exclusão de ofício da microempresas e empresa de pequeno porte do Simples Nacional é da Receita Federal do Brasil e das Receitas da Secretaria da Fazenda ou Finanças dos Estados ou do Distrito Federal, segundo a localização do estabelecimento; e, tratando-se de prestação de serviço inclusa na competência municipal, a competência será também do respectivo Município. Tudo isso regulamentado, como eu disse, pelo Comitê Gestor.

A Resolução 4 regulamenta a opção pelo Simples Nacional. "Regulamenta" é eufemismo para dizer que diz o que quer dizer sobre a opção pelo Simples Nacional. Diz aquilo tudo que a lei eventualmente não tenha dito; no meu modo de ver, alguns pontos até extrapolando do que a lei permite.

A Resolução 5 dispõe sobre o cálculo e o recolhimento dos impostos e contribuições devidos pelas empresas optantes pelo Simples Nacional.

Outra curiosidade da lei é que o valor não-pago até a data do vencimento sofre os encargos legais com base na legislação do imposto sobre a renda. Quer dizer, então, além da mudança de base de cálculo, por exemplo, o ICMS e ISS, os Estados têm que se sujeitar – provavelmente saem ganhando com isso, ou, pelo menos, não saem perdendo – à legislação do imposto sobre a renda, numa clara interferência, ao que parece, na sua autonomia federativa, mas tudo em nome da simplificação.

E outra questão bastante discutida era a transferência de créditos. No art. 23 nós temos a previsão de que as microempresas e as empresas de pequeno porte optantes pelo Simples Nacional não farão jus a apropriação nem transferirão créditos relativos a impostos ou contribuições abrangidos pelo Simples Nacional. E aí é caso de se perguntar: é um tratamento diferenciado para beneficiar as microempresas, ou pode ser um tratamento diferenciado para prejudicar a microempresas?

Acho que é óbvio, em primeiro lugar, que a Constituição diz "tratamento diferenciado e favorecido às microempresas". Se uma grande empresa – chamemos assim – não puder aproveitar créditos, assim chamados créditos de microempresas e de empresas de pequeno porte optantes pelo Simples Nacional, preferirá outras empresas para fazer isso. Então, a solução qual seria? Seria simplesmente considerar que essas microempresas ou se depreciariam, ou não conseguiriam vender para as grandes empresas, ou simplesmente teriam que abaixar sua lucratividade para estar em pé de igualdade com as empresas que não se sujeitam a esse regime.

Na verdade, eu diria, haveria uma possibilidade de interpretação *conforme à Constituição*, que mais ou menos seria a seguinte: o que a lei estaria a proibir seria a transferência de créditos. No caso das contribuições para o PIS e para a COFINS, nós temos que, nas hipóteses de não-cumulatividade, a não-cumulatividade dessas contribuições é diferente da não-cumulatividade do ICMS e do IPI. À parte discussões a respeito da possibilidade de isso acontecer ou não, o fato é que é uma não-cumulatividade diferente, e que, na realidade, não é sobre o sistema de créditos, mas são verdadeiros descontos: a lei busca um cálculo sobre certos bens e serviços e propicia um desconto, uma dedução naquilo que foi objeto de negociação nessas microempresas.

É isso que seria transferir. Então, não seria uma transferência de crédito; seria a apropriação desse mecanismo pelas grandes empresas, seria uma interpretação possível conforme à Constituição.

E o Fisco Federal, mais especificamente a Secretaria da Receita Federal, tendia a interpretar pela vedação desses cálculos, da apropriação desses créditos. O Fisco tende a entender ser vedada a tomada de crédito de PIS e COFINS pelas empresas que adquirirem bens e serviços de empresas optantes pelo Simples Nacional. Isso porque houve uma resposta a uma consulta numa Superintendência da Receita Federal, parece que da 8ª Região ou alguma coisa assim. Isso prevaleceu até há pouco tempo, e consultando novamente o *site* da Receita Federal pela Internet, naquela parte de perguntas e respostas, eu encontrei a seguinte pergunta: "As microempresas ou empresas de pequeno porte optantes pelo Simples Nacional poderão apropriar ou transferir créditos relativos a tributos abrangidos pelo Simples Nacional e utilizá-los e destinar o valor a título de incentivo fiscal?" A essa segunda parte eu não vou me referir, porque se refere ao art. 24, e estou tratando, aqui, do art. 23. A resposta da Receita: "As microempresas e empresas de pequeno porte optantes pelo Simples Nacional não poderão apropriar ou transferir créditos relativos a impostos ou contribuições abrangidos por este regime nem tampouco poderão utilizar ou destinar qualquer valor a título de incentivo fiscal". No entanto, há um ato declaratório interpretativo da Receita Federal do Brasil que é recente, de n. 15/2007, que diz que as pessoas jurídicas sujeitas ao regime de apuração não-cumulativo da contribuição para o PIS PASEP e da contribuição para o financiamento da Seguridade Social, COFINS, observadas as vedações previstas e demais disposições da legislação aplicável, podem descontar créditos calculados em relação a aquisições de bens e serviços de pessoa jurídica optante pelo regime especial unificado de arrecadação de tributos e contribuições devidos pelas microempresas e pelas empresas de pequeno porte.

Assim, parece que se aceitou abrir essa discussão, uma proposta da Secretaria da Receita Federal, e se aceitou a interpretação segundo a qual aquele aproveitamento do crédito pode ser feito. Como meu tempo já se esgotou ou está se esgotando, eu queria somente mencionar algumas alterações trazidas pela Lei Complementar 127 que a melhoraram – realmente melhoraram –, possibilitaram a inclusão de algumas prestadoras de serviços que antes não estavam dentro do regime. Segundo projeções do SEBRAE, um grande percentual de empresas, parece que 90 atividades seriam abrangidas por esta modificação, a partir da modificação desse texto.

E, finalmente, nós temos no Estado de São Paulo um decreto, editado recentissimamente, que criou a figura dos *microempreendedores individuais*. Seriam aqueles empresários, entre aspas, que se enquadrariam num ponto da Lei Complementar 123, que percebam até 36 mil Reais anuais, ou seja, pretendendo-se trazer à formalidade aquelas situações: doceira, vendedora de bolo da esquina etc. Pretendeu-se trazer à formalidade essas microempresas, dando-lhes um *status* jurídico de, eu diria, cidadão. Então, todas essas figuras estão já sendo chamadas de *microempreendedor individual*, ao qual esse decreto paulista se refere. Ele se reporta especificamente a essa figura, dando essa nomenclatura. Eu vou ler, aqui, os arts. 23 e 26 do referido decreto que tratam de "Obrigações Fiscais Acessórias dos Microempreendedores Individuais": "Para efeito de garantir a aplicação das normas gerais previstas no § 1º, do artigo 26, da Lei Complementar federal n. 123, de 14 de dezembro de 2006, o microempreendedor individual fica dispensado da emissão de documento fiscal nas operações incluídas no campo de incidência do Imposto sobre Circulação de Mercadorias e Prestação de Serviços – ICMS,". Isso é uma inovação que o Estado podia fazer, e fez. Tem também uma parte que eu achei muito interessante – é pouco, mas é um começo: a chamada "fiscalização orientadora", que está prevista muito timidamente na Lei Complementar 123, mas aqui no decreto paulista, que veio a propósito de regulamentarmos no território do Estado esta lei, no art. 26, se diz que, "Para efeito de garantir a aplicação das normas gerais previstas no Capítulo VII da Lei Complementar federal n. 123, de 14 de dezembro de 2006, os órgãos e entidades da Administração direta, autárquica e fundacional responsáveis pela fiscalização do cumprimento da legislação tributária, metrológica, sanitária, ambiental e de segurança deverão instituir procedimentos de natureza orientadora ao empresário e às sociedades de que trata este decreto" etc. E quando, por exemplo, se cuidar de matéria tributária circunscreve-se à obrigação acessória. Quer dizer, já foi um avanço, aqui, também, tímido: para a imposição de uma obrigação acessória ou fiscalização, auto de infração com referência a uma obrigação acessória no Estado de São Paulo, precisa haver primeiramente uma fiscalização orientadora; à primeira visita tem que ser a orientadora, e não já punitiva.

Gostaria, por último – dado o transcurso do tempo que me foi reservado para lhes falar – de lembrar também que o Supersimples, na verdade, de simples não tem nada. É supercomplicado. Até para a pessoa perceber saber se ela se enquadra, ou não, já é uma complicação sem tamanho.

Muito obrigado pela atenção! [*Palmas*]

Presidente da Mesa (Prof. Eugênio Doin Vieira) – Gratos ao Prof. Estevão Horvath pela precisa e didática exposição. De fato, se alguns dos Srs. ou Sras. Congressistas não entendeu tudo, comecem a ficar preocupados, porque é supersimples... [*Risos*]

Lembro que, de acordo com a tradição desse Congresso, poderão ser dirigidas questões à Mesa. Deverão ser feitas por escrito e entregues à equipe de colaboradores.

O tema a seguir é: "Anteprojeto de Lei de Execuções Fiscais".

Gigante do Direito, gigante da cultura,/Decano e professor de invulgar estatura./Coração de Menino! E sei bem do que falo!/Querido em São Bernardo, querido em toda parte,/pra sua exposição com todo engenho e arte,/tem a palavra agora o Prof. Bottallo. [*Palmas*]

ANTEPROJETO DE LEI DE EXECUÇÕES FISCAIS

Prof. Eduardo Domingos Bottallo – Estimado Prof. Eugênio Doin Vieira, exemplo e estímulo para todos nós; demais Professores componentes da Mesa, Alcides Jorge Costa, Aires Barreto e Estevão Horvath; minhas Sras. e meus Srs. Congressistas. Antes de tratar do tema que me foi reservado, eu não poderia deixar de compartilhar, com os presentes, pensamento que me ocorreu quando o Presidente desse Congresso, Paulo Ayres Barreto, falou sobre o I Congresso de Direito Tributário realizado por Geraldo Ataliba, neste mesmo lugar, em 1981. Refiro-me à conhecida expressão de Lampeduza em seu famoso romance *O Leopardo*: "É necessário mudar para que as coisas permaneçam as mesmas".

Cada um desses Congressos – e eu tive o privilégio de acompanhar todos – foi diferente dos outros, mas todos mantiveram o mesmo nível de seriedade, interesse e entusiasmo, sempre presentes dentro do propósito de pensar, discutir e melhor compreender o Direito Tributário. Comove-me ver presidir esta Mesa o *jovem* Eugênio Vieira, cuja energia contamina a todos nós. É um grande privilégio viver pela vigésima primeira vez a experiência deste Congresso.

Passando especificamente ao tema, demandaria muito mais que meros 20 minutos a análise do projeto de execução fiscal. De qualquer sorte, vou procurar, sem exceder o tempo que me foi atribuído, externar algumas idéias a respeito desse projeto, que, como sabem, propõe, em síntese, que o processo de execução fiscal deixe de ser judicial e se desenvolva perante as Procuradorias da Fazenda Nacional, das Fazendas dos Estados e, facultativamente, até dos Municípios.

A concepção desse projeto vem sendo atribuída à Procuradoria-Geral da Fazenda Nacional, mas ouvi de integrantes desse órgão a versão de que, na verdade, se trata de trabalho acadêmico elaborado por um magistrado de Brasília, posteriormente encampado pela Procuradoria. Abro um parêntese para manifestar meu respeito às Procuradorias Fazendárias em todos os níveis. Eu nutro grande admiração pelos integrantes desses órgãos, exatamente pelo que eles são, ou seja, representantes judiciais e extrajudiciais da Fazenda Pública, exercendo função simétrica àquela que cabe aos advogados dos contribuintes. Eles exercem o procuratório, agindo em nome de uma das partes do processo tributário. No desempenho de suas funções, é dever dos procuradores atuar com denodo e zelo na tutela dos interesses de suas representadas, na mesma medida em que os advogados devem fazê-lo em nome de seus clientes (os contribuintes). Aliás, os procuradores, nada mais são que advogados. Nesta ótica, não é errado afirmar que as Procuradorias são enormes escritórios de Advocacia que têm um único cliente – e, convenhamos, um cliente reconhecidamente difícil.

Nada disso, entretanto, justifica a pretensão de transformar as Procuradorias em órgãos judicantes. Isto soa tão absurdo como soaria se alguém viesse a defender a exótica tese de esta missão ser atribuída à OAB.

A exemplo do que acontece com a OAB, não é função das Procuradorias assumir o controle do processo de execução, praticando atos jurisdicionais típicos. Não fosse por outras "centenas" de razões, faltaria a tais órgãos necessário sentido de imparcialidade, fundamental ao desempenho do mister. O procurador, na tutela dos interesses da Fazenda, não tem o direito de ser imparcial. Só por isso, ele está visceralmente impedido de receber as rédeas do processo de execução. O procurador não pode ser, ao mesmo tempo, representante da Fazenda e árbitro da execução. A contaminação de atribuições que esta proposta enseja, antes de afrontar a Constituição, atenta contra a lógica do bom senso, ainda que não se questionem as palavras que o Prof. Paulo de Barros Carvalho acabou de proferir, de que o Direito nem sempre é bom senso. Neste caso em particular, o bom senso e o senso constitucional estão de todo alinhados.

É curioso notar que a "Exposição de Motivos" que acompanha o anteprojeto, conquanto farta em estatísticas, não dedica uma palavra sequer ao exame de sua constitucionalidade – o que pode ser entendido como forte indicativo da falta de embasamento neste sentido, à luz dos princípios que asseguram: (a) a autonomia e independência dos Poderes; (b) o devido processo legal; (c) o contraditório e a ampla defesa; e (d) o princípio do juiz natural.

A "Exposição de Motivos" também chama a atenção por uma outra razão. Nela consta que o anteprojeto foi fruto de estudos dos quais participaram 26 procuradores da Fazenda e 24 juízes federais – mas, curiosamente, nenhum representante da OAB. A propósito, parece conveniente lembrar que, além da parte credora (a Fazenda), figura nos processos judiciais tributários também a parte devedora (o contribuinte), que devem receber do juiz tratamento eqüitativo, nos termos da lei e da Constituição: assim, por que o olvido da figura do sujeito passivo?

Não posso acreditar que essa falta de preocupação em ouvir os contribuintes, por seus representantes, na elaboração do anteprojeto tenha sido fruto de um descuido acidental. Sou obrigado a supor que esta omissão atendeu ao interesse de evitar críticas à idéia, sobretudo porque, a meu ver, tais críticas são irrespondíveis. E, neste ponto, cabe alguma análise a respeito das razões que não são jurídicas, mas econômicas e políticas, a "justificar" o projeto – se é que seja possível fazê-lo.

Consta também da "Exposição de Motivos" a informação de que a dívida ativa pendente de cobrança chega a 600 bilhões de Reais. É um número impressionante. Mas a estatística é enganosa. Se for o caso de se submeter o número a uma análise criteriosa, certamente será verificado que em grande parte é composto de valores pagos, ou que não têm fundamento na Constituição ou na lei, débitos de empresas que não mais existem, cobranças de valores que já estão prescritos. Assim, feitos os necessários expurgos, é bem provável que o resultado final seja significativamente inferior. Outro dado que a "Exposição de Motivos" menciona é o baixo índice de impugnação às cobranças. Em números absolutos o índice pode ser baixo, mas há de ser considerado que as execuções em grande parte são propostas contra empresas que não existem mais; são propostas de forma a impedir o exercício de direito de defesa, por causa da necessidade de penhora; são propostas contra terceiros que, na verdade, não têm responsabilidade pelo pagamento. Há pouco tempo atrás recebi em meu escritório de Advocacia um empresário que foi citado para responder a uma execução fiscal onde se cobrava uma dívida do Fundo de Garantia de empresa que tinha desaparecido há 36 anos...

Então, é preciso avaliar as razões dessas alegadas perdas e, sobretudo, é preciso avaliar se podem ser solucionadas por mera mudança legislativa – que, volto a dizer, é inconstitucional.

E, nesse ponto, eu não posso deixar de evocar um episódio da vida jurídica brasileira que lembra muito o que está acontecendo agora com relação a esse projeto. Em 1980 foi aprovada a Lei 6.830, a atual "Lei das Execuções Fiscais", também fruto de um projeto elaborado no âmbito da Procuradoria-Geral da Fazenda Nacional. Ela foi, então, justificada por razões muito parecidas com as que agora estão por trás desse projeto de execução administrativa.

O que se pretendeu naquela ocasião foi criar um sistema que pudesse acelerar a cobrança dos créditos fiscais por meio de instrumentos mais ágeis. E quais foram esses instrumentos? Eu vou citar apenas alguns: (a) a Fazenda ficou dispensada da sucumbência, mesmo no caso de desistir da cobrança, por entendê-la indevida; (b) os procuradores da Fazenda somente podem ser intimados pessoalmente; (c) a prescrição foi banida do âmbito tributário; (d) restringiram-se as medidas possíveis de serem utilizadas pelos contribuintes para se defender de cobranças indevidas. Então, tudo isso foi colocado na lei. Funcionou? Não. Ou, melhor dizendo, funcionou, sim, mas ao contrário. Funcionou em benefício do mau contribuinte. Do contribuinte que encontrou nessas inconstitucionalidades argumentos que permitiram pudesse ele trabalhar em cima de desvios e, com isso, ganhar tempo. Hoje em dia uma execução fiscal tem sua tramitação possível de ser postergada anos a fio graças a discussões que a Lei 6.830/1980 alimentou – e vem alimentando.

Ora, o que se constata é a disposição, mais uma vez, de cometer os mesmos erros com esse projeto ainda mais complicado. A lei, por si, não é capaz de resolver problemas administrativos ou sociais. Não é através da lei que se vai solucionar problemas institucionais, que têm a ver com as deficiências da máquina burocrática e a falta de meios materiais, tecnológicos e humanos para que o Judiciário possa funcionar a contento. Querer buscar na simplicidade de uma solução legislativa o remédio para essas deficiências é, no mínimo, inconseqüente, até porque a Constituição não autoriza que se retire do Poder Judiciário competência para cuidar da cobrança da dívida fiscal, considerando que isso tem muito a ver com um dos direitos inseridos no campo das cláusulas pétreas, que é o direito de propriedade.

Agora, deixando de lado essas considerações, se formos examinar o projeto de lei em alguns de seus dispositivos específicos, nós vamos encontrar verdadeiras enormidades. O projeto de lei prevê que a execução seja feita perante um "órgão de cobrança", mas sem identificar que órgão de cobrança é esse, quem vai integrá-lo, qual sua estrutura, quais suas competências, qual o custo de sua organização – e por aí vai. Ele permite até que Municípios dos mais modestos tenham seu "órgão de cobrança", ainda que lhe falte estrutura até para tarefas mais essenciais. O tempo não me permite observações mais aprofundadas, e, assim, vou concentrar-me em um único ponto do projeto.

Diz o art. 12: "O termo, o auto de penhora conterá avaliação dos bens penhorados efetuada pelo oficial da Fazenda Pública que o lavrar". Então, é a penhora administrativa. O executado poderá, no prazo de 15 dias a contar da ciência do "auto de penhora", impugnar fundamentadamente a avaliação dos bens penhorados perante o "órgão de cobrança competente". Vejam que aqui se está criando um contraditório. Quer dizer, impugnar perante o próprio credor. E prossegue o projeto: "Recebida a impugnação, o órgão de cobrança a acolherá ou encaminhará no prazo de 15 dias ao juiz competente para conhecimento dos eventuais embargos que decidirá o incidente, podendo para tanto determinar nova avaliação a ser realizada por oficial de justiça". Então, vejam que absurdo: o contribuinte impugna perante o "órgão de cobrança", que acolhe ou remete o caso a um juiz; mas como o juiz vai processualmente cuidar disso? O que é isso? É um processo? Um "pré-processo"? Cabe recurso? Qual é o recurso? Como se encerra esse "processo"? Nada disso está resolvido. O mais curioso é a parte do projeto que declara que a ausência de manifestação do "órgão de cobrança" produzirá os mesmos efeitos da discordância. [*Risos*]

A meu ver, fica claro que o interesse do "sujeito ativo" da execução fiscal não é procurar a solução para o problema da morosidade do Judiciário, vale dizer, da falta de equilíbrio entre as necessidades de arrecadação e os procedimentos judiciários necessários para isso. O interesse é apenas e tão-somente apropriar-se dos bens do contribuinte, e depois o dilúvio. A cobrança pode continuar anos a fio. Isso passa a ser exclusivamente um problema do contribuinte.

Na verdade, isso não é um problema do contribuinte, como não é um problema da Fazenda: é um problema da sociedade brasileira, e que tem que ser resolvido por outros meios. A mim parece que bem melhor que esta estranha proposta seria valorizar o processo administrativo, nas exatas dimensões que lhe foram dadas pela Constituição. Um contencioso administrativo em matéria tributária bem estruturado e aparelhado poderia ser importante alternativa para enfrentar o congestionamento do Judiciário em matéria tributária. Mas, para isso, seria necessário que o contencioso administrativo fosse reconhecido em sua independência e integrado por julgadores preocupados com a preservação da ordem jurídica, sem olhar para o lado, seja do contribuinte, seja da Fazenda. [*Palmas*]

Eu recebo essas palmas como um sinal muito cordial e simpático de que devo parar de falar... [*Risos*]

Muito obrigado! [*Palmas*]

Presidente da Mesa (Prof. Eugênio Doin Vieira) – Somos gratos ao Prof. Eduardo Domingos Bottallo pela excelente crítica que ele nos enviou lá das alturas. Lembrávamos agora das antigas sibilas. Ele recebeu uma mensagem com a palavra única: "Tempo". E leu: "Seu tempo está esgotado". Nossa intenção era dizer: "Disponha do tempo que quiser". [*Risos*]

Modéstia e discrição são traços do jurista./E a perfeição verbal nunca perdeu de vista,/buscando o melhor *jus* de forma intransigente./Metódico e feliz, claro e professoral,/vamos ouvir agora, no estilo habitual,/Dr. Aires Barreto, o nosso Presidente. [*Palmas*]

IPTU – DOMÍNIO ÚTIL, POSSE E DIREITO DE SUPERFÍCIE

PRESIDENTE DO IDEPE (PROF. AIRES BARRETO) – Prof. Eugênio Doin Vieira, que preside esta Mesa, dileto amigo, excepcional orador; Prof. Alcides Jorge Costa, Prof. Eduardo Domingos Bottallo, Prof. Estevão Horvath, Sras. e Srs. O meu tema envolve, entre outras coisas, o direito de superfície. E é nesse patamar que pretendo fazer minha exposição, lembrando que a Constituição de 1988 outorgou aos Municípios, além do Distrito Federal, competência para instituir o imposto sobre a propriedade predial e territorial urbana.

Diferentemente do que ocorreu com outros impostos, a Constituição, relativamente ao chamado IPTU, é pouco minudente. Dessa forma, há um razoável espectro de opções pelas quais pode optar o legislador municipal. Ele pode, nesse campo, instituir tanto *um* imposto sobre a propriedade predial e territorial urbana como, alternativamente, *dois* impostos: um sobre a propriedade predial e outro sobre a propriedade territorial urbana. Se criar um único imposto, nada impede que ele estabeleça uma alíquota ao avaliar o terreno e uma outra alíquota relativamente às edificações, sendo o imposto um somatório dessas duas parcelas. Criando dois impostos, pode versar um imposto incidente sobre os terrenos e versar um imposto incidente sobre as edificações, ainda assim cuidando da existência de uma alíquota relativamente ao terreno e outra relativamente às edificações. Pode, ainda, o legislador municipal definir alíquotas diferenciadas em relação a dois impostos, quando de imóvel edificado, quando de imóvel não-edificado, e pode considerar, ainda, uma série de diversificações, segundo a localização do imóvel, segundo os equipamentos existentes na via considerada – sem que, nesse caso, se possa cogitar da existência de progressividade. Há nessas situações mera diversificação das alíquotas, de sorte que a Emenda Constitucional 29/2000, quando cogitou – ao lado da progressão, da possibilidade da progressão em relação ao valor do imóvel, que tanto tenho combatido –, da possibilidade de diferenciação, "choveu no molhado", porque a diferenciação não era vedada antes da própria Emenda. Ela, pura e simplesmente, reiterou aquilo que já se continha na Constituição. De sorte que, nesse particular, ela foi absolutamente desnecessária.

Quando se cuida do IPTU, uma das primeiras indagações diz respeito a qual é o conceito que se deve atribuir ao termo "propriedade". Deve-se examiná-lo de uma perspectiva restrita, aquela que lhe atribui o Direito Civil, abrangendo o poder de uso, gozo e de disposição e o direito de reavê-la de quem injustamente a possua, ou o vocábulo "propriedade" foi utilizado numa acepção ampla, lata, envolvendo não apenas a propriedade *stricto sensu*, mas outros institutos que dela se desdobram? Há quem defenda que o vocábulo "propriedade" utilizado pela Constituição deve ser examinado da perspectiva vulgar. Quando alguém diz "eu tenho uma propriedade em tal lugar", não está dizendo que ele tem uma propriedade num sentido jurídico do termo, mas numa acepção de "eu tenho um patrimônio imobiliário parcialmente considerado".

Outros, entretanto, afastam essa possibilidade de exegese, mas ainda assim defendem uma acepção lata para o vocábulo "propriedade", porque esses que assim se portam atuam – como preconizava Geraldo Ataliba – como se duas interpretações se fizessem possíveis. No entanto, caminham em relação àquela que prestigie os princípios constitucionais. Ora bem, se admitirmos que "propriedade" é apenas aquele conceito que lhe é dado pelo Direito Civil, não poderemos tributar o domínio útil, tributar a posse e muito menos o recém-criado direito de superfície.

Será que essa interpretação prestigia o princípio da capacidade contributiva? Prestigia, valora o princípio da igualdade? Estou convencido de que não. E, por essa razão, em homenagem aos princípios constitucionais, a interpretação possível, e que deve ser prestigiada, é aquela que realiza as diretrizes constitucionais da capacidade contributiva e da igualdade.

Ademais disso, se nós perlustrarmos a Constituição, poderemos concluir que o direito de propriedade é garantido, observada sua função social, como preconizado no art. 5º, XXII, ao permitir o uso da propriedade pela autoridade pública no caso de iminente perigo público, por exemplo (art. 5º, XXV), e ao vedar que a pequena propriedade rural seja objeto de penhora em certos casos (art. 5º, XXVI). Enfim, há uma série de dispositivos constitucionais que caminham no sentido de que o vocábulo "propriedade" deve ser visto numa acepção ampla, pena de não concretizar os vetores da igualdade e da capacidade contributiva.

Por isso defendo que andou bem o CTN quando, no art. 32, disse que o fato gerador do IPTU é a propriedade, o domínio útil ou a posse de bem imóvel urbano, por acessão física ou natureza, como definido na lei civil, localizado na zona urbana do Município.

Nessa medida, estou convencido de que o direito de propriedade, agora de uma perspectiva jurídica, envolve o direito de uso, gozo e disposição. É possível e necessário, é mais que possível, é obrigatório, que se tribute o domínio útil. E quando é que há domínio útil? Domínio útil há em razão dos contratos de enfiteuse. São os contratos nos quais se envolve, dos direitos reais, o mais significativo, dada sua amplitude, porque na enfiteuse o proprietário outorga a outrem o direito de uso, gozo e disposição.

Dirão os Srs.: "Bom, se se entrega o direito de uso, gozo e disposição, então, tem-se propriedade". Não, porque há duas ressalvas. Primeiro, aquele que recebe os poderes de uso, gozo e disposição, na enfiteuse, fica com duas obrigações: a de pagar um valor anual chamado foro, pensão, e, na hipótese de transação do imóvel, a de pagar o chamado laudêmio, que será de 2,5%, salvo se outro percentual estiver definido em contrato.

O Código Civil/2002 não previu mais a hipótese de existência de novas enfiteuses. Nada obstante, foram mantidas as existentes, que não são poucas. Não se imagina que na enfiteuse, em que há o desdobramento da propriedade, se atribui o domínio útil a alguém, permanecendo o que vou chamar de "domínio eminente", alguma coisa parecida – não é igual, mas parecida – com a nua-propriedade. Essas hipóteses têm uma freqüência muito mais acentuada do que a que possamos imaginar. Por exemplo, Alphaville, a grande área de Alphaville, em sua quase totalidade, existe em função de um contrato de enfiteuse, de modo que seus moradores não são proprietários no sentido de propriedade *stricto sensu*. É o que ocorre também na cidade de Petrópolis, no Rio de Janeiro, em muitos trechos de Fortaleza e, além disso, e isso não foi objeto de revogação, nas terras de Marinha, ou seja, aquelas que se situam no preamar médio de 33m (no ano de, parece-me, não sei lá, 1853, nem me lembro quando é; afinal de contas, também não é ainda do meu tempo). [*Risos*]

Estou absolutamente convencido de que a enfiteuse em que se desdobra o domínio eminente e o domínio útil é passível de tributação por via de IPTU para realizar o princípio da capacidade contributiva e o da igualdade. Também é necessário que se prossiga tributando a posse. O Prof. Alcides Jorge Costa, certa feita, escreveu, em linhas gerais, o seguinte: "Olha, na maioria das vezes nós podemos não saber quem é o proprietário, mas saberemos sempre quem é o possuidor".

Na posse é preciso ter em conta que só é passível de tributação a chamada posse *ad usucapionem*. Não pode ser alvo de tributação a posse *ad interdicta*. Em outras palavras, se eu tenho uma posse cuja permanência no tempo me permite vir a me transformar em proprietário, mercê da decorrência do tempo, mercê da utilização, da usucapião – eu falei "da", porque a grande maioria da doutrina lingüística entende que é feminino, e não masculino. Em suma, se a posse é *ad usucapionem* é passível de tributação por via de IPTU; mas se for a posse meramente *ad interdicta*, como é a do locatário, não pode o locatário ser contribuinte do IPTU, porque a posse dele não conduzirá jamais à usucapião.

Apesar disso, notem, há pelo menos uma decisão judicial, da Min. Eliana Calmon, defendendo que domínio útil é alguma coisa além dos lindes do direito, não é algo definido como decorrência de um contrato de enfiteuse, e que, nesses casos, o mero arrendatário de imóveis cedidos pela União por concessão a outrem faz com que o cessionário se sujeite ao IPTU.

Isso, para mim, causou uma perplexidade notável, porque estou convencido de que o domínio útil é existente tão-só naquelas situações em que se tem contrato de enfiteuse. Mais surpreso fiquei quando vi que, lastreado nesse entendimento, o Prof. Ives Gandra da Silva Martins deu um parecer dizendo que o domínio útil tinha essa extensão.

Pois bem, então, vistas estas circunstâncias, é preciso que se tenha presente que a mera concessão já não permitiria que alguém fosse contribuinte do IPTU. Mas de concessionário para um arrendatário fica muito mais visível que não existe a menor possibilidade de situá-lo como sujeito passivo do IPTU, porque esse arrendamento jamais possibilitará transformá-lo em proprietário em mercê da decorrência do tempo, através da usucapião. É uma posse meramente *ad interdicta*, e jamais uma posse que se possa reputar *ad usucapionem*.

Um ligeiro parênteses: o legislador ordinário, através do Estatuto da Cidade (por mim chamado "Estatuto da Calamidade"), incluiu uma progressividade que atinge as raias do confisco, de modo mais que evidente.

Voltando ao cerne do tema, a despeito disso, o Código Civil absorveu o chamado *direito de superfície*. Esse direito de superfície foi absorvido com dois propósitos, penso eu. O primeiro seria o de possibilitar a tributação da chamada "detenção das terras públicas", e o segundo foi – em face da eliminação, daqui para a frente (do Código Civil para a frente), dos contratos de enfiteuse – o de criar um mecanismo que possibilitasse solucionar de modo mais célere os problemas criados pela supressão da enfiteuse. Então, diferentemente da enfiteuse, que é perpétua, criou-se o direito de superfície, que é temporário, que é por prazo determinado. Diferentemente da enfiteuse, que prevê a possibilidade de cobrança do laudêmio toda vez que o imóvel for transferido, nesse caso, a lei é expressa no sentido de que a transferência não permite ao concedente exigir qualquer importância.

A questão que se põe relativamente ao direito de superfície é que o Código Tributário Nacional, por ser anterior, não o prevê. Diante desse cenário, podem os Municípios, a despeito disso, tributar o direito de superfície? A mim me parece que sim. Mas, abrindo um parênteses, consigno que esse direito de superfície começou mal pelo nome. Claro, os Srs. sabem que não é o nome que é relevante para fins de tributação. Isso está expresso no Código Tributário Nacional, e nem precisaria lá estar expresso, pois não é pelo nome que nós haveremos de interpretar o estatuto, senão pelo seu conteúdo, senão pela sua essência. Mas chamar de "direito de superfície" o que não é direito de superfície é inconcebível. *Su-*

perfície é uma coisa plana. É alguma coisa que envolve largura e comprimento, nada mais. Se houver um milímetro, que seja, de espessura, nós temos volume, e não superfície. Então, chamar de "superfície" a possibilidade de construir sobre o solo de imóvel de terceiro, por força de um contrato celebrado anteriormente, implica noção de volume, ou seja, largura, comprimento e altura, e não noção de superfície; é erro palmar. Portanto, já se percebe que o erro veio desde a própria nomenclatura.

Mas a questão é: podem os Municípios tributar o direito de superfície, a despeito de o Código Tributário Nacional a ele não fazer referência? A mim me parece que sim, mais uma vez, em homenagem aos princípios da igualdade e da capacidade contributiva.

Se nós admitirmos que não, bastaria que, amanhã, todas as propriedades fossem transformadas em "direito de superfície" para acabar com a tributação por via do IPTU, porque não haveria mais contribuintes do imposto. Por esta razão, estou convencido de que é possível, sim, mesmo não constando no Código Tributário Nacional, mesmo à míngua de qualquer lei complementar, tributar os imóveis que forem objeto do "direito de superfície".

Como eu não gostaria que o Prof. Eugênio Doin Vieira me mandasse, aqui, a papeleta do "tempo esgotado", dele me lembro com um poema, um soneto notável do Laurindo Rabello, "Poeta-Lagartixa", era o nome que se lhe atribuía, um apelido que lhe davam. Eu não sei o soneto inteiro, mas sei a primeira quadrinha, que é: "Deus pede estrita conta do meu tempo, é forçoso do tempo já dar conta, mas como dar, sem tempo, tanta conta, eu que gastei, sem conta, tanto tempo?"

Muito obrigado! [*Palmas*]

Presidente da Mesa (Prof. Eugênio Doin Vieira) – Gratíssimos ao Prof. Aires Barreto por ter discorrido com tanta tranqüilidade sobre um tema tão agitado, e por ter sido capaz de falar sobre o direito de superfície com tanta profundidade. [*Risos*]

Nosso tema a seguir, e último desta Mesa, é "Eficiência Administrativa e Supressão dos Direitos do Contribuinte". Que delícia, hein?

Sabedoria é dom que vem com a idade,/mas também com o estudo persistente./ Pesquisa as leis quem do Direito gosta!/ Trazendo sempre alguma novidade,/está conosco, e vai falar para a gente,/o consagrado Alcides Jorge Costa. [*Palmas*]

EFICIÊNCIA ADMINISTRATIVA E SUPRESSÃO DE DIREITOS DO CONTRIBUINTE

Prof. Alcides Jorge Costa [*sem revisão do autor*] – Querido Prof. Eugênio Doin Vieira, meus colegas de Mesa, Sras. e Srs., devo falar sobre "Eficiência Administrativa e Supressão de Direitos do Contribuinte" E a primeira coisa que eu quero lhes falar é que, dado o adiantado da hora, não vou prejudicar nossa eficiência digestiva, e vou ser bastante breve em relação à eficiência administrativa.

Aliás, se eu fosse tentar uma brevidade igual à eficiência administrativa do Poder Público no Brasil, já encerraria aqui. [*Risos*] Mas alguma coisa deve ser dita. Eu começo por perguntar o que é *eficiência administrativa* na arrecadação de tributos, na instituição e na arrecadação de tributos. É arrecadar com a melhor aplicação possível da lei, fazendo do contribuinte um colaborador, e não um adversário. É claro que para isto é necessário um aparelhamento administrativo muito bom. No Brasil isso já enfrenta um pequeno problema quanto ao fato de o contribuinte ser um colaborados, e não um adversário. Ainda está muito entranhada, muito mais em certas regiões do país que em outras, aquela noção de Estado patrimonialista. E isto, obviamente, prejudica as relações Estado/ contribuinte. Eles e nós. Eles, o Estado; e nós, o contribuinte.

Isso resulta de um forte entranhamento daquela noção de Estado patrimonialista, que, como eu disse, ainda é muito atuante, muito presente, em muitas partes do Brasil. Mas *eficiência administrativa* é arrecadar da melhor maneira possível, obviamente com obediência à lei. Não é simplesmente aplicar a lei. Agora, isto nos leva a um outro problema: que lei? A lei, claramente, deve obedecer a todos os princípios constitucionais. A lei deve ser clara, não pode ser complexa. E nesse sentido parece que estamos andando um pouco na contramão. A lei do Supersimples está aí para não me deixar mentir: é uma lei razoavelmente complexa. Como aquela lei da COFINS não-cumulativa: eu nem vou dizer que ela é "complexa", que fica um termo muito elegante; vou dizer que ela é complicada, pura e simplesmente complicada, com todo aquele número de remissões e exceções de difícil aplicação. Eu acredito que é até difícil de aplicar para a própria autoridade.

Então, a coisa começa por aí, a observância dos princípios constitucionais. E aqui eu até aduziria aquelas palavras excelentes do Prof. Bottallo sobre esses projetos de transação; existe mesmo um grande número de disputas judiciais, mas também houve uma catadupa de leis – meu Deus do Céu! – com muitas inconstitucionalidades. Não é preciso nem ser constitucionalista emérito para concluir isto. Basta cunhá-las. A cada plano econômico daqueles sábios e malucos que houve, uma parte da inflação era "jogada para baixo do tapete", mais um "esqueleto no armário", mais um problema. Ainda existe aí o problema do Fundo de Compensação das Variações Salariais. Tudo isso são "esqueletos no armário", que vão, um dia, provocar uma enxurrada de ações judiciais.

A eficiência na arrecadação começa por aí. Temos que ter leis fáceis de entender, fáceis de aplicar, simples, e assim por diante. E a autoridade administrativa precisa ser eficiente. Isto tem acontecido? Eu diria que, infelizmente, não. Acabei de falar do problema legislativo e do aparelhamento administrativo para o recolhimento. Por influência do aparelhamento administrativo, com instruções etc., etc., tem sido criada uma séria imensa de obrigações acessórias para o contribuinte. Esta complexidade das leis, adicionada a esta montanha de obrigações acessórias, vai aumentando o chamado *custo de conformidade*, ou seja, aquele custo que o contribuinte tem para cumprir todas essas obrigações e pagar seus impostos de acordo com a lei.

No Brasil esse custo é muito alto, e infelizmente me parece que não tem sido dada atenção suficiente a este aspecto. Em outros países é sempre uma preocupação presente saber qual é esse custo de conformidade. Só conheço um estudo feito a respeito no Brasil e que resultou em publicação: foi uma tese de Mestrado na USP. E é claro que, sendo um estudo feito por um particular, é um estudo de pesquisa de campo limitado, obviamente, mas é bastante elucidativo. E esses custos, de acordo com aquele estudo, são bastante altos.

Eu falei da simplicidade, e aqui há um pequeno problema, também: a extrema simplicidade leva a uma grande injustiça. Eu diria, até, que a forma mais simples de arrecadar no Brasil foi a *derrama*, no tempo de Tiradentes. Era uma beleza: não havia papel, nada. Agora, quando há uma simplicidade muito grande, há uma tendência muito forte a existir também uma injustiça muito grande. Imaginem o seguinte: quanto ao imposto de renda, para levar a uma maior apuração da renda líquida de cada um, exigiria um número maior de deduções etc., etc.; uma apuração mais individualizada; portanto, mais complexa. A simplicidade vai provocando um certo grau de injustiça. E aí, como fazemos? Há que encontrar – infelizmente, isso não tem acontecido muito – o ponto de equilíbrio entre a simplicidade necessária e a justiça também necessária. Imposto perfeito não existe, precisamos nos conscientizar disso. Mas o grau de imperfeição não precisa ser exagerado.

E eu vejo, por exemplo, no Brasil, a eficiência administrativa passando na frente de tudo, muitas vezes. A Constituição diz que o ICMS assim como o IPI devem ser seletivos, em razão da essencialidade etc., etc. E o que nós vemos? Como é muito fácil arrecadar um imposto sobre energia elétrica, a fornecedora de eletricidade paga, recolhe, põe no preço, e acabou. Como é muito fácil arrecadar o imposto sobre comunicações – e como é fácil! –, são sempre grandes empresas, e como é fácil arrecadar imposto sobre combustíveis com essa conversa da substituição, então, esses impostos são altíssimos. No Brasil, por exemplo, de modo geral, o ICMS é escandaloso, 25% sobre energia elétrica, e calculado ainda por dentro, o que leva a um imposto efetivo de 33,33%. Isto é um escândalo em termos de essencialidade! E assim por diante. Basta correr aquela Tabela do IPI, ver a tributação, para vermos que esta essencialidade é um pouco fantasiosa.

Eu sei que há isenção para os produtos da cesta básica. Mas eu diria que não só de cesta básica vive o homem: o homem veste, o homem isto, o homem aquilo. Então, tudo isso vai onerando. Há um levantamento [*truncado na gravação*] da FIPE que conclui que quem ganha o equivalente a dois salários mínimos deixa 48% na mão do Governo; e vai decrescendo: acima de 30 salários ficam 26% na mão do Governo. E viva a capacidade contributiva, que é objeto de tantas loas, tantos estudos teóricos etc., no Brasil!

Eu me preocupo muito com o estudo dos princípios, mas me preocupo muito mais com o que se faz deles na prática. Isto é tão importante quanto estudar os princípios em teoria, porque se eles, em teoria, são objeto de tantos estudos e, na prática, acontece o que se está vendo, então, servem para nada. Agora, isto em nome da eficiência da arrecadação, porque é mais fácil arrecadar da energia, das comunicações, e assim por diante, do petróleo e seus derivados, é muito mais simples. Então, a eficiência administrativa é alcançada, mas por ela se paga um preço inadmissível. E, neste caso, a eficiência administrativa não se justifica a si mesma, pela maneira com que é conseguida. Mas não é só.

Como o aparelhamento não é tão eficiente, procura alcançar essa eficiência por meio de medidas de constrição do contribuinte. Hoje, no Brasil, só falta exigir certidão negativa para poder emitir atestado de óbito; quanto ao resto já se precisa de certidão negativa para tudo. Essas medidas de constrição indiretas já não são novas, são antigas. E eu lembro aqui, a propósito, que no Estado Novo – e certamente em nome dessa eficiência – foram expedidos dois decretos-leis (um deles o de n. 5, de 13.11.1937 – vejam, o Estado Novo foi implantado no dia 10 de novembro, no dia 13 já se tinha o decreto-lei pronto), em que constavam dois artigos segundo os quais revogavam-se as disposições em contrário: "Os contribuintes responsáveis ou fiadores que não tiverem solvido os seus débitos para com a Fazenda Nacional, nas repartições arrecadadoras competentes, uma vez esgotados os prazos estabelecidos nos regulamentos fiscais respectivos, não poderão despachar mercadorias nas alfândegas ou mesas de renda, adquirir estampilhas dos impostos de consumo e de vendas mercantis, nem transigir por qualquer forma com as repartições públicas do país". Isto era impedir a atividade: não podiam importar, não podiam adquirir estampilhas dos impostos de consumo e vendas mercantis – sendo que àquela altura o imposto de consumo, que era o antigo nome do atual IPI, em grande número de produtos era pago mediante a aposição de estampilhas, como nos calçados, nos móveis, nos guarda-chuvas, e assim por diante. Por outro lado, o imposto de vendas mercantis, que àquela altura já era estadual, em 1937 era estadual com o nome de "vendas e consignações", era pago originalmente mediante estampilhas apostas ou nas duplicatas, nas vendas a prazo, ou no livro de registro de vendas à vista. Então, se o contribuinte não pudesse fazer nem uma coisa, nem outra, e nem por qualquer outra forma com as repartições públicas do país, ele simplesmente estaria impedido de exercer sua atividade. Era uma forma muito violenta de exercer uma constrição indireta. Depois isto o Decreto-lei 42, já no mês seguinte, 6.12.1937, falava nos depósitos em juízo, que, uma vez feitos, levantavam-se aquelas restrições todas etc. Não vou ler, porque são três artigos, e nos tomaria muito tempo.

E hoje, o que acontece? Estamos cheios dessas medidas. Eu começo dizendo que logo depois da reconstitucionalização do país o STF declarou inconstitucionais esses decretos-leis. E vejam a ineficiência: demorou muito, mas muito tempo, para que fossem revogados. Enquanto isso, o Fisco – eu diria, até, "apatetadamente" – continuou a aplicá-los, o que obrigava o contribuinte a impetrar mandado de segurança, que era concedido liminarmente. O juiz nem apreciava mais, porque era tão evidente que concedia a liminar imediatamente. Então, tudo aquilo era mais um acúmulo de serviço para o Poder Judiciário. E viva a eficiência administrativa! Deve ter levado no mínimo entre 15 e 20 anos para que os textos fossem revogados – o que é impressionante!

E hoje, o que vemos? Vemos o famoso CADIN, que é tão restritivo quanto aqueles decretos-leis o foram à sua época, mas que está aí. Até agora não vi qualquer declaração de inconstitucionalidade. Tem sido aplicado sem maiores reclamações e sem manifestações do Judiciário. Não sei se foram pedidas. Mas, de qualquer forma, são medidas de constrição indiretas em prol de uma eficiência administrativa na arrecadação, mas totalmente contrárias a uma montanha de princípios constitucionais. E, mais, ainda, até ao bom senso, postulado que está na base de tudo.

E ainda há várias outras medidas, e outras em projeto, agora em nome de um acúmulo de processos de cobrança executiva. Nós vemos mais uma: querem fazer a penhora administrativa, querem fazer a penhora administrativa. Querem pôr a hiena tomando conta da carniça... Não dá!

Por outro lado, não se presta atenção na razão desse acúmulo – aí, sim, vem a ineficiência administrativa. Eu referi aquela montanha de leis inconstitucionais e outras coisas do gênero, que provocam uma enxurrada de processos em série. O caso do crédito-prêmio do IPI: foi e voltou, foi e voltou; agora foi, mas não sei se vai voltar, honestamente, não sei. E o que aconteceu durante todos esses anos? O Fisco finalmente conseguiu ver declarado que a partir de 1990 não existe, mas de 1990 até agora decorreram 17 anos. Nesses 17 anos não teria sido possível uma medidazinha provisória – ou projeto de lei, que seria mais aconselhável –, enviada ao Congresso, revogando aquela legislação? Teria evitado essa montanha de processos judiciais, porque, a esta altura, quem tivesse reclamado tinha reclamado; para quem não tivesse reclamado já estava prescrito o direito, não haveria mais o que fazer. Não inação, pura e simplesmente inação.

De modo que vemos que a eficiência administrativa é altamente desejável, mas ela tem seus limites na Constituição. Sinto dizer que atualmente não são lá muito obedecidos, como acabei de exemplificar. Mas tem seus limites na própria Constituição, tem seus limites até o bom senso.

O que podemos desejar, o que podemos proclamar, aquilo pelo qual podemos lutar, é por que se tenha uma boa eficiência administrativa, sim. Mas não com sacrifício dos direitos do poder político.

E agora, como eu disse, em nome da nossa eficiência digestiva, paro por aqui. Muito obrigado a todos! [*Palmas*]

Presidente da Mesa (Prof. Eugênio Doin Vieira) – Prof. Alcides Jorge Costa... Consta nos meios celestiais que há algum tempo atrás, quando o Prof. Alcides completou 80 anos, São Pedro passou um *e-mail* para o Santo Padre, dizendo: "Sr. Deus, por favor, deixe esse homem lá embaixo, que eu quero ser aqui em cima o mais sábio dos mortais". [*Palmas*]

Impressionados com a exposição do professor sobre eficiência administrativa, os ilustres Palestrantes e Debatedores decidiram, por unanimidade, responder pessoalmente às consultas que receberam. Assim sendo, podemos ir para a finalização dos trabalhos.

Mas quero dizer, antes, que estou feliz e empolgado com o auditório. Tão bonito, homens bonitos, mulheres bonitas, de mente, de coração, de intenções de vida. É uma alegria ver como se inicia bem este nosso *XXI Congresso Brasileiro de Direito Tributário*.

Com os agradecimentos aos palestrantes e os cumprimentos aos conferencistas, e abraçando-os a todos, declaro encerrada a Sessão, convocando outra para as 14h. [*Palmas*]

MESA DE DEBATES "B"

TRIBUTOS FEDERAIS

PRESIDENTE DA MESA: PROF. AMÉRICO LACOMBE

MEMBROS DA MESA: PROFA. MISABEL DERZI, PROF. PAULO AYRES BARRETO, PROF. JOSÉ ARTUR LIMA GONÇALVES, PROF. SACHA CALMON NAVARRO COELHO

PRESIDENTE DA MESA (PROF. AMÉRICO LACOMBE) – Vamos dar início à segunda Mesa, a Mesa "B" – Tributos Federais. Falarão a Profa. Misabel Derzi, o Prof. Paulo Ayres Barreto, o Prof. José Artur Lima Gonçalves e o Prof. Sacha Calmon Navarro Coelho.

Todos eles dispensam qualquer apresentação, porque são figuras por demais conhecidas entre aqueles que estudam e trabalham no campo do Direito Tributário.

Cada um terá 20 minutos, com uma tolerância de 5, para fazer sua exposição.

Dou a palavra à Profa. Misabel Derzi, que falará sobre "A Não-Cumulatividade das Contribuições PIS/COFINS. A Compensação dos Créditos entre os Diferentes Regimes". Professora, o microfone é seu.

A NÃO-CUMULATIVIDADE DAS CONTRIBUIÇÕES PIS/COFINS. A COMPENSAÇÃO DE CRÉDITOS ENTRE OS DIFERENTES REGIMES

PROFA. MISABEL DERZI – É uma alegria comparecer a este *XXI Congresso Brasileiro de Direito Tributário*, mais uma vez promovido pelo Instituto Geraldo Ataliba – IDEPE, e participar, com os Srs., que sempre prestigiam estes eventos do Instituto, ao lado de ilustres Professores que aqui se encontram. A todos saúdo na pessoa do meu amigo e jurista Américo Lacombe.

Cabe-me, no curto espaço de 20 minutos, falar-lhes sobre a não-cumulatividade das contribuições para o PIS e para COFINS e na possibilidade de compensação entre os diferentes regimes. Falamos no sentido de possibilidade de compensação entre os regimes das contribuições não-cumulativas e das contribuições cumulativas.

Em primeiro lugar, comporta tecermos algumas considerações sobre normas constitucionais. Abordemos algumas regras da Constituição e, sobretudo, alguns princípios que lá se encontram e têm profunda relação com o tema que vamos desenvolver.

Os Srs. sabem que a Constituição brasileira erigiu a não-cumulatividade a princípio de alta relevância para os impostos incidentes, do ponto de vista econômico, sobre o consumo. Nós temos uma série de normas que dispõem a respeito do assunto: (1) art. 153, § 1º, II – relativamente ao IPI; (2) art. 155, § 2º, I – dita a não-cumulatividade para o ICMS, imposto estadual, de forma minuciosa (muito mais que em relação aos outros tributos); e (3) art. 195, § 12 – o qual se refere às contribuições para o PIS e a COFINS, dispondo que a lei definirá os setores de atividade econômica para os quais essas contribuições serão apuradas de forma não-cumulativa.

Além disso, os arts. 154 e 195, § 4º, permitem à União um exercício de competência residual, quer para criar novos impostos não previstos na Constituição, quer para criar novas contribuições, de custeio da Seguridade Social, que já não estejam dispostas no art. 195, desde que esses tributos sejam não-cumulativos.

Então, estamos em face de uma norma de extensão ampla, e que é a tendência de todos os tributos sobre o consumo na ordem jurídica brasileira – seguindo, na verdade, uma tendência universal, contemporânea.

Hoje, inclusive a China e Japão, todos os países adotam tributos plurifásicos, não-cumulativos, da modalidade do IVA, exceto no seu todo os Estados Unidos da América. Nós já sabemos que nesse país dois Estados Federados instituíram internamente, em lugar do clássico imposto sobre vendas no varejo, impostos internos plurifásicos e não-cumulativos.

À luz da nossa Constituição Federal, a primeira indagação que nós vamos fazer é: existe um conteúdo mínimo à luz da Constituição, especialmente sob o enfoque da jurisprudência, para preencher o conceito de *não-cumulatividade*? Existe algum mínimo de padronização após divisarmos na Constituição uma insistência tão forte em relação ao princípio da não-cumulatividade?

O art. 155, § 2º, I, da CF, que se refere ao ICMS, bem como classicamente estipula a Constituição para o IPI, determina compensação do imposto devido em cada operação relativa à circulação de mercadorias ou prestação de serviços com o montante cobrado nas anteriores pelo mesmo ou outro Estado da Federação. E ainda contempla as possibilidades de estorno ou de concessão de crédito presumido. A rigor, essas possibilidades não são exceções propriamente ao princípio da não-cumulatividade, se interpretadas de uma forma correta. Na minha opinião, a autorização constitucional para estorno dos créditos relativos às operações anteriores, tributadas quando a subseqüente está no campo da isenção ou da não-incidência, só se dá, ou só vem, para o caso de operações de cadeia curta, relativamente a duas operações, uma anterior tributada e uma subseqüente não-tributada. Em nossa opinião, a Constituição não contempla a hipótese de outras operações, pois nós sabemos que uma isenção no meio da cadeia, com estorno do crédito, desencadeia uma cumulatividade maior e uma arrecadação indevida do tributo ao final da cadeia.

De modo que a interpretação do art. 155 deveria ser feita com mais restrições, com atenção ao ditado da Constituição. Mas, seja como for, no IPI esta autorização para o estorno, que é praticada entre nós, não vem repetida na própria Constituição. Ora, como a Constituição manda compensar o tributo cobrado nas operações anteriores com as operações subseqüentes, mesmo antes da Constituição de 1988, não há, então, uma autorização para esse estorno, o que acontece em outras ordens jurídicas que usam o IVA. Afinal, como acabo de referir, somente quando falamos de uma cadeia curta, com apenas duas etapas, estornar o crédito relativamente à operação anterior não desencadeará uma arrecadação maior ao final.

Porém, como constitucionalizamos o princípio e a Constituição entendeu de, topicamente, autorizar o estorno aqui e ali, não o fazendo para o IPI, não o fazendo para as contribuições do PIS e da COFINS, entendemos – e o STF já se pronunciou no caso do IPI – que seja proibido o estorno e mantendo, como todos nós sabemos, os créditos presumidos relativamente às isenções. Essa proibição, conforme recente entendimento do STF, não se refere mais às alíquotas zero, mas apenas às isenções.

Assim, em relação ao IPI, quando uma operação subseqüente é isenta, imune, há uma não-incidência do tributo, os estornos não são permitidos. Apesar do silêncio da Constituição, nós queremos dizer que, pelo menos à luz da jurisprudência consolidada do STF no que tange ao IPI, não é permitido desconsiderar o creditamento se houve efetiva tributação em determinada operação.

Este é o modelo relativo ao IPI, que, na verdade, leva a uma contaminação do modelo para as contribuições relativas ao PIS e à COFINS. Se nós não tivéssemos o princípio da não-cumulatividade tão explicitado na Constituição, pelo menos para dois grandes impostos, eu não estaria a lhes dizer isto. Logo, nós estaríamos em face de um mero princípio indicativo, sendo que o legislador o poderia modelar com mais discricionariedade, com mais liberdade. Mas, no momento em que a Constituição abre as exceções possíveis para o ICMS, certamente a Constituição fecha a possibilidade de exceções para o IPI e para outros tributos não-cumulativos.

O que estou lhes dizendo, como interpretação da Constituição, pura e simplesmente, no entanto, é o que o legislador ordinário vem seguindo e perseguindo, e cumprindo, em relação às contribuições para os programas do PIS e para a COFINS, exatamente este modelo de interpretação. Nessas contribuições o legislador infraconstitucional adota, então, um regime idêntico ao do IPI; portanto, de uma amplitude maior. Ocorre que a partir da Emenda Constitucional 42/2003 determinados princípios, como o da neutralidade, vieram a ser introduzidos no capítulo do Sistema Tributário. Esses princípios, como o da neutralidade e o da prevenção dos desequilíbrios da concorrência, terão cada vez mais aplicação no ordenamento tributário. As questões do equilíbrio e da neutralidade tornaram-se, portanto, normas obrigatórias impostas no art. 146-A, do Sistema Tributário brasileiro. Os reflexos serão ainda maiores contando que a Constituição autoriza a convivência de dois regimes de apuração diferentes em relação às contribuições: em alguns setores da atividade econômica aplicar-se-á o sistema de apuração cumulativa, e em outros setores se aplicará o regime de apuração não-cumulativa (art. 195, § 12).

Isto é relevante, extremamente relevante, porque, na verdade, o princípio da não-cumulatividade tem exatamente como objetividade alcançar a neutralidade no mercado em relação à formação dos preços. Pois bem, qual seria o mínimo, do ponto de vista da concessão do direito ao crédito?

Vimos que não há possibilidade, à luz da Constituição brasileira, de desconsiderar, através de lei infraconstitucional, exceto em relação ao imposto estadual, os créditos oriundos das operações anteriores ou existentes nos custos e despesas que vão formar a receita da empresa ou seu faturamento no que tange a essas contribuições. Não há possibilidade, portanto, do estorno à luz da Constituição Federal.

Na nossa opinião, a Constituição brasileira adota uma visão ampla com a eleição de uma não-cumulatividade com crédito financeiro, e não meramente físico. Convivemos até recentemente com o IPI absolutamente retrógrado, atrasado, não é? Os Srs. sabem que o IPI conservou até pouco tempo o mesmo sistema de apuração que o ICMS tinha com o Decreto-lei 406/1968, não havendo créditos em relação à aquisição de bens maquinários do ativo, nem de bens de uso e consumo. Era o imposto mais retrógrado do sistema. Com a Emenda Constitucional 42, a partir de 2003, máquinas e implementos agrícolas passaram a ser adquiridos com alíquotas zero. Então, este problema no IPI passou a ser minorado, bastante reduzido.

Se atentarmos para a jurisprudência dos tribunais, o STJ, sem dúvida alguma, interpreta o princípio da não-cumulatividade, tal como o faz a Lei Complementar 87, ampla e com crédito financeiro. Não exatamente o STF, que, mais recentemente, ao analisar a redução para as deduções ou o parcelamento para a apropriação dos créditos em relação aos bens do ativo fixo no ICMS, entendeu que as alterações trazidas à Lei Complementar 87/1996 eram constitucionais, e que o núcleo irredutível do princípio da não-cumulatividade seria físico. Os Ministros o disseram, mas o disseram de passagem. Esta redução do princípio da não-cumulatividade não é adequada, sob pena de o próprio STF, amanhã, reconhecer a inconstitucionalidade da Lei Complementar 87, que teria, então, ao expandir o princípio da não-cumulatividade, concedido a isenção heterônoma, com tributo alheio, o que a Constituição veta. Não é isso. Não é assim que deve ser interpretado o pensamento de um Ministro, ou outro, do STF. O que os Ministros entendem é que o princípio da não-cumulatividade na Constituição é amplo e com crédito financeiro mesmo. Porém, não há operacionalidade total. O que seria operacional imediatamente, obrigatório para qualquer lei, seriam os créditos físicos. Porém, para os demais créditos, relativos à aquisição de bens de uso e consumo e bens do ativo fixo, vai depender de uma implementação da próprio Constituição, o que foi feito na Lei Complementar 87.

Mas eu não tenho a menor dúvida de que a Constituição prevê um princípio da não-cumulatividade ampla, porque o STF deixou bem claro que a Lei Complementar 87 é absolutamente constitucional, absolutamente obediente às normas da Constituição.

Então, a partir destas questões, vejamos: nas contribuições para o PIS e para a COFINS há uma vocação natural para a formação de saldos credores. E o que fazer com esses saldos credores? Isso para introduzirmos o tema final da nossa exposição – qual seja, a comunhão entre os regimes diferentes de apuração das contribuições cumulativas e das contribuições não-cumulativas.

As primeiras leis introdutórias do regime não-cumulativo dispuseram apenas que, havendo saldo credor, ele, esse saldo credor, passa aos meses subseqüentes, de tal forma que ele não se perde, sendo sempre mantido. Vejam bem que o regime das contribuições é idêntico ao regime do IPI. As contribuições têm vocação para a formação de saldos credores. Há um mecanismo automático de formação de saldo credor nas exportações. Todos nós sabemos disso. Quer no ICMS, quer no IPI, quer nas contribuições, havendo imunidade em relação às exportações, mas havendo manutenção dos créditos anteriores na produção dos produtos exportados ou na prestação dos serviços exportados, há, evidentemente, acúmulos de créditos.

As leis sempre previram que esses saldos credores nas exportações, em relação às próprias contribuições e em relação ao próprio IPI, podem ser aproveitados com as contribuições em outras atividades internas da empresa, cumulativas ou não, ou com outros tributos administrados pela Receita Federal, tanto do IPI quanto das contribuições, ou mesmo ressarcidos esses saldos credores em dinheiro.

Não obstante, como nós acabamos de lembrar, as contribuições para o PIS e para COFINS, nessa parte, são respeitosas da jurisprudência do STF. Então, ali estão previstos pelo menos dois regimes.

(1) Há, evidentemente uma operação com incidência do tributo, não há possibilidade de anulação de um crédito relativamente a operação anterior.

(2) Não há incidência na operação de saída, ou há uma isenção, ou uma imunidade. Não há possibilidade, nas contribuições para o PIS, para COFINS, assim como no IPI, de estorno em relação às operações anteriores, tributadas.

Hoje nós temos uma norma genérica que garante a manutenção desses créditos, e ela está prevista no art. 17 da Lei 11.033/2005. Então, esse dispositivo da manutenção dos créditos, que veio num primeiro momento para as exportações, expandiu-se também para todas aquelas hipóteses, mantendo-se a interpretação que faz o STF do princípio não-cumulatividade em relação ao próprio IPI. Isso se expandiu para as contribuições, para o PIS e para a COFINS.

Logo, estes tributos têm vocação, também no mercado interno, para a formação de saldos credores. O que fazer com esses saldos credores? O contribuinte começa a acumular créditos e não tem como dar vazão a estes créditos. Pois bem, o legislador ordinário também encontrou uma saída, e ela se encontra de forma genérica estabelecida na Lei 11.116, de 18.5.2005. Esta lei prevê a mesma solução que existe para o IPI. Dessa forma, quando se cumula o saldo credor por mais de três meses em determinado exercício, as soluções estarão disciplinadas no art. 16 da lei que acabei de referir. Assim, este saldo credor é compensado com a mesma contribuição, seja o regime cumulativo, seja o regime não-cumulativo. Ainda havendo saldo credor, este saldo credor pode servir para pagar outros tributos administrados pela Receita Federal; e, finalmente, até se prevê ressarcimento em dinheiro.

O que resta, então, para a prática e para as necessidades dos contribuintes e dos cidadãos? O legislador brasileiro, quer em relação ao IPI, quer em relação às contribuições para o PIS e para a COFINS, à vista da proibição implícita na Constituição de estorno de crédito, que o STF já reconheceu, previu saídas para esses saldos credores em leis específicas.

O que não há, de forma clara e inequívoca, é a mesma solução quando o legislador não concede, na verdade, uma isenção, ou uma alíquota zero, em relação à operação subseqüente. Mas o contribuinte pode cumular créditos por várias razões. Quando uma empresa está sujeita a regimes diferentes, isto pode ocorrer. Nós não temos tempo, aqui, para entrar nas inúmeras possibilidades de convivência deste fenômeno. Porém, façamos breve indagação: a empresa está pagando as contribuições cumulativas, continuamente, e na outra atividade, sujeita à não-cumulatividade, está com saldos credores elevados, por quê? Porque, a rigor, nós teríamos que estar diante de uma isenção ou de uma alíquota zero ou de uma não-incidência para que este saldo credor tivesse vazão, ou, então, outra solução mais específica e rápida.

Logo, para resolver essas questões, o princípio da prevenção dos desequilíbrios da concorrência deverá ser invocado pelos contribuintes. Caso contrário, nas hipóteses de saldo credor elevado, o contribuinte pode querer se ajustar por vontade própria, dando saída até sem cobrar alguma coisa, gerando saldo devedor, adequando uma solução às apontadas na lei. Isso desencadeará mal-estar na concorrência, exatamente a questão que a Constituição quer evitar. Com estas ponderações, nós diríamos que a convivência entre os dois regimes tem, na verdade, que obedecer aos grandes princípios da Constituição, especialmente a *isonomia* entre os contribuintes e as regras da livre concorrência.

Muito obrigada aos Srs.! [*Palmas*]

PRESIDENTE DA MESA (PROF. AMÉRICO LACOMBE) – Passo a palavra ao Prof. Paulo Ayres Barreto, que vai falar sobre "Qualificação Jurídica de 'Receita' em Face das Normas de Incidência do IR, CSL, PIS e COFINS".

QUALIFICAÇÃO JURÍDICA DE "RECEITA" EM FACE DAS NORMAS DE INCIDÊNCIA DO IR, CSL, PIS E COFINS

PROF. PAULO AYRES BARRETO – Boa tarde a todos! Eu quero cumprimentar, inicialmente, o Presidente desta Sessão, o Prof. Américo Lacombe, bem como o auditório, na pessoa do ilustre Prof. Roque Antônio Carrazza.

Certa vez o Prof. Paulo de Barros Carvalho me alertou para o fato de que presidir um evento desta natureza representa meramente uma homenagem. Prova disso é que nem o tema objeto da minha fala tive a oportunidade de escolher: foi-me atribuído. Conquanto não seja um tema de minha predileção, cuidarei de discorrer sobre "Qualificação Jurídica de 'Receita' em Face das Normas de Incidência do IR, CSL, PIS e COFINS".

Tal tema remete a vários subtemas importantes, tais como (i) o conteúdo semântico do signo "receita" à luz de exegese eminentemente constitucional; (ii) a aproximação ou a consideração do signo "receita" à luz da legislação do imposto sobre a renda, em comparação à legislação que cuida das contribuições; (iii) a questão do regime de caixa *versus* o regime de competência em matéria tributária; (iv) considerações peculiares referentes ao regime jurídico das contribuições em relação aos impostos; (v) a questão do atrelamento da opção na apuração do imposto sobre a renda (real *vs.* presumido), em relação aos efeitos da incidência cumulativa ou não-cumulativa do PIS e da COFINS; e (vi) o tema da observância do art. 195, § 12, da CF no caso da não-cumulatividade da contribuição ao PIS e da COFINS, que poderá existir em relação a certos setores de atividade econômica.

Procurando fazer uma regressão no que toca à questão da tributação da "receita" no Brasil, lembro-me de uma observação do Prof. Alcides Jorge Costa, hoje pela manhã, no sentido de que toda tributação muito simples, normalmente, gera grandes injustiças. Em outras palavras, o que é extremamente simples geralmente, em matéria tributária, é também muito injusto.

Nesse contexto, não há dúvida de que, atualmente, o imposto sobre a renda da pessoa física é muito mais simples do que era no passado, e também não há dúvida de que, hoje, ele é mais injusto que antes. Essa foi uma tendência trilhada pela Secretaria da Receita Federal, que pretendia alcançar, em vários aspectos, uma tributação mais simples, mais prática, mais eficaz. Em 1998, 1999 e 2000 técnicos da Secretaria da Receita Federal olhavam para a arrecadação tributária brasileira e enxergavam o seguinte cenário: (i) a CPMF era um tributo fácil de fiscalizar e de excelente arrecadação; (ii) a COFINS, incidente à época sobre o faturamento, também era fácil de fiscalizar e de excelente arrecadação; (iii) a contribuição ao PIS, da mesma forma; no entanto, o imposto sobre a renda apresentava um quadro diferente dessas contribuições. No caso do imposto sobre a renda, equipes de fiscalização passavam meses e meses nas empresas procurando identificar cada registro contábil, cada lançamento feito à conta de receita, à conta de custo, à conta de despesa, para, ao final de 8, 9, 10 meses de trabalho, identificar que não havia renda a ser tributada, e que a empresa estava diante de um prejuízo fiscal, nada havendo, portanto, a ser arrecadado.

À época era comum ouvir-se que a Receita Federal não queria um imposto sobre a renda que incidisse sobre renda. Queria um imposto sobre a renda que incidisse sobre a receita. Nessa trilha, foi elaborado um projeto de lei, que deu origem à Lei Complementar 104/2001, o qual, em sua redação original, trazia exatamente o seguinte texto: "O imposto sobre a renda tem como fato gerador a aquisição de receita". Esse texto não foi aprovado pelo Congresso Nacional. A redação que prevaleceu é a que mantém a noção de que o fato gerador do imposto sobre a renda é a aquisição da disponibilidade econômica ou jurídica de renda, assim entendido o produto de capital, trabalho, ou da combinação de ambos.

Mas já se notava, desde então, uma tendência ou uma pretensão forte de fomentar a tributação da receita. Trata-se de fato signo positivo de riqueza muito mais fácil de fiscalizar e de arrecadar. Desde então, vem crescendo a incidência tributária no Brasil sobre receita. Haverão de lembrar o FINSOCIAL, que começou com uma alíquota de 0,5%, depois passou para 1,0% e para 1,2%; a COFINS, com uma alíquota de 2%, que passou para 3% e para 7,6%; e ainda a combinação das contribuições ao PIS e da COFINS, no regime não-cumulativo, com uma alíquota somada de 9,25% de incidência sobre a receita.

É bom ter presente que a receita exprime realidades econômicas que podem ser radicalmente diferentes, de acordo com a empresa envolvida. Há empresas que têm muita receita e uma margem de lucro mínima. Há outras que têm muita receita e grande margem de lucro. Há empresas que têm pouca receita, mas grande margem de lucro. Há empresas que têm pouca receita e pequena margem de lucro. Para não falar daquelas que precisam gerar receita com resultado negativo, simplesmente para poder pagar o banco. *Receita* é um signo que gera distorção para a aferição da real capacidade contributiva. Portanto, todo cuidado é pouco na eleição desse signo "receita" para gerar tributação em matéria tributária, genericamente falando.

No quadro legislativo, o que nós temos, hoje? Temos algumas contribuições incidindo sobre receita e o imposto sobre a renda e a contribuição social sobre o lucro, que, na sua forma de apuração, têm como um dos importantes componentes, talvez o mais importante, a consideração de receita. E disso vem uma segunda ordem de considerações: será que é possível dizer que toda receita, registrada contabilmente, para fins de apuração do imposto sobre a renda, pode e deve ser considerada juridicamente como receita, para fins de pagamento do PIS e da COFINS?

De certa forma, nós não cuidamos muito, nos últimos anos, do exame do conteúdo semântico do signo "receita". O STF tem reiteradamente decidido que todo vocábulo contido no texto constitucional deve ter sua significação identificada a partir de um exame teórico daquele signo na perspectiva jurídica, ou seja, de uma busca da sua significação no contexto jurídico, na jurisprudência existente no dia 5.10.1988, quando foi promulgada a Constituição Federal, no direito positivo e na doutrina dominante até então. De outra parte, a transformação de um signo constitucional deve ser reconhecida a partir do exame dos enunciados prescritivos insertos na nova ordem constitucional.

Se nós partirmos desse pressuposto e formos buscar o conceito de "receita" à luz das lições dos grandes Mestres – e eu invoco aqui, exemplificativamente, o Prof. Geraldo Ataliba –, temos que "receita" se refere à espécie de entrada que passa a pertencer à entidade, isto é, refere-se ao ingresso de dinheiro que vem integrar o patrimônio da entidade que o recebe. Aliomar Baleeiro, quando cuida de receita pública, diz que receita é a entrada que integra o patrimônio público, sem quaisquer reservas ou condições, acrescendo seu vulto como elemento novo e positivo. Se formos buscar no próprio Latim a noção de "receita", encontramos vocábulo que designa "recebimento", "valores recebidos". Os dicionários jurídicos, como o de Plácido e Silva, conceituam "receita" como toda soma ou quantia recebida, importando recebimento de dinheiro ou soma pecuniária.

Há de se ter em mente uma primeira preocupação relativamente ao que acontece com a receita não-recebida, ou a qual já se faz jus a perceber, já se tem o direito de crédito, isto é, já está no "contas a receber", mas ainda não está no bolso, no caixa. Para fins do imposto sobre a renda, desde que se adotou o chamado "regime de competência", essa receita compõe a base de cálculo do tributo, da mesma forma que a despesa ainda não paga, mas já registrada no "contas a pagar", também compõe a base de cálculo desse tributo. Pelo "regime de competência", em tese, pelo menos com grandes números, essas duas realidades se aproximam, permitindo que se trabalhe com o "regime de competência" sem qualquer problema.

Há exceções a tal regra, como o próprio Regulamento do Imposto sobre a Renda prevê, em relação aos valores que as empresas privadas devem receber dos entes públicos, empresas públicas, no caso de obras dessa natureza. O Governo sabe que é mau pagador. Por força disso, a legislação admite o reconhecimento da receita sob o "regime de caixa", e não sob o "regime de competência".

A questão que se põe é se no caso do PIS e da COFINS, por exemplo, só poderia ser tributada receita recebida ou, diversamente, se a receita não-adimplida já é passível de tributação. Essa é uma primeira questão importante. Eu acredito que tal questão se resolva, especificamente, à luz da definição, de conformação da noção, de "receita". Quais são os atributos de "receita" para fins de reconhecimento dessa entidade, desse conceito jurídico?

Há poucas monografias sobre o tema no Brasil. Um trabalho bastante alentado é o do Prof. José Antônio Minatel, que foi membro do Conselho de Contribuintes. Ele trabalha com os seguintes atributos do signo "receita": receita implicaria, primeiro, ingresso de recursos financeiros ao patrimônio de pessoa jurídica. Ingresso de que natureza? Ingresso que (i) seja vinculado ao exercício da atividade empresarial da pessoa jurídica, (ii) tenha como causa a contraprestação de negócio jurídico, envolvendo a compra e venda de mercadorias, ou a prestação de serviços, ou a cessão onerosa e temporária de bens e direitos, ou a remuneração de investimentos, (iii) seja definitivo, isto é, esteja disponível para quem o aufere, e (iv) seja mensurável instantaneamente.

Nesse sentido, seria possível afirmar, exemplificativamente, que ou bem só se tributa a receita efetivamente recebida – e, portanto, a receita inadimplida não é passível de tributação –, ou, na mesma linha, admite-se a tributação da receita ainda não-recebida, desde que se estabeleça um mecanismo de compensação para a consumação do não-recebimento. É como votou, por exemplo, o TRF-4ª Região, em julgamento de relatoria do Des. federal Leandro Paulsen. Esse douto Desembargador, em seu voto, admite o "regime de competência" para tributação da receita, mas exige que, inadimplido o pagamento, haja a possibilidade de compensação daquele valor pago.

Além disso, se esses são os atributos específicos relativos ao signo "receita", uma série de entrada de valores, reconhecidos contabilmente como receita para fins contábeis, para fins de determinar o fluxo de origens na visualização da mutação do patrimônio líquido das pessoas jurídicas, não se qualificaria como "receita" nessa acepção mais estrita, a qual deveria ser considerada para a tributação da contribuição ao PIS e da COFINS. É possível afirmar, por exemplo, que (i) a reversão de provisão não qualifica receita, e, portanto, jamais pode ser base de cálculo de PIS e COFINS; (ii) o perdão de dívida não qualifica receita, porque busca neutralizar um custo ou uma despesa incorrida, e, portanto, não é base de cálculo de PIS e COFINS; (iii) o perdão de dívida também não é base de cálculo de PIS e COFINS porque exatamente neutraliza um custo envolvido; (iv) o ganho de capital, por não ser inerente à atividade empresarial da empresa, por ser um resultado não-operacional, tendo tratamento específico pelo próprio imposto sobre a renda, também não seria base de cálculo de PIS e da COFINS.

Além dos aspectos levantados, quer me parecer ser importante fazer referência ao que segue. Ao se trilhar o caminho de atrelar os regimes de apuração PIS/COFINS ao imposto sobre a renda, buscou-se exatamente aquele anseio original da Secretaria da Receita Federal, que não deu certo quando a Lei Complementar 104/2001 não foi aprovada nos termos do projeto encaminhado ao Congresso Nacional. Se não se logrou êxito num primeiro momento, conseguiu-se num segundo momento, atrelando esses regimes.

Basicamente, o raciocínio é o seguinte: aumentam-se fortemente as alíquotas para as empresas que optam pelo regime não-cumulativo, no percentual de 9,25%, na somatória do PIS e da COFINS; e reduz-se fortemente o direito de crédito mediante uma série de normas claramente criticáveis e contestáveis, na minha visão, que não qualificam bem a noção de não-cumulatividade do PIS e da COFINS, para fazer com que a alíquota efetiva final seja uma alíquota importante. Aquelas empresas que têm prejuízo fiscal, que têm prejuízo acumulado e que não pagam imposto sobre a renda, vão pagar mais contribuição sobre receita. Vale dizer, o desiderato inicial do Secretário da Receita Federal, que não foi alcançado no primeiro momento, é alcançado de forma transversa num segundo momento, mediante o atrelar do regime de apuração de contribuições ao imposto sobre a renda.

Isso, a meu ver, de um lado, é pernicioso, na medida em que se está tributando mais gravosamente quem tem menos capacidade contributiva, no caso da empresa que está apurando o prejuízo fiscal. De outro lado, a questão maior e mais relevante é: essa previsão guarda consonância com a regra constitucional que determina que as contribuições ao PIS e à COFINS deverão ser não-cumulativas, de acordo com o setor de atividade econômica, prevista no art. 195, § 12? O que será essa regra? Será que é uma norma aberta, de conteúdo preenchível por legislação infraconstitucional, ao bel-prazer do legislador infraconstitucional? Quer me parecer que não, pois esta vinculação da não-cumulatividade ao setor de atividade econômica, dentro do contexto em que a norma foi inserida no nosso cenário tributário, remete-nos à seguinte possibilidade interpretativa: para os setores essencialmente monofásicos é possível a cumulatividade, porque ela não produz qualquer efeito adverso, qualquer efeito danoso; já para os setores claramente plurifásicos impõe-se a não-cumulatividade. Logo, o critério utilizado pelo legislador constitucional foi o de estabelecer a não-cumulatividade onde estiver presente a plurifasia, e não necessariamente estabelecê-lo quando se estiver diante de setores cuja atuação é essencialmente monofásica – como ocorre, por exemplo, na grande maioria das vezes, no setor de serviços. Esse, quer me parecer, é o melhor caminho para se interpretar essa disposição constitucional. É de se afastar esse caminho casuístico adotado pela legislação que regula o PIS e a COFINS, que a cada instante, a cada *lobby* melhor engendrado em Brasília, cria uma regra específica, uma norma especial, para um setor que se sente prejudicado pela não-cumulatividade, tão querida e almejada pelo empresariado, e que de repente, em alguns setores, virou realmente um grande problema. Nesse sentido, cria-se uma norma específica para eliminar determinada atividade econômica dessa tributação não-cumulativa, e não uma norma para eliminar um setor dessa tributação – o que, em tese, é o que prescreve o texto constitucional.

Em síntese, quer me parecer que nós precisamos identificar os estritos limites da imposição tributária sobre esse signo "receita", com uma consideração mais rigorosa do que possa ser alvo de tributação a esse título em nosso ordenamento jurídico. Quer me parecer que nós precisamos evoluir, no sentido de buscar uma conseqüência jurídica importante para a prescrição constitucional que determina a não-cumulatividade da contribuição ao PIS e da COFINS, e, com a conjugação dessas noções, criar uma tributação que talvez seja menos simples, mas que será, inequivocamente, mais justa em matéria tributária.

Era a mensagem que eu gostaria de transmitir. Agradeço a atenção de todos! [*Palmas*]

PRESIDENTE DA MESA (PROF. AMÉRICO LACOMBE) – Prosseguindo, dou a palavra ao Prof. José Artur Lima Gonçalves, para falar sobre "Planejamento Tributário e a Possibilidade de Descaracterização de Negócios Jurídicos por Autoridades Administrativas".

PLANEJAMENTO TRIBUTÁRIO E A POSSIBILIDADE DE DESCARACTERIZAÇÃO DE NEGÓCIOS JURÍDICOS POR AUTORIDADES ADMINISTRATIVAS

PROF. JOSÉ ARTUR LIMA GONÇALVES – Muito obrigado! Boa tarde, Prof. Lacombe, Profa. Misabel, Prof. Paulo Ayres, Prof. Sacha, colegas Congressistas! Este tema já está bastante surrado, mas creio que nós temos que tentar colocar algum parâmetro técnico para obter uma abordagem diferente, uma tentativa de controlá-lo.

Mais recentemente essa questão voltou à pauta em função daquela lei complementar que alterou o art. 116, parágrafo único, do CTN. Vocês lembram que essa inclusão tem a seguinte redação: "A autoridade administrativa poderá desconsiderar atos ou negócios jurídicos, praticados com a finalidade de dissimular a ocorrência do fato gerador do tributo ou a natureza dos elementos constitutivos da obrigação tributária, observados os procedimentos a serem estabelecidos em lei ordinária".

Como todos sabemos, esse regramento, por lei ordinária, dos procedimentos nunca foi editado, e o espírito desta norma tem motivado uma série de decisões tomadas no âmbito administrativo de forma velada, sem a invocação direta do dispositivo.

O que está por trás dessa discussão é a tentativa de estabelecimento das chamadas cláusulas antielisivas, as cláusulas gerais de tributo, que têm como pano-de-fundo a tentativa da tributação de fatos que não estejam tipificados na norma tributária, esta é colocação técnica.

Essa tentativa de contornar legalidade e a tipicidade, sempre supostamente fundamentada nos contornos do princípio da igualdade e na capacidade contributiva, é a motivação declarada não-declarada.

Como lembra o Prof. Paulo de Barros Carvalho, desde a edição dessa norma, se fosse esta a intenção normativa e se fosse este o efetivo conteúdo da norma, ela já existia no art. 149 do CTN, que dizia que a autoridade competente para a prática do ato de lançamento deve lançar o tributo quando se comprova que o sujeito passivo ou terceiro em benefício daquele agiu com dolo, fraude ou simulação.

Portanto, a existência deste artigo já anteriormente, no Código Tributário Nacional, era suficiente para desqualificar a justificativa política da edição daquela lei complementar com a inserção do parágrafo único do 116 no CTN. Não é isso, portanto, que se busca com esta norma.

Repita-se, nada há de novo a ser tratado nesta matéria, porque o assunto já estava tecnicamente resolvido dentro do Código Tributário Nacional.

A intenção dessa norma é exatamente criar a subversão de uma dada competência constitucionalmente configurada. Parece-nos que o efetivo conteúdo jurídico é tentar deslocar a identificação de eventos do plano econômico da atividade legislativa para a atividade administrativa.

Para nós, é perfeitamente possível resolver esta questão, para quem conhece o princípio republicano, para quem conhece o princípio da legalidade. Existe, no entanto, quem argumente que estas colocações não passam de colocações valorativas retóricas, e que, portanto, poderiam ser opostas tranqüilamente por invocação de eqüidade, de solidariedade, de capacidade contributiva – e assim por diante.

Como não desejamos ficar na discussão gratuita para a qual o Prof. Paulo chamou a atenção hoje pela manhã, que é a da menção não-objetiva de valores aleatoriamente invocados (de um lado, eu falando em República; do outro lado, a lei falando de solidariedade), eu acho que o grande desafio nessa matéria é buscarmos um padrão técnico para sua solução. E penso que esse padrão técnico possa ser compreendido de maneira muito clara e tranqüila a partir da análise do âmbito de validade das competências que a Constituição outorga.

O que o legislador deve fazer, qual é o objeto de trabalho do legislador? E o que o administrador deve fazer; qual é o objeto de trabalho do administrador?

Faço uma ressalva que acho muito importante no sentido de que nada do que estou falando aqui, propondo à meditação dos colegas, tem a ver com vício de negócio jurídico. Então, o que for a chamada "picaretagem" vamos deixar de lado, e vamos analisar as questões, a problemática da utilização das competências. Não estou falando de simulação, não estou falando de fraude à lei, não estou falando de negócio indireto. Não vamos entrar nestas considerações. Vamos direto ao que interessa, que é a explicitação de um padrão técnico para tentar abordar esta matéria.

No ambiente atual parece-me que existe uma perda total de referência para o particular, porque ele não consegue mais se planejar, não consegue desenvolver seus negócios, suas atividades econômicas, e passa a operar dentro de uma total imprevisibilidade – o que não é desejável, nem produtivo.

Por outro lado, o Estado está – inclusive por meio da inserção deste parágrafo no Código Tributário Nacional – criando condições para o desenvolvimento de uma sensação no administrador, no agente público, de que existiria uma competência técnica, uma competência jurídica, para que a autoridade administrativa pudesse desenvolver um dispositivo que criasse a tipificação de um dado evento econômico como fato jurídico tributário.

Temos, então, de um lado, essa imprevisibilidade do particular; de outro, esta sensação no administrador de que ele tem competência jurídica para assim elaborar. Tudo a criar um ambiente que não implica aprimoramento do funcionamento da máquina estatal.

Para recolocar tecnicamente o tema, precisamos lembrar o que é que pode ser objeto de trabalho, pelo legislador, em termos de competência tributária positiva.

Percebam que isto não fica à disposição do intérprete, ninguém está aqui discutindo valor, ninguém está fazendo retórica, ninguém está fazendo subjetivismo algum. Estou olhando para a Constituição e tentando tirar da própria Constituição aquilo que ela diz que o legislador deve fazer. A discussão é objetiva, ela não é retórica. E esta nossa Constituição que está em vigor – gostem ou não –, como dado objetivo, diz que o legislador é que vai colocar a hipótese de incidência tributária, é o legislador que vai colocar a regra-matriz de incidência. O Executivo não recebeu do cidadão este mandato. Esta é uma verificação objetiva no texto constitucional. O cidadão, pelo voto, dá o mandato para o legislador colocar a hipótese de incidência. Então, essa é uma consideração de natureza objetiva, dogmática e jurídica, não é discussão teórica, discussão valorativa; é constatação, dado objetivo.

Ao lado desta circunstância objetiva, eu percebo que o Executivo não tem mandato do cidadão, não tem o consentimento, que é dado por meio de um mandato, para criar a hipótese de incidência tributária. A Constituição, muito objetivamente, determina que ele vai praticar atos importantíssimos para a fiel execução da lei. O que interessa ao cidadão é que a lei funcione. Interessa ao cidadão que o tributo seja recolhido exatamente na medida em que, com seu consentimento, foi instituído – e daí por diante. Portanto, a função administrativa é importantíssima para o regular e equilibrado funcionamento do Estado.

Temos, portanto, que o titular da competência de descrever a hipótese de incidência tributária por meio de lei é o legislador, e mais ninguém. Isto, novamente, insisto, é dado objetivo.

Como é que o legislador vai fazer isto? Ele tem um objeto de trabalho, a criação da hipótese de incidência tributária. Ele tem uma técnica para desenvolver este trabalho. Ele olha para o plano dos eventos econômicos, contempla uma série de manifestações de aptidão para transferir recursos para os cofres públicos, e, por meio de uma técnica, que é descrever lingüisticamente predicados daqueles eventos, circunstâncias, características dos eventos para os quais ele está olhando, ele pega e cria conceitos que fazem com que nós, intérpretes do texto que ele vai pôr, sejamos capazes de olhar para o mundo dos eventos econômicos, para o ambiente da atividade econômica, e compreendermos: "Olha, a este evento aqui o legislador fez referência na descrição da hipótese de incidência, a este outro evento o legislador não fez referência" – porque ele está usando a técnica de referir predicados daqueles eventos que ele, legislador, enxerga no plano da atividade econômica.

Esta técnica foi colocada à disposição dele, por convenção do mundo moderno, referindo, por meio de um texto legal, aquilo que está na cabeça dele, implicando uma "transformação" da massa econômica, para trazê-la para o plano do conceito da hipótese de incidência, do conceito normativo. Como eu faço isso por meio da utilização de um símbolo, que é um conceito, é uma linguagem, tenho que admitir um recorte, porque não consigo verter em texto tudo o que é predicado do objeto sobre o qual eu estou debruçado. Então, aí já vem uma primeira conseqüência, que é decorrente da própria limitação do mecanismo utilizado para a criação da hipótese de incidência.

Como a referência a predicados dos eventos econômicos necessariamente é limitante, tenho que reconhecer que o conceito, que está na hipótese de incidência tributária, jamais vai corresponder ao âmbito total de atividade econômica considerado pelo legislador. Então, eu dou um mandato para o legislador, ele olha para o plano econômico, trabalha na sua cabeça com uma série de fatores, de influências das mais diversas naturezas, segue certos padrões procedimentais positivamente postos pelo texto (tem que ser por lei, anterioridade e irretroatividade, proporcionalidade e assim por diante), e toma a decisão de descrever alguns dos predicados dos eventos e transformá-los em hipóteses de incidência tributária. Então, ele pinça aquele evento, "transformando-o" em conceito normativo.

Na identificação que ele faz desses eventos, ele tem um limite mínimo, em matéria de imposto, que é a verificação da efetiva existência, no plano desses eventos econômicos, da chamada *capacidade contributiva* em sentido econômico.

Muito bem. Desenvolvendo a atividade de identificar, no meio dos eventos econômicos, aqueles que podem ser relevantes para a ação de tributar, o legislador está desenvolvendo uma atividade que é política, ele está desenvolvendo uma atividade que culmina com um processo decisório. Este processo decisório é informado por argumentos, por razões, por critérios, das mais diversas naturezas – política, econômica, financeira, ética, padrões de justiça, convicções pessoais, vieses de personalidade, e assim por diante. Ele está, com tudo isso, influenciando este processo decisório que desenvolve naquele determinado momento. E repetimos que só existe mandato constitucional para que o legislador exerça este processo decisório.

A afirmação de que o Estado foi criado pelo cidadão já evitaria toda esta necessidade de fazer o percurso da análise do âmbito da competência legislativa, porque quem parte do estudo do Direito Constitucional brasileiro, a partir da noção de República, sabe que todo este aparato foi criado pelo próprio cidadão, e que o legislador está instituindo o tributo em nome do cidadão. Só isto bastaria para definir a legalidade não como algum limite abstrato, mas, sim, compreendendo a legalidade como algo fundamental na noção de República, e que já serviria para eliminar qualquer possibilidade de intromissão, de alguém que não seja legislador, na definição da hipótese de incidência tributária. Para mudar isso, tem que mudar a Constituição.

Esta colocação do objeto de trabalho do legislador como sendo o âmbito da atividade econômica nos obriga a fazer uma distinção, e que vai ser útil na hora de abordarmos a competência administrativa. Nós temos um conceito de *capacidade contributiva* em sentido econômico e nós temos um conceito de *capacidade contributiva* em sentido jurídico. Só será *capacidade contributiva em sentido jurídico* aquele conjunto de eventos que foram juridicizados por regras de incidência, por hipóteses de incidência tributária. O que não quer dizer que isto corresponda ao plano total, absoluto, da atividade econômica em sentido amplo. Então, eu tenho a atividade econômica em sentido amplo e tenho um pedaço desta atividade econômica que é elevado à categoria de conceito, colocado na hipótese de incidência tributária. Portanto, será, para a norma tributária, o contribuinte, aquele que estiver manifestando capacidade contributiva, aquele cidadão titular da capacidade contributiva, que o legislador escolheu. Qualquer outra pessoa não poderá ser objeto de afetação pela norma tributária, não poderá ter seu patrimônio afetado, ser objeto de impacto da norma de tributação. Repetindo, isso decorre da própria noção de que você recorta a realidade econômica, por meio de um conceito, e eleva esse evento econômico para o plano dos conceitos legais.

Nesta medida é que, quando eu falo de *capacidade econômica em sentido jurídico*, eu estou, novamente, atrelando a minha discussão ao consentimento do cidadão, em relação ao âmbito de validade da hipótese de incidência, validamente produzida – e, portanto, produzida pelo legislador constitucional, previsto para aquela atividade, legislador infraconstitucional habilitado a exercer aquela competência. Isto é, também na minha maneira de entender, exigência do próprio princípio republicano.

Já, de outro lado, o regime jurídico do exercício da competência administrativa tem outro objeto. A competência administrativa é exercida não mais em face do âmbito do evento total da atividade econômica. A competência administrativa vai existir para a aplicação da lei; então, ela não vai considerar o âmbito total de capacidade contributiva que está no plano dos eventos econômicos, porque isto já é atribuição exaurida pela atividade legislativa.

Portanto, eu estou criando um segundo contorno técnico para a consideração dos colegas, no sentido de que o objeto sobre o qual labora a competência administrativa é distinto do objeto sobre o qual labora a competência legislativa. Aquela, para descrever hipótese de incidência, olha para o universo das atividades econômicas. Esta outra, que é para cumprir o produto legislado da primeira – ou seja, para aplicar a lei de ofício, para fazer funcionar a hipótese de incidência –, ela vai olhar para a capacidade contributiva em sentido jurídico; então, ela não vai mais questionar o ponto de vista ético, financeiro, econômico, de solidariedade, político, e outras considerações que possam passar pela cabeça do legislador (se deveria, ou não, a regra de tributação ter alcançado dado evento econômico que se encontra na massa da atividade econômica como um todo considerada). Seria equivocado dizer que a competência do administrador inclui a de trazer eventos novos e colocar como conceito na hipótese de incidência tributária. Ele tem um outro objeto de trabalho, que já é lidar, manipular os conceitos que estão na hipótese de incidência tributária, e, com isso, poder verificar, já lançando mão do fenômeno das provas, se dado fato objetivo está, ou não, conforme com o âmbito de validade daqueles conceitos.

Então, para apenas fixar estas noções, não sei se está funcionando esse quadro aí, você dá o mandato para o cidadão, que vai para o Legislativo, feliz da vida, e vai desenvolver, olhando para o plano dos eventos econômicos, sua competência de colocar regra de tributação. Pode mudar o *slide*.

Na hora de tomar essa decisão, ele, olhando para o plano dos eventos econômicos, está preocupado com o orçamento, dinheiro público; obviamente, ele está preocupado com a atividade econômica, com o trabalhador, com outras questões mais ou menos elegantes. Pode mudar o *slide*, por favor.

E como é que o legislador está trabalhando? O que ele está fazendo para conseguir chegar na hipótese de incidência tributária (que é um objeto cultural, que traduz um conceito etc.)? Ele olha para o evento econômico, pega predicados deste evento, traduz esses predicados em conceitos – e aí eu tenho uma constrição do âmbito do evento para chegar a um conceito

–, e emite uma hipótese de incidência tributária, utilizando conceitos constritores, necessariamente, por exigência lingüística, e emite a hipótese de incidência tributária. Pode trocar o *slide*, por favor.

Mudando nosso plano, atravessamos a rua, vamos para o outro lado, e você está, então, agora, falando com o administrador, que tem que olhar não mais para o plano dos eventos da atividade econômica, mas sim para fato jurídico, para conceito. Não tem que tratar do que tratou o outro cidadão que está do outro lado da rua (o legislador). O administrador já está no plano do conceito, ele vai lidar com o âmbito de conceito, e não mais com a massa bruta da atividade econômica. Pode virar o *slide*.

E aí, o que ele está procurando? É fazer a máquina funcionar, tirar a papelada da mesa para que o Estado funcione, busca equilíbrio; função administrativa serve para fazer com que o Estado funcione. É isso que queremos; é para isso que inventamos o Estado; é para isso que eu dei o mandato, e é para isso que eu elegi o administrador. Pode virar o *slide*.

E aí eu tenho uma constatação por parte do aplicador do Direito, no sentido de que há fatos jurídicos e, portanto, eventos que, traduzidos por meio de prova, em alguma espécie de abstração, correspondem àqueles predicados que estão na hipótese de incidência, momento em que "deve ser" a emissão de um ato administrativo de lançamento; e há outros eventos cujos predicados não encontram correspondência na hipótese de incidência tributária, e, portanto, devem ser relegados à irrelevância em matéria de tributação, que são, exatamente, os componentes da esfera dentro da qual é possível fazer planejamento tributário válido: tudo que escapa ao efeito da conceituação na hipótese de incidência. Pode virar, por favor.

Então, nós temos – só para terminar, sem abusar da paciência dos colegas – o órgão emissor, o legislador (que vai emitir o ato, uma lei como uma norma geral), olhando, tendo como objeto, massa de trabalho, o âmbito dos eventos econômicos, descrevendo predicados desses eventos, emitindo uma hipótese de incidência tributária. Do outro lado, da função do administrador, você tem um ato administrativo que é para cumprir o outro ato emitido pelo legislador, ele vai trabalhar não mais com o plano dos eventos econômicos, mas sim com a capacidade contributiva em sentido jurídico, aquilo que o legislador (que tem meu mandato, meu consentimento) diz que é tributável. O resto não, não cabe mais ao administrador olhar, eleger; é outro momento; outra competência jurídica. E ele vai identificar, ou não, os predicados que estão na hipótese de incidência, com aquele determinado fato jurídico analisado. Ocorrendo esta coincidência, o administrador emite o administrativo de lançamento, e pronto; o crédito está constituído, e vamos para a frente, porque a obrigação tributária tem que ser bem liquidada para que o Estado funcione.

Essa tentativa que eu fiz é apenas no sentido de dar um pouco de objetividade à discussão, sugerindo que ela parta do estudo das competências constitucionalmente postas para o legislador que vai emitir a hipótese de incidência, para o administrador que vai praticar o ato administrativo de lançamento – afastando a discussão um pouco daqueles grandes valores etc., que, mal-invocados, ou invocados sem maiores justificativas, não resolvem nosso problema.

Agradeço a paciência, e muito obrigado! [*Palmas*]

PRESIDENTE DA MESA (PROF. AMÉRICO LACOMBE) – Dou a palavra ao Prof. Sacha Calmon Navarro Coelho, que falará sobre "Contribuições Interventivas".

CONTRIBUIÇÕES INTERVENTIVAS

PROF. SACHA CALMON NAVARRO COELHO – Meus queridos colegas de Mesa, todo este respeitável auditório, meus Srs., minhas Sras. Nossos temas são referentes à espécie tributária "contribuições";

no particular, "contribuições de intervenção no domínio econômico". Eu queria, inicialmente, prestar uma homenagem ao Prof. Geraldo Ataliba, Paulo de Barros Carvalho, Roque e Betty Carrazza, Ayres Barreto, Américo M. Lacombe, Misabel Derzi, Osíris Lopes, para citar apenas os mais provectos e todos nós, seus epígonos ou discípulos, que sempre defendemos com unhas e dentes a teoria tripartite dos tributos, considerando que os tributos são ou relatados a partir da capacidade contributiva das pessoas físicas e jurídicas, ou estruturados a partir de atuações do Estado em prol de uma pessoa ou de um grupo de pessoas. Portanto, na sua inteireza estrutural e conceitual, a teoria epistemológica tem validez histórica e científica.

Nesse sentido, sem querer ensinar Padre Nosso ao vigário, eu fiz uns quadros metaproposicionais. Metaproposicionais, porque, na verdade, pelo seu grau de generalidade e abstração, são proposições que o agente de cognição do Direito faz a respeito dos seus institutos e normas. A norma implica uma hipótese e uma decisão, uma conseqüência, um comando, ao passo que a proposição não passa de uma descrição deste dever-ser. A norma é prescritiva. A proposição é descritiva da norma. Então, os quadros metaproposicionais têm por objeto mostrar aos Srs., iniciar um diálogo com os Srs., a respeito dos fatos jurígenos que fertilizam as espécies tributárias desse gênero maior que é o *tributo*, conforme definido no art. 3º do CTN.

Isso é importante para que eu possa desenvolver rapidamente, depois, a minha visão a respeito das contribuições interventivas e as distorções a que estamos sujeitados, presentemente, no Brasil.

Vejam bem que nos impostos o fato jurígeno é um fato do contribuinte. O Estado não está implicado na situação, apenas o fato do contribuinte revela capacidade contributiva, e o legislador – como bem demonstrou, há pouco, a Mesa – aproveita-se deste evento econômico e sobre ele monta um juízo hipotético, dando-lhe força prescritiva: *Se A acontece – B deve-ser*. Quer dizer, o descritor descreve uma situação da vida, e o prescritor impõe o liame obrigacional, em que o sujeito passivo é sempre aquele implicado no evento que foi transportado para a norma através da atividade legislativa.

No caso das taxas e de todas as outras espécies o descritor é completamente diferente. Aí não encontramos pessoas, seus atos, suas condutas, pessoas obtendo renda, consumindo renda, detendo patrimônios, transferindo dinheiro, fatos da vida social, fatos que estão na esfera do contribuinte. Nas demais espécies nós temos sempre como fato jurígeno uma atuação do Estado. Daí por que não há falar em capacidade contributiva, nem em solidariedade, nas espécies tributárias que não sejam imposto. Atuações do Estado, no caso das taxas. Eu preciso viajar para o exterior, preciso de um passaporte, vou até a Polícia Federal, recebo o passaporte, exercício do poder de polícia. Apenas eu sou o beneficiário dessa atuação estatal, e por isso pago. Ou se me fornecem uma utilidade, como uma apanha de lixo no meu hospital, é um serviço específico, divisível. Eu sei quantos quilos de dejetos estão sendo transportados. Então, eu tenho uma relação pessoal com este atuar do Estado em meu prol, e por isso eu pago a taxa.

Nas contribuições, aquelas três do art. 149 da CF, na primeira delas, nas contribuições corporativas, o aspecto material é justamente a atuação estatal que órgãos específicos prestam aos nossos interesses, às nossas prerrogativas. O caso da OAB, eu pago a OAB para que ela me represente, para que ela tenha um foro de ética, para que ela defenda as minhas prerrogativas, para que a sociedade se veja imune ao mau exercício da Advocacia. Então, um grupo de pessoas, nas contribuições corporativas, paga a determinados órgãos uma determinada soma, porque esses órgãos estão voltados a esses grupos, em termos de interesses classistas, de interesses econômicos, de interesses éticos. E assim se justificam as contribuições corporativas como esse terceiro gênero. As corporativas são, junto com a de melhoria, as sociais e as de intervenção, todas componentes do grupo "contribuições".

Contribuições interventivas no domínio econômico: é o nosso problema de hoje. Eu tenho outros quadros, mas vou ficando por aqui. Nós temos uma atuação estatal, em prol de setores específicos que no domínio econômico se encontram em desequilíbrio. Temos o aspecto pessoal, o aspecto temporal, o aspecto espacial, como em toda hipótese de incidência, e no prescritor uma obrigação dos beneficiários, de pagar ao Estado, ou instrumentalidade sua, o tributo pela intervenção estatal.

Era o que ocorria, com muita clareza, na contribuição para o IBC, através da qual esse instituto prestava à classe dos cafeicultores, mormente dos exportadores, inúmeros serviços, como pesquisa de mercado, controle de preços, formação de estoques – enfim, era uma autarquia voltada a um interesse específico dos cafeicultores, porque era um setor que de quando em quando enfrentava crises decorrentes da conjuntura nacional e internacional. Então justificava-se plenamente a paga de um montante ao IBC por aqueles que obrigavam o Estado a atuar em favor de um grupo determinado, e não de toda a sociedade, e não a favor de uma pessoa só, como é o caso da taxa.

Por outro lado, quais são os pressupostos para uma instituição válida de uma contribuição interventiva? Estou acorde com o Juiz Federal Dr. Marcelo Guerra Martins, aqui de São Paulo. Para ele, nós temos alguns pressupostos inamovíveis para a instituição de uma contribuição interventiva, a teor do art. 170 da CF, que prevê como deve ser a ordem econômica, e aos fundamentos do art. 149, que prevê a disciplina das três contribuições básicas: as corporativas, as sociais e as interventivas.

É preciso haver um desajuste mercadológico, porque o art. 170 fala em livre iniciativa, livre concorrência, em propriedade privada. É preciso que em razão desse desequilíbrio mercadológico se faça necessária a intervenção do Estado. Evidentemente, esta intervenção não pode ser perpétua; daí a temporariedade da exação, porque ela visa a se inserir num quadro de desequilíbrio para levá-lo à normalidade. Tudo mais que acontece se dá por conta da livre iniciativa, da propriedade privada e da livre concorrência.

É absolutamente necessário que haja afetação da arrecadação na finalidade interventiva. Aliás, isso está no art. 149. Lá se diz que aquelas três contribuições são instituídas para fazer face aos custos da União, os custos da Seguridade Social, os custos com a regulação das entidades de classe e os custos da intervenção. São formas de financiamento do Estado para alguma coisa, é o que está no art. 149.

Conseqüentemente, os sujeitos passivos não podem ser todos, mas apenas aqueles que vão usufruir deste sobre-esforço estatal. A eles cabe pagar os benefícios que advirão da atuação do Estado no setor em que economicamente se incrustam. A exação, portanto, não pode juridicamente repercutir, não pode ter o feitio de um ICMS, de um IPI. O fato jurígeno necessariamente tem que ser uma atuação interventiva do Estado. Ele tem que atuar, não basta protestar esta atuação, a atuação tem que ser em si mesma a causa da exação, e não a desculpa para tributar.

E necessariamente essa tributação tem que estar conexa ao orçamento, à execução do orçamento, e à previsão da receita. Já estou a entrar no terreno da *tredestinação* ou da *adestinação*. Se se institui uma contribuição de intervenção como a CIDE-Combustíveis, para três finalidades, se se arrecada, digamos, 10 bilhões, e só são utilizados 4, 6 foram cobrados injustamente, porque os fins alardeados não foram atingidos, o dinheiro não foi gasto; se não foi gasto, no próximo ano há de ser menos. O que é o orçamento, se não a peça através da qual toda a sociedade se propõe a financiar o Estado e atingir determinados fins coletivamente almejados, como educação, saúde, segurança, infra-estrutura?

Eu queria, com toda essa peroração não confundir a finalidade com fato jurígeno; impostos podem ser finalísticos ou não. Em determinadas ordens jurídicas se prevê a finalidade; noutras, não. Outras, ainda, proíbem a afetação da receita de impostos a órgão, fundo, despesa. Essa é uma questão do Direito Positivo. O que determina a natureza específica da espécie tributária é o fato jurígeno e a base de cálculo, não é a finalidade; todo tributo tem que ter uma finalidade, porque, se não tivesse, seria um *non sense*. Não há imposto sem finalidade, nem contribuição sem finalidade, nem taxa sem finalidade, nem empréstimo compulsório sem finalidade, tudo tem que ter uma finalidade. Onde já se viu a finalidade ser um fator de determinação da natureza específica do tributo? Isto não faz um mínimo sentido! Já não fazia ao tempo em que veio a lume o Código Tributário Nacional, porque eles estavam assombrados com o atecnicismo que vigorou entre as duas Guerras na Europa, e o art. 4º do Código que está em pleno vigor, e compatível com a Constituição, diz que são desimportantes o *nomen juris* e a finalidade da arrecadação dos tributos. Exatamente para espantar estes fantasmas, que agora ressurgem com ares novidadeiros, como se isso fosse uma introdução, da Constituição de 1988. O assunto já estava superado, e reacendeu. Portanto, não há como confundir finalidade com fato jurígeno.

E eu vou repassar aqui, rapidamente, por exemplo, a CIDE-*Royalties*. Qual foi a desculpa, qual foi a finalidade que o Governo encontrou para criar esta contribuição de intervenção econômica? Uma suposta integração universidade/empresa, o apoio à inovação tecnológica e à pesquisa científica, esta é a finalidade dessa CIDE, o fim para a qual os recursos são arrecadados e serão empregados. E o fato gerador, qual é? O fato gerador é remeter divisas ao Exterior, em pagamento de licenças de uso de tecnologia, ou ser a empresa remetente destinatária de alguma transferência de tecnologia, ou ter a empresa se utilizado de serviços prestados no Exterior, como, por exemplo, ajeitar as mercadorias no contêiner, no porto de Hamburgo, para que a carga venha adequadamente ao Brasil, ou simplesmente é crédito, emprego, ou remessa de pagamento de *royalties*.

Pois bem, o fato gerador é aquele mesmo do Decreto-lei 401, quer dizer, é um imposto sobre remessas de dinheiro ao Exterior, para pagar despesas diversas. A todas as luzes, este fato gerador é ligado à pessoa do contribuinte, é fato gerador de imposto, e não de contribuição, porque essas pessoas que estão pagando CIDE-*Royalties* não estão recebendo coisa alguma do Governo; pelo contrário, o Governo delas está cobrando, porque elas estão tendo uma despesa relevante, uma remessa ao Exterior. E o Governo podia criar esse imposto por lei ordinária federal? Temos que mirar a Constituição. O art. 167, § 4º, proíbe a afetação da receita de impostos a órgão, fundo, programa ou despesa. O art. 154, I, garante a esfera de competência tributária da União, Estados e Municípios, diz que a criação de um imposto novo com base na competência residual far-se-á por lei complementar, será não-cumulativo se tal alcançar operações. E que não pode ter base de cálculo nem fato gerador de imposto já existente. Exatamente para preservar a repartição de competências inconstitucionais.

Ao criar uma CIDE com nome de "contribuição" por lei ordinária, burlando a fórmula da competência residual e agredindo a proibição constitucional de afetar a órgão, fundo ou despesa o produto da arrecadação de impostos, nós estamos diante de uma inconstitucionalidade evidente, que nós, advogados, aceitamos, na maior tranqüilidade, e também o Judiciário, sem que isso lhe cause a menor mossa.

E é por isso que, por essa via, a União tem criado impostos e mais impostos com o nome de "contribuição". Com a nossa reverência acomodatícia. O mesmo se diga da CIDE-Combustíveis. Qual é o fato gerador da CIDE? Consumir combustíveis. Todos nós compramos álcool, gasolina (comprou, pagou, está pago), o fato gerador é "consumir", é fato do contribuinte, é imposto. Apenas a finalidade é que se resume a programas, manutenção, financiamento de programas ambientais, para coibir os danos dos combustíveis fósseis, subsídios para equalizar o preço dos transportes de álcool, gás natural e derivados e derivados do petróleo, e para manter, reparar e ampliar a infra-estrutura de transporte, especialmente as estradas federais, estaduais, porque há participação do Estado, esburacadas por este país afora.

Dir-se-á que foi criada por emenda constitucional. Mas as emendas constitucionais também estão sujeitadas a um controle de legalidade, há um controle de constitucionalidade, uma sindicância de constitucionalidade, se não a emenda constitucional poderia fazer da Constituição uma colcha informe de retalhos.

O controle de constitucionalidade abrange as emendas constitucionais, tanto quanto as leis e atos normativos. Quando muito, poder-se-ia dizer que foi ultrapassada a fórmula da competência residual do art. 154, I, criação por meio de lei complementar, e, se porventura, quiséssemos salvar essa exação, teríamos que dizer que é um novo imposto federal sobre combustíveis, com participação de Estados e Municípios na sua arrecadação; mas nunca tê-la como uma contribuição de intervenção do domínio econômico.

Ironicamente, vejam só, realmente uma contribuição de intervenção no domínio econômico são aqueles 3% da compensação que as empresas mineradoras pagam pelos malefícios que a mineração traz. E em minas nós sabemos bem que malefícios são esses. Perdas de fontes de água, contaminação das águas correntes, terra esburacada, montanhas esfaqueadas, campos que são deixados ao relento, rios que saem do leito... Para compensar esses malefícios, essa atividade em desequilíbrio, se propõe que União, Estados e Municípios recebam um tributo pago sobre a receita bruta dessas empresas, para recompor esses danos. A atuação estatal que recebe este dinheiro é para recompor o meio ambiente e defender o meio ambiente. Está no art. 170. Pode haver uma contribuição em defesa do meio ambiente, é expresso, mas o STF falou que não é tributo. Fica a pergunta: é o que? Indenização não pode ser, porque o conceito clássico de indenização implica necessariamente a quantificação do dano que deve ser solvido pela sua reparação, não há indenização automática de um dano causado que não se sabe qual. Essa compensação é uma prestação pecuniária, compulsória, instituída em lei, e cobrada administrativamente; portanto, é tributo.

E o que dizer da contribuição de intervenção no domínio econômico chamada de "contribuição de energia elétrica"? Qual é o fato gerador? Consumir energia: quem consome mais, paga mais; quem consome menos, paga menos. Qual é a finalidade? Dotar as Prefeituras de meios necessários a pagar a iluminação pública das ruas, praças e logradores. Essa é a finalidade. O fato gerador é "consumir energia", é imposto. Quem é o sujeito ativo? É o Município. Foi criado através de quê? Emenda constitucional. Quer dizer, uma emenda constitucional criou um imposto novo da competência do Município. Isto para acomodar essa estranha figura que tem o nome de "contribuição", mas de contribuição nada tem, nem doutrinária e nem constitucionalmente. O único lugar que lhe cabe na sistemática é como um imposto municipal criado pelo legislador constitucional derivado, pelo constituinte derivado, para satisfazer essa necessidade de muitos Municípios Brasileiros.

É por isso que eu comecei a minha fala honrando alguns juristas de nossa predileção, que nunca aderimos a qualquer teoria qüinqüipartite ou quadripartite dos tributos, porque desde o início verificamos que isso seria extremamente solerte, mau. Prejudicaria a compreensão do sistema e prejudicaria, sobretudo, os contribuintes e cidadãos deste país que se esqueceu dos fundamentos da Constituição e do Código Tributário Nacional.

É por isso que nós vivemos num cipoal jurisprudencial inextrincável, nesta perplexidade e nesta revolta. Mas basta voltar e reaproveitar a lição dos grandes Mestres, dentre eles Geraldo Ataliba, para voltarmos a ter com quê lutar contra o arbítrio do poder de tributar e de arrecadar tributos às nossas expensas.

Muito obrigado! [*Palmas*]

PRESIDENTE DA MESA (PROF. AMÉRICO LACOMBE) – Em face do adiantado da hora, encerro a Sessão. Não havendo tempo para as perguntas, os conferencistas responderão pessoalmente aos que as tiverem formulado.

CONFERÊNCIA

A REFORMA DA TRIBUTAÇÃO DO CONSUMO NO BRASIL: CONTRIBUTO PARA UM DIAGNÓSTICO DO SISTEMA

PROF. VASCO BRANCO GUIMARÃES

PRESIDENTE DA MESA (PROF. AMÉRICO LACOMBE) [*sem revisão ao autor*] – Vamos reiniciar os trabalhos desta primeira tarde do *XXI Congresso Brasileiro de Direito Tributário*, agora com a satisfação de podermos apresentar e introduzir a todos a palestra do Prof. Vasco Guimarães.

O Prof. Vasco é Doutor em Direito Financeiro e Tributário pela Universidade *Castilla-La Mancha* – uma Universidade que me é também muito cara. Mestre em Direito pela Faculdade de Direito da Universidade Clássica de Lisboa, docente dos cursos de Graduação e Pós-Graduação da Universidade de Lisboa, Professor Convidado do Instituto Superior de Ciências Fiscais em Bruxelas. Tem uma ligação bastante intensa com o Brasil, porque há mais de três anos participa como coordenador da Pós-Graduação em Integração Econômica e Direito Internacional Fiscal da ESAF, a nossa Escola de Administração Fazendária, em colaboração com a FGV e a Faculdade de Direito da Universidade Münster, na Alemanha.

Tem inúmeras obras publicadas, das quais vou mencionar apenas algumas, que talvez sejam as que mais de perto nos diriam respeito: "Responsabilidade civil da Administração Fiscal, emergente da obrigação do imposto. O sistema tributário como fator de integração econômica", publicado na *Revista Fórum de Direito Tributário*; também "A tributação do consumo no Brasil", artigo publicado numa revista em Lisboa; e outros inúmeros artigos em várias áreas relacionadas ao Direito Econômico, Fiscal e Financeiro.

Então, sem mais delongas, passo a palavra ao Prof. Vasco, agradecendo imensamente sua presença aqui entre nós. Os Srs. não só vão perceber o brilho dessa palestra, como vão entender tudo o que ele fala de forma fantástica. Prof. Vasco!

PROF. VASCO BRANCO GUIMARÃES – Boa tarde! Humberto Eco ensina, no seu livro *Como Fazer uma Tese em Ciências Humanas*, que o primeiro dever de um membro da Academia é pagar as dívidas académicas. E pagar nossas dívidas academicamente significa agradecer sempre quando somos parabenizados por convites honrosos como é o caso deste. E, portanto, queria manifestar e expressar o meu muito obrigado ao Presidente do Instituto Geraldo Ataliba pelo convite que me formulou para estar presente neste evento, dizendo e fazendo justiça ao Estevão Horvath, que foi aquele que lançou a idéia e que conspirou positivamente no seio do IDEPE para assegurar que eu bloqueasse minha agenda para poder estar aqui, com muita honra e com muito prazer. Também e ainda o meu muito obrigado ao Presidente do Congresso, que me recebeu com uma carta por demais elogiosa que agradeço de coração.

Queria também agradecer aos colegas da Academia aqui presentes, com quem eu aprendi sobre essa realidade complexa que se chama Brasil. Aprendi lendo, aprendi escutando e aprendi meditando sobre esse imenso país que procura, em cada momento, soluções com imaginação, com capacidade criativa, mas que não reflete no sistema tributário a harmonia das suas canções e da sua cultura.

Ou seja, existe uma situação que vou designar de "esquizofrenia social" entre aquilo que é a alma do povo brasileiro e aquilo que é a materialização do sistema tributário na área do consumo.

Esta frase é uma frase dura, mas que eu quero demonstrar academicamente. E, portanto, poria à frente da mesma *quod erat demonstradum*.

Começaria com uma frase, uma expressão do Prof. Geraldo Ataliba que está escrita, e que eu vou ler: "Vamos chamar Achile Donato Gianinni, que é a maior autoridade em Direito Tributário, e submetêlo a um exame de Economia. Será reprovado. Na próxima aula teremos aqui Dino Jarach, que com 20 anos era Doutor pela Universidade de Turim. Com 22 anos era Professor da Universidade de Pávia. Um grande nome do Direito Tributário Internacional. Se o submetermos a um exame de Economia, certamente será reprovado. Ele não é especialista em Economia".

A expressão é do Prof. Geraldo Ataliba, está escrita, e eu trouxe como testemunho e como elemento de reflexão introdutória.

E a reflexão é a seguinte. Hoje em dia, no mundo global, o próprio conceito de *globalização* é um conceito economicista. Não é um conceito jurídico. As dificuldades que hoje o jurista defronta para dar ordem às conseqüências económicas da globalização são muito importantes. Hoje, nenhum jurista pode ignorar a Economia (e eu aceito que também seria reprovado num exame de Economia), mas isso certamente não era a idéia do Prof. Geraldo Ataliba. A não-formação económica não pode desculpar o jurista por não entender as sociedades, e não entender que hoje, no mundo de hoje, o conceito de *eficácia* nos fatores de produção ou na correta alocação de fatores de produção não é mais um conceito político, dos ultraliberais da Escola de Chicago; é um conceito de qualquer governo, de Esquerda ou de Direita, que não tem mais como justificar gastos não-justificados ou gastos errados de recursos públicos ou privados. Ou seja: o mundo global poder trazer-nos muitas surpresas no futuro, mas trouxe, com certeza, esta realidade simples: a consciência clara de que os recursos são escassos e, se não forem bem aproveitados, significa isto que há erro, há erro geracional, há erro na sociedade, há erro na forma como se gere o todo social. Isto é um pensamento jurídico que o jurista sempre procura: uma ordem, uma lógica, uma hierarquia na estruturação das coisas, mas que tem subjacente um conceito, que é um conceito economicista. Repito, não é mais privilégio da Direita pós-moderna ou da Esquerda não-marxista, é pura e simplesmente um conceito de hoje. E, hoje, nenhum governante pode defender que os recursos são ilimitados ou que podem ser disparatados numa qualquer lógica que não seja a lógica da correta aplicação.

E com este pensamento, um pensamento simples, que não tem qualquer especialidade, eu pedi a vossa atenção para olhar para esse quadro aí, que está talvez não muito legível, mas que eu vou tentar explicar para vocês, que é um quadrinho simples, onde estão dados obtidos na COTEPE. Como sabem, é o órgão de apoio ao CONFAZ, onde está um conjunto de números que nos dão algumas pistas de reflexão, a que nós temos que atender quando analisamos a tributação do consumo no Brasil.

CARGA FISCAL	40% PIB
ICMS	7,83% PIB
ISS	0,55% PIB
COFINS	4,33% PIB
Restantes	A diferença até 40%

Hoje em dia, no Brasil, 40 Reais em cada 100 Reais são para impostos. Em outras palavras: quando vocês recebem 100 Reais, 40 vão, ou já foram ou regressarão à esfera do Erário Público. É um número bastante semelhante àquilo que acontece no que se convencionou chamar o "Primeiro Mundo". A média da tributação nos países de Primeiro Mundo andará à volta dos 40%. Um pouco mais, um pouco menos, mas por aí. E o Brasil também tem, hoje não são 40%, são 38,70% ou 39%, mas caminha rapidamente para a meta dos 40%. Significa, essa coisa simplesinha, que, de cada 100 Reais, 40 são do Estado ou vão para o Estado. Entenda-se o Estado no seu sentido amplo: União, Estados, Municípios.

Ora, quando analisamos a tributação do consumo, aquilo que é a receita que cada um destes entes retira ou obtém para o esforço tributário, verificamos essa coisa bastante impressionante que é que em 2004 o ISS contribuía em percentual do PIB com 0,55%; ou seja, o que se pagava em serviços no Brasil equivalia em 2004 – os números de 2005 e 2006 não são muito diferentes – a 0,55% do PIB.

Se nós olharmos o ICMS, verificamos que são 7,84%. E sou obrigado a fazer uma primeira leitura deste número, que é a seguinte: sabemos que o ICMS cobre os serviços de transporte, intermunicipais, estaduais, embora com isenções quase totais. Hoje em dia a receita dos transportes é muito baixa, me diz quem trata da matéria.

Ouviremos a Profa. Bettina sobre o assunto amanhã, com muita atenção. Mas isto é que me foi veiculado por quem lida com o assunto.

Ora, o ICMS é um imposto sobre produtos, e daí resulta que, então, os números são bastante impressionantes. O salário mínimo nacional andará à volta dos 300 e tal Reais. Desses 300 e tal Reais, 7% são ou têm imposto; ou seja, o consumo básico da população, de qualquer cidadão que receba o salário mínimo, inevitavelmente conduz a uma tributação na volta dos 7%. Os serviços representam hoje, no ano de 2007, cerca de 64% da riqueza brasileira, e o contributo dos serviços para o esforço tributário, hoje, é de menos de 1%.

Se eu nada soubesse do sistema tributário brasileiro, ou seja, se não tivesse sido um bom aluno, com meus Mestres que me ensinaram o sistema tributário brasileiro, que estão aqui presentes, eu diria, imediatamente: alguma coisa não está bem, porque, se 64% da riqueza geram uma receita de menos de 1%, e se os produtos que são inferiores na lógica da riqueza nacional são gravados em 7,80%, então, há aqui, claramente, um não-equilíbrio – vou dizer – entre aquilo que é a tributação do consumo de serviço e o que é a tributação do consumo de bens.

Aqui chegado, eu tentei ir atrás de perceber o porquê disto. Por que é que os serviços são tributados tão lenitivamente no Brasil? Bom, da minha pesquisa resulta que a explicação está no legislador constitucional de 1988. O legislador de 1988, aparentemente generoso (já vou explicar o "aparentemente"), deixou a tributação dos serviços aos Municípios. Mas, quando lemos a lei complementar que define os serviços que estavam gravados após a Constituição de 1988, o que lá está é muito pouco. Ou seja, o legislador constitucional não foi generoso em relação aos Municípios, foi desatento, porque é diferenciado; ou seja, em 1988 a economia é uma economia de produção de bens, não é uma economia de produção de serviços, e ele achou que podia deixar os serviços – entenda-se: um cabeleireiro, um advogado, serviços que são considerados menores – para o Município. Bom, mas o mundo de 1988 não é o mundo de 2007. E a medição do PIB brasileiro reflete isso mesmo. Têm vindo a crescer as componentes de serviços do PIB brasileiro, têm vindo a crescer a cada ano, sendo cada vez mais importantes. E o Brasil não está só, nisso; no mundo inteiro é assim. Ou seja, no chamado "mundo desenvolvido" – o que quer que isso signifique – cada vez mais a riqueza se faz no nível dos serviços, e não no nível da produção. E o que acontece com o sistema de tributação do consumo do Brasil? Grava a produção e quase não grava os serviços.

Será que isto é justo na perspectiva da teoria da tributação? Vejamos. Em regra, quem consome serviços é a classe média e a classe média alta. É normal. Ou seja: quando você tem pouco, tem que se alocar às necessidades básicas, quer dizer, comprar comida, pagar a fatura de eletricidade – o básico, não é? Para atingir os serviços que pretende consumir, grampeia a eletricidade, grampeia a Internet – enfim, consegue serviços de forma ilegal. Mas as classes média e média alta têm – graças a Deus e graças ao seu esforço – dinheiro para gastar nos serviços. Eu dou exemplos que para mim são paradigmáticos. Exemplo do cabeleireiro no Brasil. Uma senhora no Brasil tem um casamento, precisa ir ao cabeleireiro para se apurar. Muito bem, os maridos gostam, nós agradecemos, é importante. Então, vai ao cabeleireiro e faz o normal: lava a cabeça, arranja o cabelo, faz uma massagem, uma maquilagem especial e tal, e, no final, com tranqüilidade, deixa 200 Reais nesta atividade, se não for demasiado caro; depende, obviamente, do salão do cabeleireiro. Imposto pago: zero, ou quase zero. Muito poucos salões de cabeleireiros pagam ISS. O caipira sai da periferia, vem arranjar jardim aqui no bairro dos Jardins, aqui em São Paulo; o salário que ele recebe é 350 Reais, e o cara está feliz, está trabalhando, come a refeição na casa do patrão, antes de sair leva comidinha. Ou seja, se a barriga está confortável, tem o dinheirinho, sai tranqüilo.

O imposto sobre o consumo embutido nesses 300 e tal Reais é de 7%. Que é o quanto ele paga da cesta básica e das necessidades básicas.

Isto, a mim, dá que pensar. No Brasil, a maior naturalidade. Não passa sequer para as preocupações, teóricas ou práticas, de quem vive neste país.

Querem outro exemplo muito interessante? Restauração: a atividade de restauração, ISS não tem, quase não tem, não se dá por erro, não é? Não se verifica, mas os 10% no final, a título de liberalidade, quem não dá é olhado de lado, é considerado socialmente marcado, porque não está dando os 10%. Se houvesse um ISS ou um IVA de 10% sobre as refeições, haveria um levantamento popular. Como os 10% são liberalidade e são dados, todo mundo paga e todo mundo sorri. Pode? Pode. É assim mesmo. Isto, a mim, dá no que pensar. Porque me faz confusão: como é que se aceita com tanta facilidade pagar uma liberalidade, porque não é imposto, mas se fosse imposto tudo mundo se levantaria e diria que estamos sendo espoliados, porque até em nossas refeições nos levam 10%!

Então, sociologicamente, isto é muito importante. E nós devemos refletir sobre a coerência dos sistemas de tributação, nomeadamente a tributação do consumo. Então, aqui o que se verifica claramente é o quê? Primeiro, 64% da riqueza nacional, vamos descontar os serviços do Estado, que não estão contabilizados. Vamos descontar os serviços que estão isentos, também lá estão. Ainda assim sobra muita riqueza. Contribui com menos de 1% para o esforço dos tais 40% que os brasileiros têm que pagar.

Produto. Alimentação básica. Energia. Pagam no esforço 8%. E o resto? O resto vem do PIS, COFINS e da renda, que todos vocês pagam, obviamente, no dia-a-dia. Claramente, e do ponto de vista descondicionado, há uma distorção na lógica da alocação da riqueza, uma distorção na lógica da tributação.

E reparem, eu vou fazer essa análise para que isso não seja só uma *boutade*, para que seja algo consistente. E vamos analisar o ISS, obviamente pelo tempo que me é disponível, para ver se aquilo que estou dizendo é verdade, e onde está de fato o problema. Então, vejamos.

Incidência: A incidência do ISS é hoje quase exaustiva. É evidente que o legislador não tem qualquer condição de apanhar todos os serviços que vão ser inventados daqui para o futuro. Porque a capacidade humana de inventar é grande, e é muito mais nos serviços que em outras realidades, óbvio. É que um automóvel, ele é um automóvel, pode ter motor, elétrico, a combustível, pode ter motor a gás, mas é um automóvel. Agora, serviço de Domótica ou de Robótica pode ser uma coisa fantástica ou nada, não é? Pode ser o que a imaginação determinar que vai ser. E é tributável ou não é tributável? Haverá outros serviços que vão ser inventados e que não constam da lista que ali está? Que o STF já disse que era exaustiva? Não tinha como alargar? Minha resposta é clara: evidente que vai ter. Como é que a Europa resolveu o problema? A Europa resolveu da seguinte forma, dizendo o seguinte: "Toda transação económica que não implicar transmissão de bem é serviço, está sujeita a imposto". E pronto, matou a questão. O IVA é comunitário e a definição de *serviço* é toda transação económica que não implica a transmissão de bem.

Então, se pergunta: "Está tributado?". E a resposta é: "Está". Exceto se for selecionado, se estiver expressamente selecionado ou implicar transmissão de bem, porque aí está sujeito a IVA, mas não, obviamente, como serviço.

Essa solução não existe na legislação brasileira. Existe uma tabela. Bom, os que são advogados e os que são da Procuradoria-Geral e os que são juízes sabem o que isto implica nos tribunais. Obviamente se discute em cada momento se tem prestação de dar, se não tem prestação de dar, se o dar é correto, se é incorreto, se o dar é complexo, se é material – ou seja, se está discutindo o tempo todo, criando conflitualidade permanente. Para essa coisa que é saber se aquilo é ou não serviço, se está ou não na norma de incidência. É um fator de conflitualidade, é um fator de desperdício de recurso, obviamente, e obviamente é um fator de distorção na lógica da aplicação do sistema. O agente económico que tem capacidade de contratar os advogados, bom, a obrigação tributária é hoje, daqui a 20 anos, entre um REFIS e outro, pagará, eventualmente, se não se extinguir, entretanto.

O outro, que não tem condição, esse vai ter mesmo que pagar, não é? Porque, se não, enfim, tem penhor eletrónico, tem todas aquelas capacidades da máquina fazendária brasileira, que é uma das melhores do mundo, não é? Na sua eficácia cobradora.

Outra coisa que eu quero retirar daqui, essa homenagem eu tenho que aqui a fazer, eu acho que é importante não culpar a máquina das deficiências do sistema. A máquina fazendária brasileira é uma das melhores do mundo. Eu conheço máquinas fazendárias. É uma das minhas atividades profissionais, enquanto pesquisador. É da formação por essa Europa afora, não é? Então, eu conheço, tenho essa experiência curiosa de conhecer as Administrações Tributárias de tudo quanto é lado do mundo. E a brasileira é uma das melhores do mundo. Quer na aplicação que faz da norma, do conhecimento, quer na tecnologia que emprega, sem dúvida alguma. Agora, quando o sistema não é bom, quando o sistema tem problemas, é impossível que não haja conflito, que não haja situação de conflito, não tem como não ter. Óbvio, não é? Porque, se a norma tem problema, não é a máquina fazendária que impede que o problema surja, não é? E daí o conflito, e o aumento de conflito.

Reparem, o problema, então, do ISS não é um problema de incidência, está quase exaustivo, tem problemas futuros eventuais, outros serviços que venham a ser inventados, que não estão atualmente inventados, mas é um trabalho seriíssimo, de grande qualidade, e que praticamente esgota a lógica da incidência.

As alíquotas, como sabemos, são baixas, entre 2 e 5%. Sendo que, obviamente, sabemos que a maior parte dos Municípios não cobra coisa alguma. Não tem sequer estrutura para cobrar, porque há 5.600 Municípios no Brasil. E o problema das isenções, e o problema da máquina de tributação, é precisamente problema da competência. É que há 5.600 possibilidades de planejamento tributário no Brasil. É o único país do mundo com tanta possibilidade. Nem "paraíso fiscal" tem tanto.

Eu dou um exemplo. Suponham que a *Warner Brothers* quer vir fazer um investimento no Brasil, na área de serviços. Vocês acham que ela vem para São Paulo? Estão equivocados, não vem. Vai provavelmente para Itapipoca ou aquele Município que o Prof. Bottallo citou, aquele Município em Minas Gerais. E por quê? Bom, porque, obviamente, numa conversa mais próxima com o Prefeito do Município, com o recapeamento das estradas, uma nova sede para o Município, garantirão, provavelmente, a isenção nos próximos 40 anos. E vai, com certeza, vender para todo o Brasil. Mas aí surge um problema, que é o seguinte: é que o Estado de São Paulo, quando receber aquele serviço, vai dizer: "Não, não, não, o que é isso? A sede está no local lá em Itapipoca, o Município ..., mas ele é consumido aqui; logo, vai ter que pagar ISS aqui". O que vai acontecer? Provavelmente o contribuinte vai pagar dois ISS. Um e outro, não é? Ou nenhum de um lado e nenhum do outro. E aí vai reclamar, vai entrar na Justiça, e aí vamos ter mais problema, e vamos multiplicar a lógica dos problemas.

Qual é o grau de conflitualidade que o sistema agüenta na lógica da tributação? Vejam os números do Brasil: 600 bilhões de dívida acumulada. Vamos descontar empresas falidas, como o Prof. Bottallo disse, as falidas, já não existem. Dívida que já está paga. Dívida que está no REFIS e que foi mal-contabilizada. Mesmo que no final cheguemos a 20 bilhões, ainda estamos falando de muito dinheiro; e convertido em estrada, convertido em posto de saúde, convertido em formação universitária, digamos "de topo", dá um salto importante na lógica do recurso público no Brasil.

Então, se me perguntam se o sistema está agüentando, eu, que estou de fora, sou português, digo: "Não, não está". E o resultado é isso mesmo, porque um sistema que se financia e consegue assegurar as lógicas, mas ainda assim vai acumulando, deixando para trás, montantes desses, tão elevados, alguma coisa tem que ser revista nessa lógica, aí. E reparem, não necessariamente na cobrança, provavelmente na alíquota. Porque, aliás, tem que abaixar um pouquinho para recalibrar o sistema, para permitir que ele absorva os recursos e não que passe o tempo todo na lógica do planejamento agressivo, vou chamar, quando não fraude pura, que é aquilo que nós assistimos e que meus Mestres do Brasil me ensinaram.

Querem exemplos? Eu dou.

Cimenteira: um cidadão se aproxima e diz: "Eu venho comprar cimento para levar para a Paraíba". O caminhão sai da fábrica, pagou alíquota interestadual, tem um furo no pneu, encosta no estacionamento. Vinte e quatro depois não tem um saco de cimento lá dentro, tudo saiu para a construção, em São Paulo. Alíquota do Estado de São Paulo 7%, Paraíba zero. Resultado: todos vemos já qual é o resultado.

Isto todos os dias acontece no Brasil, nomeadamente nos Estados produtores, ou seja, os números não são meus, são da COTEPE.

Relação entre São Paulo/Paraíba: registrado na Fazenda de São Paulo como mercadoria saindo para a Paraíba 1 bilhão e 700 milhões de Reais. Chegado na Paraíba, 700 milhões. Cadê o outro bilhão? Ficou pelo caminho, quando não mesmo em São Paulo.

Um sistema tributário que pode fazer isto, na prática, poderia ter uma alíquota de 7%, que é aquela que ali efetivamente é suportada, não podia? Mas não, tem nominalmente uma de 18%, que não são 18%, são 20,5%, por força da alíquota por dentro. Então, o que não está bem nesta lógica, digamos, do sistema atual? Eu penso que aqui há coisas que merecem reflexão, que necessitam de reflexão, porque, obviamente, nenhuma economia pode indefinidamente aceitar sua própria violentação, não é possível. O sistema tributário, para além da sua coerência interna, tem que ser, como nós aprendemos e revemos hoje com a Profa. Misabel, neutral, não-discriminatório, tem que ser capaz de promover a concorrência do desenvolvimento económico e não aperrearmos os agentes económicos, convidá-los à fraude, convidá-los ao planejamento agressivo, quando não à fraude direta, como forma de sobreviver numa lógica que é cada vez mais difícil num jogo que vou chamar de "gato e rato", em que por vezes o gato é rato e outras vezes o rato vira gato. Não é? Quer dizer, é de fato confuso, nem sempre se percebe onde é que estão o mocinho e o bandido, não é? Nessa lógica que está instituída.

E estamos a falar de muitos bilhões, não estamos falando, digamos, de dinheiro pequeno, não. Eu, nas minhas vindas para o Brasil, quando dava aula na Universidade, um dia tive o grato prazer de dar uma aula numa Universidade em Santa Catarina, e no final fui abordado por um senhor, que se identificou como sendo industrial, e eu estava lá na qualidade de professor. Ele disse: "Sabe, eu tenho, estou num negócio..." – não vou dizer qual porque, obviamente, tenho que proteger a franqueza de quem me confessou isto. "Estou no negócio tal, e minha contabilidade é simples: 50% eu declaro tudo, até o último centavo, tudo, tudo, tudo, sem exceção. Os outros 50% eu puro e simplesmente não declaro e coloco, que é minha maneira de sobreviver a esse sistema, aí". E quando eu comentei isto, em casa do Embaixador Português anterior, ele sorriu, num almoço, e disse o seguinte: "Tem piada, todos os industriais que passam aqui, almoçam comigo, me dizem a mesma coisa". Não sei se é verdade, se é mentira, vou acreditar que foi de boa-fé, ninguém quis me dar dados que não fossem reais. É claro que isso não pode ser generalizado; mas que tem, tem. E isto é uma necessidade. Ele não faz isso pelo lindo gosto de fazer, faz porque ele precisa fazer, é a maneira de poder competir, em termos de mercado. Isto, obviamente, também merece reflexão.

Qual é a situação atual? Repetimos, competência: 5.600 possibilidades de planejamento. Contaram-me, penso que é verdade, que aqui em São Paulo, como há vários Municípios, tem o Município de construções civis, tem o Município dos advogados. E por quê? Porque, obviamente, houve ali um acordo, digamos, entre os advogados, Ordem e o Prefeito, e se negociou o seguinte: você isenta a Advocacia daqui, tudo bem; então, tudo são escritórios de advogados, não é? Então, você atravessa a rua, de um lado o advogado é tributado, do outro lado não é tributado. Porque está no outro Município, está em outra jurisdição, em termos de possibilidade de tributação.

Existirem 5.600 possibilidades de planejamento tributário é único, é, digamos... Eu acho que as multinacionais do saber tributário ainda não descobriram bem esta coisa aqui, não é? Porque, senão, vem tudo para o Brasil, não é? Tudo direto para o Brasil. É, de fato, uma coisa impressionante.

Reparem os dados da realidade. Isto beneficia os Municípios? Eu receio que não, que não seja assim, explico o porquê. Receitas significativas de ISS no Brasil são cerca de 100 Municípios. Desses 100 Municípios há 10 com alguma relevância e, por último, mas não menos importante, o Estado de São Paulo, o orçamento do Município de São Paulo é o terceiro maior orçamento público no Brasil. Mas não é o ISS que dá essa relevância, são as licenças de construção, são as taxas, são outras coisas. Ainda assim tem alguma importância na perspectiva, digamos, da necessidade do Município.

Então, quando se identifica a idéia de que o Município tem que ter o ISS, sob pena de não conseguir atender às necessidades, eu diria, com tranqüilidade, que isso não é verdade, que isso não corresponde à verdade. Vejam a eficácia da cobrança perante a riqueza nacional. Um imposto com uma alíquota de 2% que gera menos de 1% de 60% da riqueza nacional não está sendo bem gerido e, obviamente, não está satisfazendo as necessidades do Município. Os Municípios consomem 17% da riqueza nacional, vão buscar a diferença à transferência do fundo municipal e vão buscar as dotações unilaterais quer da União, quer dos Estados. Ou seja, o Município hoje tem dinheiro não porque tem o ISS, mas porque recebe transferências no fundo de compensação que lhe permitem agüentar os muito importantes desafios que ele tem pela frente, como sejam a segurança municipal, os jardins, o saneamento básico, a escola primária – tudo isso que, obviamente, é essencial. E, portanto, nunca, minha propositura, nunca a reforma da tributação do consumo no Brasil pode retirar dinheiro aos Municípios, deveria até aumentá-lo. E o raciocínio é simples. Se efetivamente o imposto fosse bem gerido, a receita seria muito maior. Inevitavelmente. Logo, se houvesse uma alocação de receita, ainda que fosse só de 50% do setor de serviços, numa lógica tributação alargada, o Município teria, provavelmente, três ou quatro vezes mais dinheiro do que tem atualmente.

Agora eu pergunto: o que o Município quer? Ter uma competência que não exerce, ou um dinheiro que precisa para fazer face às suas necessidades? Esta é uma questão que a academia brasileira e os pensadores brasileiros têm que equacionar. Não basta respeitar competências constitucionais, é preciso que as competências sejam efetivas, que se convertam em materialidades, que se convertam em recurso efetivo para alocar as necessidades das populações. Não basta ter um direito abstrato, que não se materializa, que não se concretiza.

Volto à expressão do bom senso que foi aqui citado em relação a Geraldo Ataliba. O bom senso, aqui, é perceber que Município sem receita é contra a Constituição. Município com direito, mas sem receita, também é contra a Constituição. Porque certamente não foi isso que o legislador constitucional quis quando deu essa – vou dizer – prenda, nessa altura uma prenda modesta na altura em 1988, aos Municípios. E atenção! O mundo atraiçoou o legislador constitucional brasileiro, porque toda a riqueza se está criando na área de serviços, toda a riqueza do mundo em geral, não aqui no Brasil, no Brasil e no resto do mundo, se está fazendo na área de serviços. E ao dar essa competência a 5.600 entidades, sem qualquer capacidade de gerir, na prática, aquilo que o legislador constitucional fez aos brasileiros foi impedir seu desenvolvimento e obrigá-los a pagar na lógica do produto e na renda aquilo que deveria haver para a lógica do consumo normal de qualquer cidadão nacional ou estrangeiro que aqui consome no Brasil.

Eu peço que vocês reflitam sobre isto, porque, obviamente, é uma questão nuclear na lógica do sistema de tributação de consumo no Brasil.

A situação atual é de (i) conflito institucional judicial permanente, cada vez mais acentuado, na medida que os serviços estão crescendo, e, obviamente, (ii) uma baixa tributação que não é gerível.

Em termos de conclusão: há uma tributação baixa em termos nacionais do ISS, este é um elemento do sistema fiscal que está distorcido. A principal riqueza do país – os serviços - contribui pouco para o esforço tributário global. A riqueza essencial – bens, serviços essenciais e matérias-primas – contribui muito. Há uma distorção que deveria ser olhada como distorção no bom sentido, ou seja: vamos encontrar soluções que permitam obstar a esta realidade.

Tributação alta em São Paulo, embora deva ser analisada como exceção: é única e grande exceção. Relação entre o PIB e a tributação de serviços é baixa. Conflito jurídico em crescendo. Largas percentagens da riqueza nacional não tributadas.

E, no mundo, onde a isonomia e a não-discriminação são uma realidade, não tributar é violar a Constituição. Porque, se tributasse, baixava a alíquota do ICMS, baixava o preço dos produtos, tornava-os mais competitivos no mercado interno e no mercado externo, ajudava a indústria nacional, criava emprego, criava renda, criava desenvolvimento. É a lógica normal da tributação. Não fazendo, o que faz? Continua carregando onde tem que carregar cada vez mais. Na energia, basicamente? É o que é facilmente obtível, não é? Na lógica da fonte – tributação na fonte; e o resto?

É essa uma das importantes dificuldade dos empresários, e obviamente isto inculca ou determina uma necessidade de revisão. E meu convite era tão-só para que a academia brasileira, os procuradores, quem lida com Direito Tributário, fizesse uma reflexão aprofundada sobre isto, procurando encontrar uma solução que, respeitando os equilíbrios que estão fixados na Constituição, permitisse que o Brasil não ficasse afastado da possibilidade de se tornar um país mais justo, mais eficaz e mais competitivo.

Muito obrigado! [*Palmas*]

PRESIDENTE DA MESA (PROF. AMÉRICO LACOMBE) – Agradecemos imensamente a brilhante palestra do Prof. Vasco, que demonstrou não só sua fluidez como, também, o conhecimento da realidade fática e jurídica brasileira. E esperamos poder contar com sua presença em muitas outras oportunidades neste Congresso.

Então, dou por encerrada esta Sessão e convido-os para a Sessão de amanhã, no segundo dia do nosso Congresso. Muito obrigado! [*Palmas*] E o coquetel se segue, agora, no outro salão.

MESA DE DEBATES "C"

TRIBUTOS ESTADUAIS

PRESIDENTE DA MESA: PROF. ROBSON MAIA LINS

MEMBROS DA MESA: PROFA. BETINA GRUPENMACHER, PROF. OSÍRIS DE AZEVEDO LOPES FILHO, PROF. CLÉLIO CHIESA, PROF. ROQUE ANTÔNIO CARRAZZA

PRESIDENTE DA MESA (PROF. ROBSON MAIA LINS) – Bom dia a todos! Em nome do Instituto Geraldo Ataliba, dou por iniciada esta Sessão de trabalhos desta manhã, Mesa "C" – Tributos Estaduais. Compondo a Mesa os Profs. Betina Grupenmacher, Osíris de Azevedo Lopes Filho, Clélio Chiesa e Roque Antônio Carrazza.

Vamos seguir a linha exposta no *folder* de apresentação, iniciando pela Profa. Betina Grupenmacher, que é Mestre em Direito Tributário pela PUC/SP, Doutora em Direito Tributário pela UFPR, Pós-Graduada pela Universidade de Salamanca, na Espanha, e pela Universidade Austral, na Argentina, Professora na UFPR, coordenadora de diversos livros e autora, também. Quero ressaltar que a Profa. Betina é organizadora, com maestria, de um grande Congresso de Direito Tributário no Paraná, no primeiro semestre de cada ano. Parabéns pela organização do Congresso, parabéns pelo nível que o Congresso do Paraná também tem! Gostaria de parabenizá-la e, sem mais delongas, passar-lhe a palavra, para tratar do tema "ICMS – Transporte Internacional e Transporte Interestadual".

ICMS – TRANSPORTE INTERNACIONAL E TRANSPORTE INTERESTADUAL

PROFA. BETINA GRUPENMACHER – Bom dia a todos! Inicialmente eu gostaria, mais uma vez, de agradecer o convite que me foi feito pelo IDEPE, na pessoa do Presidente deste Congresso, Prof. Paulo Ayres, manifestar minha honra e satisfação em compor uma Mesa ao lado de tão ilustres Juristas, grandes amigos sobretudo, e ir direto ao ponto, porque o tempo é curto, já começamos atrasados, e eu não quero tomar muito o tempo de todos.

Fui incumbida de lhes falar sobre o ICMS nos serviços de transporte interestadual e internacional. Muito embora esse tema não traga grande polêmica, a investigação da matéria, em si, acaba nos conduzindo a algumas perplexidades de ordem jurídica, sobretudo para aqueles que são postos pela lei na condição de contribuintes do imposto, muito embora, aos olhos da Constituição, como vou procurar demonstrar, não o sejam em determinadas circunstâncias que a lei assim determina.

Em verdade, o enfrentamento do tema nos conduz a uma avaliação daquilo que o Prof. Roque denomina, na sua obra, de "arquétipo constitucional do imposto". Estamos falando de duas hipóteses em que a Constituição atribuiu a prerrogativa aos Estados para tributar os serviços, serviços de transporte interestadual e intermunicipal e também os serviços de comunicação. Em princípio, a Constituição – isso não é segredo para ninguém – atribuiu, na discriminação constitucional de competências, aos Estados a competência para tributar operações de circulação de mercadorias, e agregou a isso, na Constituição de 1988, serviços de transporte interestadual e intermunicipal e de comunicação.

Os serviços são, de regra, tributáveis pelos Municípios. Imagino que o constituinte achou que a arrecadação com essa espécie de serviços poderia ser interessante a ponto de transferi-la para os Estados. Mas o que verificamos, na prática, é uma inviabilização da cobrança, por questões operacionais, legais – enfim, a dificuldade de se implementar essa cobrança e de se definir pontualmente em que situações há efetivamente a incidência e o nascimento da relação jurídica tributária.

A exemplo dos serviços que são objeto de tributação pelo Município, também os serviços de transporte intermunicipal e internacional são prestações de utilidade material das quais alguém necessita e que outra pessoa tenha condição de prestar.

Temos, aqui, que pensar na tributação de tais serviços, diante do seu perfil constitucional e especialmente do conceito constitucional de *serviços*.

O serviço de transporte, para que possa ser tributado, isso no âmbito interno, interestadual e intermunicipal, tem que estar sob um contrato de natureza onerosa e, portanto, negocial. Naturalmente, diante dessa linha de raciocínio, estão fora da tributação os chamados "auto-serviços", aqueles serviços prestados a si mesmo, a si próprio. Enfim, são serviços que não têm base de cálculo, porque são serviços prestados para o próprio tomador. Destinatário e remetente confundem-se na mesma pessoa, o que é muito comum acontecer. Parece natural, mas na prática muitas vezes não é; não raramente o Estado pretende tributar serviços que são prestados de uma pessoa para si mesma, ou seja, são serviços sem a característica da onerosidade; são, portanto, despidos de base de cálculo. Nessas hipóteses não é possível avaliar o valor do serviço para, afinal, obter o valor do tributo devido. Isso não acontece só no âmbito do ICMS, acontece no âmbito do ISS, também. Muitos Municípios da Federação pretendem tributar serviços gratuitos. Por quê? Porque a hipótese de incidência do ISS diz que a base de cálculo é o preço do serviço. Os Municípios entendem que todos os serviços têm preço; então, não interessa se houve a remuneração efetiva, interessa que há um preço. O que é naturalmente um absurdo, fere o princípio da capacidade contributiva, o princípio da vedação da cobrança de tributos com efeito de confisco – dentre outros.

Que serviços de transporte no âmbito interno podem ser tributados? Aqueles prestados por via terrestre, aérea, marítima, lacustre, ferroviária, fluvial e hidroviária.

O transporte interestadual e intermunicipal passível de tributação por via do ICMS é aquele transporte de pessoas e de bens. Quando se fala de "pessoas", estamos falando de "passageiros". Quando se fala de "bens", estamos nos referindo a "cargas", "valores" etc. Então, *a priori*, o transporte de passageiros, por uma interpretação gramatical do texto constitucional, é passível de tributação por via do ICMS, seja realizado por automóvel, caminhão, avião, navio, trem etc. Mas, como disse, isso, em uma primeira análise. Se verificarmos com cuidado, há uma inviabilidade de tributação por via do ICMS do transporte de passageiros, essa análise inicialmente no âmbito interno. Do transporte de passageiros, vamos, aqui, dizer transporte *interestadual* de passageiros, porque o intermunicipal também está sujeito ao ICMS, mas o intramunicipal está sujeito ao ISS. Então, o transporte intramunicipal de passageiros e bens, aquele que se dá dentro do âmbito territorial do Município, não está sujeito à incidência do ICMS, mas sim do ISS.

No entanto, a operacionalização, como eu dizia, dessa cobrança é problemática. Por quê? Porque o ICMS deve observar o princípio da não-cumulatividade, compensando-se o ICMS recolhido nas etapas anteriores com aquilo que for devido nas etapas posteriores.

No que diz respeito ao transporte de passageiros, essa não-cumulatividade pode, na quase-totalidade das vezes, ficar inviabilizada; ou seja, a realização do princípio da não-cumulatividade – ou, para alguns, da técnica da não-cumulatividade – torna-se inviabilizada em função da forma como se dá o transporte de passageiros e da documentação que se faz em relação a esse fato.

O que quero dizer, em relação a "documentação"? Quando temos um bilhete emitido de passagem, seja ela aérea, marítima, terrestre, nos campos daquele bilhete de passagem vamos encontrar, quando muito, e por imposição legal, o nome do passageiro, a identificação dos seus documentos, endereço etc. Mas muitas vezes quem adquire a passagem não é próprio passageiro, e sim uma pessoa jurídica para que esse passageiro, essa pessoa, faça sua viagem. Hipóteses como empresas, por exemplo, que adquirem passagens para seus funcionários viajarem a trabalho, em nome e por conta da empresa; o bilhete é adquirido, e utilizado por seu funcionário. No bilhete consta não o nome da empresa que adquiriu o bilhete, mas sim o do passageiro, o que inviabiliza, nessa medida, a realização do princípio da não-cumulatividade, porque certamente essa empresa repassará aos seus custos aquilo que despendeu com a aquisição daquelas passagens, mas não terá condição de abater aquele valor do ICMS, de qualquer outra ou do preço dos seus produtos, porque seu nome, o nome da empresa, não consta no bilhete de passagem. Então, fica inviabilizada a não-cumulatividade, ocorrendo, naturalmente, uma repercussão no preço do produto do adquirente do bilhete – que é, no caso, a pessoa jurídica.

Essa situação foi disciplinada pela Lei Complementar 87/1996, no seu art. 2º, II, que assim está redigido: "O imposto incide sobre prestações de serviços de transporte interestadual e intermunicipal por qualquer via de pessoas, bens, mercadorias ou valores". Ao assim dispor, a lei complementar incidiu, em inconstitucionalidade, porque não regulou efetivamente a matéria, permitindo a tributação em qualquer situação, inclusive nessa à qual nós nos referimos.

Em função da inserção dessa regra e da ausência de regulamentação na Lei Complementar 87, foi proposta uma ação direta de inconstitucionalidade em que, sendo Relator o Min. Nelson Jobim, decidiu-se pela inconstitucionalidade da cobrança do imposto sobre transporte interestadual e intermunicipal de passageiros com base nesse dispositivo constitucional. Então, entenderam os Ministros do STF pela intributabilidade, sobretudo na hipótese do transporte via aérea. A ausência de menção ao adquirente da passagem no bilhete de transporte aéreo repete-se também nos bilhetes de transporte interestadual realizado por ônibus, trem, navio. Enfim, nunca há a indicação do adquirente, e em função disso entenderam os Ministros que, por uma questão de isonomia, toda vez que houver transporte de passageiros, sendo inconstitucional a cobrança na via aérea, será também nas outras modalidades de transporte, como o terrestre, marítimo, lacustre etc.

O outro motivo levantado nessa decisão do STF foi que há inúmeros acordos sobre tráfego aéreo de que o Brasil é parte em que se convencionou estabelecer uma isenção em relação a esses tributos. Então, os Ministros do STF entenderam o seguinte: "Se as empresas aéreas estrangeiras estão isentas do pagamento de ICMS, esse benefício, com maior razão, deve ser estendido às empresas nacionais, inclusive no que diz respeito aos transportes de carga". Por essas duas razões, a tributação no que diz respeito ao transporte de passageiros ficou afastada por hora do nosso sistema, enquanto, pelo que eu pude interpretar da decisão, não houver uma regulamentação a propósito do tema, ou seja, enquanto a lei não determinar expressamente que no bilhete de passagem deve constar o nome do adquirente.

E quem é o prestador, quem é o contribuinte do ICMS incidente sobre o transporte interestadual, intermunicipal e também no caso do internacional?

É o contribuinte, ou seja, é o "destinatário constitucional tributário", no dizer do Prof. Marçal Justen Filho. O contribuinte é aquele que pratica o fato jurídico tributário. Ou – como estamos, aqui, num Congresso do IDEPE, em homenagem ao Prof. Geraldo Ataliba –, o fato imponível, é ele que é o destinatário da carga tributária, que deve sofrer o ônus da tributação; e, portanto, só ele pode ser o contribuinte do imposto. Mas há a possibilidade de se estabelecer que a sujeição passiva não seja do contribuinte, mas sim de um substituto. Então, a regra é que o contribuinte é o prestador do serviço, nunca o contratante do serviço de transporte, é efetivamente aquele que presta o serviço, sendo remunerado por essa prestação de serviço; e que, portanto, tendo manifestado riqueza, verte-se no contribuinte do imposto e deve recolher o tributo.

Pessoalmente creio que, tratando-se de serviço, é inconstitucional a cobrança do ICMS na origem. Por quê? Porque o serviço, inclusive o de transporte interestadual, intermunicipal e o internacional, não começa e termina em um átimo, imediatamente. Pode ter uma execução continuada, uma execução dilargada no tempo. E pode, por isso, começar num lugar e terminar em outro. A observação que faço em relação ao ICMS faço, por igual, em relação ao ISS. Estamos falando de "serviço". O serviço, se tributado na origem, corre o risco – vamos assim dizer – de se tornar uma tributação confiscatória, que afronta o princípio da capacidade contributiva. Por que eu faço essa afirmação? Porque o serviço pode, por qualquer motivo, ser interrompido no meio do caminho e não se ultimar. O serviço de transporte acontece, como afirmei de início, sob um contrato, um contrato de transporte, que determina que um determinado bem – ou pessoa, no caso – vai ser transportado de um ponto a outro; isto está definido no contrato de prestação de serviço. Nem o serviço está sujeito à incidência do ICMS, nem a prestação está sujeita à incidência do ICMS. O que interessa no mundo jurídico é o fato perfeito e acabado, concluído. Quando a prestação de serviço se ultima, ocorreu o fato jurídico tributário, ocorreu o fato imponível ou o fato gerador, como queiram chamar.

Nesse momento em que se ultimou a prestação do serviço opera-se o fenômeno da incidência e, em conseqüência, o nascimento da relação jurídica tributária. A partir do momento em que se admite a cobrança do tributo na sua origem, corre-se o risco de se tributar operações que muitas vezes não vão se ultimar. Então, no meu entendimento, a tributação do ICMS de transporte não deveria se dar na origem, mas no seu destino, quando o serviço está ultimado, perfeito e acabado.

Por isso, julgo essa regra inconstitucional, porque muitas vezes nós teremos uma tributação independentemente da ocorrência do fato imponível, do fato jurídico tributário.

Essa regra da tributação na origem tem alguns temperamentos no pertinente ao serviço de transporte internacional. O que são *serviços de transporte internacional*? Essa é a primeira pergunta que temos que fazer. Quando um serviço pode ingressar na categoria dos *serviços internacionais*? Num primeiro momento, são serviços internacionais de transporte aqueles que ultrapassam as fronteiras de um país, ou seja, que se dão entre dois países. Mas, considerando existirem duas soberanias em jogo, em que medida a autoridade brasileira pode cobrar ICMS sobre o serviço internacional? O fato é que no *caput* do art. 155, inclusive, não há uma menção em relação ao serviço de transporte internacional. Há, sim, referência ao transporte interestadual e intermunicipal. O arquétipo constitucional do tributo não contempla em sua materialidade o transporte internacional – o que, de per si, autorizaria a compreensão, a interpretação, de que não há incidência em relação aos serviços de transporte internacional, por ausência de descrição no texto constitucional.

Para suprir essa menção no *caput*, a Emenda Constitucional 33/2001 introduziu a alínea "a" ao inciso IX do art. 155,

§ 2º, estabelecendo que o ICMS de transportes incidirá também "sobre o serviço prestado no Exterior, cabendo o imposto ao Estado onde estiver situado o domicílio ou o estabelecimento do destinatário da mercadoria, bem ou serviço".

Então, podemos perceber que houve uma intenção do legislador constituinte de, em certa medida, ampliar a materialidade da hipótese de incidência, permitindo a tributação sobre os serviços que são prestados no Exterior, desde que haja uma retenção desses valores e recolhimento dos valores do ICMS sobre a remuneração desses serviços, que devem ser recolhidos à autoridade brasileira. O que está dito aqui é que o serviço é prestado no Exterior, mas o imposto é devido ao Estado onde estiver situado o domicílio do destinatário dos serviços. Foi prestado no Exterior, mas o destinatário está no Brasil, e o serviço é devido ao Estado onde está localizado o destinatário.

A única possibilidade de interpretação desse texto é uma interpretação conforme, porque essa inclusão foi feita por Emenda Constitucional, para que, afinal, possamos concluir pela constitucionalidade ou não dessa regra. Por amor à coerência com o que afirmei anteriormente, o serviço só existe e é passível de tributação quando for completo, quando se ultimou.

Nessa medida, podemos admitir como internacional um serviço que começou em um outro Estado e foi concluído aqui no Brasil – e, portanto, aqui o fato imponível aconteceu, ficando sujeito à legislação brasileira, que sobre ele incidiu, desencadeando a relação jurídica tributária e permitindo à autoridade brasileira que cobre o tributo.

Nessa medida, andou bem o legislador complementar quando, na Lei 87/1996, estabeleceu que nestas hipóteses a tributação se dará no ato final do transporte, ou seja, quando o transporte alcançar o território brasileiro, se ultimar, através da conclusão do serviço em um dos Estados da Federação.

Apenas a prestação iniciada no Exterior e concluída no Brasil pode ser inserta na categoria dos serviços internacionais passíveis de tributação por via do ICMS.

Temos, na verdade, três situações que poderiam caracterizar o serviço internacional. O serviço que é contratado no Brasil e prestado no Exterior, integralmente no Exterior Em relação a esse serviço que é contratado no Brasil e prestado integralmente no Exterior há uma total impossibilidade de tributação, portanto uma intributabilidade, em função do princípio da vedação da extraterritorialidade da lei nacional; ou seja, se o serviço começou e terminou no Exterior, não se pode admitir que a lei brasileira extrapole as fronteiras do território nacional e se dê esse efeito sobre um fato que ocorreu fora do território nacional, impondo àquele prestador o dever de recolher o ICMS à autoridade brasileira. Nessa hipótese, está fora de possibilidade a tributação. O serviço iniciado no Exterior e concluído no Brasil, esse, sim, pode ser objeto de tributação, porque essa foi uma extraterritorialidade admitida pela Constituição; mas deve ser considerado um serviço nacional. Por isso a minha afirmação de que é inconstitucional a cobrança do serviço efetivamente internacional.

Na verdade, o que se permite é a tributação de um serviço que começa no Exterior e se conclui no Brasil. O serviço prestado integralmente fora das fronteiras do território nacional não é passível de tributação por via do ICMS.

Portanto, diante da disciplina constitucional do tema, é possível concluir pela incidência do ICMS no transporte internacional quando houver importação de serviços e os serviços sejam concluídos no Brasil. Há imunidade quando há exportação de serviços no intuito de não se exportar tributos e tornar os serviços e produtos do Brasil mais competitivos no mercado internacional.

Há ainda uma regra na lei complementar que diz que "compete à lei complementar excluir da incidência do imposto, nas exportações para o Exterior, serviços e outros produtos além dos mencionados no inciso X". Eu me pergunto que serviços seriam esses, porque a própria Constituição já estabeleceu a imunidade. Que outros serviços, fora o de transporte de mercadoria, poderiam ser passíveis de isenção por intermédio da lei complementar?

Existe uma outra situação que é interessante também, que é a venda com cláusula FOB, ou seja, cláusula *free on board*, livre de tributação, em que o vendedor de um produto, por exemplo, no Brasil se obriga a entregar o produto dele adquirido a bordo do navio, que será encaminhado a um destinatário. Ele apenas se obriga, mas não contrata o serviço de transporte em si. Há dois contratos distintos nesses contratos com cláusula FOB: um que envolve o pagamento do preço e a entrega da mercadoria e outro que envolve efetivamente o serviço de transporte, em que o comprador no Exterior contrata a prestação e paga o prestador do serviço de transporte e o vendedor não tem qualquer relação com isso.

A legislação e a Administração Fazendária pretendem, nessas hipóteses, afirmar que isso é uma afronta ao art. 123 do CTN, que veda que contratos de natureza privada alterem a legislação tributária. Por quê? Porque a autoridade brasileira entende que nessas hipóteses deveria haver uma retenção, uma substituição tributária pelo vendedor no Brasil, que deveria recolher o imposto à autoridade brasileira. Não me parece que haja razão em relação a isso, porque a cláusula FOB é uma legítima condição mercantil.

E, finalmente, o serviço de transporte assim chamado internacional é fragmentado, porque muitas vezes, em função de acordos que o Brasil mantém, especialmente com os países que integram o Cone Sul, alguns veículos e empresas são impossibilitados de transpor as fronteiras. Então, o serviço é realizado de forma fragmentada: uma parte é prestada por uma empresa, dentro do território brasileiro, que vai até a fronteira, e de lá outra empresa assume o transporte, que vai entregar o produto no Exterior.

A autoridade brasileira quer fazer valer o entendimento de que a empresa que prestou o serviço dentro do território brasileiro deverá recolher o ICMS à autoridade brasileira. Essa é uma compreensão absolutamente equivocada e com intuito meramente arrecadatório, porque o contrato de prestação de serviços é uno, envolve o deslocamento de pessoas ou bens de um ponto a outro; se há uma parada, vamos assim dizer, na alfândega, no porto, para que haja troca de veículos ou de transportadoras, isso compõe o contrato de transporte como um todo; não se pode falar em fragmentação da prestação de serviços. E, por isso, nas condições que nós expusemos, essa prestação muitas vezes não estará sujeita a tributação por via de ICMS.

O que procurei demonstrar aqui é uma dificuldade de interpretação da legislação infraconstitucional, pelos operadores do Direito, em consonância com as regras constitucionais, ou seja, a chamada *interpretação conforme* – o que leva à edição de normas de natureza infraconstitucional, como as que mencionamos aqui, que incidem em inconstitucionalidade, inclusive, na hipótese, por exemplo, dos passageiros, assim reconhecida pelo STF. A tributação do transporte de passageiros envolve, assim, uma certa cautela das nossas autoridades, que devem ter realmente cuidado ao cobrar esses tributos.

Quando preparava esta aula me lembrei da célebre frase de Maquiavel que dizia: "Os fins justificam os meios". Frase que eu sempre julguei – vamos assim dizer – imoral no Estado Democrático do Direito. Que fins? A arrecadação. Que meios? A edição de normas inconstitucionais, a chamada "inconstitucionalidade útil". Vamos editar essas normas sabendo que são inconstitucionais, porque elas seriam úteis em termos de arrecadação. E, fazendo referência a Maquiavel, achei que é interessante trazer, para concluir a minha exposição, esta frase, em que ele diz o seguinte, num capítulo de *O Príncipe*, que tem o nome "A Conduta dos Príncipes e a Boa-Fé": "Há em nossos dias um certo príncipe, que é melhor não nomear, que só faz pregar a paz e a boa-fé, embora na verdade seja inimigo visceral de ambas as coisas; se observasse uma ou outra, teria, em muitas oportunidades, perdido os seus domínios ou sua reputação". Muitas vezes, quando nos encontramos diante de legislações manifestamente inconstitucionais, pensamos dessa maneira: "Bom, os nossos príncipes, [*vamos assim dizer*] em nome da boa-fé, adotam determinadas posturas, mas o objetivo, efetivamente, é não perder o domínio ou a reputação. Quem sabe, se o raciocínio fosse feito às inversas, necessariamente, se os nossos príncipes, com essa verdadeira boa-fé, sem medo de perder seu domínio ou reputação, deixassem de editar leis manifestamente inconstitucionais, alcançaríamos o verdadeiro Estado Democrático de Direito".

Obrigada pela atenção! [*Palmas*]

Presidente da Mesa (Prof. Robson Maia Lins) – O IDEPE – Instituto Geraldo Ataliba parabeniza a Profa. Betina. E também invocamos Maquiavel, quando queria justificar os meios pelos fins, dizendo que o tempo foi extrapolado, mas a finalidade o justifica: a palestra estava ótima. A Sra. está absolvida!

Passo, imediatamente, a palavra ao Prof. Osíris Lopes Filho. O Prof. Osíris, além do seu vasto *curriculum* – Bacharel em Direito pela Universidade Nacional de Direito, Mestre em Direito de Estado pela UnB, Professor da UnB até 2004, Professor e Coordenador Técnico de Pós-Graduação em Direito da FGV, em Brasília, dentre outras, ex-Secretário da Receita Federal, ex-Diretor da Faculdade de Direito da UnB, colunista de vários jornais, entre eles a *Tribuna da Imprensa*, a *Gazeta* de Vitória, *A Tribuna* de Santos e o *Jornal de Alagoas* –, tem como um de seus maiores atributos a firmeza de suas convicções, mesmo que fortes às vezes em demasia, Dr. Osíris, mas necessárias para mexer no estado de coisas por que passa o Brasil. Com a palavra V. Sa.!

NÃO-CUMULATIVIDADE E GUERRA FISCAL

Prof. Osíris de Azevedo Lopes Filho – Bom dia a todos! Agradeço ao Robson, pela apresentação realizada, em que acentua a justeza e a dureza das minhas convicções. A propósito, cumprimento os organizadores deste Congresso, pela mudança efetuada no temário.

Houve tempo em que a ambiência deste Congresso parecia a de Instituto Médico-Legal Tributário, a examinar a anatomia da estrutura tributária do país, analisando as insuficiências e distorções dos seus institutos, figuras e formas. Enfocava-se o Direito Tributário posto, desdenhando-se do que estava germinando para transformação.

Dito de outra forma, pouco se valorizavam as propostas de reforma tributária formuladas pelo Poder Executivo. Eis aí a mudança significativa. Discutir o que comporá o futuro, colaborar criticamente com o que está em gestação. E, assim, evitar a ocorrência do caos normativo que caracteriza a matéria tributária, submetida a alterações permanentes, objetivando o incremento da arrecadação.

No temário deste ano já entrou o que está em transformação. O Presidente Lula, agora na África, disse que no ano que vem quer tocar adiante a Reforma Tributária, principalmente o que ficou estagnado e que não constou da Emenda Constitucional 42/2003. Como se sabe, após duas votações na Câmara dos Deputados, o que foi aprovado foi encaminhado ao Senado Federal, que, por sua vez, apreciou a matéria. Assim, a Emenda Constitucional 42, promulgada em dezembro/2003, é resultante do que houve de coincidência na aprovação pelas duas Casas do Congresso. Não se pode esquecer que os dispositivos referentes ao ICMS, alterados significativamente pelo Senado, retornaram à Câmara e lá estão para ser votados.

E é exatamente sobre a disciplina do ICMS que versará a nova proposta de Emenda Constitucional, no fundamental, embora possa conter outras questões, dada a fixação permanente de se alterar a Constituição, que, em menos de 20 anos de vigência, já apresenta mais de 50 emendas.

O tema é a guerra fiscal. Conseguiu-se manipular o campo de batalha dessa beligerância e dos seus contendores.

A imprensa e os próprios técnicos e juristas aceitaram essa determinação de que a guerra fiscal é composta pelas concessões, benefícios, isenções, incentivos, concedidos pelos Estados para atrair investimentos e gerar desenvolvimento, renda e empregos no seu território.

Efetivamente, alguns Estados têm procurado promover o desenvolvimento do seu território e povo mediante renúncias à arrecadação, via ICMS.

Isso provoca desvios e deslocamentos dos investimentos regionais no país, ocasionando fricções e tensões entre os entes federativos descentralizados.

A questão deve ser apreciada sob uma nova ótica. O Conselho de Política Fazendária, o CONFAZ, hipertrofiou-se e não cumpriu adequadamente sua missão de mediar e arbitrar os conflitos que surgiram nesta área de renúncias da receita do ICMS.

Há alguns fatos a considerar. A União omitiu-se na sua competência de promover o desenvolvimento regional, em país de acentuado desnível de renda e produção. Os governantes regionais no Executivo e Legislativo procuraram, utilizando o instrumento tributário de que dispõem – o ICMS –, atrair investimentos, basicamente, para o setor industrial.

Não se deve esquecer que os incentivos e benefícios tributários, com base na legislação federal, foram decisivos para a industrialização promovida no país. A orientação da União foi a de valorizar o Sul e o Sudeste. As regiões menos desenvolvidas foram esquecidas ou negligenciadas pelo Poder Federal.

Assim, tais incentivos, muitas vezes de duvidosa legalidade, corresponderam ao dever, inerente aos governantes, de promover o bem-estar do seu povo.

Não há leniência nesse enfoque. Trata-se de retratar a realidade do que aconteceu.

A Constituição de 1988 foi generosa com os aspectos sociais. Instaurou a seguridade social – previdência e assistência social e saúde – e deu-lhe meios eficazes para sua materialização. Examinada a outorga de competência tributária à União para prover os recursos destinados a sustentar a Seguridade Social – lucro, folha de salários, faturamento, receita, concursos de prognósticos, importação –, verifica-se que, entre todas as fontes relevantes para ensejar a materialidade tributária, apenas a propriedade restou excluída das incidências tributárias destinadas a fornecer a receita destinada à sustentação da Seguridade Social.

Nossa história constitucional registra ciclos a alterar a estrutura do Estado Nacional. Na República as Constituições estabeleceram a estrutura federativa do Estado Brasileiro, exceto na Carta de 1937, concentradora de poder na União. No interregno entre a promulgação das várias Constituições, que consagram a descentralização e desconcentração financeira, tem ocorrido o enfraquecimento gradativo dos entes federados descentralizados, os Estados, o Distrito Federal e os Municípios, e o fortalecimento do poder, das competências e da esfera de atuação da União.

A generosidade social do constituinte de 1988 propiciou à União a oportunidade de promover, com a COFINS e a contribuição para o PIS, a real guerra fiscal que se verifica no país.

A área de incidência dessas duas contribuições abrange a referente ao ICMS, dos Estados e do Distrito Federal, e aquela relativa ao ISS, dos Municípios e do Distrito Federal. O STF interpretou que apenas há rigidez na determinação da linha demarcatória dos impostos. Isso propiciou às contribuições mencionadas tivessem uma abrangência expansiva, alcançado a materialidade econômica do ICMS e do ISS.

PIS e COFINS são tributos de elevada possibilidade arrecadatória. Incidem sobre o resultado operacional das empresas. Toda empresa produz receita e faturamento, quer tenha um resultado positivo (lucro), quer apresente resultado negativo (prejuízo). E a expansão dessas contribuições alcançou a importação.

Na minha ótica, a guerra fiscal desenvolve-se nesse campo, o das contribuições, exaurindo as possibilidades contributivas das empresas do país em detrimento dos Estados e dos Municípios. Duas outras foram criadas – a CPMF e a CIDE-Combustíveis. A CPMF é a mais invasora delas, pois penetra em quase todas as bases tributárias. A CIDE-Combustíveis incide sobre insumo estratégico em país continental. Essa a efetiva guerra fiscal; as contribuições da União invadindo a área dos impostos estaduais e municipais.

Agradeço a oportunidade de abordar esse tema, pois estão em tramitação morosa no Congresso várias propostas de reforma constitucional, principalmente na área do ICMS. Temo que se trate desse tributo sem focar as contribuições, em especial a COFINS, o PIS, a CPMF e a CIDE-Combustíveis.

E, mesmo que se faça a abordagem integrada dessas contribuições com o ICMS, há possibilidade de que haja uma concentração de poder tributário na competência da União. Há, inclusive, menção de se criar aqui o imposto sobre o valor agregado – IVA. Esquece-se da nossa história. Fomos precursores da tributação não-cumulativa em 1958, no âmbito parcial do então imposto de consumo. Na Emenda Constitucional 18/1965 foram criados o IPI e ICM, de estrutura não-cumulativa.

A Federação exige uma divisão equilibrada de competências tributárias entre os seus entes. Aqui, para beneficiar Estados e Municípios menos desenvolvidos, previu-se a partilha da receita e do produto da arrecadação, procurando-se distribuir mais eqüitativamente a receita tributária.

A propósito de promover o fim da guerra fiscal, mero atrito entre os Estados, pode prosperar o imperialismo. O que desejo enfatizar é que a beligerância efetiva concentra-se na ação da União via contribuições invadindo a materialidade dos principais impostos estaduais e municipais.

Procurei fazer um alerta. A propósito da reforma tributária, muito enfocada na pacificação dos conflitos no âmbito do ICMS, não se promova a vitória da União, concentradora de poder, em marcha acelerada para a implantação do Estado Unitário.

Presidente da Mesa (Prof. Robson Maia Lins) – A missão do Presidente de Mesa, numa Mesa tão repleta de ilustres professores, é difícil, por um lado – tem que cortar tempo –, mas gratificante, por outro – o privilégio de ouvir tão de perto lições que nem sempre estão nos livros, por maior que seja a biblioteca.

São palestras como esta do Prof. Osíris que fazem com que nós, estudantes, pensemos um pouco na História. E quem sabe possamos livrar, de alguma forma, o país e a população da farsa ou da tragédia...

Queria passar imediatamente a palavra ao terceiro palestrante, Prof. Clélio Chiesa, que é Mestre e Doutor em Direito Tributário pela PUC/SP, Professor dos cursos de Pós-Graduação do Instituto Brasileiro de Direito Tributário da FGV e da COGEAE e autor de três livros isoladamente, e de mais de uma dezena de livros em co-autoria.

Com a palavra o Prof. Clélio Chiesa, que irá tratar do tema "ICMS – Competência para Exigência do Tributo nas Importações e Operações Interestaduais".

ICMS – COMPETÊNCIA PARA EXIGÊNCIA DO TRIBUTO NAS IMPORTAÇÕES E OPERAÇÕES INTERESTADUAIS

PROF. CLÉLIO CHIESA – Sr. Presidente desta Mesa, Dr. Robson Maia Lins; Dra. Betina, Prof. Roque Antônio Carrazza, Dr. Osíris Lopes Filho, caríssimos Congressistas. Inicialmente gostaria de agradecer ao convite e dizer que é uma honra participar desse grandioso evento. E faço os agradecimentos na pessoa do Prof. Paulo Ayres, aqui presente.

Devido até à questão do tempo, passo logo as minhas considerações sobre o tema. A incumbência que recebi é a de falar sobre a competência para tributar as operações de importação e interestaduais.

Resolvi preparar a apresentação mais baseada em alguns casos concretos que propriamente discorrer sobre aspectos doutrinários acerca da demarcação de competência no que diz respeito à tributação das operações de importação e interestaduais.

É evidente que terei que passar pelos aspectos teóricos do tema, mas começarei com a apreciação de alguns casos. E, antes de mais nada, apenas para pontuar – pois tenho certeza que todos aqui têm conhecimento do assunto –, é importante registrar que a matéria de competência, pelo menos do Direito Brasileiro, está delineada no próprio texto constitucional.

O que resta, o que, de fato, nós temos como possibilidade de normatização no plano infraconstitucional, é muito pouco. Nós sabemos que há a lei complementar – no caso, a Lei Complementar 87/1996 e as posteriores, que editaram normas gerais sobre a matéria. É um tema polêmico, nós sabemos disso, da dificuldade que nós temos em demarcar este âmbito ou quais são as matérias, os aspectos que podem ser regulamentados pelas normas gerais.

E no ICMS não é diferente. E no ICMS tem uma agravante. Há uma série de disputas em torno dessa tributação, nós sabemos que é um imposto economicamente relevante, e por ele estar repartido entre as unidades federativas isso acaba provocando uma disputa ainda maior, o que tem levado a desvios normativos e também de aplicação. O grande problema, como o Prof. Osíris registrou aqui, acredito que é uma *crise de efetividade*. Nós temos uma boa Constituição; no entanto, ela não é cumprida.

No que diz respeito ao ICMS não é diferente do que ocorre com os demais impostos – ou seja, nós temos uma demarcação constitucional sobre essa competência, a qual está demarcada, como nós sabemos, no art. 155, e, especialmente no que diz respeito às operações de importação, o art. 155, § 2º, IX, "a", estabelece o seguinte: que o ICMS cabe ao Estado onde estiver situado o domicílio ou estabelecimento do destinatário da mercadoria, bem ou serviço.

E aqui é que se iniciam todos os problemas. Destinatário: o que devemos considerar como "destinatário" para efeito de demarcação desta competência? E, aí, várias cogitações foram levantadas em torno dessa questão, várias possibilidades de interpretação; dentre elas, se o desembaraço é relevante, se o destinatário é o adquirente final da mercadoria ou é quem realiza a operação de importação, principalmente quando o desembaraço é realizado em local diverso daquele para o qual é remetida a mercadoria.

Muito bem. A legislação infraconstitucional, Lei Complementar 87/1996, no art. 11, elegeu como critério para esta distinção – pelo menos acredito que tenha sido essa a intenção – o seguinte: tratando-se de mercadoria ou bem, referindo-se à importação, importado do Exterior, o local do estabelecimento onde ocorreu a entrada física, isso para efeito de definição do local em que é devido o imposto. E o que a legislação acabou fazendo com isso? Criou um problema muito sério, porque alguns passaram a interpretar que o elemento "entrada física" era determinante do tipo de imposto ICMS-Importação.

Eu coloquei aqui um caso hipotético, para que possamos refletir sobre essa questão. Vejam os Srs. o seguinte: uma operação de importação cujo desembaraço é realizado no Porto de Santos, a mercadoria é remetida ao Estado de Mato Grosso, mas o importador está localizado no Estado de Mato Grosso do Sul. O que prescreve a Constituição, a respeito? Que o ICMS-Importação é devido onde estiver o destinatário. O que eu devo entender por "destinatário" – porque, nesse caso, vejam, a mercadoria foi remetida ao Estado do Mato Grosso, o desembaraço foi feito em Santos e o importador está em Mato Grosso do Sul? A quem é devido esse imposto? Então, aqui começam nossos questionamentos; ou seja, nós temos uma situação em que o desembaraço se dá em local diverso do local do domicílio do importador, o qual está num Estado e o adquirente final num terceiro, ainda.

Diante disso, pergunta-se o seguinte: a entrada física da mercadoria no estabelecimento do importador é elemento essencial para a caracterização do tipo "importar"? E o desembaraço? Muito bem. Nosso entendimento é o seguinte. Quanto à entrada física, não me parece que faz parte do elemento do tipo. Primeiro porque nós sabemos que no Direito Brasileiro, em especial no ICMS, a materialidade, no caso desse imposto, não é a mera entrada física, mas sim a operação de compra e venda de produtos oriundos do Exterior. Além disso, a própria legislação infraconstitucional, a Lei Complementar 87/1996, art. 20, reconhece a possibilidade de uma operação ficta, uma operação simbólica, melhor dizendo. E, com isso, parece-me que não precisamos, necessariamente, para essa caracterização, de que ocorra a entrada física.

No que diz respeito ao desembaraço, parece-me que o equívoco que tem sido cometido é com relação ao que ele representa nessa relação jurídica tributária. Parece que não há dúvidas de que o desembaraço, na verdade, não é determinante da competência, mas apenas e tão-somente da questão do momento em que surge a obrigação tributária.

Então, vejam os Srs. o seguinte, voltando à questão do caso anterior que eu coloquei, hipotético: na mesma operação, ou seja, a importação sendo feita por importador localizado no Estado de Mato Grosso do Sul, com desembaraço em Santos e mercadoria remetida ao Estado de Mato Grosso, o imposto é devido em Mato Grosso do Sul.

Muito bem, mas quais são os problemas que surgem em torno disso? Na verdade, e mais uma vez, o que se tem de pano de fundo, penso, é a "guerra fiscal". Por que guerra fiscal? Porque não são poucas as vezes, nós sabemos, que esses Estados, em que normalmente não são realizadas as operações de desembaraço, acabam oferecendo aos importadores benefícios fiscais, entre outros o diferimento na entrada ou a suspensão, e na saída ainda os brindam com um crédito presumido. E daí essa disputa toda. Porque é evidente que os importadores, as empresas, vão se estabelecer nesses Estados onde há oferecimento desses benefícios.

Diante disso, eu resolvi fazer a análise de duas decisões do STF a respeito dessa questão, para examinar onde é devido o ICMS nessas hipóteses.

A respeito de onde é devido o ICMS-Importação, há um acórdão, o RE 299.079-5, em que foi julgado o seguinte: uma empresa localizada no Estado de Pernambuco fez uma operação de importação via o Porto do Rio de Janeiro, sem trânsito físico da mercadoria pelo Estado importador. Submetida a questão à apreciação do STF, decidiu o egrégio Tribunal que a entrada física é irrelevante para a determinação do tipo, e que, no caso, o determinante era exatamente a operação jurídica onde foi realizado o negócio "importar".

Agora, vejam o seguinte: essa é a decisão do RE 299.079-5. Há um outro acórdão em que foi julgada a seguinte situação: empresa situada no Estado do Espírito

Santo fez uma operação onde realizou a importação de um produto que também foi desembaraçado em Santos. O imposto foi recolhido ao Estado do Espírito Santo, porque a empresa estava situada, a importadora, no Estado do Espírito Santo, mas o produto ficou aqui no Estado de São Paulo. Muito bem, o que aconteceu nesse caso? A empresa situada no Estado de São Paulo foi autuada, com base no fundamento de que o imposto é devido aqui no Estado de São Paulo. As razões foram várias. Dentre os argumentos levantados há o de que, de fato, a importação não foi feita por importador situado no Espírito Santo, porque, na verdade, o produto nunca chegou até o Espírito Santo e a operação foi feita pelo Estado de São Paulo; e, portanto, o Estado de São Paulo seria o credor desse imposto.

Acredito que até aqui talvez todos até tenham o conhecimento dessas noções básicas, mas vejam a ementa desta decisão. Olhem lá, [*referindo-se aos* ***slides***] olhem a ementa desta decisão: "O ICMS devido cabe ao Estado em que localizado o porto de desembarque e o destinatário da mercadoria". Logo, há de se perguntar: afinal, o STF modificou seu entendimento? Porque até então, no precedente anterior, havia sido decidido que o imposto era devido onde se realiza a operação de importação, ou seja, onde está localizado o importador. Aqui, neste caso, o importador estava no Espírito Santo, a mercadoria foi desembaraçada em Santos, o consumidor final em São Paulo. Vejam a ementa, eu vou voltar, novamente: "O ICMS devido cabe ao Estado em que localizado o porto de desembarque e o destinatário da mercadoria" – claro que aqui eu fiz um corte. Qual é a conclusão? O STF mudou de entendimento. Agora, o imposto é devido no local do desembaraço, é isso? Não. E aqui eu não sei a que conclusão chegaram aqueles que já fizeram a leitura do referido acórdão, mas me parece que de fato não foi isso que aconteceu. O que aconteceu? A ementa nos induz a esta conclusão. No entanto, não foi nada disso que aconteceu. Eu separei dois trechos dos dois votos que acredito que tenham sido os votos-condutores dessa decisão. Um trecho é do voto do Min. Marco Aurélio. E o que disse Marco Aurélio? Vejam só a parte inicial: "Poucas vezes me defrontei com processo a revelar drible maior ao Fisco". Final. "A toda evidência, tem-se quadro escancarado de simulação".

O fundamento da decisão do Min. Marco Aurélio foi o seguinte: não é que o imposto passou a ser devido no local do desembaraço; ao contrário, ele disse que, na verdade, a importação foi realizada por um estabelecimento que está situado em São Paulo. Sustentou que no caso examinado houve uma simulação, ou seja, uma descaracterização do negócio jurídico via Estado do Espírito Santo. Então, em momento algum houve mudança do STF quanto à questão sobre a quem compete tributar as operações de importação via ICMS.

Agora, vejam um outro trecho, do voto do Min. Cézar Peluso, que acompanhou o Relator – no caso, o Min. Marco Aurélio –, porém com espeque em fundamento diverso, por quê? Porque para o Min. Cézar Peluso o que aconteceu não foi uma simulação, pois, examinando os autos e os documentos que foram juntados, chegou à conclusão de que, em verdade, não houve um negócio jurídico de compra e venda com a empresa situada no Estado do Espírito Santo, mas apenas uma operação de intermediação; e, portanto, ela figurou na importação como mera consignatária, e não importadora.

Então, vejam que, embora por fundamentos diversos, o que aconteceu nesse caso concreto é que, seja porque ocorreu uma simulação ou porque de fato a empresa situada no Estado do Espírito Santo não realizou a importação, mas apenas figurou como intermediária, certo é que foi decidido que o imposto é devido ao Estado de São Paulo, e foi mantido o auto de infração.

Conclusão: o que prevaleceu foi a idéia de simulação, ou de que a empresa atuou como mera intermediária, tendo sido mantido o auto. Insistindo, o imposto ficou, aqui nesse caso, decidido como sendo de competência do Estado de São Paulo.

Ainda sobre a importação, esse mesmo entendimento foi reiterado pelo STF num caso que envolveu os Estados de São Paulo e Mato Grosso do Sul, no que diz respeito à importação do gás proveniente da Bolívia.

O Estado de São Paulo ainda continua sustentando – acredito eu, porque as ações continuam em andamento – que quanto ao gás consumido aqui no Estado de São Paulo, no que diz respeito a essa importação, o imposto é devido no Estado de São Paulo, e não no Estado de Mato Grosso do Sul; e, com base nesse entendimento, autuou a Petrobrás, exigindo esse imposto.

O Estado de Mato Grosso do Sul ingressou com uma ação cível originária, no STF, com o pedido de tutela antecipada. A decisão do Supremo foi, pelo menos no que diz respeito à tutela antecipada, deferida, para assegurar que o Estado de São Paulo se abstivesse de autuar a empresa, Petrobrás, enquanto não decidida a ação.

Então, se nós analisarmos o teor da decisão, vamos constatar que, mais uma vez, o STF reiterou seu entendimento no sentido de que o ICMS-Importação é devido no local em que estiver situado o estabelecimento que realiza a importação. Agora, neste caso da importação do gás há uma particularidade, porque de fato o ingresso físico se dá também no Estado de Mato Grosso do Sul.

O que se sustentou ao longo dessa ação é que, entre outros aspectos, no caso do gás, necessariamente, a mensuração tem que ser feita na entrada, a qual é realizada em Corumbá/MS. Isso se deve a várias razões. Primeiro porque há alterações durante o transporte do gás. Além disso, nos dutos são acrescidos gases que são produzidos também aqui no Brasil; conseqüentemente, isso geraria uma dificuldade muito grande para realizar a mensuração da operação em momento posterior.

O que levou, mais uma vez, então, a se decidir no mesmo sentido. Portanto, eu acredito que podemos afirmar com certa segurança que para a questão da competência, no Brasil, para a definição do local em que é devido o ICMS-Importação pouco importa onde está o destinatário final da mercadoria. E, reforçando, mais uma vez, não há necessidade do trânsito físico no Estado onde se dá a aquisição ou a compra do bem. Quer dizer, seria impor ao adquirente gastos desnecessários, fazer com que a mercadoria vá até o Estado onde está o importador, para depois ser remetida novamente ao Estado do destinatário ou do consumidor final.

Agora, acredito eu, primeiro, essa questão não pode ser confundida com eventuais simulações. Segundo, com relação à eventual concessão de benefícios fiscais unilaterais, que, de fato, é o que acontece muito, nesses casos, a meu ver, o Estado também não tem outro caminho senão o ajuizamento de uma ação direta de inconstitucionalidade para o reconhecimento de inconstitucionalidade do eventual benefício. Significa dizer: eu não posso justificar, por exemplo, a tributação de uma operação cujo desembaraço se dá no Estado de São Paulo simplesmente porque o Estado destinatário, onde está o importador, oferece algum tipo de benefício.

A questão da liberdade negocial é assegurada constitucionalmente, e se a operação tem um custo menor se realizada via outro Estado, a Constituição, pelo menos, não veda isso; e, portanto, constitucionalmente não há qualquer empecilho à realização dessa operação.

Coube-me também falar sobre as operações interestaduais. E o que dizer sobre as operações interestaduais quanto à competência? Nós sabemos que a regra estabelecida na Constituição Federal é de que nas operações entre contribuintes uma parcela do imposto fica com o Estado de origem e outra com o Estado destinatário. Nas operações entre comerciante e destinatário final o valor é tributado na origem, mantendo-se, assim, o equilíbrio entre as unidades federativas.

Apesar da clareza desse dispositivo, na prática não é isso que acontece. Nós sabemos que inúmeros são os problemas dessa sistemática, dentre os quais está o da construção civil. Até hoje acredito que é um problema não resolvido na grande maioria dos Estados, ou seja, quando na origem é aplicada uma alíquota que não é alíquota cheia, o Estado destinatário exige a diferença, sob o argumento de que, como não pagou no Estado de origem, tem que pagar no Estado destinatário. E diante desse fato há de se perguntar – já que o tema é competência tributária não pela perspectiva da questão de outros aspectos, como guerra fiscal, validade, eventual benefício unilateral, qualquer outro aspecto, apenas competência: qual é a competência do Estado destinatário? A competência do Estado destinatário é cobrar, nas operações contribuinte/contribuinte, a diferença entre a alíquota interna e a alíquota interestadual. E o que é que vem sendo feito? É isso? Não. O que na verdade é feito na maioria das vezes nesses casos é um confronto entre a alíquota interna do Estado destinatário em relação à alíquota efetivamente paga – o que gera, com certeza, uma distorção.

Então, vejam os Srs., nessas hipóteses, o que está acontecendo é uma leitura equivocada da outorga de competência e, de fato, nós temos aí uma situação onde os Estados tentam arrecadar mais, exigindo das empresas valores que não têm titularidade. Essa questão das construtoras já há algum tempo vem sendo discutida. Alguns Estados já tentaram resolver o problema estabelecendo uma alíquota menor, sem direito a crédito, mas mesmo assim os problemas continuam.

Mas há uma outra situação que eu coloquei, aqui, aos Srs. A situação fática é a seguinte – o exemplo envolve o Estado de Minas Gerais e o Estado de São Paulo: uma empresa com matriz em São Paulo e uma filial em Minas Gerais monta em Minas Gerais uma central para recolher, fazer os pedidos. A nota fiscal é emitida pela matriz, situada em São Paulo. A mercadoria é enviada diretamente pela matriz. Nesse caso, a quem é devido o ICMS? Há uma triangulação. E aí nós temos, de fato, um problema a ser examinado, que é a questão da caracterização do que foi realizado no Estado de Minas Gerais. Por quê? Porque, se há uma simulação, penso eu, mais uma vez, caímos no mesmo problema da questão da importação. Todavia, se nós temos apenas um negócio de intermediação pelo estabelecimento que está no Estado de Minas Gerais, não há como, por mais que possa causar indignação, pretender tributar o negócio realizado em Minas pelo ICMS. É certo que se poderá argumentar que desse jeito as empresas situadas fora dos grandes Estados serão prejudicadas, pois todas as operações vão ser feitas nos grandes centros, e aí, todos serão prejudicados, na medida em que será prejudicada a própria sistemática de distribuição da arrecadação do ICMS entre as unidades da Federação.

Muito bem, mas é uma questão em que juridicamente não há qualquer vedação, nem constitucional e nem infraconstitucional, a que se realize esta operação nestes modos. Portanto, parece-me que, partindo-se do pressuposto de que, de fato, apenas uma intermediação foi realizada em Minas Gerais, não há como se sustentar a competência, nesta hipótese, do Estado de Minas Gerais para tributar esta operação. A operação deve ser tributada exclusivamente pelo Estado de São Paulo, porque, é claro, se a operação for realizada com um consumidor final – que é o exemplo que eu levantei aqui – o imposto será devido na origem. Nesse sentido há inúmeros precedentes do STJ. Há de prevalecer a liberdade negocial. Se a operação é realizada, juridicamente, entre um comerciante que está no Estado de São Paulo e um consumidor que está em Minas Gerais, apesar de ter havido uma intermediação por filial que está no Estado de Minas Gerais, o imposto é devido na origem, ou seja, ao Estado de São Paulo.

Já recebi minha "advertência", e vou tentar encaminhar para as conclusões. Mas tenho uns dois ou três casos, Sr. Presidente – para ser mais preciso, uns três; portanto, não são muitos.

Vejam os Srs. o seguinte: operação Estado "x" e Estado "y". Operação interestadual, em que na origem eu tenho o crédito presumido. O Estado de origem confere crédito presumido a quem está estabelecido no seu território. Olha só a conta: "y", o Estado destinatário, teria o direito de um diferencial de 5% ou, no caso do exemplo que eu dei, 14%? Partindo do pressuposto de que eu tenho uma operação interestadual cuja alíquota é 12% e que a alíquota interna final é 17%, então, o que eu posso cobrar em relação a essa operação interestadual? Nós sabemos que o que os Estados têm feito, na verdade – voltando a insistir –, é uma interpretação equivocada da sua competência. Ou seja, em operações de produtos oriundos de outro Estado, qual que é a minha competência, enquanto Estado destinatário? Minha competência é, no que diz respeito às operações entre contribuinte e contribuinte, apenas o diferencial de alíquota, apurada esta mediação a confrontação da alíquota interestadual e da alíquota interna, independentemente de ter, ou não, ocorrido o pagamento. E aqui não estou nem entrando na discussão sobre se o benefício é unilateral, não é unilateral. Porque essa é uma outra questão e, se é que ela existe, é um problema de invalidade jurídica. E nós sabemos, há uma presunção de que, enquanto não declarado inconstitucional, qualquer ato normativo é válido – e, portanto, está no sistema.

Uma outra coisa que, por fim, gostaria de colocar aos Srs. é sobre o problema das operações interestaduais, agora, com os optantes do Simples Nacional. O Simples Nacional – que, nós sabemos, de simples não tem nada, como registrado pelo Prof. Estevão Horvath –, na verdade, é o "Supercomplexo". É só olhar para tabelinhas, não é? As tabelinhas de enquadramento para cálculo, 59. Uma loucura! Até você encontrar sua situação é um trabalho danado, fora os demais problemas que o Supersimples apresenta. Mas o Supersimples, como idéia, como proposta, eu acredito na proposta, entendo que é fundamental. Agora, é princípio fundamental do Supersimples o tratamento diferenciado. Tratamento diferenciado não mais gravoso, mas um tratamento diferenciado, é claro, que seja mais benéfico, para que se possa propiciar o desenvolvimento e prestigiar as pequenas e microempresas. E, vejam os Srs., o que tem acontecido, na verdade, não é isso, porque, primeiro, o Supersimples não vem sendo tratado da forma como ele foi concebido. Vejam os Srs. que dizem que existe Supersimples onde está incluído o ICMS e o ISS. Onde, eu pergunto? Sim, nominalmente está, se nós olharmos a lista dos tributos inclusos no Supersimples o ICMS está. Mas uma análise prática revela o seguinte: quais são as receitas excluídas do cálculo dentro do Supersimples, no que diz respeito ao ICMS e ISS? Ora bem, todas as atividades submetidas a substituição ou antecipação, além de outras. Ora, só a substituição e a antecipação significam, praticamente, a exclusão do quê? De 90% do que diz respeito à receita com relação a esses impostos. Logo, é uma brincadeira de mau gosto dizer que nós temos Supersimples em relação ao ICMS e ao ISS.

Diante deste fato, a tão defendida autonomia dos Estados, de certa forma, foi ofendida com a redução de carga tributária; e, provavelmente, os Estados irão questionar tal mitigação de competência. Isto se examinada a carga tributária das empresas individualmente, pois se examinada a arrecadação no seu total tudo indica que não haverá redução, devido à inclusão de empresas que não estavam recolhendo.

Mas eu vou colocar uma outra aberração para os Srs., é pertinente ao meu tema, fiz essas considerações justamente para mostrar como há no Brasil, de fato, um problema efetivo de postura perante o ordenamento jurídico, ou seja, a falta de uma busca, de uma interpretação adequada, de uma interpretação que atenda aos fins, de acordo com aquilo que foi pretendido com a lei; enfim, com o instituto. E é exatamente o que ocorre com o Supersimples. Vou mostrar aos Srs.

Estou encerrando, meu Presidente. Chegou aqui um "Acabou" deste tamanho... Mas estou terminando. Só um minuto. Vejam só o seguinte, eu não posso deixar de falar nisso, a indignação é grande. Só este caso, Sr. Presidente, e eu encerro. Operação interestadual – olha só, isso parece brincadeira –, optante/optante, entre o Estado de Mato Grosso e o Estado de Mato Grosso do Sul. Alíquota interestadual, 12%. Antes dessa configuração do Supersimples, como é que se dava a tributação? A operação era tributada na origem, gerava crédito, e, aí, compensava-se o crédito com o valor incidente na operação posterior, e tínhamos o saldo a pagar. Atualmente, à luz do que está na lei complementar, quem está no Supersimples não tem direito a crédito. Muito bem, então, supondo-se que faço uma operação interestadual onde está tendo a seguinte configuração, o remetente está no Estado de Mato Grosso, não gera crédito, e quem compra não tem crédito. Só que no Estado de Mato Grosso do Sul há um tal de "ICMS-Garantido", que nada mais é que uma CPMF estadual, porque é uma forma de se controlar o fluxo de entrada, no caso, de mercadoria.

Muito bem, mas o que é o garantido? O garantido nada mais é que uma antecipação que ainda está sujeita a um ajuste na operação final. Então, eis o que está acontecendo, Srs., o que entende o Estado? Entende o Estado que uma coisa é uma coisa, outra coisa é outra coisa; e neste ponto está certo, porém não se aplica ao caso da forma como pretende. O Estado não está admitindo a compensação entre valor recolhido no SuperSimples, nem redução e nem a exclusão do garantido. Então, na prática, olha só a conta, como fica: exige-se na entrada, por hipótese, uma alíquota de 17%. Como é calculada? É calculada sobre o valor de pauta da mercadoria. E sabemos que são sempre baixíssimas, normalmente correspondem, efetivamente, a percentual inferior ao que é agregado de fato à mercadoria, e se paga o garantido e, além disso, se paga a alíquota do enquadramento do Supersimples.

Então, antes se pagava 5%, porque era o diferencial de alíquota da operação interestadual. Agora se paga, nesse exemplo que eu dei, cumulado, sobre o produto, o percentual de 19,84%. Tudo, tudo, Srs., para atender ao objetivo maior do Supersimples, que é dar tratamento diferenciado às micro e pequenas empresas.

Muito obrigado! [*Palmas*]

Presidente da Mesa (Prof. Robson Maia Lins) – O Prof. Clélio Chiesa, com sua eloqüência, seu brilhantismo na exposição, comprometeu-se, aqui, reservadamente, a comprar mil *pen drives* e distribuir no Congresso. Todos os congressistas terão acesso à sua exposição, cada um receberá um *pen drive*. Parabéns, Professor!

Sem mais delongas, passo a palavra ao Prof. Roque Carrazza. Haverá um segundo *pen drive*, contendo o *curriculum* do Prof. Carrazza, que será distribuído pela organização na saída, que eu me abstenho, por absoluto respeito, de detalhar, apenas mencionando ser Bacharel, Mestre, Doutor e Livre-Docente pela PUC/SP, Professor da PUC/SP, na Graduação, e na Pós-Graduação, Advogado, Parecerista e, além de tudo, excelente e brilhante expositor.

Professor, com a palavra: "ICMS e Serviços de Comunicação".

ICMS E SERVIÇOS DE COMUNICAÇÃO

Prof. Roque Antônio Carrazza – Bom dia, colegas! Para mim é sempre uma grande alegria participar desse *XXI Congresso Brasileiro de Direito Tributário*, promovido pelo prestigioso Instituto Geraldo Ataliba – IDEPE.

Agradeço a gentileza do convite para lhes falar, e saúdo o Prof. Paulo Ayres Barreto, Presidente desse Congresso, que, nessa altura, já pode ser considerado mais que vitorioso.

Cumprimento igualmente o Prof. Robson Maia, Presidente desta Mesa, bem como os colegas debatedores, Profa. Betina Grupenmacher, Prof. Osíris de Azevedo Lopes e Prof. Clélio Chiesa.

Incumbiram-me de lhes falar sobre o ICMS nos serviços de comunicação. Tema amplo, complexo, que, evidentemente, não conseguirei esgotar dentro dos marcos temporais que me foram reservados.

Assim, para não ser obrigado, pelo inexorável *fator tempo*, a interromper meu raciocínio, deixando de versar questões importantes, vou, rapidamente, à guisa de introdução, levantar alguns pontos básicos para, logo em seguida, entrar no assunto central, sempre atento à célebre advertência do Padre Antônio Vieira: "Aquele que levanta muita caça e não vai atrás de nenhuma não deve se queixar se, ao final da jornada, volta para casa com as mãos vazias".

Como sempre faço – eu, que tenho preocupações constitucionais –, começo dizendo o óbvio, ou seja, que na cúspide da chamada "pirâmide jurídica" estão situadas as normas constitucionais, matrizes de todas as manifestações normativas do Estado.

Em matéria tributária nossa Constituição é ímpar. Tanto quanto o Prof. Osíris, tive a cautela de fazer uma pesquisa acerca do que rezam as Constituições de países que nos são culturalmente mais próximos, no que concerne à tributação. E também acabei concluindo que, em matéria tributária, a Constituição brasileira não tem similares no mundo. De fato, ela alberga dezenas de princípios e regras que disciplinam a ação estatal de exigir tributos, pouco espaço deixando para a criatividade dos Poderes constituídos.

Tenho para mim que isso é muito bom, porque, afinal de contas, se pensarmos bem, o tributo lanha o *direito de propriedade*. De fato, o tributo fica com uma parcela da riqueza privada das pessoas. Ora, o direito de propriedade foi extremamente protegido por nossa Carta Magna, que, já em seu art. 5º, XXII, o insere no rol dos direitos fundamentais. Um pouco mais adiante, em seu art. 150, IV, estabelece que nenhum tributo poderá ser utilizado com efeito de confisco. Nessa mesma linha, prescreve, agora em seu art. 170, II, que a ordem econômica deverá levar em conta o direito de propriedade. Como vêem, o direito de propriedade foi prestigiadíssimo pela Carta Constitucional brasileira.

Onde quero chegar? Se o direito de propriedade foi extremamente protegido pela Constituição e se o tributo, num certo sentido, o lanha, segue-se que ele somente será válido se também nela deitar raízes.

Ademais, não devemos perder de vista que o tributo é exigido *iuri imperii*, vale dizer, mediante um ato de força. Pois bem, é justamente a Constituição, com seus grandes princípios, que mantém a ação de tributar dentro do chamado "Estado de Direito".

Aqui chegados, é o caso de indagarmos: afinal de contas, o que a Constituição fez, em matéria tributária? Basicamente, quatro coisas. Antes de tudo, ela discriminou competências tributárias, ou seja, deu às pessoas políticas a aptidão para criar, *in abstracto*, tributos. Também limitou a ação de tributar por meio de uma série de princípios: o princípio da legalidade, o princípio da igualdade, o princípio da anterioridade, o princípio da proporcionalidade, o princípio da reserva das competências tributárias (não vou desenvolver esta idéia, até porque ontem tivemos uma excepcional conferência acerca do assunto, da parte do Prof. Paulo de Barros Carvalho). Mas, ainda, a Constituição classificou os tributos em espécies e subespécies. De fato, ela está comprometida com uma classificação jurídica dos tributos. Finalmente, ela apontou o modelo, o arquétipo, a regra-matriz de cada tributo. Atomicamente, embrionariamente, cada tributo está presente, em toda a sua compostura básica, no texto constitucional.

Se quisermos ser um pouco mais técnicos, diremos que a Constituição, direta ou indiretamente, apontou a *hipótese de incidência possível*, o *sujeito ativo possível*, o *sujeito passivo possível*, a *base de cálculo possível* e a *alíquota possível* de cada imposto, de cada taxa, de cada contribuição.

Com tal providência, a Constituição vinculou os entes tributantes.

Realmente, quando a pessoa política cria o tributo que lhe foi constitucionalmente deferido, ela deve levar em consideração esses arquétipos constitucionais.

Daí que a classificação constitucional dos tributos não foi apenas nominal, mas também conceitual. Deveras, a Constituição não se limitou a rotular os tributos, chamando uns de *imposto*, outros de *taxa*, outros de *contribuição*; chamando um imposto de *ICMS*, outro, de *imposto sobre a renda*, outro, ainda, de *ISS*; chamando uma taxa de *taxa de serviço*, outra de *taxa de polícia*; chamando uma contribuição, de *contribuição social sobre o lucro líquido*, outra de *contribuição social para a Seguridade Social*, outra de *contribuição previdenciária*, e assim por diante. A Constituição sem dúvida fez isso, mas não apenas isso: ela foi além, já que apontou o *regime jurídico* que cada espécie e subespécie tributária deverá necessariamente observar.

Um tributo instituído *fora* de sua regra-matriz – que costumo chamar de *tributo delirante* (tributo que vai além da lira, no sentido de sulco que o arado produz na terra) – é um tributo inconstitucional, porque fere o direito de propriedade. E fere o direito de propriedade da pior forma, pois assume feições confiscatórias.

Muito bem, é com apoio nessas diretrizes que devemos estudar o ICMS, que, na verdade, não passa de uma sigla; sigla que serve para designar (1) o imposto sobre operações relativas à circulação de mercadorias; (2) o imposto sobre prestações onerosas de serviços de transporte interestadual ou intermunicipal; (3) o imposto sobre prestações onerosas de serviços de comunicação; (4) o imposto sobre importação, produção, circulação, distribuição e consumo de lubrificantes e de combustíveis líquidos e gasosos e de energia elétrica; e, ainda, (5) o imposto sobre extração, circulação, distribuição ou consumo de minerais.

Portanto, dentro do rótulo ICMS acomodam-se cinco impostos diferentes. Diferentes porque têm hipóteses de incidência e bases de cálculo diferentes. Não quero insistir no óbvio, mas julgo importante recordar rapidamente que o que distingue um tributo do outro não é sua denominação, mas sua hipótese de incidência, confirmada por sua base de cálculo – como, de resto, didaticamente estipula o art. 4º do CTN.

Muito bem. As hipóteses de incidência e as bases de cálculo desses vários ICMS confirmam que o *ICMS-Operações Mercantis* nada tem a ver com o *ICMS-Transporte*, que nada tem a ver com o *ICMS-Comunicação* – e assim por diante.

Isso é de boa técnica? Não é. O legislador (complementar e ordinário) tem extrema dificuldade em conciliar todos esses tributos que foram chamados da mesma maneira, mas são diferentes. Vejam: o *ICMS-Operações Mercantis* – que é o ICMS emblemático – implica a execução de obrigação de dar (dar mercadoria); o *ICMS-Serviços* (serviços de transporte e serviços de comunicação) implica a execução de obrigação de fazer (de prestar, em caráter negocial, serviço). Não bastasse isso, todos esses ICMS devem obedecer aos princípios constitucionais da não-cumulatividade, da seletividade e da uniformidade das alíquotas, dentre outros.

É o quanto basta, penso eu, para confirmarmos como é difícil, para o legislador, disciplinar, sem desobedecer aos ditames constitucionais, os vários ICMS.

Muito bem. O ICMS-Comunicação – e esse é o ponto central da minha exposição – é um imposto sobre prestações de serviços. Na verdade, a Constituição aponta vários impostos sobre prestações de serviços; a saber: o imposto sobre prestações de serviços de transporte interestadual ou intermunicipal, que foi, há pouco instantes, brilhantemente estudado pela Profa. Betina Grupenmacher; o imposto sobre prestações de serviços de comunicação, que estudarei daqui a poucos instantes; e os impostos sobre prestações de outros serviços, mais conhecidos como impostos sobre serviços de qualquer natureza. Esses últimos foram atribuídos aos Municípios, e rotulados "ISS". Os dois primeiros foram atribuídos aos Estados-membros e rotulados ICMS: *ICMS-Transporte* e *ICMS-Comunicação*.

Observem os colegas que o *ICMS-Comunicação* está muito mais próximo do ISS que do ICMS emblemático, do *ICMS-Operações Mercantis*, que descende do ICM da Constituição de 1967, que, de sua feita, descendia do IVC, imposto sobre vendas e consignações, da Constituição de 1946.

Ora, justamente porque o *ICMS-Comunicação* é um imposto sobre serviços, ele não incide sobre a mera comunicação, mas sobre a prestação onerosa de serviços de comunicação. Ele incide, pois, sobre a execução, sob regime de direito privado, de uma obrigação de fazer. Fazer o quê? Possibilitar que duas pessoas, valendo-se dos meios mecânicos, elétricos, eletrônicos etc., disponibilizados, a título oneroso, por uma terceira pessoa, passem a interatuar, a trocar mensagens, informações.

Realmente, a Constituição não autorizou os Estados-membros a tributar, por meio de ICMS, simplesmente a comunicação ou, mesmo, os serviços de comunicação, mas, sim, as "prestações de serviços de comunicação". Portanto, a lei que veicular sua hipótese de incidência somente será válida se descrever uma prestação de serviço de comunicação.

Vai daí que o tributo em questão pressupõe, para nascer *in concreto*, a realização de um negócio jurídico que tenha por objeto a prestação de um serviço de comunicação.

Não é por outro motivo que o ICMS em tela só pode surgir da execução de uma *obrigação de fazer*, isto é, do fato de uma pessoa, física ou jurídica, prestar, a título oneroso, serviços de comunicação a terceiros. Noutros falares, ele nasce quando, em razão de negócio jurídico firmado entre particulares, sob regime de Direito Privado (mas não trabalhista), serviços de comunicação forem efetivamente prestados.

A comunicação, em si mesma, é neutra. João se comunica com Maria. Antônio se comunica com Lúcia. Isso faz nascer algum tributo? Nenhum. Às vezes, é certo, a comunicação faz nascer tributos, mas não o *ICMS-Comunicação*. Exemplifico: a comunicação onerosa de mercadorias faz nascer o *ICMS-Mercadorias*, que é outro tributo; a comunicação, a título gratuito, de bens ou direitos faz nascer o *imposto sobre doações*, também outro tributo; a comunicação onerosa de bens imóveis faz nascer o ITBI (imposto sobre a transmissão onerosa de bens imóveis e de direitos a eles relativos), sempre outro tributo – etc.

Pois bem. Só há espaço jurídico para o *ICMS-Comunicação* quando ocorrer a prestação onerosa do serviço de comunicação. Quando – torno a dizer – duas pessoas forem postas em contato, mediante contraprestação econômica, por uma terceira pessoa e, valendo-se dos meios mecânicos, elétricos e eletrônicos que esta lhes disponibiliza, passem a trocar mensagens.

O que nós estamos percebendo? Que, para que se possa falar em *ICMS-Comunicação*, é preciso, primeiro, que haja um *emissor da mensagem*; depois, que haja um *receptor da mensagem*; depois, claro, que haja uma *mensagem* que ambos compreendam, isto é, que tenha um código comum. Mas não apenas isso: é mister que o emissor e o receptor sejam perfeitamente identificados. Por fim, é imprescindível que a conexão entre o emissor e o receptor seja feita a título oneroso. Só então nascerá o dever de recolher o *ICMS-Comunicação*.

Se o receptor da mensagem não for determinado e não estiver em condições de entendê-la e responder a ela pelo mesmo canal comunicativo, não há espaço jurídico para a exigência válida do ICMS.

Rui Barbosa dizia: "As palavras soam, os exemplos retumbam". Vamos, pois, dar um exemplo. A Profa. Betina e eu queremos nos comunicar. Uma empresa, uma companhia telefônica, coloca aparelhos na casa da Profa. Betina e aparelhos na minha casa. Mas não se limita a isso: também interliga esses aparelhos a toda uma parafernália de fios, de postes, de satélites e de outros elementos mecânicos, elétricos e eletrônicos, que são postos à nossa disposição. Mas só por isso – isto é, pela mera disponibilidade desses meios – ainda não podemos ser validamente chamados a recolher o *ICMS-Comunicação*. Tal só se dará quando o serviço de comunicação nos for prestado. Quando, mediante o emprego desses meios, passarmos a trocar mensagens, informações.

O que estou a dizer é que o *ICMS-Comunicação*, justamente por ser um imposto sobre prestações de serviços, incide sobre o fato "prestação de serviços de comunicação". E quando esse serviço é prestado? Exatamente quando o emissor e o receptor (no nosso exemplo, a Profa. Betina e eu) apanharem os aparelhos telefônicos que estão ao alcance de suas mãos e, por meio deles, estabelecerem a *relação comunicativa*. Enquanto isso não acontecer não há – e nem pode haver – *ICMS-Comunicação* a pagar.

Pois bem, no mês que vem, como tantos companheiros aqui presentes, devo prestigiar o Prof. Paulo de Barros Carvalho, que terá um livro lançado em Madri. Estarei ausente do Brasil durante uma semana, pelo menos. Nesse entretempo, por óbvio não usarei meu aparelho telefônico aqui em São Paulo. No entanto, quando voltar, terei à minha espera a conta telefônica, e nela estará encartada uma *taxa mínima*, uma *taxa de manutenção* – o que está certo, porque, afinal de contas, o serviço de comunicação esteve posto à minha disposição. Pergunto: sobre esta *taxa mínima* deve incidir o *ICMS-Comunicação*? Na prática, incide. Mas, em boa verdade científica, não deveria incidir, porque não houve qualquer prestação onerosa de serviço de comunicação.

O *ICMS-Comunicação* não incide sobre o contrato que possibilita a prestação do serviço de comunicação; não incide sobre a instalação e a manutenção dos aparelhos que possibilitam a prestação do serviço de comunicação; não incide sobre a disponibilização do serviço de comunicação. O ICMS-Comunicação incide, sim, sobre a prestação efetiva, a título oneroso, desse serviço.

Em face do exposto, temos por incontroverso que a *hipótese de incidência possível* do ICMS em pauta é prestar a terceiros (um tomador e um receptor), em caráter negocial, um serviço de comunicação, tendente a lhes produzir uma utilidade.

Reduzindo a idéia à dimensão mais simples, o *ICMS-Comunicação* só nasce quando, em razão de um contrato oneroso de prestação de serviços, "A" (o prestador), valendo-se de meios materiais, próprios ou alheios, intermedeia a comunicação entre "B" e "C".

Muito bem, a partir dessas premissas, é fácil ir tirando conclusões. O *ICMS-Comunicação* incide sobre a chamada *TV Aberta*? Não. Por quê? Porque, embora haja, no caso, um emissor determinado, os receptores são indeterminados, tanto que as emissoras de televisão pelejam para avaliar a audiência dos seus programas, valendo-se, para isso, de vários métodos de pesquisa, exatamente porque não sabem quem e quantos estão captando as imagens postas no ar. De mais a mais, essa comunicação é gratuita, já que o receptor não paga para ter acesso à *TV Aberta*. Logo, não há e nem pode haver *ICMS-Comunicação* sobre o serviço de *TV Aberta*.

"Ah! Mas claro que não pode, pois a Emenda Constitucional 42/2003 declarou imunes aos impostos os serviços prestados pelas *TVs Abertas*." Realmente, ela inseriu uma alínea "d" no inciso X do § 2º do art. 155 da CF, dispondo literalmente que sobre os serviços de *Rádio e TV Abertas* não há incidência possível de ICMS-Comunicação.

Mas o que fez essa Emenda, Prof. Clélio, Profa. Betina, Prof. Osíris, Prof. Robson Maia? Na verdade, apenas explicitou uma situação de não-incidência tributária. Veiculou – como diria Fernando Sainz de Bujanda – um preceptivo meramente didático, que aclarou hipótese que já não era alcançada pelo ICMS-Comunicação. Se nós quisermos usar de um lugar-comum, "choveu no molhado". Foi uma Emenda expletiva – como bem observou, neste Congresso, o Prof. Humberto Ávila. Mas – eu ouso dizer – uma Emenda expletiva sumamente perigosa. Por quê? Porque, agora, o Governo, marotamente, quer fazer uma interpretação *a contrario sensu*, que muito o favorece: se os serviços de *TV Aberta* são imunes, o serviço de *TV Fechada* (*TV a Cabo*) tem que ser tributado por meio de ICMS. Também não. É certo que na *TV Fechada* o emissor e o receptor são determinados, já que o assinante é identificado e paga para ter posto à disposição, em domicílio, um aparelho decodificador. Todavia, ele não se comunica com ninguém, mas apenas assiste a uma programação que lhe é disponibilizada pela empresa contratada. Melhor dizendo, ele paga para ter acesso a sinais, mas não interatua, não interage, nem com a empresa que lhe possibilita o acesso aos canais a cabo, nem com terceiros. Assim, o ICMS-Comunicação também não incide sobre a *TV Fechada*.

Eu sei que existe um convênio que permitiu a diminuição das alíquotas do ICMS-Comunicação para as *TVs Fechadas*. Aliás, este ato normativo fez com que as empresas do setor se conformassem, já que a alíquota do tributo *baixou* de 25 para 5% do preço do serviço prestado. Mas tal conformismo, diante do abrandamento de alíquotas, é temerário, já que a pessoa que capitula em cima de um direito fundamental – qual seja, o de somente pagar tributos quando devidos –, depois, não vai ter condições morais de reagir caso a alíquota volte ao patamar convencional, que eu acho excessivo, de 25%. É certo que juridicamente sempre terá condições de reagir, porque direitos fundamentais não aluem, ainda que os beneficiários deles não façam caso; pragmaticamente, porém, terá poucas chances de vitória numa demanda, depois de anos de indiferença.

Também as empresas do setor não se incomodam tanto com a tributação indevida, porque quem suporta sua carga econômica são os assinantes. Machado de Assis tem uma frase interessante a respeito desse assunto: "Suportamos bem as dores alheias". De fato, em geral nós nos queixamos das dores que agulham a nossa carne, que ferem a nossa alma; não com as que afligem o próximo. Pois bem, como quem suporta a carga econômica do ICMS-Comunicação é o assinante, as empresas do setor têm se mantido em cômodo silêncio. A verdade científica, porém, precisa ser dita: *TVs Fechadas* não prestam serviços de comunicação – e, assim, não podem ser submetidas a tributação por meio de ICMS.

Tudo se conjuga, pois, no sentido de que a comunicação, para fins de ICMS, exige, além da difusão da mensagem, a interação remunerada entre emissor e receptor, perfeitamente identificados.

Mas vamos avançar. Vamos levantar outras questões igualmente interessantes. Cheguei a alinhavar uns 15 problemas acerca do ICMS-Comunicação. Não se preocupem, porém. Não vou me exceder no tempo.

Aliás, foi só falar em tempo e já estou sendo concitado pelo deus *Chronos* – digo, pelo pessoal de apoio do Congresso – a cassar as velas da minha exposição... [*Risos*] Por favor, sejam tolerantes, até por uma questão de isonomia, já que todos os colegas que me precederam foram um pouquinho além da marca.

Falemos sobre o *auto-serviço de comunicação*. O auto-serviço de comunicação é passível de tributação por meio do ICMS? Claro que não. Digamos que uma empresa, por meios próprios, instale um sistema de som que lhe permita comunicar-se à distância com a filial. Há aí uma prestação de serviço de comunicação, mas uma prestação para a própria empresa. Estamos, aí, diante de um auto-serviço, serviço para si próprio. O auto-serviço refoge à tributação por meio de ICMS-Comunicação. Lembro, de caminho e às rápidas, que "serviço" é fazer para outrem. Tal não se dá, por evidente, no auto-serviço. Daí que não pode ser tributado nem por meio de ICMS (havendo auto-serviço de comunicação e auto-serviço de transporte transmunicipal), nem de ISS (havendo auto-serviço de qualquer outra natureza).

Os de secretária eletrônica, hora-certa, serviço de despertar, embora se valham da linha telefônica, não tipificam prestações onerosas de serviços de comunicação. São serviços de valor adicionado; e, assim, também refogem à tributação de que ora estamos a cogitar.

Provedor de *Internet* tem que pagar ICMS-Comunicação? Também não. O provedor apenas possibilita que o usuário entre no *mundo Internet*, que é virtual, tanto que é graficamente representado por uma nuvem. O que vai acontecer no *mundo Internet* escapa ao controle do provedor. O provedor de Internet presta um serviço, sim; mas um serviço de outra natureza, que poderia ser tributado por meio de ISS, caso previsto na legislação municipal. Eu até acho que a Lista nem precisaria inserir o serviço do provedor de Internet para que a pessoa que o presta fosse tributada (nesse particular, sigo as lições do Prof. Aires Fernandino Barreto). Mas, enfim, não quero abrir uma outra frente de combate. Apenas quero deixar consignado que o provedor de Internet, por não prestar serviços de comunicação, não pode ser chamado a recolher ICMS. Este ponto de vista está consagrado no STJ, que acaba de editar a Súmula 334: "O ICMS não incide no serviço dos provedores de acesso à Internet".

Há empresas, no entanto, que alugam equipamentos que potencializam o serviço de provedor de Internet. E essas empresas – pasme, Prof. Robson – estão sendo chamadas a pagar ICMS-Comunicação. Isso é um absurdo, fere até a lógica, porque, se o serviço de provedor de Internet não é um serviço de comunicação, a locação de equipamentos que vão apenas agilitar – ou, se quisermos, usando a linguagem dos mais jovens, "turbinar" – serviço de provedor de Internet também não pode ser submetida à tributação em tela. E mais: locação de equipamentos não é serviço, é cessão de direito. A locação poderia eventualmente ser tributada por meio de um hipotético imposto residual, a ser criado pela União, com apoio no art. 154, I, da CF; mas nunca por meio de ISS.

Na minha experiência profissional tive, a respeito, um caso interessante. Em todo o Brasil tenho conseguido, para meus clientes, liminares e depois seguranças acerca desse assunto. Mas num Estado da Federação foi decretada a extinção do processo, sem julgamento do mérito, porque a Magistrada entendeu que era preciso provar como funcionavam esses equipamentos que – repito – agilitam o serviço do provedor da Internet. Claro que interpus o competente recurso e tenho fundadas esperanças de que o Tribunal verá a questão sob outro prisma, o mesmo visualizado pelas demais unidades federativas.

Mas, sempre com o devido acatamento, não é preciso provar como funcionam os equipamentos que facilitam a prestação de um serviço que não é de comunicação para que a locação dos mesmos seja declarada intributável por meio de ICMS.

Se amanhã eu for discutir uma questão envolvendo *leasing* de automóvel, eu preciso juntar o manual, mostrando como o automóvel funciona? Não. Eu vou apenas discutir se a locação do automóvel pode, ou não, ser tributada por meio, no caso, de ISS. Da mesma maneira, se eu estou discutindo a não-incidência de ICMS sobre a locação de equipamentos que potencializam o serviço de provedor de Internet, eu não preciso demonstrar como esses aparelhos funcionam. Mas, enfim, meu cliente teve que suportar a aludida decisão, da qual já recorri.

E, para encerrar – que vou encerrar nas alturas –, vou falar um pouquinho de capacidade satelital. Locação de satélite. Vejam que a tecnologia não cessa de evoluir. Até há alguns anos a comunicação se fazia com base em fios que eram estendidos sobre postes. Agora, não. Agora é possível uma empresa de comunicação enviar um sinal para o satélite, que, devidamente rebatido, é recebido pelo segundo ou pelo terceiro da relação comunicacional.

A locação de espaço de satélite é tributável por meio de ICMS? Eu não tenho dúvidas em dizer que não. O que há, aí, é também uma locação de bem móvel, é uma cessão de direito. Em si mesmo, o provimento de capacidade satelital não propicia transmissão de mensagens; tampouco recebimento. Refoge, pois, à incidência do ICMS-Comunicação.

Serei mais explícito. Os satélites, cujos espaços são locados, limitam-se a refletir as ondas radioelétricas que as empresas contratantes, por meio de suas antenas terrestres, lhes enviam. E, nesse sentido, não passam de *meios* para que estas prestem a terceiros, a título oneroso, serviços de comunicação.

Ademais, inexiste no provimento de capacidade espacial qualquer negócio jurídico que tenha por objeto manter uma relação comunicacional entre emissor e receptor determinados. Por outro lado, a remuneração a esse título recebida refere-se ao *valor locativo* do espaço no satélite; não ao preço do serviço de comunicação. Também por isso, o ICMS-Comunicação não pode incidir.

Enfim, são essas as idéias que submeto à douta apreciação dos colegas.

Obrigado! [*Palmas*]

Presidente da Mesa (Prof. Robson Maia Lins) – Obrigado, Prof. Roque Carrazza! Encerro a Sessão com um pequeno atraso. Convido os palestrantes e os congressistas a um intervalo de apenas cinco minutos, para iniciar a segunda Sessão. Boa tarde!

MESA DE DEBATES *"D"*

PROCESSO JUDICIAL

PRESIDENTE DA MESA: PROFA. ELIZABETH NAZAR CARRAZZA
MEMBROS DA MESA: PROFA. MARY ELBE QUEIROZ, PROF. PAULO CÉSAR CONRADO, PROF. EURICO DE SANTI, PROFA. REGINA HELENA COSTA

PRESIDENTE DA MESA (PROFA. ELIZABETH NAZAR CARRAZZA) – Vamos dar início ao nosso segundo painel da manhã. Nesta Mesa contamos com a presença da Dra. Regina Helena Costa, Professora da PUC, Doutora em Direito, todos vocês já a conhecem, Desembargadora Federal; Dra. Mary Elbe Queiroz, também Doutora em Direito pela PUC, a nossa querida pernambucana; Dr. Eurico de Santi, todos também conhecem, que organiza o Curso de Direito da GV e é o responsável por esse Curso revolucionário que está sendo implantado lá; e Dr. Paulo César Conrado, também da Magistratura Federal e Doutor em Direito pela PUC.

Vamos dar início ao painel. Vou pedir aos meus queridos colegas que se mantenham dentro do tempo regulamentar, para que eu não precise passar bilhetinhos. Em primeiro lugar, passo a palavra à Profa. Mary Elbe Queiroz, para que comece sua exposição.

COMPENSAÇÃO DE TRIBUTOS – LIMITES LEGAIS

PROFA. MARY ELBE QUEIROZ* – Bom dia a todos! É um prazer enorme estar mais uma vez aqui com vocês, neste *XXI Congresso de Direito Tributário*, especialmente ao lado de renomados e grandes professores, amigos tão queridos.

Nosso tema – compensação tributária –, aparentemente uma questão simples, na verdade causa tantas polêmicas e divergências de interpretações, quer pelos contribuintes, quer pela Administração Tributária ou, mesmo, pelos órgãos judiciais.

Ao longo tempo, com o excesso de atos normativos e alterações da legislação, o entendimento do instituto da compensação foi se tornando complexo, haja vista que no âmbito de todas as Fazendas Públicas há uma diretriz no sentido de cada vez mais se restringir o direito de os contribuintes compensarem os créditos que eles detenham contra a Fazenda com seus débitos tributários. Já do lado das Fazendas há uma busca da efetividade da cobrança dos débitos tributários que se junta às crescentes limitações às compensações espontâneas, aumentando as possibilidades e alternativas para que os débitos tributários sejam objeto de exigência mais rápida, inclusive com a penhora prévia e a penhora eletrônica. Aqui se deve refletir sobre o papel do Estado como excelente cobrador e mau pagador, em decorrência da demora no deferimento das restituições, do retardamento dos processos de compensação,

* Doutora em Direito Tributário (PUC/SP); Mestre em Direito Público (UFPE); Pós-Graduação na Espanha e Argentina; Presidente do Centro de Estudos Avançados de Direito Tributário e Finanças Públicas do Brasil – CEAT; Presidente do Instituto Pernambucano de Estudos Tributários – IPET; Professora do Programa de Doutorado e Mestrado da UFPE; Professora de cursos de Pós-Graduação: PUC/COGEAE/SP; IBET/SP; UFBA/BA; IDP/DF; Escola Superior da Procuradoria-Geral do Estado de São Paulo – ESPGE; Escola de Magistrados da Justiça Federal/São Paulo – 3ª Região; Coordenadora do curso de Pós-graduação do IBET/IPET em Recife/PE; ex-Auditora Fiscal da Receita Federal do Brasil; ex-Membro do Conselho de Contribuintes do Ministério da Fazenda; Advogada, sócia de Queiroz Advogados Associados.

do não-pagamento dos precatórios pelos Estados e da não-devolução dos créditos de ICMS nas exportações.

Quando se fala em compensação de crédito tributário o primeiro pensamento que ocorre é que se está em um campo minado de sonegações, artifícios etc. Contudo, deve-se lembrar que nas relações jurídico-tributárias há bons e maus contribuintes, e que não se pode generalizar, pois, porque há os que se aproveitam de situações jurídicas e manipulam fatos para praticar ilicitudes, não se pode, a partir daí, passar a obstar aos direitos daqueles que cumprem corretamente suas obrigações tributárias. A possibilidade de desvios de conduta e práticas de ilícitos deve situar-se sob o foco da eficiência das fiscalizações, e não como fator para mitigar direitos, uma vez que há contribuintes que fazem jus ao direito de restituição e de compensação dos seus créditos, seja decorrente de recolhimentos a maior ou indevidos, seja como resultado de previsão legal, de benefícios ou como conseqüência da forma de apuração em que o direito de crédito decorre da própria essência do tributo.

Adentrando o tema propriamente dito das compensações, cujo vocábulo significa *compensatio* – de *compensare*, isto é, "contrapesar", "contrabalançar", como qualquer estudo de Direito Tributário, deve-se começar a partir do arcabouço constitucional e dos princípios fundamentais que devem reger a relação jurídico-tributária. Essa relação resultante do confronto entre poder e liberdade tem que ser regida e se colocar dentro das balizas dos princípios e regras constitucionais, uma vez que a base da tributação é o nosso sistema constitucional tributário.

Como tudo que é relativo à tributação, igualmente o direito de os contribuintes compensarem seus créditos e débitos tributários fundamenta-se na legalidade. É esse princípio que responde às seguintes indagações: Por que o Estado tem o dever de restituir valores aos particulares? E por que há o direito dos contribuintes à compensação? A resposta parece simples: a legalidade tem por substrato que os particulares, no cumprimento do seu dever de pagar tributos – como bem coloca Casalta Nabais –, só estarão obrigados a recolher tributo quando o evento do mundo se enquadrar em tudo à hipótese de incidência tributária abstrata, forem realizados todos os elementos da respectiva regra-matriz e na medida do *quantum* previsto na lei. Só será devido o tributo se o evento do mundo se transmudar em fato gerador tributário, e tão-somente no montante da obrigação nascida.

Qualquer valor pago que ultrapassar o *quantum* da materialidade do fato gerador configura recolhimento indevido e deve ser restituído ao particular, transformando-se em um direito de crédito do particular contra o Estado. O direito de crédito do particular também pode resultar tanto da forma de apuração intrínseca à incidência do tributo – por exemplo, no caso da não-cumulatividade, que para existir pressupõe que existam créditos e débitos; como, outras vezes, esse direito pode decorrer de expressa previsão legal, como o crédito presumido, ou, ainda, de benefício fiscal (crédito das exportações, por exemplo). Independentemente da sua origem, quantificado o valor do crédito a que faz jus o contribuinte, este tem o direito à respectiva percepção ou utilização.

Em respeito à legalidade, tais direitos de crédito têm que ser reconhecidos e devolvidos aos particulares, pois não há como admitir o enriquecimento ilícito ou a locupletação indevida do Estado sobre valores que a ele não pertencem, por estarem desprovidos de fundamento legal. Entendimento em contrário, além da legalidade, violaria os princípios da moralidade e da própria segurança jurídica. E mais: nesses casos, na hipótese de não-devolução ou do não-reconhecimento do direito de crédito, ainda restariam feridos outros fundamentos do Estado Democrático de Direito, como a proteção à propriedade, ao patrimônio e à liberdade.

Deve-se igualmente ressaltar que, no tocante à restituição e à compensação, muitas vezes nem mesmo estão sendo garantidos o devido processo legal, o contraditório e a ampla defesa no tocante à possibilidade de que o particular possa utilizar os meios e recursos legais disponíveis para discutir ou se opor às negativas e recusas injustificadas ao reconhecimento do seu direito de crédito.

É importante, também, considerar que na relação jurídico-tributária a Fazenda é dotada de todo o aparelhamento do Estado, que lhe dá desde poderes para legislar e expedir atos normativos até o poder de promover a expropriação de bens por meio de execução judicial de título por ela mesma constituído de forma unilateral (lançamento) – o que põe em xeque o equilíbrio dessa relação, com sério comprometimento para a isonomia e a moralidade.

É a partir de tais premissas, e sempre sob o enfoque dos magnos princípios, que será examinado o direito dos contribuintes à compensação.

O direito à compensação decorre do direito de crédito do contribuinte contra a Fazenda, nascendo de forma independente ou como conseqüência do direito de restituição. É um consectário lógico que prestigia a legalidade, a moralidade, a eficiência, a economicidade, a razoabilidade, pois, se Fazenda e contribuinte são, ambos, credores e devedores um do outro, nada mais lógico e razoável que haja um encontro de contas, para extinguir de modo automático os respectivos créditos e débitos. Com isso ganham todos, pois se evitam longos procedimentos, tumultuadas e caras cobranças, acúmulos de processos com grandes ônus para as duas partes. E o desequilíbrio de tratamento entre ambos se torna mais grave quando há créditos e débitos de um mesmo contribuinte; a restrição da Fazenda à compensação entre tais valores acarreta maior ônus para ele, que será penalizado com juros (SELIC) e multa moratória (20% para tributos federais) incidentes sobre seus débitos, enquanto sobre os créditos muitas das vezes nem mesmo incidem juros – por exemplo, quando se trata de crédito escritural.

De modo sintético, podem ser demonstradas as perdas do contribuinte em decorrência do não-reconhecimento do direito à compensação, como, por exemplo, no caso de ele ter um crédito escritural de COFINS e, ao mesmo tempo, ser devedor de um tributo relativo a fato gerador ocorrido no mesmo período, daí resultando o seguinte quadro: sobre o débito, se declarado em DCTF e se o pagamento for espontâneo, incidirão multa moratória de 20% e mais juros SELIC, se lançada de ofício a multa será de 75%; já no tocante ao crédito, o direito será reconhecido pelo valor original, pois a Fazenda não admite a aplicação de juros SELIC, independentemente do período em que se der a utilização do crédito. Caso se tratasse de outro crédito qualquer, no máximo, sobre ele incidiriam apenas juros SELIC. Há, assim, diversidade e desequilíbrio de tratamento entre os débitos e créditos dos particulares diante da Fazenda.

Mas por que existe e qual a base em que se assenta o direito do contribuinte à restituição ou à compensação? A primeira resposta decorre da simples lógica: porque o Estado não pode ficar com valores que não são seus, e, portanto, tem que reconhecer e assegurar a devolução dos valores que são de propriedade dos particulares e que, de acordo com a lei, não são devidos a título de tributos.

O direito à compensação encontra-se no Código Civil brasileiro, como o encontro de contas entre duas pessoas que são ao mesmo tempo credor e devedor uma da outra, em que obrigações se extinguem mutuamente. É verdade que as prescrições do Código Civil não se aplicam à relação tributária, por esta estar regulada por normas específicas, haja vista a magnitude do interesse público envolvido, que é ínsito ao crédito tributário. Quando o Código Civil foi aprovado continha o art. 374, que alcançava a compensação tributária; porém, de imediato esse dispositivo foi revogado.

Cumpre observar que os valores a que faz jus o particular sob a forma de restituição ou compensação não se revestem de natureza tributária, apesar de serem indébito, visto que todo valor pago a título de tributo extingue obrigação tributária e não pode ser devolvido.

Contudo, como já defendemos em outras oportunidades, apesar de não se tratar de indébito tributário, haja vista a origem do recolhimento e a necessidade de se revestir a verificação do direito de maiores garantias, em prestígio ao interesse público, a lei que deverá regular a situação será a lei tributária ("Compensação de tributos", *RDTributário* 91/121-127, IDEPE/IBET, São Paulo, Malheiros Editores, 2004).

Nesse sentido, é o Código Tributário Nacional que dá as diretrizes e fixa as regras gerais sob as quais deverão se dar as restituições e compensações. Portanto, a base desse direito encontra-se no art. 170 do CTN: "A lei pode, nas condições e sob as garantias que estipular, ou cuja estipulação em cada caso atribuir à autoridade administrativa, autorizar a compensação de créditos tributários com créditos líquidos e certos, vencidos ou vincendos, do sujeito passivo contra a Fazenda Pública".

O próprio CTN, ainda, no seu art. 156, II, estabelece a produção de efeitos da compensação, considerando-a como suficiente para extinguir o crédito tributário.

A partir daí é a lei ordinária que vai autorizar a compensação e atribuir competência à autoridade administrativa para proceder à compensação prevista na lei. Tal leitura adquire relevância especialmente com relação à possibilidade de *compensação de ofício*, como será mostrado a seguir.

O Código Tributário Nacional, deste modo, coloca as balizas e condições dentro das quais a lei ordinária poderá regulamentar a compensação, cujo desvio poderá ensejar violação. São requisitos essenciais para compensação: (i) reciprocidade; ambos, Fazenda e contribuinte, são credores e devedores; (ii) liquidez da dívida; (iii) exigibilidade das prestações; e (iv) fungibilidade.

Apesar de existir a previsão no Código Tributário Nacional, no caso federal não existia lei ordinária fixando as regras da compensação – omissão, essa, que, inclusive, implicava obstar direitos dos particulares. Na esfera federal foi a Lei 8.383/1991 que introduziu a possibilidade de realizar compensação no caso de pagamento indevido ou a maior que o devido de valores que supostamente configurariam tributos e contribuições, bem assim quando o recolhimento resultasse indevido em decorrência de reforma, anulação ou revogação de decisão condenatória. Aqui se chama a atenção a que as disposições do Código Tributário Nacional alcançam inclusive as contribuições previdenciárias, que, indiscutivelmente, têm natureza tributária, e assim o contribuinte também poderá compensá-las com seus débitos tributários, ou vice-versa.

A Lei 8.383/1991 foi modificada ao longo do tempo. Primeiro era admitida a compensação apenas entre tributos da mesma espécie, mesmo tratando-se de tributos federais. Depois foi alargada a hipótese, para abranger todos os tributos federais.

Posteriormente foi editada a Lei 9.430/1996, em vigor até hoje, que constantemente é alvo de alterações e interpretações pela Secretaria da Receita Federal do Brasil (em vigor a Instrução Normativa SRF-600/2005, e alterações). É surpreendente que muitas das alterações surgem como forma de combater desvios de condutas dos contribuintes, com vistas à tentativa de fechar brechas para possíveis compensações indevidas; entretanto, com isso são criados mais impedimentos prejudiciais para os bons contribuintes.

Ressalte-se que toda a legislação que trata de compensações se refere expressamente a "tributos", isto é, todos os impostos, contribuições e taxas federais, consoante o art. 74 da Lei 9.430/1996: "O sujeito passivo que apurar crédito, inclusive os judiciais com trânsito em julgado, relativo a tributo ou contribuição administrado pela Secretaria da Receita Federal, passível de restituição ou de ressarcimento, poderá utilizá-lo na compensação de débitos próprios relativos a quaisquer tributos e contribuições administrados por aquele Órgão" (redação dada pela Lei 10.637/2002).

Deste modo, a partir da criação da Receita Federal do Brasil, quando esta passou a ter competência para fiscalizar e arrecadar as contribuições para o INSS, pode-se concluir, sem quaisquer dúvidas, que, ao se falar em "tributos" e em "direito à compensação", deve-se entender que todos os tributos federais, inclusive as contribuições previdenciárias, estão também alcançados pelas mesmas regras e possibilidades de compensação entre si, independentemente de autorização expressa, de ato normativo que disponha em contrário e da destinação das receitas.

Violaria a legalidade, a moralidade e o devido processo legal não haver isonomia e repartição por igual dos ônus e bônus da criação do novo órgão, para somente se considerar possível a junção de todos os tributos para fins de fiscalização e punição para os contribuintes, sem, em contrapartida, lhes conceder também os correspondentes benefícios.

Portanto, hoje, todos os tributos administrados e fiscalizados pela Receita Federal do Brasil são passíveis de restituição e ressarcimento, bem assim o contribuinte devedor para com a Fazenda Federal poderá utilizar tais valores para a compensação de débitos próprios, relativos a quaisquer tributos e contribuições administrados por aquele órgão.

É importante considerar que na atual sistemática, em que todos os tributos se submetem à sistemática de homologação, cabe ao contribuinte apurar e quantificar as ocorrências dos fatos geradores que realizar, bem assim proceder, espontânea e independentemente de qualquer ato da Fazenda, aos recolhimentos dos respectivos tributos apurados como devidos. Por conseguinte, os valores apurados, declarados ou pagos podem conter erros que resultem em recolhimentos a maior ou a menor, bem assim creditamento a menor ou a maior, especialmente em decorrência de equívocos e divergências de interpretação de legislação entre o contribuinte e a Fazenda, o que poderá ter como conseqüência débitos e créditos passíveis de compensação.

A Instrução Normativa SRF-600/2005, e alterações posteriores, que regulamenta as compensações, estabeleceu os requisitos a serem cumpridos para o contribuinte poder requerer compensação; e, paralelamente, também fixa os procedimentos a serem seguidos pela Administração Tributária no tocante ao exame e deferimento, ou não, do pedido, bem assim as hipóteses de defesa, impugnações e recursos contra os eventuais indeferimentos.

A citada Instrução Normativa SRF-600/2005, art. 31, ainda, com base na Lei 9.430/1996, art. 74, § 12 (alterações da Lei 11.051/2004), regula as hipóteses em que o pedido de compensação será considerado como não-formulado e, por conseqüência, os débitos que forem objeto do pedido de compensação serão passíveis de lançamento de ofício, abrindo-se a possibilidade de que sobre eles seja aplicada multa de ofício agravada de 150% e seja procedida representação fiscal para fins penais, e também sendo enquadrada a compensação como conduta com evidente intuito de fraude, que poderá ensejar repercussão de crime tributário.

Dentre esses requisitos legais para a compensação foi colocado que somente poderão ser compensados créditos próprios, considerando-se como não-formulado qualquer pedido de compensação relativo a crédito de terceiro. Resta, assim, definir o que são "créditos próprios". Consoante a interpretação restritiva que se dá ao direito de compensação, somente se enquadram como créditos próprios os créditos gerados, produzidos ou decorrentes das atividades do próprio contribuinte. Contudo, a lei tributária não poderá alterar as definições de Direito Privado, embora lhes possa atribuir efeito tributário diverso. Não é este o caso. Se a lei civil acolhe a possibilidade de que haja transferência de crédito, inclusive em processo judicial cuja cessão for homologada pelo juiz, a partir de então não há mais o que discutir acerca de quem é o legítimo proprietário do crédito. Portanto, o crédito adquirido legitimamente de terceiro, após a regular cessão consoante a lei civil, transmuda-se e passa a ser crédito próprio – passível, então, de ser compensado como crédito próprio.

Outro requisito da lei é que as compensações somente poderão ser apresentadas por meio de *PER/DCOMP – Pedido Eletrônico de Restituição ou Ressarcimento* e *Declaração de Compensação*. Desse modo, o pedido de compensação – PER/DCOMP – é preenchido e apresentado de forma unilateral pelo contribuinte, ficando sujeito a homologação pela Fazenda no prazo qüinqüenal – no caso, considerado pela Fazenda e pelo Judiciário como prazo prescricional.

Um dos efeitos da compensação, segundo a lei, é extinguir o crédito sob condição resolutória. Ou seja, feita a compensação, está extinto o crédito. Entretanto, o Fisco terá cinco anos nos quais ele vai poder proceder a fiscalizações (art. 74, § 5º, da Lei 9.430/1996).

Releva observar que, embora tratando-se de constituição de crédito pelo particular, tal procedimento não configura lançamento, uma vez que este é ato privativo da autoridade administrativa (art. 142 do CTN). Por conseqüência, o prazo decadencial para a Fazenda constituir o crédito tributário pelo lançamento, em relação aos tributos informados como devidos, não se interrompe ou pára de fluir com a apresentação do PER/DCOMP. Logo, se for informado um débito no PER/DCOMP cujo prazo decadencial esteja próximo de vencer, a entrega desse PER/DCOMP não produzirá o efeito de restaurar, interromper ou suspender o prazo decadencial para lançamento, nem poderá ser considerada como início do prazo qüinqüenal de prescrição, isto é, decorridos cinco anos da ocorrência do respectivo fato gerador está extinto o direito da Fazenda de lançar, em virtude da decadência.

Apresentado o PER/DCOMP, a Fazenda tem o prazo de cinco anos para homologar expressamente a compensação; ou, após esse interregno, ocorrerá a homologação tácita e se extinguirá em definitivo o crédito tributário.

No PER/DCOMP são informados os débitos tributários do contribuinte que ele deseja compensar com os créditos a que ele entende fazer jus e em relação aos quais deseja fazer o encontro de contas com a Fazenda. O PER/DCOMP é considerado como confissão de dívida (art. 74, § 6º, da Lei 9.430/1996).

Aqui surge uma indagação: se o PER/DCOMP é uma obrigação acessória de que deve se valer o contribuinte caso deseje realizar compensação, na qual deverão ser informados débitos e créditos, como se pode considerar que uma simples declaração de apresentação obrigatória é uma confissão espontânea de dívida e lhe imputar as conseqüências daí advindas, como a possibilidade de ser executada sem que antes seja aberta a possibilidade de defesa contra eventuais imprecisões na declaração? Apesar de o próprio STJ reconhecer como válida a inscrição direta em Dívida Ativa das declarações, deve-se refletir se realmente este é o procedimento que melhor atende aos princípios da eficiência, legalidade e ampla defesa, uma vez que não se pode afastar em definitivo a possibilidade de equívocos de preenchimento ou de informações, o que poderá levar a execuções indevidas, com grandes ônus para o contribuinte e para a própria Fazenda. A prova disso constata-se no grande número de processos de execução indevidos.

No tocante à possibilidade de defesa do contribuinte contra eventuais imprecisões do PER/DCOMP, existe o instrumento da manifestação de inconformidade, para que o contribuinte possa se insurgir contra a não-homologação expressa da compensação, posteriormente seguindo o processo o rito do Decreto 70.235/1972.

Deve-se observar, contudo, que não se admite a apresentação de manifestação de inconformidade na hipótese em que o pedido de compensação for considerado como não-formulado; inclusive, nesse caso, não existe a possibilidade de suspensão da exigibilidade do crédito tributário, nos termos do art. 151 do CTN. A vedação ao direito para apresentação de manifestação de inconformidade e a não-suspensão da exigibilidade, na verdade, implicam flagrante violação do amplo direito de defesa e do devido processo legal, uma vez que o contribuinte pode ter argumentos que lhe sejam favoráveis e que laborem a favor do seu direito à compensação.

Por exemplo, entre as hipóteses à vedação de compensação encontram-se os créditos oriundos de crédito-prêmio de IPI, bem assim créditos reconhecidos em sentença judicial que ainda não tenha transitado em julgado. Contudo, quando se tratar de crédito-prêmio de IPI reconhecido em sentença transitada em julgado, não há como impedir a respectiva compensação, pois a decisão judicial definitiva faz lei entre as partes e tem que ser obedecida pela Administração Tributária, sob pena de descumprimento de ordem judicial. Desse modo, em todos os casos tem que ser assegurada a possibilidade do exercício do direito de defesa, inclusive com suspensão da exigibilidade do crédito tributário, em prestígio ao amplo direito de defesa, ao devido processo legal e à segurança jurídica e como forma de evitar posteriores ônus sucumbenciais à Fazenda.

No tocante ao direito de compensação em caso de decisão judicial, mesmo não transitada em julgado, é relevante a resposta contida na Solução de Consulta 451/2005, da 7ª Região Fiscal, que expressamente reconhece que: "Compensação – Direitos creditórios de terceiros – Decisão judicial não transitada em julgado. As unidades da Secretaria da Receita Federal devem admitir a compensação de crédito reconhecido por decisão judicial vigente, ainda não transitada em julgado, quando referida decisão, além de ter reconhecido o crédito do sujeito passivo para com a União relativo a tributo ou contribuição administrado pela Secretaria da Receita Federal, também reconheceu o direito à utilização do referido crédito, antes do trânsito em julgado da referida decisão, na compensação de débitos relativos aos tributos e contribuições administrados pelo órgão. Caberá às autoridades administrativas das unidades jurisdicionantes dos contribuintes envolvidos (cedente e cessionário), no uso de sua competência, adotar as medidas cautelares destinadas a proteger os interesses da Fazenda Nacional, em face da possibilidade de reversão da decisão judicial, e estabelecer os ritos procedimentais para a implementação da medida, suprindo, no que couber, as lacunas existentes na legislação atual, pela integração com a legislação revogada que admitia a compensação envolvendo créditos de terceiros".

Com relação às compensações mediante aproveitamento de crédito tributário reconhecido em decisão judicial, antes do respectivo trânsito em julgado, mister se faz observar as prescrições do art. 170-A do CTN, que expressamente vedam a compensação de créditos ainda em discussão judicial, bem assim da Lei 8.437/1992, alterada pelas Medidas Provisórias 1.984-16 e 2.180-25/2001, que dispõem não ser cabível a concessão de liminar para deferir a compensação de crédito tributário ou previdenciário. Pergunta-se: pode uma lei restringir o alcance das decisões judiciais? Não seria uma usurpação ou interferência de um Poder na competência de outro Poder? Neste sentido é importante a leitura das Súmulas do STJ 212 – que veda a concessão de liminar em mandado de segurança para reconhecer direito à compensação – e 213 – que reconhece que o mandado de segurança é instrumento adequado para declaração do direito à compensação tributária.

Nos casos das compensações resultantes de créditos reconhecidos em sentença transitada em julgado o procedimento para compensação é diferente. Primeiramente o contribuinte terá que fazer um pedido de habilitação do crédito perante a Receita Federal do Brasil; depois, então, quando houver o deferimento da habilitação do seu crédito, já reconhecido em sentença transitada em julgado, é que poderá ser apresentado o PER/DCOMP. Contudo, tendo em vista a grande demora na apreciação desses pedidos, tanto na decisão sobre a habilitação do crédito como para análise do PER/DCOMP, como ficam os débitos que o contribuinte deseja compensar? Até a habilitação os débitos ficam em aberto e poderão, a qualquer momento, ser lançados de ofício, com multa de 75%, ou poderão ser inscritos em Dívida Ativa e executados, se já estiverem declarados em DCTF.

No tocante ao tempo de demora para que a Administração Tributária se manifeste acerca de pedidos de restituição, compensação, habilitação de crédito etc. – isto é, manifestação da Receita Federal do Brasil sobre qualquer pedido dos contribuintes –, é de extrema importância considerar que a Lei 11.457/2007, que criou a Super-Receita, no seu art. 24, expressamente prevê prazo para que sejam proferidas as decisões naquele órgão: "Art. 24. É obrigatório que seja proferida decisão administrativa no *prazo máximo de 360 dias* a contar do protocolo de petições, defesas ou recursos administrativos do contribuinte" (grifos nossos).

É bem verdade que a lei não traz expressamente qualquer sanção para o caso em que o prazo de 360 dias não seja obedecido. Contudo, como não podem existir palavras ou regras inúteis em lei, em respeito à razoabilidade, à moralidade, à eficiência e ao devido processo legal, entre outros princípios, a sanção a ser imputada na hipótese é que, no caso de não ser proferida decisão no prazo de 360 dias, se deve considerar como deferido, reconhecido ou acolhido o pleito do contribuinte formulado na petição. Tal conclusão pode ser extraída, inclusive, das disposições do art. 5º, LXXVIII, da Magna Carta, que assegura a todos, no âmbito judicial e administrativo, a razoável duração do processo e os meios que garantam a celeridade de sua tramitação. Igualmente, o § 1º do art. 5º corrobora que as normas definidoras de direitos e garantias fundamentais têm aplicação imediata.

Portanto, o citado artigo 24 da Lei 11.457/2007, por tratar de direito legalmente assegurado, deve ser aplicado imediatamente, no sentido de que os pedidos formulados pelos contribuintes que não forem decididos no prazo de 360 dias serão como considerados acolhidos ou homologados tacitamente.

Relativamente ao prazo de que dispõe o contribuinte para formular pedidos de compensação, ainda, cumpre observar que se trata de prazo decadencial, haja vista tratar-se de exercício de direito do particular, e não exercício de direito de ação. A discussão gira em torno de saber se o contribuinte dispõe de 5 anos ou de 10 anos para exercer esse direito. A jurisprudência do STJ firmou-se no sentido de que o prazo seria de 10 anos. Entretanto, mais uma vez a inconformidade da Administração Tributária com as decisões judiciais se revelou por meio da edição da Lei Complementar 118/2005, por meio da qual se tentou, no ano de 2005, interpretar o Código Tributário Nacional, editado no de 1966, de forma retroativa, mesmo já decorridos 40 anos de existência do mesmo.

Manifestando-se sobre a aplicação das novas disposições da Lei Complementar 118/2005, o STJ, consoante o REsp 644.736, entendeu que: "Prazo de prescrição para a repetição de indébito, tributos sujeitos a lançamento por homologação – Lei Complementar n. 118/2005: *natureza modificativa* (e não simplesmente interpretativa) – Art. 3º – Inconstitucionalidade do art. 4º, na parte que determina a aplicação retroativa. 1. Sobre a prescrição da ação de repetição de indébito tributário, a jurisprudência do STJ (1ª Seção) é no sentido de que, em se tratando de *tributo sujeito a lançamento por homologação, o prazo de cinco anos*, previsto no art. 168 do CTN, tem início não na data do recolhimento do tributo indevido, e sim na data da homologação – expressa ou tácita – do lançamento. 2. Segundo entende o Tribunal, para que o crédito se considere extinto não basta o pagamento: *é indispensável a homologação do lançamento*, hipótese de extinção albergada pelo art. 156, VII, do CTN. Assim, somente a partir dessa homologação é que teria início o prazo previsto no art. 168, I. E, não havendo homologação expressa, o prazo para a repetição do indébito acaba sendo, na verdade, de 10 anos a contar do fato gerador. 3. O art. 3º da Lei Complementar n. 118/2005, a pretexto de interpretar esses mesmos enunciados, *conferiu-lhes, na verdade, um sentido e um alcance diferente daquele dado pelo Judiciário*. Ainda que defensável a 'interpretação' dada, não há como negar que a lei inovou no plano normativo, pois retirou das disposições interpretadas um dos seus sentidos possíveis, justamente aquele tido como correto pelo STJ, intérprete e guardião da legislação federal. 4. Assim, tratando-se de preceito normativo modificativo, e não simplesmente interpretativo, *o art. 3º da Lei Complementar n. 118/2005 só pode ter eficácia prospectiva*, incidindo apenas sobre situações que venham a ocorrer a partir da sua vigência".

Desde modo, em prestígio à segurança jurídica, ficou pacificado pelo STJ que para os fatos geradores ocorridos após a edição da Lei Complementar 118/2005 o prazo para o contribuinte entrar com pedido de compensação é de 5 anos. Contudo, para os fatos geradores anteriores o prazo será de 10 anos, observada a data da decisão do STJ.

De modo bem prático, pode-se fazer a seguinte síntese, para identificar até quando poderá ser formulado o pedido:

(1) *Recuperação créditos tributários*, administrativa ou judicialmente, de pagamentos indevidos: (a) pagamentos realizados no ano de *1998 até o ano de 2008*; (b) pagamentos realizados no ano de *1999 até o ano de 2009*; (c) pagamentos realizados até *8.6.2000 até 8.6.2010*.

(2) Já para os indébitos nascidos entre *9.6.2000 e 8.6.2005 o prazo de 10 anos* está limitado ao intervalo máximo estabelecido pela Lei Complementar 118/2005, ou seja, *até 8.6.2010* – data, esta, que fixa o teto de 5 anos exigido pela Lei Complementar 118/2005.

(3) E para a restituição de *indébitos gerados de 9.6.2005* em diante, seja via compensação, seja via repetição, já será atingida pela Lei Complementar 118/2005, pelo quê o prazo para tal procedimento *é de cinco anos*.

Outra questão a ser considerada é que essa limitação da lei complementar resultará em criar um estímulo à litigiosidade, pois a inércia em discutir qualquer lei que se presumir inconstitucional poderá resultar na perda de direito à posterior devolução dos valores pagos considerados como indevidos com base nas disposições que forem declaradas inconstitucionais pelo STF. Isto é, na hipótese de, posteriormente, após 10 ou 15 anos, a lei ser declarada inconstitucional, aquele contribuinte que decidiu pagar os tributos sem impetrar qualquer medida judicial, segundo a nova interpretação, não mais terá direito à devolução dos valores pagos indevidamente.

É assim que vêm decidindo os Conselhos de Contribuintes, como é exemplo o Acórdão 204-02517: "Compensação de tributos – Prazo de decadência. O prazo para que se postulem, em restituição, tributos recolhidos indevidamente ou a maior é de cinco anos e se conta, sempre, da data do recolhimento indevido, mesmo nas hipóteses de declaração de inconstitucionalidade de lei, consoante os arts. 3º e 4º da Lei Complementar n. 118/2005".

Relativamente ao prazo de que dispõe a Fazenda para constituir os créditos tributários, inclusive aqueles informados no PER/DCOMP como débitos que seriam compensados com os créditos a que o contribuinte entende fazer jus, no caso de não-homologação da compensação a Fazenda terá o prazo de cinco anos, contados a partir da ocorrência do respectivo fato gerador, nos termos do art. 150, § 4º, do CTN. Nesse sentido vêm se manifestando as jurisprudências administrativa e judicial.

Já no que se refere à compensação de ofício, vale refletir se existe fundamentação legal que justifique esse tipo de compensação. O Decreto-lei 2.138/1997 expressamente dispõe sobre a compensação de ofício, bem assim a Lei 11.196/2005, igualmente, dispõe que: "A Receita Federal do Brasil, antes de proceder à restituição ou ressarcimento, verificará se o contribuinte é devedor da Fazenda".

Por conseguinte, existe autorização de lei ordinária para que se proceda à compensação de ofício. No momento de ser restituído ou ressarcido qualquer valor para o contribuinte, a Fazenda, antes de reconhecer esse direito, deverá apurar se existem débitos em nome desse contribuinte. Existindo débito, o valor da restituição ou ressarcimento será compensado total ou parcialmente com o valor do crédito tributário; ou seja, se o contribuinte tem direito a um crédito ou a uma restituição etc., antes do reconhecimento desse direito, a Fazenda irá proceder a um encontro de contas e realizar a compensação de ofício dos débitos com os créditos. A lógica que justifica tal procedimento é que a Fazenda não pode devolver qualquer valor ao particular se este se encontra em débito para com ela.

Essa mesma lógica, entretanto, deveria valer como orientação quando se desse a hipótese em contrário; quando a Fazenda estivesse em débito para com o particular, este somente poderia estar obrigado a pagar qualquer valor após serem considerados seus créditos, primeiramente. Essa lógica e essa igualdade de interpretação para ambas as partes é o que melhor atende à proteção da confiança e da boa-fé, à moralidade, à eficiência e à razoabilidade.

Contudo, chama-se a atenção para o fato de existir, ou não, a possibilidade de um decreto-lei ou uma lei ordinária dispor sobre a compensação de ofício, uma vez que, de acordo com a Constituição, no seu art. 146, o veículo normativo competente para dispor sobre obrigação, lançamento, prescrição, decadência e tudo que se refira a crédito tributário, nascimento, suspensão, exclusão tributária e extinção, deve ser a lei complementar.

Nesse ponto deve-se retornar à leitura do CTN, que, ao dispor sobre compensações, no seu art. 170, prescreve que a lei – no caso, a lei ordinária – poderá atribuir competência à autoridade administrativa para autorizar "a compensação de créditos tributários com créditos líquidos e certos, vencidos ou vincendos, do sujeito passivo contra a Fazenda Pública".

Resta saber se tal dispositivo dá suporte à compensação de ofício. Da leitura do citado dispositivo se conclui que a previsão ali contida se refere ao direito de compensação por parte do contribuinte. Portanto, a rigor, a compensação de ofício não encontraria suporte de validade naquele dispositivo.

Por tudo o que foi dito, verifica-se que existe um desequilíbrio na interpretação das normas que regem as compensações no tocante ao direito dos contribuinte frente à Fazenda, o que nos leva a refletir sobre as palavras da *Bíblia*, quando Cristo foi indagado sobre o dever de pagar tributos, em que ele respondeu: "Daí a César o que é de César, e a Deus o que é de Deus" – isto é, deve-se pagar tributo quando ele for efetivamente devido, mas quando o recolhimento for indevido o contribuinte deverá ter o respectivo valor restituído ou, no caso, reconhecido seu direito à compensação.

Obrigada! [*Palmas*]

PRESIDENTE DA MESA (PROFA. ELIZABETH NAZAR CARRAZZA) – Passo a palavra, agora, ao Dr. Paulo César Conrado.

PENHORA "ON LINE"

PROF. PAULO CÉSAR CONRADO – Bom dia a todos! Antes de tudo, quero dizer da satisfação que tenho de participar de mais este Congresso de Direito Tributário do IDEPE. E devo, de início, dizer do relativo desconforto que me colhe esse momento, porque tenho que falar com os Srs. a respeito de um assunto que vem sendo diuturnamente suscitado no meu ambiente profissional; esse assunto traz uma série de dúvidas que, no exercício da função que tenho, não podem, por vezes, ficar esperando a composição definitiva das reflexões necessárias. De modo que eu não me sinto absolutamente tranqüilo sobre o que dizer a respeito da assim chamada "penhora *on line*", ou penhora de ativos depositados em repartição bancária. Sobre uma coisa, todavia, me sinto, hoje, bem convencido: a Lei 11.382, modificando o Código de Processo Civil, no capítulo dedicado às execuções por quantia certa fundadas em título extrajudicial, põe-se aplicável à Lei 6.830/1980. Não sou dos que diriam que lei geral não tem a aptidão de revogar a lei especial, neste específico caso. As tecnologias que foram trazidas à luz por intermédio dessa Lei 11.382, me parece, são aplicáveis às execuções fiscais, a despeito de sua disciplina específica, em lei própria – pena de criarmos uma contradição absolutamente insolúvel: o Código, na disciplina que continha acerca das execuções de título extrajudicial, de 1973, foi praticamente copiado pela Lei 6.830/1980. O legislador de 1980, disciplinando as execuções fiscais, copiou o regime jurídico geral, construindo, todavia, algumas variantes, lançando mão, melhor dizendo, de algumas diretrizes que podem ser lidas como privilégios ou prerrogativas da Fazenda Pública, na medida em que o crédito ali nas execuções fiscais cobrado tem essa particularidade, é crédito público.

Pois bem, o regime jurídico geral do Código de 1973, alterado hoje, contempla tecnologias que visam à modernização da tutela jurisdicional executiva: isso foi concebido para o processo de execução em geral, e não pode ser descartado quanto ao processo de execução fiscal, sob pena de nós querermos que o processo de execução mais moderno seja recusado à categoria que desde antes o legislador pretendia privilegiar.

Obviamente que muito há que se falar a respeito dessas modificações trazidas pelo "novo" Código, mas minha função, aqui, não é essa. Eu tenho que comentar com os Srs. a já mencionada categoria de constrição: a penhora *on line*.

Ela está prevista no art. 655 do CPC, tomada a redação que lhe foi dada pela Lei 11.382. De uma certa forma, já estava consagrada na jurisprudência, que a autorizava na condição de penhora de dinheiro.

Nela, o que muda, em rigor, não é o objeto da constrição, senão a metodologia para sua efetivação. Isso, obviamente, provocou em alguns momentos uma relativa grita. O STJ, a despeito disso, já teve oportunidade de reiteradamente dizer da compatibilidade dessa metodologia com a ordem jurídica. Agora, vejam os Srs., a Lei 11.382 traz essa técnica antes consagrada para o plano legislativo; e, ao fazer isso, estabelece contornos que antes nós não identificávamos, e não identificávamos porque simplesmente se entendia que penhora *on line* é penhora de dinheiro (portanto, já estava prevista em lei); a questão da metodologia de execução é que era cambiável, mas não seria, em tese, necessária sua previsão, a previsão dessa metodologia em lei, senão apenas a previsão do objeto constritado.

A Lei 11.382, digamos, "legaliza" esse estado de coisas, e nisso tem sua virtude. Sobre essas virtudes é que gostaria de falar com os Srs.

A nova disposição do Código de Processo Civil estabelece, em primeiro lugar, que a penhora será realizada desde que haja um requerimento do credor – o que significa que a determinação *ex officio* não está possível. Não quero, com isso, dizer que aquela constrição realizada com base no art. 185-A do CTN não seja possível; mas aquilo não é penhora, aquilo é providência acauteladora, indisponibilização, que vai ulteriormente se resolver em penhora. De qualquer sorte, a chamada "penhora *on line*", por disposição expressa do Código de Processo Civil, supõe, hoje, requerimento da parte interessada.

Mais que isso: essa penhora, segundo o art. 655-A, dar-se-ia idealmente em duas etapas. Na primeira etapa a autoridade jurisdicional requisitaria, ao órgão que congrega informações das repartições bancárias, notícia a respeito da existência de créditos depositados em nome do executado. A partir destas informações é que a autoridade jurisdicional, então, teria habilitação suficiente para ordenar a constrição. Na sua redação literal a disposição não faz essa dissociação de maneira absoluta, dizendo que o juiz poderá requisitar informações e, ademais de requisitar informações, no mesmo átimo de tempo, determinar o bloqueio. Desse modo, teríamos, então, duas alternativas: ou o juiz requisita informações, ponto, e acabou, ou ele requisita informações e ao mesmo tempo ordena o bloqueio – isso se nós tomarmos a literalidade.

Agora, pensando de outra forma, abstraindo um pouco a literalidade, vejam que a lei traz uma sugestão que no regime anterior, com o vácuo legislativo, não existia. A sugestão de que falo, aqui, aos Srs. é justamente sobre a precedência da requisição de informações para que a autoridade jurisdicional tenha o mínimo conhecimento a respeito dos valores, dos montantes, que transitam nas contas titularizadas pelo devedor. Eu digo isso aos Srs. porque, segundo penso, a experiência pragmática tem forte influência na fixação dos conceitos que pretendemos científicos. Imaginem os Srs. uma execução em que figura no respectivo pólo passivo uma pessoa natural cuja idade se desconhece; pode ser que essa pessoa tenha idade tal que se presuma que os valores que transitam em sua conta decorrem de proventos de aposentadoria, e esses valores são absolutamente insuscetíveis desse tipo de constrição; de modo que a prévia informação, a prévia notícia, levada à autoridade jurisdicional permitiria que ela melhor refletisse a respeito do passo seguinte a tomar.

Esses são dois pontos, vejam os Srs., que me parecem extremamente virtuosos na disposição contida no Código de Processo Civil; e isso tudo , repito, seria aplicável ao regime jurídico das execuções fiscais, não só por aquela circunstância que narrei em princípio, senão também porque essas são particularidades extremamente virtuosas das quais nós que lidamos com execução fiscal não podemos abrir mão – se há uma disposição normativa, ainda que depositada em diploma geral, que se põe virtuosa a esse ponto, que a tomemos. E é nesse particular que me detenho, aqui, com os Srs.

Mas, o que gostaria, mesmo, de lhes dizer – e é aí, efetivamente, que minhas aflições, do ponto de vista profissional, se colocam – é o seguinte: eu pratico a "penhora *on line*", mas não pratico sob o método usualmente concebido. Traduzindo em bom Português, eu não me sento diante do computador, entro no sítio apropriado, coloco senha, lanço CNPJ e CPF e bloqueio. Oficio – sempre fiz isso, e persisto fazendo desta forma – à autoridade competente, o Banco Central, em primeiro lugar porque entendo que a ordem é judicial, mas sua execução não é propriamente judicial – não me sinto capacitado a executar desta maneira esse tipo de ordem.

Hoje, refletindo sobre essa questão sob outra coloração, muito influenciado, eu diria, pelo trabalho de alguns autores, inclusive de uma colega da PUC, Profa. Clarice von Oertzen de Araújo, penso que nós temos que meditar a respeito do momento pelo qual estamos passando, e não especificamente sobre a penhora *on line*.

Novas tecnologias devem ser entendidas como novos meios de transmissão de informação. Na era da modernidade falava-se, como até hoje se fala, em *processo mecânico*; tanto que até hoje nós temos os autos do processo que materializam a adoção daquela específica tecnologia. Na era pós-moderna fala-se em *digitalização*; isso está refletido no ambiente jurídico-processual, à medida que se fala, hoje, de maneira bastante usual, em *processo digital*; nós temos experiências nesse sentido no âmbito da Justiça Federal aqui da 3ª Região, quando falamos especificamente das competências dos Juizados Especiais Federais: o processo, ali, foi concebido sob essa específica tecnologia de transmissão e sedimentação de informação – o processo é digital.

O processo de execução fiscal, todavia, é mecânico; os atos ou alguns atos do processo (falo da penhora *on line*) é que se pretende sejam digitais.

Processo mecânico... Penhora digital.

E eu indago aos Srs.: a penhora é efetivamente realizada sob forma digital? Parece-me que não. A penhora é mecânica, da mesma forma. Porque no processo ela será incorporada através de um documento que será impresso e ali encartado. Então, vejam, o que se está efetivamente digitalizando no processo de execução não são os atos do processo, mas os efeitos do ato do processo. A digitalização do efeito, evidentemente, estreita a via comunicacional inerente ao processo e, com isso, se recorporifica de uma maneira muito incisiva uma máxima do Prof. Marshall McLuhan, segundo a qual "o meio é a mensagem".

O juiz determina a penhora; a penhora no processo materializa-se sob via mecânica; só que, ao fazer a penhora *on line*, o que está acontecendo ali, *on line*, é o efeito da penhora, que, afinal das contas, vai ter que ser retraduzido no processo sob meio mecânico.

Eu chamo a atenção dos Srs. para isso porque me parece que, aí, antes de tudo, de maneira transcendente, está o problema: ou bem o processo é integralmente digitalizado, para que todos os respectivos atores – emissor da mensagem, receptor da mensagem, todos enfim – tenham à disposição o canal digital para a prática de atos e percepção dos respectivos efeitos, ou nós vamos criar uma verdadeira monstruosidade jurídica, em que os efeitos de determinados atos são obtidos de maneira absolutamente célere, em virtude do canal digital que se lhes proporciona, só que o ato em si mesmo está praticado no processo sob via mecânica. Eu lhes indagaria, já respondendo, na seqüência: a parte no processo defende-se do efeito? Não, ela se defende do ato. O ato está no processo praticado sob forma mecânica. Significa dizer: o devedor tem à sua disposição a defesa realizada sob forma mecânica, e não sob forma "virtual" – e aí, vejam os Srs., é que me parece está o problema. O próprio Código de Processo Civil diz que caberá ao devedor fazer prova de que o dinheiro da sua conta bloqueado é impenhorável, ou fazer prova de que ele não deveria ter tido seu saldo bancário depositado; mas qual é o canal de linguagem que se coloca à disposição do devedor que está sofrendo os efeitos da via digital? É o canal mecânico: o sujeito apresenta uma petição em papel, produzindo prova em papel, demonstrando à autoridade jurisdicional o que está a acontecer, sem a possibilidade de pedir à autoridade jurisdicional que faça investigações pela via digital a respeito da qualidade do valor que fora depositado. Pensamos que, se "vai" de um jeito, deveria "voltar" não de outra forma. Quer dizer: a autoridade jurisdicional teria que ter à sua disposição mecanismos de digitalização que permitissem não apenas a verificação de eficácia dos respectivos atos, senão a própria produção desses atos.

Falando em execução fiscal especificamente, eu diria aos Srs. que estamos passando por uma fase bastante complicada, porque há a possibilidade de se alterar o respectivo regime jurídico, e nessa construção do novo processo de execução fiscal, chamado "processo de execução administrativo", boa parte dos atos executivos é praticada sob forma digital. Só que – repito – não é propriamente de atos processuais praticados sob forma digital que estamos falando, senão de "efeitos digitais".

Pensem na citação: a citação feita sob forma digital tem seu efeito comunicacional digitalizado, mas no processo será documentada sob via mecânica. Se o sujeito quiser alegar a nulidade da citação, ele vai ter que produzir elementos de linguagem seguindo a mesma perspectiva, perspectiva mecânica. Há, aí, uma incompatibilidade que, em tese, não se processou quando da inauguração do sistema dos Juizados Especiais Federais, porque se fez, lá, o "pacote" completo: processo totalmente digitalizado, colocando-se todos os sujeitos desse grande processo comunicacional num mesmo patamar – o que me parece não está acontecendo em relação à execução fiscal, à medida que privilégios desmedidos em relação apenas quanto à eficácia digitalizada dos atos executivos, sem se pensar na outra ponta.

Muito obrigado pela atenção de todos! [*Palmas*]

Presidente da Mesa (Profa. Elizabeth Nazar Carrazza) – Muito obrigada, Dr. Paulo! Inclusive por cumprir o tempo de maneira tão rigorosa. Passo, agora, a palavra ao Dr. Eurico de Santi.

TRANSAÇÃO E ARBITRAGEM NO DIREITO TRIBUTÁRIO

Prof. Eurico de Santi – Bom dia a todos! Profa. Elizabeth, Prof. Conrado, Profa. Mary Elbe, Profa. Regina Helena Costa, quero cumprimentar o Paulo Ayres – estava analisando a galeria dos Presidentes do Congresso e estavam lá Geraldo Ataliba, Sampaio Dória, Paulo de Barros Carvalho, Souto Maior Borges, Roque Carrazza –, e queria dizer que é um orgulho para todos nós figurando, agora, nesta galeria de honra, como Presidente deste Congresso.

O tema "Transação e Arbitragem" é tema em que me envolvi de certa forma, acidentalmente, por circunstância muito específica: no dia 26 de outubro me ligou Othon Pontes Saraiva Filho, falando: "Eurico, o Hugo de Brito Machado ficou doente e eu tenho um Congresso da *Revista Forum* aqui no Intercontinental, e precisava de alguém para falar sobre transação". Fiquei em dúvida sobre se falava, ou não, porque tinha três dias para estudar e não conhecia o tema. Depois, o Prof. Paulo me ligou, me leu o art. 2º do projeto, que tem 20 princípios. Como creio que colocar princípios em lei é estratégia retórica, porque eles podem ser aplicados independentemente de figurar na lei – e, normalmente, a existência expressa do "princípio da boa-fé" em lei indica tudo, menos boa-fé! –, então, fiquei motivado, e passei três noites estudando o anteprojeto. E, assim, não pretendo discutir teoria, mas analisar e sistematizar o anteprojeto de transação, como o fiz na ocasião perante o Procurador-Geral da Fazenda Nacional, com o intuito de colaborar na reflexão sobre o tema.

A moralidade não se auto-enaltece, ela é eficiente, discreta, silenciosa, dispensa normatização. Boa-fé é um elemento subjetivo do tipo, não dá para prescrever boa-fé – "Tenha boa-fé, seja honesto" –, não dá. Não dá para prescrever moralidade, dá para controlar moralidade. Boa-fé não se prescreve, não adianta, não dá para controlar. E não dá para provar, também, se houve, ou não, boa-fé. Sempre a prova é indireta, para a infelicidade dos penalistas. O elemento subjetivo do tipo enfraquece a busca da sonhada e onírica verdade material, porque é sempre subjetiva. Enfim, a fiscalização e o controle do comportamento dos burocratas são caros ou impossíveis. Só plena publicidade e transparência para minimizar desvios de interesse público.

Temos que zelar para que nosso país não caia no que Marcelo Neves chama "corrupção sistêmica". Segundo a Transparência Internacional, *corrupção* é abuso de poder com o objetivo de obter ganho privado. Há várias formas de corrupção. Uma questão importante que o abuso de poder pressupõe: concentração de poder e fragilidades de mecanismos de controle do poder.

Há um texto interessante de Marcos Fernandes Gonçalves da Silva, economista especialista em economia política da corrupção, que adverte que a discussão em torno da Administração Pública deve ser suficientemente realista, para incorporar a hipótese de que, na maior parte das vezes, a relação entre a sociedade representada no governo e os agentes públicos burocratas não está sob o controle da sociedade.

Minha exposição começa, com a lembrança de que nossa cultura é herdeira de patrimonialismo arcaico que explica a nossa "lei de Gerson", com uma citação de Monteiro Lobato, no artigo "Paranóia e mistificação", e com esta magnífica imagem, projetada no *Datashow*, do filme *O Retrato de Dorian Gray*, de 1947, do livro homônimo de Oscar Wilde, que serve como alegoria da relação entre os dois projetos (o projeto antigo, que tinha uma série de problemas, agora aparece mais jovial, mais bonito, "enxuto", mas continua com os mesmo vícios). Enfim, além de tudo, o tema carrega uma infelicidade numerológica: o fundamento da "transação" do Código Tributário Nacional, vocês sabem qual é? É o art. 171 do CTN! [*Risos*]

1. "Modernidade": paranóia ou mistificação?

"Embora se dêem como novos, como precursores de uma arte a vir, nada é mais velho que a arte anormal ou teratológica: nasceu como a paranóia e a mistificação. De há muito que a estudam os psiquiatras em seus tratados, documentando-se nos inúmeros desenhos que ornam as paredes internas dos manicômios. A única diferença reside em que nos manicômios essa arte é sincera, produto lógico dos cérebros transtornados pelas mais estranhas psicoses; e fora deles, nas exposições públicas zabumbadas pela imprensa partidária, mas não absorvidas pelo público que compra, não há sinceridade nenhuma, nem nenhuma lógica, sendo tudo mistificação pura."

O excerto, escrito por Monteiro Lobato (1882-1948) e publicado no jornal *O Estado de S. Paulo*, nada tem diretamente a ver com o anteprojeto de lei que nos propomos a analisar. O que nos interessa desta citação de abertura é a sensação de surpresa que até mesmo um moderno pode ter diante do "novo". O autor do *Sítio do Pica-Pau-Amarelo* – espécime de ave típica brasileira e parasita, diga-se de passagem – alerta-nos, aqui, para o quanto a "modernidade" pode incomodar: ninguém, nem mesmo o mais experiente freqüentador do mercado de arte, poderia prever o tiroteio que seria disparado contra a jovem pintora Anita Malfatti, vindo não das hostes inimigas, mas das trincheiras amigas, justamente das mãos de um renovador.

Lobato, desde o início de sua carreira, foi um pré-modernista. Irritado com os padrões oficiais de educação e cultura, desvinculou-se das normas padronizadas da literatura, criando um estilo livre, avançado, valorizando a cultura nacional e discutindo temas voltados internamente para os problemas brasileiros. Ao contrário do que se imagina, Monteiro Lobato sequer foi à exposição de Anita Malfatti: nada viu e não gostou do que não viu.

Não foi esse o caso, aqui. Esta análise decorre de uma leitura atenta e cuidadosa do anteprojeto proposto, com toda sua promessa de "inovação" e "modernidade", conforme veiculado no Ofício 624/PGFN-PG, de março/2007.[1] Contudo, o que nele se estranha é a lógica interna que se aprende na análise e sistematização desse texto. Não há na análise que segue qualquer juízo de valor ou ideológico sobre o instituto da "transação" em si. O que assusta neste tipo de texto é que, diante de espelho, não apresenta reflexo: já não é mais o *Dorian Gray* que se afigura nas primeiras páginas de Oscar Wilde. Perde-se na soltura de seus conceitos, que não se sustentam na enunciação de princípios frouxos, contraditórios, desconexos, meramente simbólicos. E na exigência de materialidades impostas, mas não explicitadas, que apenas alimentam o jogo de motivações vagas e vazias de conteúdo, e tão-só legitimam a discricionariedade que se alastra por todo o siste-

1. Édison Freitas de Siqueira, *Comentários sobre os Anteprojetos que Instituem as Leis de Execução Administrativa e Transação Tributária*, Brasília, Imprensa Oficial do Congresso Nacional, 2007.

ma proposto no texto, auto-anulando todo controle material possível. Cria-se, assim, um vazio jurídico que não passa de um cálculo econômico e discricionário travestido de jurídico e blindado pelo próprio Direito: é o não-direito que se disfarça de Direito e se fantasia de modernidade.

2. *Enfoque da análise e os cinco vícios encontrados no anteprojeto da transação e arbitragem no Direito Tributário*

A análise pretende chegar a conclusões sobre três enfoques distintos: (i) *sob a perspectiva externa do Direito*, indagando se o contexto sócio-político e cultural do Brasil é favorável à flexibilização proposta neste anteprojeto de "Transação e Arbitragem no Direito Tributário"; (ii) *sob a perspectiva interna e infraconstitucional do projeto*, refletindo sobre: O que é "transação"? Qual é o "litígio" objeto da transação? Quais são seus efeitos e controles? E se a matéria seria própria de lei ordinária ou complementar. Enfim, (iii) *sob a perspectiva interna e constitucional*, pretende-se avaliar se há conflitos entre este anteprojeto e o sistema constitucional tributário desenhado na Constituição Federal de 1988.

Além disso, esta análise técnica aponta para cinco vícios latentes do anteprojeto proposto.

(i) Impossibilidade jurídica da idéia de "regra geral de transação": corrupção sistêmica dos conceitos jurídicos de "litígio" e "motivação" para noções econômicas de "litígio" e "motivação" revestidas de juridicidade aparente.

(ii) Adulteração dos conceitos de "tributo", "lançamento tributário", "suspensão da exigibilidade", "decadência e prescrição", "extinção do crédito" e de "certidão negativa" fixados no Código Tributário Nacional.

(iii) Transação com *status* de coisa julgada: completa blindagem do controle de legalidade de todas as formas de transação previstas no anteprojeto, gozando de soluções "confidenciais", impedindo controle de conteúdo, impondo efeitos *ex nunc* às decisões do STF e apenas permitindo controle formal.

(iv) Redação dúbia, vaga, contraditória e confusa, em toda extensão do texto proposto, sugerindo a possibilidade interpretativa das seguintes situações: (a) indicação unilateral dos membros dos Conselhos de Conciliação, sem concurso ou avaliação de critérios meritórios, *ex vi* dos arts. 52 e 56; (b) distorção do conceito de "arbitragem" (cumulado com transação) e imposição de lista fechada de árbitros; (c) contratação de empresas e profissionais técnicos em matérias de absoluta *expertise* dos profissionais da Procuradoria-Geral da Fazenda Nacional e dos agentes da Receita Federal (art. 56, § 2º).

(v) Ruptura dos principais cânones da ordem constitucional e da noção de Estado de Direito: seu tom de pessoalidade fere a igualdade e a legalidade; e sua pretensão de "confidencialidade" macula o ideal da moralidade administrativa e o princípio da publicidade.

3. *Impossibilidade jurídica da idéia de "regra geral de transação": corrupção sistêmica dos conceitos jurídicos de "litígio" e "motivação" para noções econômicas de "litígio" e "motivação" revestidas de juridicidade aparente*

Em primeiro lugar, recomenda-se ao leitor que faça a leitura do texto do aludido anteprojeto, para formar sua própria convicção sobre a proposta. Feita a leitura, pode-se, talvez, compartilhar uma série de perplexidades. É daí que saltam, de dentro para fora, as seguintes perguntas: Que é "transação" (o termo aparece 115 vezes nos 62 artigos do anteprojeto)? Que é "litígio" (o termo aparece 25 vezes)? Qual seria o objeto da transação? Será o litígio? Mas que seria esse "litígio"? O "litígio" seria a relação jurídica tributária (crédito)? Ou o "litígio" seria a tese que coloca em dúvida a existência da relação jurídica tributária, por exemplo, a exigência de lei complementar para ampliar a alíquota de 2% para 3%, no caso da Lei 9.718/1998? Ou o "litígio" seria o conflito econômico em torno do pagamento, ou não, do crédito tributário, sua antecipação e perdão parcial de multas e juros (entre 100% e 50%)?

Qual será o objeto das tais "concessões mútuas" na transação? Será a "relação jurídica tributária"? Como? Ou será a tese que coloca em dúvida a "relação jurídica tributária"? O objeto da concessão mútua será algum acordo em torno da força e da juridicidade da necessidade de lei complementar ou lei ordinária na veiculação deste aumento? E como converter tais teses em perspectivas dimensíveis: tese da lei complementar vale mais, 90% de desconto; tese de lei ordinária vale menos, 10% de desconto?

Ou haverá "concessões mútuas" apenas relativas ao valor e À forma de pagamento? O Conselho de Conciliação da Fazenda Nacional propõe a redução do tributo, das multas e juros. E o contribuinte paga o que restou? Seria esta a concessão por parte do contribuinte: pagar menos e em mais vezes? Qual seria a parte da concessão do contribuinte? O anteprojeto de lei é obscuro e lacônico sobre esse relevante ponto para todos os outros contribuintes. Será tão-só pagar menos do que era devido e depois? Mas, se for assim, por que os outros contribuintes pagaram tributo em seu valor nominal e antes? Não seria melhor transacionar sempre? O contribuinte já não é obrigado a pagar o valor total e como todos os demais, em função da lei?

Qual seria a motivação do ato de transação proposto nesse anteprojeto? Como motivar o ato discricionário de redução do crédito? Por que reduziu 100% da multa acessória, e não 1%? Por que reduziu 75% das demais multas, e não 1,5%? Por que reduziu 50% dos juros de mora, e não 2,333%? Por que reduziu 100% dos "demais encargos", e não 3,33% (posso impor que as reduções sejam sempre propostas por dízimas periódicas)? Por que reduziu 100%, e não 1% do crédito tributário? E quais seriam as motivações "jurídicas" destas deduções específicas, e não outras diversas? Seriam essas motivações passíveis de controle jurídico? Ou não?

No texto proposto não se encontram parâmetros, apenas: boa-fé, razoabilidade etc.

Aliás, o texto é confuso e contraditório sobre a possibilidade de se transacionar, ou não, sobre o valor do crédito tributário: no *caput*, em *(1)* afirma que "não poderá resultar em negociação do montante dos tributos devidos", mas em seguida *(2)* ressalva as "remissões autorizadas nesta Lei"; em *(3)* verificamos plena contradição com *(1)*, permitindo a "alteração do título executivo"; em *(4)* volta a confirmar a contradição com *(1)*, permitindo "dispor sobre créditos tributários a receber"; enfim, em *(5)* excetua a transação sobre as restituições de tributos, mas ressalva, sem justificativa plausível, "os créditos decorrentes de tributos não-cumulativos". Confira-se o dispositivo:

"Art. 8º. A transação, em quaisquer das suas modalidades, prestar-se-á à solução de litígios e *(1)* não poderá resultar em negociação do montante dos tributos devidos, *(2)* salvo as remissões autorizadas nesta Lei ou em leis específicas.

"§ 1º. A solução do litígio poderá consistir na *(3)* modificação do título executivo fiscal, com redução do montante do tributo devido, em virtude da solução de litígio que recaia sobre verificação do fato gerador ou situações que justifiquem revisão do cálculo do tributo ou da sua apuração.

"§ 2º. A vedação deste artigo não se aplica às sanções de natureza pecuniária e juros de mora, que poderão ser reduzidos na seguinte proporção, salvo disposição em contrário estabelecida em ato do Poder Executivo: I – até 100% do seu valor no caso de exigências de multas decorrentes unicamente do descumprimento de obrigações acessórias; II – até 70% nos demais casos de sanções de natureza pecuniária; III – até 50% dos juros de mora; e IV – até 100% dos demais encargos de natureza pecuniária, como sucumbência e outros.

"§ 3º. A transação tributária somente poderá *(4)* dispor sobre créditos tributários a receber, não se aplicando às restituições de tributos, *(5)* salvo os créditos decorrentes de tributos não-cumulativos, ou quando houver expressa autorização legal."

Onde haverá as concessões mútuas da transação? Na relação jurídica tributária, como que eu vou ter concessão mútua? Na sua obrigação – ou pago ou não pago –, qual que é a concessão que eu vou fazer? Ou, então, é na tese que coloca em dúvida a relação jurídica tributária. Daí, Prof. Roque, vou ter uma discussão sobre os níveis de complexidade da tese: se a tese é de lei complementar, então, eu posso conseguir 70% de desconto; se é lei ordinária, 20% de desconto; se é contra portaria, só 10% de desconto. [*Risos*]

– Conclusões iniciais sobre a aplicabilidade da transação no Direito Tributário em conformidade com a análise e sistematização do anteprojeto de lei, veiculado no Ofício 624/PGFN-PG, de março/2007

Conclusão 1. A transação não soluciona litígios jurídicos.

Conclusão 2. Litígios jurídicos resolvem-se por critérios jurídicos. Não por transação! Quanto vale a tese segundo a qual lei complementar é necessária para aumentar a alíquota?

Conclusão 3. A palavra "litígio", usada 25 vezes no anteprojeto de lei, é ambígua:

- ora se refere ao "litígio" jurídico, conflito de interesses mediado por critérios jurídicos – lícito ou não-lícito;

- ora se refere ao "litígio" sobre o pagamento, seu momento, forma e oportunidade; trata-se de conflito de interesses econômico, mediado por cálculo econômico, juridicamente *indisponível e incontrolável* – qual seria sua motivação?

Conclusão 4. O jurídico não se negocia.

Conclusão 5. Não é juridicamente possível "negociar" sobre a ocorrência, ou não, do fato gerador (questão de fato) ou a validade, ou não, do tributo (questão de direito).

Conclusão 6. O crédito tributário não decorre da vontade das partes, decorre da lei: não há espaço para negociação do lícito ou ilícito? Novamente, juridicidade não se negocia.

Conclusão 7. O presente anteprojeto de transação configura clássico exemplo de *corrupção sistêmica*: "determina a prevalência destrutiva de critério econômico sobre os critérios do sistema funcional do direito", *ex vi* do excepcional livro de Marcelo Neves, *A Constitucionalização Simbólica*, recentemente republicado por uma de nossas maiores editoras.[2]

Conclusão 8. Assim, parte-se da confusão entre o "litígio" jurídico e o "litígio" econômico, para oferecer solução econômica discricionária, com a solenidade e o revestimento de solução jurídica legítima.

Conclusão 9. No projeto verificamos o completo esvaziamento da idéia de "motivação" como meio de controle da legalidade do ato de transação.

Conclusão 10. O objeto da "transação" não é nem pode ser a tese jurídica: por isso não tem nem pode ter motivação jurídica, nem controle jurídico.

Conclusão 11. O art. 22 do anteprojeto denuncia o esvaziamento da "motivação" e sua imprestabilidade a qualquer forma de controle: em *(1)* exige motivação, em *(2)* prescreve expressa referência aos princípios obtusos e contraditórios relacionados no art. 2º (para quê serve uma motivação realizada em nome da "razoabilidade"? Ou em nome da "boa-fé"? Ou em nome da "confiança legítima" – verifica-se aqui um completo vazio semântico e a utiliza-

2. Marcelo Neves, *A Constitucionalização Simbólica*, São Paulo, Martins Fontes, 2007.

ção dos "princípios" como mera codificação simbólica, mascarando a absoluta discricionariedade da motivação). É o nada jurídico. Em *(3)* tem-se mais codificação simbólica, exigindo-se que a motivação seja "clara e congruente": é o que todos esperam, o único problema é saber qual seria esse conteúdo que haveria de ser "claro e congruente". Não se encontra resposta na lei. Seria uma aplicação "clara e congruente" dos aludidos "princípios"? Mas como, se na própria enunciação do art. 2º eles se chocam: como conciliar "motivação", "confidencialidade" e "publicidade"?

"Art. 22. Os termos de transação deverão ser motivados *(1)*, com expressa referência à observância dos princípios que a orientam *(2)*, adequada discriminação da lide e seus elementos, fundamentos jurídicos, as condições econômicas assumidas, compromissos para a extinção da obrigação tributária e responsabilidades das partes no eventual descumprimento dos termos acordados, inclusive dos sócios e administradores, no caso de pessoa jurídica.

"§ 1º. A motivação deverá ser *(3)* clara e congruente e poderá consistir em declaração de concordância com fundamentos de anteriores pareceres, informações, decisões ou propostas, que, neste caso, serão parte integrante do ato."

Conclusão 12. Ruptura da legalidade: não é possível transação no Direito Tributário, pois as partes não podem dispor com suas vontades e interesses sobre o crédito tributário que decorre da lei (*ex lege*). No Direito Privado a transação é possível, pois as mesmas pessoas que fazem a "lei" entre as partes, compondo suas vontades, podem, em outro momento, também com suas vontades, recompor a "lei" que rege suas relações. No Direito Tributário, quem pode dispor sobre a vontade da lei que fundamenta e justifica o crédito tributário?

Conclusão 13. Conforme ensina Paulo de Barros Carvalho[3], a única transação possível é aquela veiculada por lei específica e voltada a créditos tributários específicos e determinados.

Conclusão 14. Só lei específica e circunstanciada de transação pode internalizar o "cálculo econômico", oferecendo seus limites e critérios, que – agora, sim –, uma vez legalmente definidos os critérios, juridiciza-se e tem o condão de extinguir o crédito tributário.

Conclusão 15. Só na transação específica há motivação jurídica: enquadramento do crédito na previsão legal e juridicização dos termos da negociação e conseqüente extinção do crédito pelo subseqüente pagamento.

4. Adulteração dos conceitos de "tributo", "lançamento tributário", "suspensão da exigibilidade", "decadência e prescrição", "extinção do crédito" e de "certidão negativa", fixados no Código Tributário Nacional

O anteprojeto é de lei; mas, como distorce e usa o termo "transação" nos mais diversos sentidos, subjuga, apropria, interfere e desfigura, inadvertidamente, os conceitos centrais do sistema de controles e garantias do crédito tributário estruturado no Código Tributário Nacional, que se vêem tragados e transfigurados pelo relativismo da discricionariedade, da informalidade e da flexibilidade que orientam a "modernidade" do anteprojeto de lei – situação que, por si só, justifica e exige que tal materialidade seja veiculada por lei complementar.

Não cabe, pois, dentro de dispositivo legal do Código Tributário Nacional que alude, de forma vaga e duvidosa, aos termos e condições de possibilidade para lei instituir a transação no Direito Tributário. Aliás, a circunstância da existência deste dispositivo mencionando o termo "transação" em nada confirma a legitimidade ou legalidade da "transação" no Direito Tributário. Como diz, lindamente, Jose Juan Moreso, o fato de o constituinte enunciar

3. Paulo de Barros Carvalho, *Curso de Direito Tributário*, 17ª ed., São Paulo, Saraiva, 2006, pp. 422-423.

o nome de "Deus" no "Preâmbulo" da Constituição não serve como prova de que "Deus", de fato ou juridicamente, exista. Enfim, haveremos de convir que a "numerologia" do aludido dispositivo não corrobora muito a credibilidade de um sistema que tem como pedra-de-toque a "boa-fé" e a "confiança legítima" – veja só que infelicidade, o artigo que fundamenta a transação no CTN é o art. 171...

4.1 Adulteração do conceito de "tributo"

Veja-se o que o indigitado anteprojeto altera no Código Tributário Nacional. Inicia-se com o conceito de "tributo", que até esse anteprojeto era assim: "Art. 3º. Tributo é toda prestação pecuniária compulsória, em moeda ou cujo valor nela se possa exprimir, que não constitua sanção de ato ilícito, instituída em lei e cobrada mediante atividade administrativa plenamente vinculada".

Em seu excepcional livro, Daniel Peixoto[4] demonstra, com escopo na doutrina de Oswaldo Aranha Bandeira de Mello, que a vinculação plena exigida no art. 3º do CTN indica ausência de discricionariedade em três aspectos: (i) não há opção quanto à cobrança, ou não, do crédito; (ii) não há opção quanto ao procedimento; e (iii) não há opção quanto ao conteúdo do crédito tributário objeto da atividade administrativa.

A "transação", nesse projeto, ignora tais critérios, rompe o ciclo de positivação do Direito e se auto-impõe como forma definitiva de cobrança e exigência do tributo, distorcendo o art. 3º do CTN. Com a *transação tributária* não sobra do conceito original nem a vinculação quanto à forma. Ficaria algo assim o novo art. 3º do CTN, com as alterações do Anteprojeto de Transação e Arbitragem: "Tributo é toda prestação (...), instituída em lei, ou por ajuste da vontade entre a Procuradoria da Fazenda Nacional, contribuintes e seus árbitros, cobrada (ou não) mediante atividade administrativa plenamente vinculada e materialmente discricionária em conformidade com o resultado do cálculo de interesses celebrado, confidencialmente, na transação". [*Risos*]

Antes, sobre estes quatro critérios [*Palmas, muitas palmas*] tradicionais do Código Tributário Nacional, já era uma dureza discutir a legalidade do tributo: o advogado ia lá, discutia na Receita, "embargos auriculares" com o juiz para conseguir liminar e obter a suspensão da exigibilidade etc. Agora, com a "transação", está tudo resolvido! Não precisa mais de liminar, de recurso, não precisa mais de advogado, não precisa mais de contador, nem de agente fiscal. Você faz um pedido de habilitação de transação, que está lá nos arts. 21 e 22 do anteprojeto original, e consegue a certidão positiva com efeito negativo por 90 dias. Bem, depois, se que você perder a vontade de "transacionar", você muda de idéia e abandona a "transação"... [*Muitas risadas na platéia*]

4.2 Adulteração da sistemática do art. 151 e o "paraíso das Certidões Negativas de Débito/CNDs

Também restaria adulterada toda a sistemática dos critérios de suspensão da exigibilidade previstos nos incisos do art. 151 do CTN. Note-se que todos têm relação direta com o processo de incidência e cobrança do crédito tributário: a *moratória* e o *parcelamento* (incisos I e VI) relacionam-se com a suspensão e alteração da data e dos termos do pagamento do crédito tributário; o *depósito do montante integral* (inciso II) sinaliza à Administração a garantia do pagamento, mediante a conversão do depósito em renda, no final da demanda judicial; a *concessão de liminar em mandado de segurança ou outras ações e a tutela antecipada* (incisos IV e V) indicam o favorecimento do contribuinte em razão da "fumaça do bom direito", precavendo a incidência de problemas de validade da lei

4. Daniel Peixoto, *Competência Administrativa na Aplicação do Direito Tributário*, São Paulo, Quartier Latin, 2006, pp. 158-192.

ou do ato administrativo; enfim, as *reclamações e os recursos administrativos* garantem ao contribuinte o direito de discutir administrativamente, gozando da *expertise* do processo administrativo, sem a ameaça do executivo fiscal.

Pois bem, todas essas situações guardam relação imediata com as idéias de incidência da lei tributária, fato gerador, lançamento e pagamento, que compõem o ciclo de nascimento e morte do crédito tributário no Código Tributário Nacional. Ocorre que o presente anteprojeto pretende inserir uma nova modalidade para justificar a suspensão da exigibilidade, com o objetivo específico de obter certidão positiva com efeito negativo: é a chamada "habilitação para transação" – fato complemente alheio ao ciclo da incidência, nada tem a ver com a validade da lei instituidora, com a ocorrência do fato gerador, com a legalidade do lançamento ou com a configuração da pretensão definida pela data do pagamento; depende, simplesmente, da vontade de transacionar do contribuinte, e pronto: abrem-se as portas do "paraíso transacional" e liberam-se as CNDs. Sem dúvida, um método eficiente para obter CNDs, mas estranho: nada tem a ver com a discussão legal sobre a exigibilidade do crédito e depende apenas da vontade do contribuinte de se habilitar no procedimento de transação e depois, é claro, como tudo depende do acordo recíproco e mútuo da vontade das partes, e também, assim como a fome ou o interesse, a vontade do contribuinte pode passar. Será que é isso, mesmo? Bem, confiram-se os dispositivos do anteprojeto:

"Art. 13. Para a habilitação no procedimento de transação, o interessado deverá encaminhar proposta escrita contendo todos os elementos necessários à correta compreensão do litígio, qualificação das partes, atendimento aos requisitos materiais e formais, e as suas concessões para a extinção da obrigação tributária.

"Art. 14. O pedido de habilitação implicará os seguintes efeitos: I – suspensão da exigibilidade do crédito tributário e, sendo parcial, unicamente para os créditos que forem objeto da transação; II – suspensão do processo judicial ou administrativo, na hipótese de transação incidental, quando admitido pela autoridade competente; e III – interrupção da prescrição nos casos de transações extrajudiciais.

"§ 1º. *Os contribuintes têm direito, à vista do pedido de habilitação, ou mesmo após a expedição do termo de transação ou da homologação pelo juiz ou pela CCFN, de obter certidões positivas com efeito de negativas, nos termos do art. 206 da Lei n. 5.172, de 25 de outubro de 1966 – Código Tributário Nacional*" (grifos nossos).

É tudo lindo: acaba-se com as horríveis e indignas filas perante as repartições fiscais; os contribuintes deixam de ser vítimas da burocracia fiscal, incapaz de controlar e administrar o *status* dos processos sob sua jurisdição; e acabamos com o *stress* dos advogados de grandes e médias empresas que lutam pelas CNDs para garantir o exercício da atividade empresarial de seu cliente, mas que não conseguem explicar aos mandatários o porquê de tanta dificuldade para obter legitimamente uma CND. Mas será essa a melhor solução do problema? Será que o problema não é outro? Se o caminho for reconhecer a incapacidade estatal de condicionar a CND aos seus controles, o melhor não seria simplesmente "liberar geral" as CNDs? Assim, pelo menos, ficaria satisfeito o primado da igualdade. Condicioná-las à simples vontade de se "habilitar" para transação parece mais um engodo legal: útil, mas falso; e, ademais, a alteração do art. 151 do CTN também exigiria lei complementar.

Além disso, o dispositivo supracitado distorce o art. 206 do CTN, que refere, ao menos originariamente, a idéia de "suspensão da exigibilidade" em termos materiais e consistentes, conforme a disciplina atual do Código. Mesmo com a pretensa inovação proposta, o supracitado art. 14 não poderia, com sua mera força elocutória, romper a lógica do art. 206 do CTN, que se conecta ao art. 151, em razão da força de sua materialidade: a mera "vontade" de transacionar parece-me um ponto absolutamente fora dessa esfera de coerência imposta pelo Código Tributário Nacional.

4.3 Alteração dos conceitos de "lançamento" e "extinção do crédito" e relativização dos prazos de "decadência e prescrição", criando absoluta insegurança jurídica

Parece um delírio, e há quem possa alegar que advogo em causa própria, pois minha tese de doutoramento, *Decadência e Prescrição no Direito Tributário*, tomou quatro anos de dedicação e estudo: três anos para entender a jurisprudência do STJ e um ano para sistematizar os dispositivos e escrever a tese. Além disso, há mais de 12 anos o STJ discute o tema, e, apesar disso, até hoje, mesmo depois da Lei Complementar 118/2005, ninguém ainda sabe, com segurança e certeza, qual prazo aplicar à sua demanda: se 5 ou 10 anos.

Bem, nosso anteprojeto veio para resolver também este problema: basta transacionar! Só há um "probleminha": segundo o art. 146, III, "b", da CF, *decadência* e *prescrição* são matérias também reservadas ao âmbito de lei complementar. Parece incrível, mas é o que está escrito no anteprojeto, vejam o dispositivo:

"Art. 17. A transação poderá ser limitada no tempo, restrita ou não ao período alcançado pela decadência ou prescrição.

"Parágrafo único. Em quaisquer das suas modalidades, no período que for abrangido pela transação, a decadência ou prescrição dos créditos não será oponível à Fazenda Pública, que terá direito a controle e fiscalização de todos os livros e documentos necessários, limitadamente às questões pertinentes ao objeto da transação."

Ou seja, a expansão e A hipertrofia do termo "transação" dispensam o lançamento (art. 142 do CTN) e sua revisão (art. 149 do CTN), pois o crédito líquido e certo derradeiro, objeto do lançamento, será definido pela transação. Também perde sentido o art. 156 do CTN, posto que, além da decadência e da prescrição, quaisquer outras hipóteses de extinção poderão ser objeto da transação, quiçá até a coisa julgada, que, na lógica interna deste anteprojeto, tem menos força que a consolidação dos efeitos do termo de transação.

5. Transação com* status *de coisa julgada: completa blindagem do controle de legalidade de todas as formas de transação previstas no anteprojeto, impedindo controle de conteúdo, impondo efeitos "ex nunc" às decisões do STF e apenas permitindo controle formal

O Estado de Direito define-se, tecnicamente, pela contraposição entre a idéia de lei, sua aplicação generalizada e o controle dessa aplicação. O presente anteprojeto subverte essa idéia, criando um espaço vazio sem lei, mas protegido e blindado com a força do Direito. Observe-se a interessante redação do art. 23 do anteprojeto:

"Art. 23. Em qualquer das suas modalidades, o termo de transação somente poderá ser discutido quanto à sua nulidade, o que se verificará quando a autoridade não for competente, os árbitros não forem adequadamente habilitados, não estiverem presentes requisitos formais e materiais [*não encontrei*] exigidos por esta Lei, for expedido fora do prazo ou com comprovada prevaricação, concussão ou corrupção passiva na sua formação.

"§ 1º. A transação, em todas as suas modalidades, não se anula por erro de direito a respeito das questões que foram objeto de controvérsias entre as partes.

"§ 2º. Será nula a transação a respeito de litígio já decidido por sentença judicial transitada em julgado ou por decisão administrativa irrecorrível, a partir da data de sua publicação, ou se dela já tinha ciência algum dos transatores.

"§ 3º. A parte interessada poderá pleitear no Conselho de Contribuintes, nos casos de renúncia ou desistência de processo administrativo, ou a qualquer órgão do Poder Judiciário, dentro de até 90 (noventa) dias após sua expedição, a decretação da nulidade do termo de transação, devendo fazê-lo, em se tratando de execução fiscal, nos embargos.

"§ 4º. *Qualquer alegação que não se faça estritamente nos limites da demonstração de nulidade poderá ser considerada como litigância de má-fé, punível conforme os art. 17 e 18 da Lei n. 5.869, de 11 de janeiro de 1973*" (*nota entre colchetes e grifos nossos*).

Seria cômico, se não fosse trágico. Este artigo parece pretender reduzir o controle apenas às nulidades formais: autoridade incompetente, árbitro não-habilitado, demais requisitos formais ou se for realizada extemporaneamente. Refere-se a "requisitos materiais exigidos por esta Lei", mas o engraçado é que não se encontra nenhum; enfim, arrosta "comprovada prevaricação, concussão ou corrupção passiva na sua formação", que não passam, também, de codificação simbólica, pois todos nós sabemos a dificuldade de provar "prevaricação, concussão ou corrupção", já que as partes interessadas têm interesse comum e se contaminam, concomitantemente, em seu contato promíscuo. Por isso, não se denunciam em seu mútuo acordo de interesses e concessões recíprocas fora da legalidade. Além disso, para dificultar o controle, o anteprojeto garante o benefício da confidencialidade e o conseqüente esvaziamento de qualquer motivação: de fato, o ambiente não parece ser o mais promissor para o esvaziamento da oportunidade e incentivo à corrupção sistêmica.

Faltam, aqui, normas que informem critérios materiais para dizer que (i) transações são materialmente válidas e (ii) quais são materialmente inválidas. O presente "sistema de transação", tal qual proposto, configura "paraíso jurídico" que se pretende instalar dentro mas à parte do Direito: os termos de "transação" só se submetem aos controles formais, não há critérios materiais de controle. E, se não há critérios materiais de controle, como controlar a ação das autoridades competentes para compor a "transação"? Elas se encontram juridicamente livres para transacionar créditos e multas, até 100%, sem controle algum: eis o problema, o exercício do poder de dispor sobre bens públicos (o crédito tributário) sem controle jurídico algum.

Aliás, o *caput* e o § 4º do art. 22 denunciam e provam as conclusões desta análise: o *caput*, seguindo a lógica da lei, não veicula qualquer materialidade de controle, e o aludido parágrafo pune, ainda, como "litigância de má-fé" qualquer tentativa de controle que não sejam as formalidades indicadas no próprio dispositivo. É a "blindagem jurídica" da discricionariedade para dispor sobre bens públicos: em suma, é a juridicização da "corrupção sistêmica" sobre a disponibilidade do interesse público inerente ao crédito tributário.

Se não há como transacionar sobre o jurídico, a não ser que se altere o próprio jurídico entre duas vontades autônomas em regime de Direito Privado, é difícil imaginar qual é o papel da prova dos fatos ou a função de pareceres técnicos sobre o "litígio". Além disso, compromete o duplo grau de jurisdição:

"Art. 16. Cabe às partes a apresentação da prova dos fatos que tenham alegado, ao que poderão juntar documentos, pareceres ou perícias.

"Parágrafo único. A transação, em todas as modalidades previstas nesta Lei, *não comportará recurso* sobre questão de mérito, provas ou qualquer outro elemento formal após sua conclusão" (grifos nossos).

Também é difícil entender o art. 25 do anteprojeto, abaixo transcrito. Lembra a reflexão mineira: "Não, não, não sei, não!". Afirma que a transação pode ser proposta em qualquer instância, depois dá a entender que o litígio não pode versar sobre matéria de inconstitucionalidade *(2)*, mas, em seguida, *(3)* excetua essa ressalva: "apenas a hipótese de decisão definitiva de mérito proferida por pelo menos dois terços dos membros do Pleno do Supremo Tribunal

Federal e desfavorável ao sujeito ativo". Não se entende a "lógica" de ressalvar os litígios sobre "matéria de inconstitucionalidade" e impor como exceção as decisões de mérito proferidas por pelo menos dois terços do Pleno do STF e desfavorável ao sujeito ativo (Fisco?). Então, matéria que já foi decidida pelo Pleno do STF por pelo menos dois terços e desfavorável ao Fisco poderá ser objeto de transação em qualquer instância? Mas se há uma decisão desfavorável ao Fisco, para quê transacionar? O STF já não deu o indício de sua decisão favorável ao contribuinte? O litígio já não foi resolvido pelo STF? Qual seria, aqui, o objeto da transação?

"Art. 25. A transação em processo administrativo ou judicial terá como objeto o litígio, definido nos limites do pedido, ou mesmo os critérios para chegar a uma solução para a matéria de fato ou de direito.

"(...).

"§ 5º. Em grau de recurso, transação administrativa ou conciliação poderão ser propostas em qualquer instância *(1)*, salvo as que versem sobre matéria de inconstitucionalidade *(2)*, do que se excetua apenas a hipótese de decisão definitiva de mérito proferida por pelo menos dois terços dos membros do Pleno do Supremo Tribunal Federal e desfavorável ao sujeito ativo *(3)*."

Outro dispositivo curioso é o art. 29 do anteprojeto: "Art. 29. Caso seja confirmada pelo Supremo Tribunal Federal orientação *diferente* daquela adotada no termo de transação, este deverá ser revisto, a partir da decisão, *com efeitos **ex nunc**, em garantia aos princípios de boa-fé, confiança e segurança jurídica*" (grifos nossos).

Por que efeitos *ex nunc*? E a legalidade reconstruída e aplicada pelo STF não se aplica à transação com efeitos *ex tunc*? Por quê? E a igualdade? Aqueles que "transacionam", colocando-se à margem do Direito, têm mais direitos, garantias e segurança jurídica que aqueles que simplesmente pagam ou discutem judicialmente seus direitos? O que justifica esse velado incentivo à transação? A transação tem mais força que a coisa julgada: não se submete ao STF, nem às súmulas vinculantes, nem a ação direta de inconstitucionalidade, ação declaratória de constitucionalidade e, pelo jeito, não se sujeita à ação rescisória. Ou seja, a transação, sobre ser blindada, define até a modulação de efeitos do Supremo, invadindo competência privativa do STF.

6. Redação dúbia, vaga, contraditória e confusa, sugerindo a possibilidade interpretativa ambígua de vários dispositivos

A teoria analítica estuda a estrutura do Direito: um *conjunto* é um grupo de elementos e um *sistema* é um conjunto de elementos unidos por uma relação. Mas surge a questão que interessa muito aos matemáticos e lógicos: e um *conjunto vazio*, é conjunto? Como, se não tem elementos? Esta questão ordinariamente não interessa aos juristas, que sempre trabalham com conjuntos que apresentam elementos lingüísticos responsáveis pela regulação da conduta: as *normas jurídicas*. Mas fatidicamente reaparece nesta análise: o "sistema de transação" é um sistema vazio de normas de Direito Material, é sistema porque tem estrutura e forma, mas não tem conteúdo prescritivo, pois não oferece critérios jurídicos materiais que regulem e controlem a conduta dos agentes responsáveis por exercer os atos relativos à composição da "transação".

Além disso, corrobora esta discricionariedade a indicação unilateral dos membros dos Conselhos de Conciliação, sem concurso ou avaliação de critérios meritórios, *ex vi* do art.52:

"Art. 52. A CCFN será composta por 10 (dez) membros indicados pelo Procurador-Geral da Fazenda Nacional e 10 (dez) indicados pelo Secretário da Receita Federal do Brasil.

"§ 1º. Os integrantes da CGCFN e da CCFN *deverão possuir mais de 10 (dez) anos de desempenho profissional e estar habilitados, a partir de cursos de formação próprios. [Note-se: não prescreve que os indicados sejam necessariamente da carreira da Procuradoria-Geral da Fazenda Nacional ou da Secretaria da Receita Federal]*

"§ 2º. A CGCFN será presidida pelo Procurador-Geral da Fazenda Nacional ou Procurador-Geral Adjunto por este indicado e a CCFN será presidida pelo Procurador Regional competente.

"§ 3º. *Terão assento em qualquer reunião das Câmaras de Conciliação e poderão participar de todos os atos e deliberações, ainda que não designados como membros efetivos, as seguintes autoridades*: I – representante do Tribunal de Contas da União, sendo esta obrigatória em qualquer caso de transação preventiva ou por adesão; II – o Procurador-Geral Federal ou seu representante, quando a questão envolver autarquia ou fundação da União" (colchetes e grifos nossos).

Não há critério de mérito na indicação dos membros dos Conselhos de Conciliação, nem se restringe às respectivas carreiras. Além disso, no § 3º seria dispensável a menção à participação destas autoridades, indicadas nos incisos I e II. Ademais, o dispositivo sugere que as sessões não são públicas. Questão de fundo: por que sessões como as do Tribunal de Impostos e Taxas do Estado de São Paulo (ou Conselhos, nos demais Estados), por exemplo, e do Conselho de Contribuintes, que aplicam a lei ao caso concreto, são públicas, e as sessões de transação, nas quais não se aplica a lei nem se tem critério de controle, são sigilosas?

Outros grupos de problemas deste anteprojeto aparecem na distorção do conceito de "arbitragem" (cumulado com transação) e a imposição de lista fechada de árbitros, tal qual verificamos na "Sessão IV – Transação com Arbitragem", veja-se:

"Art. 36. Quando houver dúvida sobre questão de fato que exija conhecimentos técnicos ou sobre tipos de evidente indeterminação, a autoridade competente poderá, mediante despacho motivado, solicitar pareceres técnicos dos órgãos ou profissionais habilitados, bem como admitir a nomeação de árbitros para efetuar a transação por arbitragem unicamente sobre a questão sobre a qual versa o litígio.

"Parágrafo único. A *arbitragem é um procedimento incidental* no curso da transação tributária para solução do litígio e não se presta como meio autônomo de julgamento ou de decisão.

"Art. 37. O interessado que pretenda recorrer à arbitragem deverá celebrar compromisso arbitral para aceitar os termos da decisão adotada pelos árbitros, vinculante em todos os seus elementos, nos limites do objeto sobre o qual deva recair a arbitragem, e será juntado aos autos do processo administrativo ou judicial em curso, se houver, ou celebrado por escrito particular, assinado por duas testemunhas, ou por instrumento público.

"Parágrafo único. *Aplicar-se-á ao procedimento de arbitragem tributária a Lei n. 9.307, de 23 de setembro de 1996*, naquilo que for cabível, com as exceções previstas nesta Lei.

"Art. 38. Somente poderão assumir o encargo de árbitros tributários profissionais previamente habilitados e especializados na matéria tributária, ou, excepcionalmente, profissionais e técnicos de notória especialização na área sobre a qual recaia o objeto do litígio, e que tenham a confiança das partes.

"§ 1º. As partes nomearão 1 (um) ou mais árbitros, sempre em igual número, e estes, juntos, nomearão mais 1 (um) árbitro em comum acordo, *a partir de lista previamente organizada para este fim*, cujos custos serão cobertos pela parte vencida no laudo.

"§ 2º. Não havendo acordo, requererão as partes ao Conselho de Contribuintes a quem tocaria, originariamente, o julgamento da causa a nomeação do árbitro de desempate, segundo os mesmos critérios utilizados para indicação das partes *ou a partir da lista de árbitros da CGCFN.*

"§ 3º. No desempenho de sua função, o árbitro deverá proceder com imparcialidade, independência, competência, diligência, discrição e observância aos princípios indicados no art. 2º desta Lei, além de assumir responsabilidade equivalente ao exercício de função pública, para os fins penais.

"§ 4º. A remuneração dos árbitros será feita pelas partes.

"§ 5º. Cabe ao Poder Executivo elaborar lista de árbitros, em colaboração com as confederações de classe" (grifos nossos).

Em primeiro lugar, há frontal contradição entre o parágrafo único do art. 36 e o parágrafo único do art. 37: a Lei 9.307/1996 não é compatível com a idéia de arbitragem como "procedimento incidental" no processo de transação. Ocorre que, por definição, "arbitragem" não pode servir como procedimento incidental, mas, sim, procedimento autônomo para solução de litígios. Além disso, é outro contrasenso cumular, concomitantemente, duas formas de solução de litígios no mesmo procedimento: ora aplica-se a arbitragem, e que se cumpra o direito arbitrado; ou, excludentemente, se fosse juridicamente possível para o Direito Tributário, que as partes componham suas vontades pela "transação", mas não ambas! Se já tenho o "litígio", e suponha-se que seja este o crédito tributário, para quê serve um árbitro para definir com sua *expertise* o Direito aplicável para, em seguida, ignorar sua decisão e definir discricionariamente pela "transação" o montante devido, sem qualquer consideração com o Direito Material aplicável e com poder amplo para "negociar" exclusões de até 100% do crédito tributário, sem qualquer critério jurídico?!

Enfim, a idéia de lista fechada de árbitros, credenciados unilateralmente pelo Poder Executivo *ex vi* do § 5º, parece viciar a liberalidade inerente ao instituto da arbitragem tal qual desenhado pela própria Lei 9.307/1996, apesar da discreta colaboração com as confederações de classe sugerindo árbitros: sugere que, assim como o Executivo tem o poder de indicar árbitros, tem também o poder de vetá-los ou eliminar da lista árbitros *che non sono persona grata*. É temerário que ocorra algo como acontece na prática da composição dos Conselhos Administrativos Fiscais, sejam Federais ou Estaduais, em que a indicação e a manutenção dos conselheiros no cargo muitas vezes estão ligadas ao grau de liberalidade em relação ao posicionamento favorável ou contrário ao Fisco – ressalte-se isso não é regra, mas acontece; e, por isso, deve ser levado em conta. Aliás, as últimas alterações do Regimento Interno do Conselho de Contribuintes, restringindo a participação dos contribuintes, parecem direcionadas a desmantelar o prestígio e a confiança deste exemplar órgão da Receita Federal e incentivar, veladamente, que os contribuintes sejam tangenciados, como gado, a transacionar.

Outro ponto controvertido deste anteprojeto é a previsão da contratação de empresas e profissionais técnicos, em matérias de absoluta *expertise* dos profissionais da Procuradoria-Geral da Fazenda Nacional e dos agentes da Receita Federal (art. 56, § 2º):

"Art. 56. O Ministro de Estado da Fazenda, por solicitação do Procurador-Geral da Fazenda Nacional, *poderá requisitar servidores públicos federais para atuarem provisoriamente em processos de transação em curso, na qualidade de assessores técnicos*.

"§ 1º. O Ministro de Estado da Fazenda poderá solicitar a cessão com ônus de servidor de Estado, do Distrito Federal ou de Município para atender à mesma finalidade prevista no *caput* deste artigo.

"§ 2º. *A Procuradoria-Geral da Fazenda Nacional poderá contratar empresas e profissionais com competência técnica reconhecida para prestar assessoramento pericial nos processos de conciliação ou arbitragem em curso da CGCFN ou na CCFN*" (grifos nossos).

É estranha, aqui, a necessidade de contratação de empresas de assessoramento pericial. Na experiência como juiz do TIT/SP e em vários projetos que tive o prazer e a oportunidade de trabalhar com os agentes da Receita Federal ou membros do Conselho de Contribuintes, constatei que não há maiores *experts* sobre a lógica da legislação, sobre a complexidade das operações tributárias, de seus fatos e provas subjacentes, que os profissionais concursados que integram os quadros da Receita, nas esferas municipal, estadual e federal. Além disso, ninguém conhece melhor processo executivo fiscal que os procuradores da Fazenda Nacional; a prática demonstra isso, têm vencido de forma reiterada e reformado posições sedimentadas do STJ e STF, com argumentação jurídica sofisticada em questões complexas como "crédito-prêmio de IPI", "alíquota zero" e "base de cálculo reduzida/isenção parcial". Em suma, para quê contratar empresas e tais profissionais? Se for pela demanda de trabalho, melhor para o interesse público que o ingresso desses profissionais se dê pela via do concurso público.

Merece, ainda, análise o art. 55, que trata das prerrogativas dos membros de tais Comissões:

"Art. 55. Os membros da CGCFN ou da CCFN, durante o período que se mantiverem à disposição das suas atividades, gozarão das prerrogativas de independência funcional e *inamovibilidade*, e deverão agir com imparcialidade, independência, diligência, sigilo funcional e observar a todos os princípios e fundamentos desta Lei.

"Parágrafo único. Os agentes públicos serão responsabilizados criminal, civil e administrativamente apenas nos casos de dolo ou fraude, pelos atos que praticarem na condução do processo de transação" (grifo nosso).

Difícil, também, compreender a eficácia social dessa "independência funcional" e "inamovibilidade", sem definição de mandatos na lei: ficam todos dependentes do humor e dos interesses do Procurador-Geral da Fazenda Nacional, do Ministro da Fazenda e do Presidente da República?

Enfim, vale analisar a incompatibilidade de toda lógica do anteprojeto de transação com o art. 14 da Lei de Responsabilidade Fiscal:

"Seção II – Da Renúncia de Receita

"Art. 14. A concessão ou ampliação de incentivo ou benefício de natureza tributária da qual decorra renúncia de receita deverá estar acompanhada de estimativa do impacto orçamentário-financeiro no exercício em que deva iniciar sua vigência e nos dois seguintes, atender ao disposto na Lei de Diretrizes Orçamentárias e a pelo menos uma das seguintes condições: (...).

"§ 1º. A renúncia compreende anistia, remissão, subsídio, crédito presumido, concessão de isenção em caráter não-geral, alteração de alíquota ou modificação de base de cálculo que implique redução discriminada de tributos ou contribuições, e outros benefícios que correspondam a tratamento diferenciado."

Não é demais, aqui, a advertência sobre os problemas que esse tipo de concentração de poder pelo Executivo pode causar na indicação dos membros dos Conselhos de Conciliação, principalmente quando tais entes têm a atribuição de transacionar com blindagem de controle ulterior, desconsiderando as decisões do próprio STF. Tal situação pode ensejar ao chefe do Executivo de qualquer governo que proponha transações amplas, incentivando e antecipando pagamentos futuros com desconto de 10%, 30%, 50% até 100%, de modo a obter, antecipando a programação do recebimento de receitas derivadas, a completa inviabilidade do orçamento do governo sucessor.

7. *Ruptura dos principais cânones da ordem constitucional e da noção de Estado de Direito: seu tom de pessoalidade fere a igualdade e a legalidade e sua pretensão de "confidencialidade" macula o ideal da moralidade administrativa e o princípio da publicidade*

Prescreve o art. 48 do anteprojeto:

"Art. 48. Exclusivamente para o atendimento dos casos de interpelação consultiva antielusiva, deverá ser constituído no âmbito da Procuradoria-Geral da Fazenda Nacional, sob a presidência do Procurador-Geral da Fazenda Nacional, Comitê Consultivo, composto por igual número de 4 (quatro) membros da Secretaria da Receita Federal do Brasil e da Procuradoria-Geral da Fazenda Nacional, todos com mais de 10 (dez) anos de experiência, que decidirá sobre as questões propostas, *sendo possível a presença de representante do contribuinte interessado*, que poderá fornecer esclarecimentos sobre a operação, desde que nos limites do quanto fora apresentado no requerimento.

"Parágrafo único. Sem prejuízo do disposto na legislação criminal, é vedada a divulgação, por parte dos membros do Comitê Consultivo, de informação obtida em razão do ofício sobre as operações ou atos jurídicos apresentados ou a situação econômica ou financeira do sujeito passivo ou de terceiros e sobre a natureza e o estado de seus negócios ou atividades discriminadas, *nos termos do acordo de confidencialidade a ser firmado pelo interessado*" (grifos nossos).

Parece matéria de consulta fiscal; mas e a publicidade? É isso mesmo, feita a transação, o planejamento tributário fica blindado pela "interpelação consultiva antielusiva"? A Receita não pode autuar nunca mais essa operação? Todo ordenamento jurídico e o controle do STF e do STJ restam afastados?

Em vez da preocupação com o sigilo das operações, com a proteção das particularidades e privacidade do contribuinte, não deveríamos ficar mais preocupados com a transparência, publicidade, controle e indisponibilidade dos bens públicos?

8. *Conclusões finais sobre o anteprojeto de lei: problemas legais, observações, críticas e sugestões*

8.1 Sob a perspectiva externa do Direito

O contexto sócio-político e cultural do Brasil não é favorável à flexibilização proposta neste anteprojeto de "Transação e Arbitragem no Direito Tributário". Em 2006, segundo relatórios da ONG *Transparência Internacional* de índice de percepção de corrupção praticada por funcionários públicos, políticos e também no setor privado, o Brasil ficou na vergonhosa posição de 70º, emparelhado com países africanos como Gana e Senegal; no mais recente relatório desta ONG, de 2007, caiu para a 72ª posição. É curioso notar que a Itália, cuja legislação aparentemente inspira este anteprojeto, ocupa a desconfortável posição de 45º, sendo, segundo esses índices, o mais corrupto entre os países centrais da União Européia, perdendo apenas para a Grécia.

A idéia de "privilegiar a garantia da segurança e boa-fé no cumprimento das leis tributárias, mediante instauração de novo contexto cultural de modernização da ação fiscal", *ex vi* do art. 3º, III, deste anteprojeto, reflete e denuncia a pretensa "codificação simbólica" presente em todo *corpus* desta proposta: "boa-fé" não se prescreve e não se obtém juridicamente; existe ou não existe; é como o amigo que confessa ao outro que é uma pessoa leal, honesta e extremamente confiável: gente de boa índole não se auto-enaltece, e sempre estranha esse tipo de comportamento. *Fausto* de Goethe que o diga...

A transação é a negação da legalidade, do controle e do Direito: que leis tributárias se podem aplicar na transação?

Deveras, a transação e o arbitramento representam, justamente, o *afastamento da aplicação* da lei geral e abstrata, do Direito e de seus controles.

Sem controle, não há solução: o fato é que esse luxo de "modernidade" é incompatível com nossa realidade sócio-política e cultural. E nada acrescenta às nossas instituições jurídicas, senão incerteza, subjetividade e contingência: caminhamos para o nada jurídico! Ou, pior, para juridicização da "corrupção sistêmica", em que o Direito abre a guarda de seus controles para se submeter ao gozo mesquinho do poder econômico e político.

Além disso, sua pretensão de pessoalidade está claramente endereçada aos grandes agentes econômicos, que, certamente, terão preferência na longa fila das transações. Quem mais pretenderá impugnar administrativa ou judicialmente: o negócio será a "transação".

Externalidade positiva e sorte para os que transacionam! Externalidade negativa e azar para o resto do Brasil, para a livre concorrência, para o Estado do Direito e para o pequeno contribuinte, excluído expressamente, no art. 61, do "paraíso transacional"; e também ao médio, que terá pouca chance de preferência nas longas filas que se formarão perante os Conselhos de Conciliação da Fazenda Nacional!

E a Economia Política é cruel e injusta: se muitos não pagam e as despesas continuam aumentando sem parar, alguém haverá de pagar as contas e compensar os créditos tributários perdoados na "transação": o aumento da carga tributária é inevitável, e será sempre mais fácil cobrar na "fonte" dos assalariados, que pagarão a conta e que nunca terão acesso à "ilha transacional".

8.2 Sob a perspectiva interna e infraconstitucional

Conforme demonstramos, "transação" e "litígio" são palavras ambíguas, que se sujeitam a ampla "farra" semântica nesse anteprojeto. "Transação" pode significar: (i) o ajuste de vontades e concessões mútuas que é privativo do cálculo econômico e intangível para o Direito Público, ou (ii) tal ajuste juridicizado por critérios individuais e concretos do meio político, veiculado mediante lei. Apenas neste caso tem-se como produto do reconhecimento do fato jurídico negocial do acordo que seria a legítima motivação jurídica da transação, este tipo de transação, sim, seria passível de controle e a derradeira extinção do crédito tributário se daria com o pagamento no valor e na forma estipulados pelo acordo juridicizado pela transação, tal qual ensina Paulo de Barros Carvalho.[5]

A pretensão de "transação" sem critérios legais desloca a denotação do termo para o vazio das concessões recíprocas e de ordem econômica, indisponível em matéria de Direito Público. Sem critério legal prévio não há como imunizar a pressão dos interesses econômicos sobre os agentes públicos.

É aqui que entra o uso promíscuo do termo "litígio" em sentido econômico (mas travestido, como se fosse critério jurídico), enquanto conflito de interesses entre as partes, mas restrito ao objeto do pagamento, que se polariza tão apenas no "pagar", "não-pagar", "pagar menos" e "como", sem qualquer possibilidade de controle ou mediação do jurídico.

E, também, é aqui que, não por acaso, surge a tal "confidencialidade" totalmente estranha ao Direito Público e aos nossos Tribunais Administrativos e Judiciais: exsurge porque o "litígio", que a transação geral se propõe a resolver, só se interessa pela pessoalidade do agente econômico, não se preocupando com o interesse público envolvido. É o espaço dos interesses privados, mesquinhos e contingentes, pretendendo impor-se, capturar e se sobrepor ao interesse público.

5. Paulo de Barros Carvalho, *Curso de Direito Tributário*, 17ª ed., São Paulo, Saraiva, 2006, pp. 422-423.

Flagra-se, mais uma vez, nítida "corrupção sistêmica" que se simboliza na solução do "litígio" mediante provas, verificação do fato gerador e análise do Direito por *experts* ou árbitros para interpretar o Direito, mas cujo objeto efetivo é o "litígio" econômico, em cujo contorno está a vantagem particular e contingente do contribuinte de pagar ou não pagar tributo.

O § 4º do art. 22 confirma esta tese: não obstante a "generosidade" de publicar por edital as ementas (e não as decisões motivadas), preservam-se as informações sujeitas ao segredo de justiça, com fundamento numa interpretação distorcida dos arts. 197 e 198 do CTN.

Ocorre que o objeto de tais dispositivos é o uso indevido das informações da esfera particular do contribuinte pelos agentes fiscais para fins ilícitos, não para fundamentação de decisão que "transaciona" discricionariamente crédito tributário de 10 milhões de Reais.

É como instaurar um novo Conselho de Contribuintes, mais arrojado e moderno, o CCSL – *Conselho de Contribuintes Sem Lei*, cujas decisões são feitas a portas fechadas, sem critérios jurídicos e sem necessidade de motivação, para júbilo e pleno gozo das partes interessadas na realização da "boa-fé" e da "justiça".

Isto fica claro no art. 8º do aludido anteprojeto: "A transação, em quaisquer das suas modalidades, prestar-se-á à solução de litígios e não poderá resultar em negociação do montante dos tributos devidos, salvo as remissões autorizadas nesta Lei ou em leis específicas". Ocorre que, conforme se verificou, todos os incisos deste dispositivo tratam justamente da "negociação do montante dos tributos devidos" autorizadas expressamente na ressalva deste *caput*.

Disso também decorre o vazio da "motivação" proposta no art. 22, que, mesmo sendo "clara e congruente", não tratará do Direito, e por isso é inútil, pois não se fundamenta no Direito, nem o tem por objeto.

Enfim, a transação geral não é legal: altera profundamente toda a lógica do Código Tributário Nacional, e só por isso exigiria lei complementar: mas tal veículo é desnecessário, pois toda sua materialidade é absolutamente inconstitucional.

E, ainda que tal anteprojeto possa ser aprovado como lei — e não duvidem, isso pode acontecer, pois os interesses e as concessões aqui, como na filosofia própria da "transação" aqui proposta, são recíprocos, intensos e mútuos —, não haverá de prosperar nem de resistir ao controle de constitucionalidade concentrado do STF.

8.3 Enfim, sob a perspectiva constitucional

Bem, sobre os conflitos desse anteprojeto com o sistema constitucional tributário e com a Constituição Federal de 1988, resta pouco mais a falar: o presente projeto pretende construir um "paraíso fiscal" dentro do próprio ordenamento, blindando o passado e o futuro das "transações preventivas", "antielusivas" ou "contenciosas".

Neste novo "paraíso transacional" não haverá mais filas para se obter CNDs; não haverá mais demora, nem a burocracia do controle jurídico, nem a palpitante incerteza das mudanças de rumo da jurisprudência dos nossos tribunais: com a promessa do art. 3º desse anteprojeto, de "ampliar o relacionamento da Fazenda com os sujeitos passivos", implementando "modernidade", "flexibilidade", "agilidade" e "eficiência" na tutela dos créditos tributários... para quê Constituição? Vamos todos à "transação"!

Queria encerrar com esta imagem clássica do filme *O Sétimo Selo*, de Ingmar Bergman (projetada pelo *Datashow*). Duas partes. Prof. Bottallo ou o Prof. Alcides, como o cavaleiro alto e loiro que volta de sua luta nas Cruzadas, uma parte. Outra parte do jogo e "da relação jurídica" é a Morte, que não simboliza o Fisco, que é muito vivo e competente, mas a obscuridade e a destinação do gasto público, onde, de certa forma, o dinheiro dos tributos entra e ali morre, desaparece. [*Risos*]

Nesta imagem de Bergman, que morreu há cerca de um mês atrás, as regras do jogo, o xadrez, representam o Direito. A história é interessante: um cavaleiro que volta das Cruzadas e que, de tanto ver injustiça e desgraças, deixa de acreditar em Deus. Numa manhã fria, na praia, quando a Morte vem buscá-lo, ele não pede mais "Deus, me ajude". Não, porque já não acredita mais Deus. Assim, propõe à Morte um jogo de xadrez, propõe regras claras, propõe o Direito. O xadrez representa as regras, o xadrez representa o Direito. Cada peça do xadrez tem um movimento específico, o juiz pode fazer certas coisas, o agente fiscal certas coisas, o advogado certas coisas.

É difícil jogar xadrez, o jogo demora e é complexo, leva algum tempo, há o contraditório e a interpretação das regras. Atrás do plano dos dois jogadores estão os princípios, são aquelas nuvens negras e carregadas, coisas fofas, como aquelas nuvens obscuras que orientam o presente anteprojeto: aquela grande e negra é a *razoabilidade*, essa mais fininha é a *igualdade*, aqui abaixo esta a *boa-fé*... Enfim, aquela pequenininha é a *dignidade da pessoa humana*. [*Risos*] Mas não é pequena, não, é grande... Só aparece pequena assim porque está longe!

Entre as luzes e as sombras, entre Deus e a Morte, o cavaleiro prefere as regras. Com esse novo projeto não há mais regras, a transação é a morte da legalidade! Os aplicadores credenciados do Direito (agentes fiscais, advogados, conselhos e juízes) perdem suas autoridades. Mesmo diante da imprecisão das leis e da demora do jogo, melhor jogar com as regras do jogo que se submeter à "transação"!

Muito obrigado! [*Palmas*]

PRESIDENTE DA MESA (PROFA. ELIZABETH NAZAR CARRAZZA) – Obrigada, Prof. Eurico! Passo a palavra, agora, à Dra. Regina Helena Costa.

CONTROLE CONCENTRADO DE CONSTITUCIONALIDADE E SEUS REFLEXOS (COISA JULGADA, COMPENSAÇÃO E REPETIÇÃO DE INDÉBITO)

PROFA. REGINA HELENA COSTA – Muito boa tarde a todos! Eu principio fazendo um registro do meu agradecimento pelo convite para participar uma vez mais deste Congresso Nacional, e o faço na pessoa do Prof. Paulo Ayres Barreto, nosso Presidente. Cumprimento também a Profa. Elizabeth Carrazza, Presidente da Mesa. Os meus colegas, queridos professores, Profa. Mary Elbe, Prof. Paulo Conrado e Prof. Eurico de Santi, aos quais devo agradecer também pelo fato de terem mantido a audiência tão elevada, apesar do adiantado da hora. Já está todo mundo pensando no almoço, e mesmo assim estão dispostos a ouvir as minhas singelíssimas considerações. Agradeço-lhes por terem conseguido manter essa audiência tão interessada e atenta!

Pois bem, o tema que me cabe tratar hoje é justamente o controle concentrado de constitucionalidade e os seus reflexos, reflexos que já estão aí indicados: a coisa julgada, a repetição do indébito e a compensação.

Diversamente das exposições que me antecederam, extremamente didáticas e inspiradas, minha exposição vai ser muito singela mesmo, muito simples. Farei algumas considerações bastante pontuais dentro desse grande tema, que é difícil, certamente extraindo reflexões que já foram objeto da preocupação da maioria dos Srs., apenas para provocá-los ou para suscitar um pouco mais de ponderação a respeito desses aspectos.

Muito bem. O tema do controle concentrado e seus reflexos está intimamente ligado ao *princípio da segurança jurídica*, que todos nós conhecemos. Nós conhecemos a essência desse princípio, conhecemos desdobramentos, mas temos muita dificuldade em sentir seus efeitos na prática.

No Brasil a segurança jurídica ainda é um artigo de luxo, nós sabemos disso; um artigo que é acessível a muito poucas pessoas. Enfim, é alguma coisa que nós sabemos o que é, mas, na prática, não sentimos muito bem, ou raramente conseguimos sentir, vamos dizer assim.

Não custa fazer uma brevíssima referência sobre o teor do princípio da segurança jurídica, um princípio que é considerado maior, ou um *sobreprincípio*. Na lição do nosso saudosíssimo Geraldo Ataliba, a idéia de segurança jurídica é a essência do próprio Direito, na medida em que – como ensinava o nosso querido Professor – o Direito é, antes de mais nada, ou por excelência, instrumento de segurança. Então, quando nós falamos em Direito, já estamos expressando a noção de segurança; uma coisa não pode ser dissociada da outra.

E, se a idéia de segurança jurídica é tão estudada em outros países há muito tempo, no Brasil isso é algo recente. Se nós formos pensar nas preocupações mais sérias com relação ao estudo desse princípio, vamos encontrá-las apenas de alguns anos para cá.

O princípio da segurança jurídica, ainda algo pouco experimentado, vai trazer uma porção de reflexos; desdobramentos, mesmo. Claro que os primeiros são sempre as idéias de legalidade e de isonomia. São essas as idéias que, por sua vez, também são grandes princípios, normalmente lembradas quando se fala em segurança jurídica. No entanto, se nós formos refinar esse pensamento, vamos encontrar algumas outras idéias que, somadas a essas duas primeiras, traduzirão com maior densidade o que vem a ser *segurança jurídica*.

Então, por exemplo, aparece a idéia de *confiança*. Temos a idéia de confiança nos atos do Poder Público – ou seja, ter segurança é confiar no que o Poder Público faz. Se o Estado é nosso servo – e é assim que temos que pensar, pois nós o sustentamos e ele, Estado, nos serve –, nós temos que confiar que aquele a quem sustentamos, aquele que tem a incumbência constitucional de nos servir, irá praticar atos nos quais possamos confiar. Creio que esta é uma idéia bastante primária, bastante comezinha, pelo menos quando se está no contexto do Estado de Direito. Temos que confiar nas leis, nos atos administrativos, nas decisões judiciais. Então, isso já é um desdobramento, uma conseqüência, da noção da segurança.

Também há a idéia de *estabilidade*. Estabilidade das relações jurídicas. Isto também é segurança; vale dizer, nós temos que pensar em estabilidade das normas, das leis – antes delas, claro, da própria Constituição, que é algo que nós também temos grande dificuldade de manejar aqui, no Brasil. Se a Constituição não é estável, o que dizer das leis? Quando se fala em "medida provisória", nós já estamos acostumados. Nada é estável; então, o problema é esse. Como exigir estabilidade daqueles atos que resultam do exercício das funções de aplicação da lei? Como exigir estabilidade da Administração Pública? Como exigir estabilidade das decisões judiciais?

Ainda – e esse talvez seja o desdobramento de segurança jurídica que é mais comumente lembrado –, a noção de *previsibilidade*. Porque existe segurança jurídica, porque segurança jurídica é algo extremamente importante, tenho direito de saber quais são as conseqüências das minhas condutas. Tenho o direito de saber quais são os efeitos dos comportamentos que eu vier a adotar, pois não posso ficar à mercê de conseqüências que não poderia prever. Ou seja, adotando um comportamento hoje, não posso amanhã ficar sujeito a conseqüências que eram impossíveis de serem previstas no momento em que optei pela adoção do comportamento. Esse talvez seja o refinamento do princípio mais comumente lembrado.

Mas notem, portanto, que são muitas as idéias que formam, que densificam, o que nós devemos entender por *segurança jurídica*. E penso seja este um princípio do qual não extraímos toda potencialidade, pelo menos aqui no Brasil. Acho que ainda falta muito estudo para que nós possamos extrair tudo o que ele pode dar, tudo o que esse princípio pode nos oferecer. Sem dúvida que já caminhamos bem, se compararmos com aquilo que tínhamos no desenvolvimento do trato desse princípio há alguns anos.

Tudo isso estou dizendo no intuito de introduzir efetivamente o assunto de que devo tratar. O próximo passo é falar de *segurança jurídica e jurisprudência*. Todo mundo sabe a importância que a jurisprudência tem como fonte de Direito. Num país como o Brasil isso é ainda mais destacado, porque nós sabemos que o grau de litigiosidade tributária é muito elevado. Estamos num país que tem essa peculiaridade, pois não é em todos os países que isso acontece. E basicamente por uma grande razão, que é, como todo mundo conhece, em razão de uma lição bastante difundida, o fato de que a Constituição brasileira trata de uma maneira extremamente minudente da disciplina da tributação.

Lembro-me, uma vez mais, das lições do Prof. Ataliba a esse respeito, que, invocando a lição de Baleeiro, dizia: "Não há Constituição que trate mais de Direito Tributário que a Constituição brasileira". Então, isso muda completamente o enfoque que devemos ter acerca do estudo do Direito Tributário, isto faz com que nós tenhamos que ter um enfoque diverso do que existe em outros países. Se a Constituição fala tanto sobre tributação, isso significa que o legislador infraconstitucional está extremamente restringido, extremamente cerceado, naquilo que pode fazer. A discrição legislativa em matéria tributária é diminuta, porque há tantos parâmetros a serem observados que o legislador, se não for muito cauteloso, vai esbarrar num ou noutro, produzindo lei com vício de inconstitucionalidade ou, no mínimo, lei com conteúdo algo duvidoso.

Isso no Brasil é extremamente comum. Se é dessa maneira, as leis tributárias, quase todas, são questionadas perante o Poder Judiciário. Estou falando da minha experiência, claro, como Magistrada Federal há mais de 16 anos, sempre atuando na área tributária. A União é a pessoa que detém a maior competência em matéria tributária, e não creio seja exagero afirmar que não há lei federal, ou mesmo medida provisória, sobre tributação que não seja questionada sob o fundamento de inconstitucionalidade.

Percebam ser essa uma peculiaridade que nós não devemos deixar de lembrar para poder analisar a conexão entre segurança jurídica e jurisprudência. Ou seja, num país onde há tanto litígio judicial em matéria tributária, o papel da jurisprudência, sem dúvida, é destacado.

Três pontos merecem referência para a análise do tema. A questão da *uniformidade de jurisprudência*, a questão da *estabilidade da jurisprudência* e, em terceiro e último lugar, a questão da *irretroatividade da jurisprudência*.

Uniformidade é conseqüência da idéia de igualdade, é resultado da reflexão sobre a justiça. Se a jurisprudência é a consolidação do pensamento dos órgãos jurisdicionais, essa jurisprudência deve ser produzida no sentido de que todos que estejam na mesma situação, e que venham procurar a intervenção estatal buscando a prestação jurisdicional, tenham a mesma solução.

Infelizmente, esse é desejo, penso eu, ainda muito longe de ser alcançado. Claro que todos acompanham a reforma processual que vem sendo encetada há mais de 10 anos. O Código de Processo Civil vem sendo modificado reiteradamente, uma reforma processual que se optou fazer de maneira fatiada, pela vantagem de propiciar que as reformas se dêem mais rapidamente.

Realmente, seria muito mais difícil substituir o Código de Processo Civil por outro de uma só vez; no entanto, isso traz um grande problema, inclusive com relação a essa questão da estabilidade normativa. Muitas vezes nós ficamos em dúvida:

"Afinal, qual é a norma que está eficaz? Já passou o prazo de *vacatio legis*?" Isso causa uma grande inquietação também, mas todo mundo sabe que isso tem sido feito no intuito de buscar uniformidade. Estou falando da eficácia vinculante das decisões judiciais. Um grande esforço para se adotar mecanismos nesse sentido, com inspiração na antiga uniformização de jurisprudência, que existe há muito tempo, bem como na cultíssima lição do Prof. Cândido Rangel Dinamarco, para quem esses efeitos vinculantes, ou esses mecanismos voltados à eficácia vinculante das decisões judiciais, repousam no quadrinômio *igualdade/segurança/economia/respeitabilidade*. Tais idéias dão suporte à adoção pelo legislador de mecanismos voltados à eficácia vinculante das decisões judiciais.

Nós, em poucos anos, já tivemos a introdução dos efeitos vinculantes nas decisões monocráticas no agravo, a súmula vinculante, a súmula impeditiva de recursos, e até remédios mais amargos, todos visando a buscar a efetividade no processo, buscar o resultado útil no processo, de que todos nós, operadores do Direito, estamos carentes, especialmente os magistrados, porque não conseguem enxergar o final, o resultado do seu trabalho.

O segundo aspecto relevante na conexão entre jurisprudência e segurança vem a ser a *estabilidade*, de que eu já tratei. Mas gostaria de destacar, agora, essa idéia no sentido de que os órgãos jurisdicionais devem tomar muita cautela para não oscilar no entendimento adotado.

É óbvio que a jurisprudência deve mudar, que a jurisprudência deve evoluir, ninguém aqui pode duvidar disso. Mas o que se percebe, e mesmo em Tribunais Superiores, é, por vezes, uma modificação de entendimento sem que haja sinalização clara do fundamento da alteração. Bom, então, no ano passado o tribunal entendia, numa dada situação, dessa maneira, este ano passou a entender desta outra: mas houve mudança normativa? Mudou a lei? Não, não mudou. Então, por que será que o tribunal mudou de entendimento? Notem que isso gera uma grande instabilidade, isso é muito sério. Quer dizer, é preciso que se sinalize claramente o motivo pelo qual se adotou o posicionamento diverso e muitas vezes diametralmente oposto àquele que era reiteradamente exarado, constituindo, portanto, um sintoma de segurança, porque todo mundo já sabia da orientação do tribunal num determinado sentido.

Também há um outro fator gerador de instabilidade na jurisprudência, e esse é um fator prático, nem sempre passível de ser evitado, que é a mudança de composição dos tribunais. Isto está acontecendo com o STF, por exemplo, pois, como todos sabem, nos últimos anos mais da metade da composição do Tribunal foi alterada. O que significa dizer que temos um novo Tribunal. Essa transição de composição certamente vai conduzir à transição de entendimentos, ou já está conduzindo. Mas tem que ser feita de maneira muito cautelosa, para não ser mais um foco de geração de instabilidade normativa.

Enfim, o terceiro e último aspecto vem a ser *irretroatividade*. Este é o ponto mais sensível com relação àquilo que devo mencionar especificamente, que é o controle concentrado de constitucionalidade e seus reflexos. A irretroatividade é princípio geral, e todos nós sabemos disso, porquanto o art. 5º, XXXVI, da CF proclama que "a lei não poderá prejudicar o direito adquirido, o ato jurídico perfeito e coisa julgada". E a lição usual que se extrai desse dispositivo constitucional é a de que a lei não pode tanger esses três institutos, porque todos eles têm em comum a referência a situações consolidadas – o direito adquirido é uma situação consolidada, o ato jurídico perfeito também, o mesmo ocorrendo em relação à coisa julgada.

Muito bem, mas será que é só a lei que não pode tanger? Ou eu devo entender que outros atos estatais também não? Parece óbvio que assim se entenda. Ora, dizer que a lei não pode tanger esses institutos, mas será, então, que o ato administrativo pode?

Ou a decisão judicial pode? Evidentemente que não. Os atos administrativos e as decisões judiciais são resultado da aplicação da lei a casos concretos. O administrador público aplica a lei a casos concretos para atender ao interesse público, genericamente considerado. O juiz aplica a lei a casos concretos para resolver lides, para resolver conflitos de interesses que foram submetidos à sua apreciação. O art. 5º, XXXVI, da CF prescreve que os *atos estatais* não podem tanger direito adquirido, ato jurídico perfeito e coisa julgada. Essa, penso eu, é a leitura mais adequada do dispositivo.

Desse modo, o sistema é: leis, atos administrativos e decisões judiciais devem produzir ou projetar seus efeitos para o futuro; o pretérito tem que ser resguardado, por uma questão de segurança.

É assim que deve ser. No entanto, vamos encontrar uma dificuldade relacionada ao controle de constitucionalidade exercido por meio de ação direta, ou seja, o controle concentrado de constitucionalidade, que tem como seu detentor o STF.

Porque, quando o STF é provocado a apreciar a constitucionalidade de uma lei ou ato normativo, em ação direta, caso haja o pronunciamento da inconstitucionalidade, a decisão gera efeitos *ex tunc*, ou seja, retroativos. Esse é o padrão do sistema.

Aí está um grande problema, pois, se nosso sistema proclama a irretroatividade como mecanismo de segurança, a irretroatividade é mecanismo de insegurança. Embora a irretroatividade seja o princípio, quando falo em *controle concentrado de inconstitucionalidade* podemos ter exatamente o oposto, ou seja, se o STF declarar uma lei inconstitucional, essa decisão produzirá efeitos desde a edição da lei – portanto, eficácia retroativa. Como compatibilizar uma coisa com a outra? Essa é a grande questão, e nós temos uma infinidade de dificuldades práticas advindas dessa situação.

Nosso sistema jurídico tem procurado amenizar esse problema. Todos aqui acompanham, de uns anos para cá, leis que vieram, justamente, disciplinar os procedimentos das ações diretas de constitucionalidade e de inconstitucionalidade, o mecanismo da argüição de descumprimento de preceito fundamental, a súmula vinculante, todas essas leis, que são exatamente as Leis 9.868 e 9.892, de 1999, e 11.417/2006. Todas essas leis têm um preceito tratando daquilo que comumente se tem denominado de *efeitos prospectivos da decisão do STF*. Ou seja, para tentar amenizar situações injustas que a questão da irretroatividade *versus* a retroatividade dos efeitos da proclamação de inconstitucionalidade possa ensejar, é possível ao STF manejar isso de maneira a estabelecer, desde que haja relevante interesse público, que a eficácia naquele caso será *ex nunc*, e, portanto, se preservará o passado, ou ao menos a partir de um determinado termo, que o próprio Tribunal venha a fixar.

O mecanismo prestigia a noção de *segurança*, mas a legislação é claríssima em dizer que isso só pode ser aplicado em situações excepcionais. Então, continuamos tendo como regra que a eficácia dessas decisões proferidas em ação direta é retroativa.

Brevíssimas palavras mais sobre esses três reflexos que estão destacados no tema proposto – coisa julgada, repetição do indébito e compensação.

Por primeiro, declaração de inconstitucionalidade pronunciada pelo STF e *coisa julgada*. A situação é a seguinte: alguém obtém coisa julgada numa ação individual e sobrevém uma decisão do STF, proferida em ação direta. Podemos ter duas hipóteses: (1) ou alguém obteve essa coisa julgada no sentido da inconstitucionalidade da lei tributária e, posteriormente, o STF vem a proclamar a constitucionalidade da mesma lei; ou (2) exatamente o inverso: alguém obtém numa ação individual coisa julgada no sentido da constitucionalidade da norma, e supervenientemente o STF declara que aquela lei é inconstitucional.

Isso acontece com freqüência. Todos os Srs., aqui, militam na área tributária e sabem quantas vezes isso já ocorreu com seus clientes, com conhecidos. Enfim, isso acontece a toda hora. Temos um conflito muito difícil, porque de um lado há a coisa julgada, que é mecanismo de segurança jurídica, e de outro lado temos a idéia de garantir a máxima efetividade, a jurisdição constitucional, que também é mecanismo de segurança jurídica. Então, são duas expressões de segurança jurídica confrontadas. E como resolver isto? Não é fácil, e tem sido preocupação, claro, muito mais dos especialistas em processo civil que propriamente dos juristas e estudiosos do Direito Tributário. Mas é algo que não podemos deixar de enfrentar.

Pois bem. Como é que vamos lidar com esses conflitos? De um lado há aqueles que apregoam a teoria – hoje, já com bastantes adeptos – da *flexibilização* ou da *relativização da coisa julgada*. Ou seja, a coisa julgada que deve ser intangível pela lei, intangível pelos atos administrativos, por outras decisões judiciais, salvo se houver a proclamação em ação direta pelo STF, em sentido oposto àquele que foi consignado na decisão individual. Então, há quem entenda que a coisa julgada não poderá resistir a isso. Vejam que é uma idéia arrojada, sustentada por vários professores, segundo os quais a possibilidade da relativização ou flexibilização seria uma forma de transpor este conflito. De outro lado há aqueles Mestres que entendem que isso não é possível, porque a coisa julgada é o limite ou é um dos limites da retroatividade. Então, vai retroagir até o momento que chegar na coisa julgada.

Alguém poderia dizer: "Mas, enfim, o contribuinte obteve uma decisão de que a exigência fiscal era constitucional, e, portanto, ele não conseguiu o que queria, que era não pagar o tributo, mas o STF depois proclamou sua inconstitucionalidade". Para quem entende que a coisa julgada é um limite, não é possível desfazer, rescindir, essa decisão, valendo o mesmo entendimento no sentido contrário – se o contribuinte obteve a coisa julgada no sentido da inconstitucionalidade na decisão individual, e posteriormente se proclama sua constitucionalidade numa ação direta, a coisa julgada também não vai poder ser desfeita. Assim, como o contribuinte não poderá buscar rescisória, o Fisco também não. A doutrina está dividida, e a jurisprudência – acredito eu – majoritariamente entende que a coisa julgada é intangível. Posso dizer aos Srs. que no Tribunal que integro há forte tendência de relativizar a coisa julgada nessa hipótese. Ainda tenho dificuldades de vencer a idéia de que a coisa julgada é um limite, tanto para o Fisco quanto para o contribuinte. Preservar a coisa julgada, parece-me, é a idéia maior de segurança jurídica.

A propósito, vale mencionar a alteração promovida no Código de Processo Civil pela Lei 11.232/2005, que veio trazer uma prescrição que tem sido criticada praticamente à unanimidade, mas que demonstra como esse conflito é sério. O legislador tentou dar uma solução para superar esse conflito, uma solução bastante questionável. Trata-se da inclusão de dois parágrafos. Um é o § 1º do art. 475-L, e o outro no art. 741. Essa lei trouxe a possibilidade de se entender inexigível o título em execução judicial quando o título, sentença ou acórdão estiver fundado em lei ou ato normativo declarados inconstitucionais ou com interpretação incompatível com a Constituição pelo STF.

Quer dizer, existe coisa julgada, mas coisa julgada pendente de execução. Enquanto pendente de execução, o Código está autorizando que a defesa – os embargos ou a impugnação – possa fincar-se na idéia de que o título é inexigível porque o STF proclamou a lei inconstitucional, ou que a interpretação dada ao preceito é incompatível com o Texto Fundamental. Enfim, o tributo não pode ser cobrado.

A questão é delicadíssima. Os juristas especialistas em processo não chegam a um acordo. Há aqueles que apontam inconstitucionalidade formal, porque este dispositivo é oriundo de medida provisória, que não teria atendido aos pressupostos constitucionais. Há outros que apontam inconstitucionalidade material, e há ainda os que apontam ambas. O dispositivo está com sua constitucionalidade questionada em ação direta, porém é aplicável enquanto não houver a determinação da suspensão de seus efeitos.

Segundo ponto: inconstitucionalidade e *repetição do indébito*. É, a meu ver evidente que uma decisão proclamando a inconstitucionalidade de lei tributária, em sede de ação direta, gera crédito, está certo? Gera crédito passível de restituição, tanto pela via tradicional, já vetusta, da repetição do indébito como pela via mais recente da compensação tributária.

Sendo assim, pode-se indagar qual o fundamento legal dessa repetição do indébito. Há quem entenda que o Código Tributário Nacional não prevê esta hipótese. E realmente, se nós formos fazer uma leitura do art. 165 do CTN, ele não dá margem a claramente se entender que a inconstitucionalidade proclamada pelo STF gera um crédito passível de repetição, porque as hipóteses previstas no dispositivo – erro na identificação do sujeito passivo, na base de cálculo etc. – não abrangem a inconstitucionalidade. Ou seja, expressamente, o Código não supôs esta hipótese para efeito de repetição de indébito. Não está lá. De todo modo, o enriquecimento sem causa do Fisco constitui fundamento jurídico para tanto.

Há quem diga, ainda, que se a repetição do indébito, nessa hipótese, não está lá no Código, portanto, também, a disciplina não é aquela, o prazo qüinqüenal não é aquele, mas o prazo das ações contra a Fazenda Pública, que consta daquele decreto antiqüíssimo, que até hoje se aplica, o Decreto 20.910/1932, que diz que todos os direitos pleiteáveis contra a Fazenda Pública prescrevem em cinco anos.

Há um ponto delicado na questão da superveniência da declaração de inconstitucionalidade pelo STF em ação direta e a possibilidade da repetição do indébito. Eu paguei o tributo, entendendo que era devido. Muitos anos depois, o STF proclama inconstitucionalidade. Mas quando o isso acontece já passou muito tempo desde o recolhimento. Já se passaram mais de cinco anos. E não há mais como postular a repetição. Por isso, aquele entendimento, não mais em vigor, adotado pelo STJ em relação à repetição do indébito para os tributos sujeitos a lançamento por homologação, conhecido como "cinco mais cinco". Todo mundo sabe que assim procedeu a Corte por uma questão de justiça, tantos eram os contribuintes de empréstimo compulsório de veículos, de combustíveis e outros que não conseguiram, no prazo de cinco anos a contar do recolhimento, postular a restituição.

Então, como é que fica essa situação? Aí surge a idéia da *actio nata*, que propicia que o prazo prescricional passe a fluir no momento em que os contribuintes tenham a notícia de que aquele pagamento era indevido. Logo, não se conta o prazo prescricional a partir do recolhimento do tributo, mas sim da declaração de inconstitucionalidade. Essa tese é duvidosa, pois pode gerar segurança em alguns momentos e não em outros, porque, quando se adota determinado critério, esse critério tem que valer para ambas as partes da relação obrigacional. Poderá ser bom para o contribuinte em determinadas hipóteses, e haverá situações em que o Fisco terá o mesmo direito. Tudo tem que ser muito bem pensado.

Finalmente, a idéia do controle e a *compensação*. Fiquei animada com a exposição do Prof. Eurico, porque realmente acho que a transação é muito mais divertida e, se é assim, se houver muita transação, o Judiciário vai ficar mais tranqüilo. Tenho um pouco de receio, no entanto, diante da experiência que tivemos na aplicação da compensação. A Lei 8.383/1991 foi produzida para viabilizar a utilização desse instituto, já que antes disso havia apenas autorização para seu emprego no Código Tributário Nacional. Eu sou desse tempo, eu já estava na Magistratura Federal quando essa lei foi editada. Naquela época tinha-se a esperança de que a lei de compensação fosse trazer uma grande solução para os conflitos tributários. Eu, particularmente, sou entusiasta da compensação, uma vez que quando duas pessoas são reciprocamente obrigadas, reciprocamente credoras e devedoras, nada melhor e mais fácil que o encontro de contas para extinguir as obrigações.

Todavia, creio que nunca, em tempos recentes, uma lei deu margem a tanta discussão judicial, a tanto litígio, como a Lei 8.383/1991, e suas alterações, que têm sido freqüentes. Portanto, o que era para vir como uma solução, como um modo de extinção da obrigação tributária, absolutamente saudável, esteve e está muito longe de funcionar como nós gostaríamos ou como o legislador imaginou, porque acaba gerando outros conflitos, que deságuam no Judiciário. Espero que com a transação seja diferente, que haja realmente uma disciplina que a contemple como um mecanismo alternativo à via judicial, que é cada vez mais difícil, custosa e morosa.

De qualquer maneira, ainda há um problema na compensação que gostaria de lembrar, para encerrar, mesmo. Eu já falei que iria encerrar há tanto tempo, mas estou tão empolgada... [*Risos*] É a questão do art. 170-A. Eu me lembro que estive aqui neste Congresso, em 2001, exatamente o ano em que o art. 170-A foi introduzido no CTN pela Lei Complementar 104. Em 2001 nós já tivemos um painel falando sobre a eficácia das alterações promovidas no Código Tributário Nacional, e tive a ocasião de falar a respeito dessa norma. Para recordálos, o art. 170-A é exatamente aquele que diz ser vedada a compensação mediante o aproveitamento de tributo, objeto de compensação judicial pelo sujeito passivo, antes do trânsito em julgado da decisão judicial.

Naquele momento – portanto, há seis anos – eu já disse da minha preocupação com relação à interpretação desse dispositivo, que veio, claramente, para dificultar a utilização da compensação. Também se discutiu se era uma norma de natureza processual, uma norma de direito material etc. No que diz com o tema que me cabe tratar, imaginem alguém postulando a compensação tributária mediante ação judicial, que demorará muito tempo para ser julgada, sendo que no decorrer do processo o STF, provocado a se pronunciar sobre a inconstitucionalidade da lei a que diz respeito o crédito que o contribuinte sustenta ter, vem a proclamá-la. Tenho uma ação individual de compensação tramitando, e já há um pronunciamento em sede de ação direta dizendo que aquela lei é inconstitucional.

Se o STF proclamou a inconstitucionalidade da lei mediante decisão definitiva, isso gera crédito para todos os contribuintes na mesma situação. Determinado contribuinte já ajuizou ação, postulando isso, muito tempo antes de o STF proclamar a inconstitucionalidade. O que irá acontecer? O Fisco vai ler o art. 170-A, os juízes vão ler também, e dizer: “Olha, o STF proclamou a inconstitucionalidade, mas você está contestando, você já estava, não é? Então, porque você está discutindo individualmente, você vai aguardar o trânsito em julgado para poder efetuar a compensação pretendida”.

Para mim, trata-se de conclusão totalmente equivocada. Sem entrar na questão sobre se o art. 170-A é constitucional ou inconstitucional, certo é que sua finalidade é conferir certeza ao crédito passível de compensação. Daí prescrever que só pode ser objeto de compensação crédito reconhecido após o trânsito em julgado. Significa dizer que você só pode compensar crédito absolutamente certo, coberto pelo manto da coisa julgada, que é mecanismo de segurança. No entanto, percebam, se a situação é essa que eu mencionei, ou seja, se o STF já proclamou a inconstitucionalidade em sede de ação direta, este crédito já está reconhecido definitivamente. Ora, neste caso, não faz sentido algum obrigar o pobre contribuinte, autor de ação individual, a aguardar o trânsito em julgado para poder efetuar compensação. Tenho sustentado já há dois anos, nos julgamentos de que participo, que nas hipóteses de o crédito ter sido gerado em razão de inconstitucionalidade proclamada pelo STF em ação direta ou, também, em controle difuso em que tenha havido extensão da eficácia da decisão mediante resolução do Senado não se aplica o art. 170-A. Isso porque não faz sentido impor que se aguarde o trânsito em julgado, porque a certeza que esse dispositivo pretende conferir ao crédito do contribuinte, no caso, já foi alcançada por outro meio – qual seja, a decisão do STF com eficácia *erga omnes*.

Consegui convencer os meus colegas, e nós, na 6ª Turma do TRF-3ª Região, julgamos nesse sentido. Infelizmente, não é uma tese que tem o acolhimento geral, mas é a que praticamos.

Espero, de alguma maneira, ter suscitado reflexões muito mais profundas que essas que pude trazer aos Srs., agradecendo muito a atenção com que me ouviram! [*Palmas*]

Presidente da Mesa (Profa. Elizabeth Nazar Carrazza) – Obrigada, Profa. Regina Helena! Colegas, tenho dois recados da coordenação do Congresso. O primeiro: as Comissões de Trabalhos terão início as 14:5h. O outro recado: as palestras estão sendo gravadas em DVD; quem estiver interessado poderá adquirir os DVDs no saguão. A Sessão está encerrada. Obrigada!

OFICINAS

PROCESSO ADMINISTRATIVO TRIBUTÁRIO

COORDENADOR DA MESA: PROF. EDUARDO DOMINGOS BOTTALLO
PARTICIPANTES DA MESA: PROFA. ÂNGELA MOTTA PACHECO,
PROF. JÚLIO MARIA DE OLIVEIRA

COORDENADOR DA MESA (PROF. EDUARDO DOMINGOS BOTTALLO) – Boa tarde a todos! Nós vamos dar início à nossa Oficina sobre temas relacionados com o "Processo Administrativo Tributário".

Ao meu lado, integrando a Mesa de Debates, a Profa. Ângela Motta Pacheco, Mestre e Doutora em Direito Tributário pela PUC/SP, Advogada Tributarista das mais conhecidas e uma das figuras mais integradas à tradição dos eventos promovidos pelo IDEPE. E também faz parte desta Mesa o Prof. Júlio Maria de Oliveira, Mestre e Doutor em Direito Tributário também pela PUC, Advogado Especialista em Direito Tributário, Professor Universitário, bastante conhecido nos meios tributários brasileiros pela sua atuação quer como acadêmico, quer como profissional.

Acidentalmente, cabe a mim coordenar os trabalhos, e eu gostaria de esclarecer aos colegas que o objetivo destas Oficinas não é o mesmo das Mesas ou das Conferências do nosso Congresso. Aqui, o que se pretende é a de integração entre os organizadores do evento e seus participantes, afim de que possa haver uma atuação mais dinâmica, uma troca de experiências relacionadas com a discussão de questões bem concretas, bem objetivas, e que fazem parte do dia-a-dia do nosso desempenho profissional.

Por isso mesmo, é muito importante a participação dos colegas, sem que essa participação fuja à proposta da Oficina, ou seja, mediante intervenções bem objetivas, como serão também as dos integrantes da Mesa, afim de que a gente possa discutir o maior número possível de questões dentro das limitações de tempo que temos de observar.

Nós havíamos solicitado anteriormente que a organização do Congresso fizesse a coleta, entre os participantes, das questões que poderiam ser trazidas para debate da Mesa. Eu tenho em mãos a relação dessas matérias adrede apresentadas pelos colegas, e nós vamos começar a examiná-las.

A primeira delas diz respeito à "aplicação subsidiária do Código de Processo Civil e de leis processuais ao processo administrativo tributário". Permito-me, então, iniciar os debates.

No que diz respeito à aplicação subsidiária do Código de Processo Civil no âmbito do processo administrativo, tenho para mim que se trata de providência inteiramente cabível, e o fundamento dessa aplicação está na própria Constituição. A Constituição deu ao processo administrativo dimensão bastante destacada. Tanto isso é certo que o art. 5º, LV, equipara o processo administrativo ao judicial, assegurando a ambos o contraditório e a ampla defesa, com os meios e recursos a ela inerentes. Portanto, o processo administrativo e o judicial foram igualmente dotados de dignidade constitucional como palco para discussão de questões entre o Estado e a sociedade, inclusive as de índole tributária.

Agora, onde isso tem importância? Eu cito exemplificativamente a questão das provas. Como todos nós sabemos, o Código de Processo Civil tem uma disciplina bastante minuciosa e bastante abrangente a respeito da realização das provas. O mesmo não acontece, em geral, com as leis que tratam do processo administrativo tributário. A legislação federal, por exemplo, quando cuida das provas no processo administrativo, circunscreve esse tratamento a determinadas modalidades de prova que são as mais freqüentes – a saber, a prova documental e a prova pericial. Agora, imaginem uma situação em que se exija a realização, no processo administrativo, da prova testemunhal. Sabemos que a prova testemunhal é rara no processo administrativo tributário. Não é freqüente que fatos relevantes para fins tributários possam ser provados por meio de testemunhas, mas isso pode acontecer. E, caso se torne necessária a realização dessa prova, não será pela falta de disciplina específica de como deva ser tomada que ela deixará de ser realizada. A Constituição, como visto, garante no processo administrativo o contraditório e a ampla defesa, com os meios e recursos a ela inerentes. E "meios" significam o direito amplo de realização de prova. Então, como se coletaria a prova testemunhal no âmbito do processo administrativo, em face da omissão da legislação específica? Usando-se subsidiariamente, por integração analógica, a disciplina estabelecida no Código de Processo Civil.

Quanto aos recursos eu entendo que o raciocínio deva ser o mesmo, mas, evidentemente, com as necessárias adaptações, que levem em conta a questão de pertinência, de adequação. É que, no tocante aos recursos, as leis administrativas, em geral, são exaustivas, em face do quê não parece ser razoável sustentar a possibilidade de serem utilizados no processo administrativo todos os recursos próprios do processo judicial. Mas alguns deles são pertinentes. Por exemplo, os embargos de declaração, que não têm por objetivo modificar as decisões proferidas (a não ser em circunstâncias muito particulares), mas aclarar, suprir omissões ou remover contradições que possam figurar nas decisões. Ora, se uma decisão proferida no processo administrativo se mostrar carente de integração, porque houve uma omissão, contradição, ou obscuridade, parece perfeitamente claro, lógico e possível que se utilize um pedido de reapreciação daquela matéria para fins de remoção desses defeitos, tendo como parâmetro os embargos de declaração, porque, em última análise, o que se pretende, aí, é tornar a decisão exeqüível, tornar a decisão algo que possa corresponder efetivamente àquilo que foi o pensamento dos julgadores.

Então, essa é a minha posição a respeito dessa primeira questão, e eu consulto os colegas na Mesa, se gostariam de se manifestar a respeito.

Muito bem. Então, vamos passar à segunda questão. A "pertinência da declaração de inconstitucionalidade no processo administrativo tributário", ou seja, a possibilidade de serem discutidas as questões constitucionais no âmbito do processo administrativo tributário. E, para iniciarmos o tratamento dessa questão, eu passo a palavra ao Prof. Júlio Maria de Oliveira.

Prof. Júlio Maria de Oliveira – Inicialmente eu agradeço o convite que me foi formulado para participar deste Congresso. É sempre uma honra participar deste Congresso e, principalmente, compor uma Mesa com tão ilustres professores, como o Prof. Eduardo Bottallo e a Profa. Ângela. Com certeza, temos aqui muitas idéias a discutir.

Em relação a esse tema proposto pelos congressistas, uma discussão que se coloca, já há muito tempo, é a possibilidade ou impossibilidade de os Tribunais Administrativos tratarem também sobre questão constitucional. Aqui, no âmbito do Estado de São Paulo, no Tribunal de Impostos e Taxas/TIT, do qual fui juiz representante dos contribuintes durante algum tempo, esta questão está definida no sentido de ser competência desse Tribunal Administrativo discutir a constitucionalidade e declará-la incidentalmente na discussão de um crédito tributário lançado em auto de infração de ICMS ou de IPVA.

Sei que na esfera federal há súmulas do Conselho de Contribuintes, como por exemplo, a Súmula 2 do 2º Conselho, no sentido de não ser sua competência pronunciar-se sobre a inconstitucionalidade de legislação tributária. Porém, a minha posição é amplamente favorável a essa apreciação. Por quê? Além de encontrar fundamento na Teoria Geral do Direito, em especial na hierarquia das normas jurídicas, para sustentar esta posição, minha experiência dentro do TIT mostra que em muitos casos a não-apreciação de questões constitucionais em detrimento da simples apreciação das normas legais e regulamentares acaba por permitir uma análise extremamente superficial da discussão jurídica que está sendo posta. Esta experiência prática me mostrou, por exemplo, a necessidade de apreciação no âmbito administrativo da inconstitucionalidade já reconhecida pelo STF da exigência do adicional de 1% do ICMS destinado à construção de casas populares no Estado de São Paulo. Muitas vezes votei no sentido de se declarar incidentalmente, nos diversos autos de infração lavrados pela Fazenda do Estado de São Paulo, a inconstitucionalidade da exigência deste adicional de alíquota pelos agentes fiscais. Tal inconstitucionalidade foi reconhecida pelo STF em virtude da vinculação do referido adicional de alíquota, pois a vinculação de receita de imposto é vedada pelo Código Tributário Nacional.

Então, tendo em vista o princípio da celeridade e economia processual, e mesmo, até, o da moralidade administrativa, entendo não ser adequado, justo e nem jurídico que se exija um tributo que já se sabe previamente inconstitucional. Ao menos nessas hipóteses onde os tribunais judiciais competentes para dizer definitivamente o Direito, como é o caso do STF, já tenham reconhecido uma inconstitucionalidade, entendo que o aplicador da norma pode se valer desta interpretação por ocasião do controle da legalidade do ato administrativo, evitando que o contribuinte que se sentir lesado recorra ao Poder Judiciário para anular o lançamento tributário.

Então, nesse sentido, eu acredito que há pertinência, sim, de reconhecimento de norma inconstitucional no âmbito administrativo.

Profa. Ângela Motta Pacheco – Eu concordo perfeitamente com o Júlio, mas só gostaria de trazer um dado, da esfera federal: o Regimento do Conselho de Contribuintes admite que no caso da declaração definitiva do STF se possa deixar de aplicar a lei. Isso está, eu creio, no art. 49 do Regimento Interno do Conselho de Contribuintes. Era só para acrescentar.

Coordenador da Mesa (Prof. Eduardo Domingos Bottallo) – Nesse ponto, eu me permito também uma breve intervenção, para ir um pouco além, porque eu entendo que em qualquer circunstância é possível que a apreciação de matéria constitucional seja feita no âmbito administrativo. A mim parece que a única fonte legítima para impedir que a Constituição deixasse de ser aplicada seria ela própria. Se não está escrito na Constituição que ela não se aplica às decisões administrativas, então, a meu ver, ela tem que se aplicar. e não será uma portaria ministerial que vai dizer "não se aplique". Com um tanto de ironia, Pontes de Miranda disse que portaria é ordem que se dá ao porteiro...

Agora, o mais interessante é que normalmente o argumento técnico que se utiliza para justificar a impossibilidade da discussão de questões constitucionais no âmbito administrativo é o de que a Administração está sujeita à lei. Eu concordo, mas desde que se trate de lei constitucional.

A diferença que pode existir é que, quando a declaração de inconstitucionalidade é proferida no âmbito do Judiciário, e dentro do Judiciário pelo STF, ela pode ter aquele efeito *erga omnes*, expulsando a norma inconstitucional do sistema – efeito que não decorre de uma decisão administrativa. Mas, na apreciação do caso concreto, a mim me parece perfeitamente legítimo que o órgão administrativo negue a aplicação da norma inconstitucional. Mesmo com a proibição por portaria ou através de lei, os Tribunais Administrativos não estão vinculados a esses atos. Os Tribunais Administrativos têm vinculação administrativa com o Executivo, mas não têm subordinação hierárquica naquilo que diz respeito ao exercício de suas funções judicantes. Porque, se não fosse assim, a própria existência do processo administrativo não teria razão. Se o Secretário da Fazenda ou se o Ministro da Fazenda têm competência para revogar as decisões do órgão administrativo judicante, então, para que tais órgãos? Na verdade, os Tribunais Administrativos estão vinculados à Administração no que diz respeito à sua estrutura, ao seu funcionamento, mas não no que diz respeito ao exercício de suas funções.

Eu sei que essa questão é polêmica. Mas, a meu ver, o assunto precisa ser permanentemente colocado sob discussão, até visando à valorização do processo administrativo, em seu desenho constitucional.

Temos aqui uma outra questão. Trata-se do "arrolamento de bens nos casos de lançamento de ofício" em que é apurado crédito tributário superior a 500 mil reais, ou 30% do patrimônio das empresas, ou mesmo nos casos de exigência de garantia de instância para o conhecimento de recursos administrativos. Recentemente o STF reviu sua posição pró-Fisco a respeito. Eu vou pedir à Profa. Ângela, então, que se manifeste sobre o tema.

Profa. Ângela Motta Pacheco [*sem revisão da autora*] – Eu gostaria de reiterar a importância do processo administrativo, e tributário principalmente, considerando a relação jurídica tributária. Sempre parto, para raciocinar sobre determinado assunto tributário, da própria relação jurídica tributária, norma concreta, mesmo. E, realmente, como afirmado aqui – disse o Dr. Bottallo, e também o Dr. Júlio de Oliveira –, esse processo se realiza na função judicante do poder estatal, não é? E é necessária, mesmo, a resposta; quando o Poder Público faz o lançamento e autua o contribuinte, ele tem que ter o direito de resposta, e tem que ter o direito de provar, vamos dizer, os fatos pelo seu lado. E, se ele fica tolhido nessa função, a ampla defesa e o contraditório não se realizam, e o processo administrativo tem que ser completo, seguindo – vamos dizer assim – o exemplo do processo judicial; ele tem que ter primeira e segunda instâncias.

Houve uma dúvida muito grande sobre se o contribuinte teria direito a essa segunda instância. Mas ele tem direito a essa segunda instância. Então, quando vem uma lei e proíbe que se encaminhe o recurso voluntário, por exemplo, ao Conselho de Contribuintes, ela está tolhendo o princípio da ampla defesa.

O art. 33 do Decreto 70.235/1972 passou a exigir esse depósito, e depois uma medida provisória chegou, numa de suas modificações, a transformar esse depósito em arrolamento. Mas isso foi objeto de recurso extraordinário no STF e de duas ações diretas de inconstitucionalidade. As duas foram para julgamento juntas, mas o julgamento teve seguimento em relação a uma delas, porque ela cumpriu tudo que foi necessário, enquanto a outra não cumpriu; essa é da série "I" e n. 1.756, se não me engano.

E agora, em março deste ano, as duas foram julgadas juntas; embora aquele depósito tenha sido convertido pela medida provisória, depois na lei de conversão, em arrolamento, o STF declarou a impossibilidade dessa exigência. Hoje, pelo julgamento em ação direta, que é *erga omnes*, não se tem mais que fazer o depósito. E, felizmente, quanto às contribuições previdenciárias, do art. 11, "a" e "b", se não me engano, da Lei 8.212, creio que uma portaria da Receita Federal do Brasil, n. 10.875, de 16.8.2007, ainda está exigindo esse depósito. Isso é um absurdo, porque também uma contribuição previdenciária também é um tributo, e uma desmoralização que a norma infraconstitucional venha a exigir isto após a decisão do STF.

Nesse sentido, eu entendo que essa portaria é absolutamente inconstitucional. Aliás, eu não sei o que pensam o Dr. Bottallo, o Dr. Júlio, mas eu entendo que ela é inteiramente inconstitucional, porque está tratando de processo administrativo, não é de procedimento, e, dentro dela, é claramente inconstitucional a disposição desse artigo. Não sei se os Srs. também concordam com a inconstitucionalidade da portaria inteira...

Prof. Júlio Maria de Oliveira – Eu concordo totalmente com as manifestações acerca desse ponto. E entendo que a exigência do depósito recursal nos processos administrativos em que se discute a exigência de contribuições previdenciárias administradas pelo INSS vem causando uma série de problemas, pois imaginava-se que esta condição de admissibilidade fosse ser revogada, tal como ocorreu com relação aos processos que tratam dos tributos administrados pela Receita Federal do Brasil. Muitos pontos foram unificados, como, por exemplo, o prazo recursal, que passou a ser 30 dias, enquanto era 15 dias para as questões previdenciárias. Até então tínhamos uma grande dificuldade em impetrar o mandato de segurança neste prazo de 15 dias para conseguir interpor o recurso sem o depósito. Sobre esta dificuldade cito um exemplo lá do escritório, em que impetramos um mandato de segurança e o juiz denegou a liminar. Dessa decisão tivemos que agravar; mas, se tivéssemos um prazo de 15 dias, eventualmente teríamos que fazer o depósito, porque o processo judicial não é tão ágil a ponto de, no tribunal, pelo menos aqui no TRF-3ª Região, ser concedida a liminar. Então, eu acredito, até por questão de economia processual, que não é um princípio menor, ou algo a ser desconsiderado. Afinal, é argumento, inclusive, do Poder Judiciário e de todos nós, cidadãos contribuintes e jurisdicionados, que o processo tem que ser mais ágil. Na medida em que há um julgamento em instância última no STF definindo uma matéria no sentido da inexigibilidade do depósito recursal, e se mantém, pelo Poder Executivo, tal exigência e – pior que isso –, o próprio Poder Judiciário, nas instâncias inferiores, mantém essa exigência, há algo de errado no sistema. Tudo bem que acatamos as diferenças entre decisões com efeito concentrado, com efeito difuso. Mas para todos nós, profissionais do Direito, que buscam sua funcionalidade e eficiência, há algo que não se justifica nesse tipo de polêmica, tão exaurida e ao mesmo tempo criando ainda entraves, dificuldades, custos e movendo a máquina do Estado de forma inclusive contrária aos interesses da Administração e aos interesses da eficiência.

Coordenador da Mesa (Prof. Eduardo Domingos Bottallo) – Vamos passar para uma nova questão, essa também bastante polêmica, fruto, até, de súmulas produzidas pelo Conselho de Contribuintes. Trata-se da "concomitância entre o processo administrativo e o judicial". Há súmulas – volto a dizer –, do Conselho de Contribuintes declarando que implica renúncia à instância administrativa o ingresso em juízo, por qualquer modalidade de processo, do contribuinte para discutir a mesma questão objeto da defesa administrativa. E com isso, então, fecham-se as portas do contencioso administrativo.

Vou passar a palavra, então, ao Dr. Júlio, para que se manifeste a respeito.

Prof. Júlio Maria de Oliveira – Bom, a concomitância dos processos judiciais e processos administrativos de fato é uma análise bastante ampla a ser feita, principalmente pelo julgador, que vai apreciar o auto de infração, inclusive o ato concreto e individual de lançamento nele contido. Para que se possa afirmar que há uma concomitância de instância, uma identidade de objetos entre o processo judicial daquele contribuinte e aquele lançamento tributário específico, impõe-se uma análise que não pode ser feita de forma apriorística, ou seja, há processo judicial, há processo administrativo; então, não se conhece do processo administrativo pois há discussão dessa matéria no âmbito judicial, e essa matéria vai ser decidida definitivamente pelo Poder Judiciário, que é quem fecha o sistema, não é?

Esse raciocínio não é, ao meu ver, tão simples. Por quê? Em muitos casos, eu diria na quase-totalidade deles, há questões paralelas, acessórias, ou às vezes independentes, dentro do lançamento efetuado, que não foram levadas ao Poder Judiciário. Então, se pode estar discutindo a tese em si, por exemplo, da exclusão do ICMS da base de cálculo do PIS e da COFINS, e ao mesmo tempo há um lançamento efetuado exatamente relativo a essa questão, levada às instâncias administrativas, tanto das delegacias quanto do Conselho de Contribuintes Federal.

A posição do julgador administrativo ou do conselheiro no Conselho de Contribuintes deve ser cautelosa e decorrer de prévia análise de detalhes do processo administrativo e do objeto da ação judicial. Não é simplesmente dizer: "Olha, há uma identidade de objetos pelo fato de haver processos administrativo e judicial concomitantes". Ressalte-se que em muitos casos (isso acontecia também no âmbito do TIT) o julgador administrativo não tem acesso aos autos do processo judicial, o que pode tornar leviana a afirmação categórica por parte do julgador de que há essa identidade. Muitas vezes se discute questão da multa, da SELIC, de diversos pontos de fato no âmbito da constituição do crédito tributário, do fato jurídico tributário, do próprio lançamento em si, mas não a discussão da tese. Nesses casos, entendo eu que teria que haver uma identidade total do objeto e nenhuma outra questão paralela sendo discutida, e ainda teríamos as questões da interpretação da legislação de cada um dos âmbitos dos entes federados. Por exemplo, no Estado de São Paulo, a lei estadual não proíbe essa concomitância – o que tornaria obrigatório o julgamento do processo administrativo. Por outro lado, nesta hipótese poderiam, obviamente, colocar o seguinte argumento: mas não é necessário que a lei estabeleça tal vedação, porque, a partir de uma interpretação sistemática, se há uma concordância dos objetos, a decisão do TIT será inválida, porque será reformada pelo Poder Judiciário se ele discordar daquela proferida na esfera administrativa. Isso nem sempre é verdadeiro, porque, no âmbito de apreciação do processo administrativo, o que se faz é um aperfeiçoamento do lançamento, também chamado ato de homologação, previsto muitas vezes nas legislações estaduais, que dão competência aos julgadores para que o processo volte à primeira instância; quando não, volte ao próprio agente autuante, para que ele melhore, aperfeiçoe, esse lançamento. Isso com vistas a quê? A melhorar a qualidade do ato administrativo que foi feito.

Então, apesar de ocorrer uma aparente logicidade nessa não-concomitância dos processos, eu percebo que, na análise de cada caso concreto, essa concomitância quase não traz quase efeitos positivos em termos de celeridade, ou seja, a não-concomitância, melhor dizendo, não é? Essa proibição da concomitância não traz efeitos positivos, porque sempre há elementos a serem aperfeiçoados, mesmo quando parte da questão já foi submetida previamente ou posteriormente ao Poder Judiciário.

Coordenador da Mesa (Prof. Eduardo Domingos Bottallo) – Eu gostaria também de fazer uma breve incursão nesse tema, levando em conta uma situação que, do ponto de vista prático, é mais freqüente, que envolve especificamente a ação declaratória. Então, é possível acontecer o seguinte: o contribuinte ingressa no Judiciário com uma ação declaratória para discutir a existência, ou não, de determinada relação jurídica.

De repente, ele é autuado porque age em consonância com a tese posta em juízo, que entende ser a correta. Pois bem, tomando conhecimento da existência dessa ação declaratória, a Fazenda vai trancarlhe as portas do processo administrativo. Mas o que se está discutindo no Judiciário não tem o mesmo objeto. Porque, na verdade, saber se determinada relação jurídico-tributária existe (objeto de uma ação declaratória) não é o mesmo que buscar a anulação de um lançamento feito com base naquela relação. No primeiro caso discute-se – vale repetir – a existência, ou não, da relação; já, no segundo, os efeitos concretos de sua aplicação. Agora, é evidente que se, é proposta uma ação anulatória, para desconstituir o mesmo lançamento, então, aqui, obviamente, não se justifica essa concomitância.

Mas, voltando ao caso da concomitância com ação declaratória, se isso for prevalecer, o contribuinte fica privado de defesa: ele fica com as portas do processo administrativo fechadas, e, no Judiciário, aquilo que pede ao juiz não é suficiente para que o crédito que foi constituído contra ele desapareça. Então, ele fica desamparado, tanto administrativa como judicialmente.

Agora, o mais interessante é que essa posição de impossibilidade absoluta da concomitância pode levar a situações absurdas: é facultado ao contribuinte discutir administrativamente aquilo que não está sendo questionado em juízo; penalidades, por exemplo. Mas como pode o contribuinte discutir as penalidades pelo não-pagamento de tributo sem questionar o mérito que o levou a esse não-pagamento? O contra-senso parece evidente.

PROFA. ÂNGELA MOTTA PACHECO [*sem revisão da autora*] – Eu só queria acrescentar que tenho um caso concreto sobre isso, muito interessante. Porque foi uma consulta feita ao INSS, e a própria Procuradoria, quando disse que tinha que pagar, e o fundamento era uma orientação normativa absolutamente constitucional, ela disse que não era para aplicar multa. Em seguida a empresa foi autuada, e aplicaram a pior das multas, a multa agravada. Então, hoje, eu tenho um mandado de segurança contra a relação jurídica em si, e está seguindo, nós conseguimos fazer seguir o processo administrativo, justamente por causa das multas. Porque a Procuradoria mesma falou que não era para aplicar multas no caso, porque era resultado de consulta... Então, eu tenho a seqüência de dois processos, e concordo que a finalidade do processo administrativo é o lançamento. Não é, Dr. Bottallo? A questão é que são mesmo concomitantes, como disse o Júlio. Têm aspectos particularíssimos, e que não podem ser resolvidos num âmbito, por exemplo, judicial. No meu caso concreto, os dois estão seguindo.

COORDENADOR DA MESA (PROF. EDUARDO DOMINGOS BOTTALLO) – Um caso interessante, esse, porque, aí, o fundamento da defesa contra a multa não é o mesmo fundamento da defesa contra a exigência principal.

PROFA. ÂNGELA MOTTA PACHECO – Não.

COORDENADOR DA MESA (PROF. EDUARDO DOMINGOS BOTTALLO) – Mas essa é uma situação bem...

PROFA. ÂNGELA MOTTA PACHECO – Peculiar, não é?

COORDENADOR DA MESA (PROF. EDUARDO DOMINGOS BOTTALLO) – Específica. Porque normalmente o fundamento é o mesmo.

PROFA. ÂNGELA MOTTA PACHECO [*sem revisão da autora*] – Com a colocação da impugnação ou do recurso, o crédito tributário não pode ser exigido, suspende-se a exigibilidade do crédito tributário. Então, se o contribuinte vai a juízo, a primeira impressão que dá é que ele estaria desprotegido, como no caso que o Dr. Bottallo relatou. Mas eu entendo que não pode ser cobrado imediatamente. Fazendo um paralelo, há um tempo atrás, os processos judiciais em que a autoridade não fazia o lançamento, o Estado poderia perder a oportunidade de fazer o lançamento pela decadência. Então se passou a fazer o lançamento, e se sobrestava o lançamento por causa do processo judicial. E eu entendo que mesmo neste caso, aqui, não poderia ser feita a cobrança do crédito, porque ele estaria, vamos dizer, submetido a uma questão judicial. Mas essa questão é bastante polêmica...

Coordenador da Mesa (Prof. Eduardo Domingos Bottallo) – A Dra. Ângela falou que é polêmica e passou a palavra para o Dr. Júlio.

Profa. Ângela Motta Pacheco – Desculpe.

Coordenador da Mesa (Prof. Eduardo Domingos Bottallo) – Não, está certo, é assim mesmo que tem que ser.

Prof. Júlio Maria de Oliveira – De fato, as causas de suspensão de exigibilidade do crédito tributário são aquelas expressamente determinadas pelo Código Tributário Nacional, e até foram ampliadas em razão das alterações do Código de Processo Civil, prevendo tutelas, cautelares e tudo mais. Agora, se de fato há uma extinção do processo administrativo em relação àquele lançamento efetivamente realizado, eu entendo que não há mais a causa de suspensão da exigibilidade; então, o contribuinte terá que buscar na via judicial uma outra causa de suspensão da exigibilidade, ou uma tutela antecipada, ou uma medida cautelar, ou uma liminar e mandado de segurança, ou depósito, que está expressamente afastado na própria questão.

Coordenador da Mesa (Prof. Eduardo Domingos Bottallo) – Muito bem. Há uma outra questão, aqui, muito interessante, também pouco discutida, mas de grande importância no âmbito do processo administrativo, que é a "atuação do advogado". Como todos nós sabemos, nem as leis tributárias sobre processo administrativo tributário e nem o próprio Estatuto da OAB consideram imprescindível a presença do advogado no processo administrativo.

Acontece que no âmbito administrativo há um entendimento consolidado no sentido de que quando se trata de processos de natureza sancionatória – por exemplo, aqueles instaurados contra servidores públicos, visando à aplicação de penas ou até de demissão –, a presença do advogado é essencial. A meu ver, essa mesma idéia estende-se ao processo administrativo tributário quando o lançamento é agravado por penalidades, que, muitas vezes, pelas suas dimensões, excedem até o valor do próprio tributo que está sendo reclamado.

No mínimo, trata-se de tema a ser melhor refletido, este da indispensabilidade do advogado no contencioso administrativo tributário.

Agora, há um outro lado desse tema, a respeito do qual não se reflete muito: qual a extensão da atuação do advogado no processo administrativo? A questão se justifica, porque, ainda que se admita que o advogado não é essencial, o fato é que é um *direito* que a parte tem de se fazer representar por advogado no processo administrativo:

Nesse caso, o advogado deve orientar-se tão-somente pelas leis administrativas, ou ele deve agir de acordo com as prerrogativas que lhe são dadas pelo seu Estatuto?

Eu dou um exemplo. Vamos imaginar que um advogado compareça a uma repartição e peça carga para examinar o processo administrativo em seu escritório.

Há regras administrativas que eventualmente impedem que o processo saia da repartição. E são regras legítimas. União, Estados, Distrito Federal e Municípios têm autonomia para legislar sobre Direito Administrativo e, dentro de suas competências, assim dispor.

O mesmo ocorre com o direito à intimação. Trata-se de prerrogativa profissional que não é suprida nem mesmo quando o próprio cliente é intimado.

Ainda, a questão da sustentação oral perante qualquer instância de julgamento.

A meu ver, todas estas dúvidas têm de ser resolvidas à luz do Estatuto da OAB. Quando se trata de prerrogativa profissional, entendo que o Estatuto prevalece sobre outras leis que eventualmente disponham de modo diverso.

E cabe a cada advogado defender tais prerrogativas sem se intimidar. Afinal, a representação no processo administrativo não pode implicar o amesquinhamento das atribuições legais que cabem ao advogado, cuja indispensabilidade a própria Constituição reconhece.

Bom, temos uma outra questão importante, sobre a qual vou pedir ao Dr. Júlio que se manifeste. Trata-se do direito à jurisdição administrativa em casos de pedidos de compensação".

Prof. Júlio Maria de Oliveira – Bom, se nós considerarmos na esfera federal exclusivamente esse processo, eu diria que está bem regulamentado, atualmente. Nós tivemos realmente uma vacância, um período de uma crise bastante razoável em relação ao processo de compensação, porque nós não tínhamos medidas que suspendiam a exigibilidade do crédito compensado. Então, eu alegava, declarava, melhor dizendo, que tinha um crédito tributário e queria compensá-lo com tributos vincendos. Obviamente esse processo administrativo, durante algum tempo, não tinha o condão de suspender a exigibilidade do crédito, porque o entendimento da Secretaria da Receita Federal era no sentido de que não suspendia a exigibilidade do crédito. O que acontecia? Todos aqueles tributos não recolhidos, em razão da compensação eram levados à chamada conta corrente das empresas, impedindo a expedição das certidões de regularidade fiscal e criando aquele caos. E o Poder Judiciário foi bastante chamado a se manifestar sobre isso, com decisões normalmente no sentido de que, tratando-se também de um processo administrativo, tinha, sim, o condão de suspender a exigibilidade do crédito, independentemente de existirem portarias, decretos ou qualquer outro ato normativo contrariando a disposição do Código Tributário Nacional.

Atualmente, em grande parte dos casos – há algumas exceções – a manifestação de inconformidade suspende a exigibilidade do crédito que não foi recolhido em razão da compensação; e o melhor, leva a questão até o Conselho de Contribuintes Federal. Então, há hoje uma plena possibilidade de defesa com os atributos que o processo administrativo federal traz, ou seja, a suspensão da exigibilidade do crédito. Isso, sem dúvida, garante uma compensação dentro de um ambiente de segurança jurídica.

Em outros âmbitos isso não se dá de forma tão tranqüila, até porque a compensação tributária normalmente não é prevista na legislação. Há previsões esporádicas, como a legislação paulista – desculpem repetir, mas é aquela com que lido mais diretamente. A legislação paulista estabelece algumas possibilidades de compensação tratando-se de ICMS; por exemplo: até um determinado limite de recolhimento indevido em nota fiscal, é permitido ao contribuinte fazer a compensação.

Há outros Municípios e alguns outros Estados onde isso é permitido, mas normalmente não se tem essa possibilidade. O caminho estabelecido é a devolução dos valores. Também não se prevê, em muitos casos, esse caráter realmente processual administrativo para compensação. O que isso quer dizer? Que um pedido de compensação apresentado pelo contribuinte não encontra amparo nas garantias que o processo administrativo necessariamente traz. Lembrando as palavras do Prof. Bottallo, a partir da Constituição de 1988, estamos falando de processo administrativo com todas as garantias que um processo traz. Então, essas compensações, nesses âmbitos, às vezes estaduais e/ou municipais, não trazem essas garantias. E o que acarreta? Eu não tenho um processo de compensação, eu tenho um pedido de compensação; e sou obrigado, levado, a não deixar de recolher aquele imposto que estou querendo compensar, porque, se eu o fizer dessa forma, serei considerado inadimplente junto aos Fiscos Estaduais ou Municipais, e, obviamente, terei problemas de regularidade fiscal.

Coordenador da Mesa (Prof. Eduardo Domingos Bottallo) – Eu tenho mais dois tópicos, aqui, a serem examinados. O primeiro trata da "coisa julgada no âmbito administrativo". Esta é também uma questão bastante polemizada; eu sei que existem fortíssimas opiniões em contrário ao ponto de vista que sustento, no sentido de que existem, sim, decisões administrativas definitivas, quando favorecem os contribuintes.

Quando são favoráveis ao Fisco prevalece o princípio da inafastabilidade do controle judicial. Há alguns anos atrás a Procuradoria da Fazenda Nacional divulgou um documento onde sustentava o legítimo direito que a Fazenda tinha de ingressar em juízo visando à revisão de mérito de decisões a ela desfavoráveis proferidas pelo Conselho de Contribuintes. E o fez baseada em argumentos bastante importantes. O primeiro deles é o da isonomia: se o contribuinte pode, por que a Fazenda não poderia? Ocorre que o direito de acesso irrestrito ao Judiciário está no art. 5º, XXXV, da CF, cujo destinatário não é o Estado, e sim a sociedade. Portanto, os direitos do art. 5º não são do Estado, mas da sociedade. Por outro lado, não há que se falar em isonomia, porque Estado e contribuintes não são iguais. Ao Estado se reserva o direito de exercer a função normativo-tributária; ao contribuinte, o direito de submetê-la ao controle do Judiciário.

Um outro argumento a favor da revisão judicial por parte da Fazenda é que podem existir na decisão defeitos e vícios. Mas aí nós temos que fazer uma distinção entre o que é revisão e o que é anulação do ato administrativo. Se se tratar de anular o ato administrativo, por vício de forma ou de competência, então, o acesso ao Judiciário é pleno, existe até súmula do STF a respeito. Mas o que se discute aí não é anulação, mas revisão de mérito. Quanto a esta revisão, então, é que me parece que não há possibilidade de isso acontecer, até por uma questão de vinculação do Estado à sua própria vontade. Por outro lado, uma decisão que desonera o contribuinte produz efeito apenas para aquele caso. Se o órgão quiser mudar de opinião, ele pode, mas ele vai mudar para casos futuros. Para isso nem precisamos nos socorrer da Constituição: está escrito no art. 146 do CTN.

Vamos ouvir a Profa. Ângela, a respeito.

Profa. Ângela Motta Pacheco [*sem revisão da autora*] – É apenas para dizer que, no tempo em que o processo administrativo não tinha o *status* de reconhecimento que teve e tem após a Constituição de 1988, houve um julgado do STF, do Min. Raphael de Barros Monteiro, pai do atual Raphael de Barros Monteiro que está no Superior, no seguinte sentido: coisa julgada fiscal e direito subjetivo. A decisão proferida pela autoridade fiscal, embora de instância administrativa, tem, em relação ao Fisco, força vinculatória equivalente à coisa julgada, principalmente quando aquela decisão gerou direito subjetivo para o contribuinte, recurso extraordinário conhecido e provido.

Coordenador da Mesa (Prof. Eduardo Domingos Bottallo) – Isso é uma belíssima lição de Direito Público. Existem também algumas decisões do STJ nessa mesma linha.

Uma outra questão refere-se à "perícia contábil e responsabilidade pelo ressarcimento dos custos incorridos". Ou seja: existe sucumbência no processo administrativo?

Em regra, o contribuinte tem, no processo administrativo, o ônus da prova, o ônus da prova é dele. E, tendo ele o ônus da prova, a meu ver, ele deve custear a realização dessa prova. Não há, ao que me consta, previsão na legislação sobre o ressarcimento disso, no âmbito administrativo. Caberia uma ação judicial indenizatória em caso de êxito administrativo da demanda – solução, como se vê, bastante complicada.

Prof. Júlio Maria de Oliveira – Eu concordo plenamente. O único aditamento que eu pretendia fazer foi colocado ao final, no sentido de que esses gastos, obviamente, podem ser, no futuro, objeto de uma ação de indenização, se a cobrança de um tributo foi totalmente desarrazoada, pois já considerado indevido, declarado indevido. Eu tenho visto, inclusive, esta medida sendo adotada hoje em dia em relação às obtenções de certidão de regularidade fiscal. Muitas vezes a conta corrente apresenta um número absurdo de débitos e, ao final, quando se depura tudo, resta pouco ou quase nada em alguns exemplos, não é? É um nítido caso de cobrança indevida, e até com eventual tipificação No Código Penal.

Coordenador da Mesa (Prof. Eduardo Domingos Bottallo) – Há uma última questão, aqui: "exame de admissibilidade de recurso dirigido aos Conselhos de Contribuintes, por autoridade incompetente".

Prof. Júlio Maria de Oliveira – Eu posso me arriscar num dos pontos só.

Coordenador da Mesa (Prof. Eduardo Domingos Bottallo) – Não, a questão do encaminhamento por autoridade competente, isso aí, eu me arrisco também. Agora, o resto, eu não me arrisco. Não está presente o inquisidor? O que nós fazemos? Graças a Deus! [*Risos*] Mas eu vou dar a palavra ao Dr. Júlio.

Prof. Júlio Maria de Oliveira – Uma questão que se põe hoje em dia, e no âmbito de diversas legislações, é a competência do presidente dos Tribunais Administrativos, quer seja do Conselho de Contribuintes ou do TIT, para admitir ou inadmitir o recurso. Aqui em São Paulo sei da polêmica, inclusive com alguns mandados de segurança, porque a Presidência do TIT rejeita o seguimento de determinados recursos sob o argumento, por exemplo, de falta de paradigma naqueles recursos destinados às Câmaras Reunidas. Esse procedimento subtrairia do relator daquele processo a análise inicial da admissibilidade do próprio recurso, que estaria destinada exclusivamente ao presidente da Casa. Se fosse apreciado pelo relator, seria um julgamento colegial, como ensina o Prof. Paulo de Barros Carvalho; não colegiado.

Então, nessa hipótese em que se verifica a apreciação unilateral efetuada exclusivamente pelo presidente, haveria uma subtração de direitos e garantias. Essa é uma situação que vem ocorrendo de forma reiterada. Eu tenho visto decisões nos dois sentidos. Por quê? Há uma série de tribunais judiciais em que também se dá essa competência ao presidente. A princípio você teria, assim, numa visão muito imediatista, com certeza, uma redução da análise da questão a um só julgador. Porém, se é um tribunal colegial, há que se ter uma análise coletiva. Vale dizer: haveria que ter essa análise do juízo de admissibilidade por todos, ou pelo menos um recurso contra essa análise inicial unilateral.

Coordenador da Mesa (Prof. Eduardo Domingos Bottallo) – Eu apenas queria complementar o que o Prof. Júlio disse a respeito de paradigmas. Essa é uma questão gravíssima no âmbito do processo administrativo, porque muitas vezes o contribuinte tem a possibilidade teórica de entrar com recurso com base em divergência da jurisprudência, mas não tem acesso a essa jurisprudência, não tem acesso aos paradigmas, esses paradigmas que apenas de quando em quando são tornados públicos pelos Tribunais Administrativos, e mesmo assim apenas parcialmente, após seletivamente "pinçados". Então, esse é um problema que também precisaria ser muito bem refletido, na medida em que se criam, se instituem, recursos no âmbito administrativo cujo pressuposto é a divergência de julgamento, isso traz implícita a necessidade de uma ampla, geral e irrestrita divulgação de todos os julgados, a fim de que o contribuinte possa ter, em igualdade de condições, o direito de exercer plenamente essa prerrogativa processual.

Dado o adiantado da hora, declaro encerrada esta Sessão, agradecendo a participação dos congressistas e a colaboração dos colegas. [*Palmas*]

OFICINAS

ISS

COORDENADOR DA MESA: PROF. AIRES BARRETO

PARTICIPANTES DA MESA: PROFA. ANNA EMÍLIA CORDELLI ALVES, PROF. LUIZ NAHUZ, PROF. FÁBIO SOARES DE MELO, PROFA. ÂNGELA MOTTA PACHECO, PROF. JÚLIO MARIA DE OLIVEIRA

COORDENADOR DA MESA (PROF. AIRES BARRETO) – Boa tarde a todos! Estamos dando início à Oficina relativa ao ISS. Compõem a Mesa a Profa. Anna Emília Cordelli Alves, Professora da PUC/SP, onde leciona Direito Tributário; o Dr. Luiz Nahuz, que é Presidente do Conselho Municipal de Tributos do Município de São Paulo – e que, portanto, será o contraponto, de certa forma, à posição dos contribuintes, embora ele insista sempre que ele, como Presidente do Conselho, procura fazer direito e ser justo, independentemente de o resultado atuar em favor ou desfavor do Fisco ou do contribuinte. À minha direita, o Prof. Fábio Soares de Melo. O pai é ilustre, imaginem o filho, que aprende com o pai, e que se destaca. Eu tenho certeza, para orgulho do pai e para satisfação nossa, de que começa a ultrapassá-lo na qualidade de grande jurista que é. Ver o filho seguir trilha idêntica com sucesso é motivo de grande orgulho. No ano retrasado o trabalho apresentado pelo Dr. Fábio foi agraciado com o "Prêmio Geraldo Ataliba", um trabalho de extrema qualidade. Não posso falar mais do Fábio, porque sou um admirador dele há muito tempo, de sorte que eu acabaria consumindo todo o tempo, aqui, a falar das qualidades do nosso expositor.

Proponho aos Srs. que atinemos na seguinte conformidade. Primeiro serão analisadas algumas questões que foram previamente postas por congressistas. Os congressistas foram convidados, através de *e-mail*, a se manifestar em torno de que temas que gostariam de ver analisados pelos expositores aqui presentes.

Depois disso, depois dessa rápida análise dessas principais questões postas, os Srs. poderão fazer perguntas por escrito, e essas perguntas serão respondidas, de forma objetiva, pelos componentes da Mesa.

Sugiro que a primeira questão seja analisada pela Profa. Anna Emília. Sobre a questão, depois, falarão, caso queiram, o Prof. Fábio e o Dr. Luiz Nahuz. A grande indagação é: "incidência do ISS sobre os serviços dos Correios e dos Cartórios". Essa pergunta desdobra-se em duas outras indagações. Primeira: "Todo serviço ali prestado, isto é, prestado pelos Correios e prestado pelos Cartórios, é público?". Segunda questão: "Como se posicionam nossos Tribunais?". Se é que há posicionamento. Com a palavra a Profa. Anna Emília Cordelli Alves.

PROFA. ANNA EMÍLIA CORDELLI ALVES – Antes de responder à questão, gostaria de agradecer o convite que me foi formulado pelo IDEPE e parabenizar nosso Presidente pela qualidade do Congresso, que a cada ano vem se superando. E, na verdade, nós temos analisado, em profundidade, questões novas, questões antigas que trazem novas lições, tanto nas Mesas quanto nas Oficinas. Eu creio que está sendo muito proveitoso para todos nós.

Gostaria de cumprimentar o Dr. Luiz Nahuz, o Dr. Fábio Soares de Melo, e dizer que entendo ser nosso papel tentar discutir, mais uma vez, sobre nosso ISS – imposto sobre serviços. E nesse sentido eu passo a responder à primeira pergunta, qual seja: "É possível a incidência do ISS sobre serviços dos Correios e dos Cartórios? Dos serviços notariais?".

Bem, a Lei Complementar 116/2003 estabeleceu, ao lado da incidência do ISS sobre a prestação de serviços privados, também a incidência do mesmo imposto sobre a prestação de serviços públicos. Então, nós temos na Lista de Serviços uma série de serviços públicos e que agora, a partir da Lei 116/2003, estarão sujeitos à tributação pelo ISS.

Já tive a oportunidade de me manifestar em outras oportunidades, neste mesmo Congresso, e de escrever a respeito, no sentido de que o ISS, por sua própria natureza constitucional, somente pode incidir sobre serviços privados. Vale dizer, a hipótese de incidência do ISS diz respeito à prestação de serviços privados, e não serviços públicos. Por quê? Porque o constituinte fez uma clara separação entre o serviço prestado por um particular e aquele serviço que é prestado pelo Estado ou por quem lhe faça as vezes.

Assim, o serviço público – *específico e divisível* – é remunerado por taxa, tributo que importa remuneração do Estado e que não visa a lucro, ou seja, é a remuneração de uma atividade estatal consistente na prestação de serviço público e divisível, que se caracteriza como *res extra commercio*.

Desse modo, se o serviço público está fora do comércio, está fora do alcance das forças econômicas, não está sob o fluxo das normas econômicas. Por esse motivo o legislador criou uma figura constitucional apta a remunerar a prestação dos serviços públicos: a *taxa*.

Portanto, se admitirmos a incidência do ISS sobre os serviços públicos, como é o caso, por exemplo, dos serviços de Correio e dos serviços notariais – *que, na verdade, muito embora sejam prestados por pessoas de Direito Privado, têm caráter público* –, estaremos adotando como base de cálculo do imposto municipal o valor da taxa, visto que os valores pagos pela prestação daqueles serviços revestem a natureza de taxa de serviços, prevista no art. 145 da CF, devida pela prestação de serviços públicos específicos e divisíveis.

Nesse sentido, parece-nos inconstitucional a incidência do ISS sobre esses serviços públicos, e os Tribunais assim vêm se posicionando. Assim, quando analisamos os julgamentos proferidos nos vários Tribunais de Justiça das unidades federadas, em especial os de São Paulo, Minas Gerais, Rio Grande do Sul, Paraná e Santa Catarina, encontramos o entendimento de que o fato de o serviço público ser prestado por particular não faz com que perca sua natureza pública, e, nesse sentido, não pode haver a incidência do ISS sobre a prestação de serviço público.

Porém, na análise jurisprudencial igualmente nos deparamos com posição divergente, no sentido de que o serviço público prestado por particular pode, sim, estar sujeito ao ISS. De se registrar, porém, que tais decisões são isoladas, prevalecendo o entendimento da não-incidência do imposto municipal, para vários Tribunais estaduais de Justiça – enfoque, este, já referendado em alguns julgamentos de Turmas do STJ. Então, parece claro que a jurisprudência está caminhando no sentido posto aqui, quer dizer, no sentido de que serviço público não pode ser objeto de ISS.

Gostaria apenas, para completar, de dizer o seguinte: ouso discordar de respeitável doutrina majoritária que entende que a Constituição autoriza a tributação pelo ISS daqueles serviços públicos que tenham conteúdo econômico, posto não estarem tais serviços ao abrigo da imunidade tributária. De fato, tem me preocupado essa interpretação, na medida em que o tributo, em última análise, é suportado pelo usuário do serviço. Nesse sentido, se o serviço público for prestado diretamente pelo Estado, ele terá um custo menor para o usuário, enquanto que se o mesmo serviço for prestado por terceiro remunerado por tarifa – por exemplo, uma concessionária de serviço público –, então, o usuário vai pagar mais caro pelo mesmo serviço, porque na segunda hipótese seu custo estará acrescido do valor do tributo.

Eu diria aos Srs. que, da mesma forma como o Estado está constitucionalmente autorizado a delegar ou conceder o exercício desse serviço público, o particular – *usuário* – tem o direito de só pagar o valor que ele pagaria pelo mesmo serviço se e quando prestado diretamente pelo Estado. Vale dizer: o usuário não estaria obrigado a arcar com o ônus do ISS, que não existiria no caso de esse serviço ser prestado diretamente.

Na verdade, tem o usuário o direito constitucional de fruir o serviço público prestado por particular e em regime de direito privado, em igualdade de condições com a prestação direta pelo Estado.

Assim, para fique resguardado o direito do usuário, ao se calcular o ISS sobre o serviço prestado por uma concessionária, por exemplo, com intuito de lucro, deve-se excluir do valor da tarifa – *base de cálculo do ISS* – o valor do custo do serviço, ou seja, o valor que serviria de base de cálculo para o pagamento de taxa de serviço, caso o serviço estivesse sendo prestado diretamente pelo Estado.

Coordenador da Mesa (Prof. Aires Barreto) – Obrigado, Profa. Anna Emília! Eu gostaria de informar, àqueles que não sabem, que a Profa. Anna Emília é Procuradora do Município de São Paulo, aposentada, e foi Secretária dos Negócios Jurídicos da Prefeitura do Município de São Paulo. De sorte que são inequívocos a larga experiência e o conhecimento da Profa. Anna Emília, além da sua inconteste cultura jurídica.

A segunda questão posta pelos congressistas para objeto de análise diz respeito à "incidência, ou não, do ISS sobre a locação de máquinas/transportes".

Essa questão foi assim redigida por eles: "Num contrato cuja finalidade é a retirada de uma pedra e o prestador fornece o operador e o maquinário, guindaste ou caminhão, há incidência?". Ou, alternativamente: "Num contrato de remoção de entulho, onde o prestador deixa a caçamba por alguns dias no local e retira logo depois, dando a destinação adequada, tem-se, aí, locação de caçamba ou serviço de retirada de entulho?".

Vou propor que essa questão seja respondida pelo Prof. Fábio Soares de Melo.

Prof. Fábio Soares de Melo – Boa tarde, Profa. Anna Emília, querido Presidente do Conselho Municipal de Tributos de São Paulo, Luiz Nahuz, e grande Mestre de todos nós, Prof. Aires, "pai do ISS e pai do Paulo Ayres"! É com grande prazer e satisfação que componho esta Oficina. E vou direto ao assunto, mas gostaria apenas de fazer uma pequena colocação no que concerne ao tema abordado pela Profa. Anna Emília, no sentido de que no caso dos Cartórios de Registros Públicos e Notariais, como a pergunta demandava posicionamento jurisprudencial, tomo a liberdade de apontar a existência de duas ações diretas de inconstitucionalidade acerca da matéria no âmbito do STF.

A primeira delas que é a ADI 1.444-7-PR, cujo Relator foi o Min. Sidney Sanches, publicada no *DOU* de 29.4.2003; e a segunda, que envolve a Associação dos Notários e Registradores do Brasil – que se encontra, salvo engano, ainda em tramitação –, que é a ADI 3.089, Relator o Min. Carlos Britto.

Adicionalmente, além de todos os respeitáveis trabalho doutrinários acerca do tema sob análise, um deles que, sem sombra de dúvidas, se destaca é do Prof. Roque Antônio Carrazza, intitulado *A Imunidade Tributária das Empresas Estatais Delegatárias de Serviços Públicos*, publicado pela Malheiros Editores, em 2004.

Pois bem, quanto ao tema da incidência do ISS sobre a locação de máquinas e equipamentos de transporte, é lógico que nós não iremos insistir na discussão acerca do conceito constitucional de "serviço" e de "prestação de serviços", nem mesmo discorrer sobre o recurso extraordinário, objeto de julgamento pelo STF, cujo voto foi do Min. Relator, Marco Aurélio de Mello (RE 116.121-3).

No entanto, ressalto entendimento no sentido de que toda matéria atinente ao ISS, seguindo as lições dos nossos Mestres, parte do exame necessário do art. 110 do CTN, ao estabelecer, sinteticamente, que o Direito Tributário deve buscar os conceitos, as definições e os respectivos alcances no Direito Privado. Neste contexto normativo (art. 110 do CTN), um dos mais importantes do referido diploma legal, buscaremos os conceitos de "serviço" e de "prestação de serviços", sendo certo que, para chegarmos aos aludidos conceitos, são clássicas as lições dos Profs. Aires Barreto, Geraldo Ataliba e Cléber Giardino, que devem necessariamente ser observadas por todos nós, concernentes aos conceitos das "obrigações de dar" e das "obrigações de fazer", além da "teoria da preponderância" das "atividades-meio" e do "serviço-fim".

Aplicando referidos dispositivos legais, normativos e doutrinários, responderia, objetivamente, às duas questões formuladas da seguinte forma.

À primeira delas – "Em um contrato cuja finalidade é a retirada de uma pedra e o prestador fornece operador e maquinário, guindaste ou caminhão, há incidência?": eu entendo que sim. Parece-me que mencionada situação se encontra plenamente tipificada pelo ISS. O fornecimento do operador e do maquinário compreende as "atividades-meio", ao passo que o "serviço-fim", a essência do serviço contratado pelo tomador do serviço, neste caso específico, compreenderia a efetiva retirada desta pedra daquele local, daquele bem imóvel. Não contrato simplesmente um operador de guindaste e um caminhão ou um guindaste; devo observar, de forma precisa, quais, exatamente, a essência e a natureza jurídica daquilo que se busca na relação jurídica em tela. Da mesma forma que nas operações de arrendamento mercantil (*leasing*) me parece que não estamos diante nem de uma operação de venda e compra, nem de um contrato de locação, na medida em que a essência, que a natureza jurídica, efetivamente corresponda à obtenção do financiamento de determinado bem; portanto, sujeito à tributação pelo imposto sobre operações de crédito (IO/Crédito).

Então, nesse caso, entendo que aludida "atividade de locação", especificamente, compreenda mera "atividade-meio" de um "serviço-fim". O tomador do serviço efetivamente contratara a retirada de uma pedra de determinado local. Mas também, nesse caso, em face da Lista de Serviços contida na Lei Complementar 116/2003, não descartaria duas possibilidades de enquadramento da atividade (prestação de serviço) sob análise. A primeira delas, pelo item 3, que é: "serviços prestados mediante locação, cessão de direito de uso e congêneres", que não me parece ser o caso; ou pelo item 7, que determina: "serviços relativos da engenharia, arquitetura, geologia, urbanismo, construção civil, manutenção, limpeza, meio ambiente, saneamento e congêneres". Portanto, parece-me que a remoção da pedra, no exemplo colocado sob questão, não seria tipicamente uma atividade de locação. E poderia até cogitar do item da cessão de mão-de-obra, na medida em que, da mesma forma, há envolvimento de um operário que realiza o funcionamento do caminhão e/ou do guindaste.

Por sua vez, a segunda questão é um complemento da primeira, e diz o seguinte: "O contrato de remoção de entulho, onde o prestador deixa a caçamba por alguns dias no local e a retira logo depois, dando a destinação adequada, é locação de caçamba ou serviço de retirada de entulho?". Bem, acredito que ninguém acorda um dia e diz a si mesmo: "Hoje eu quero tomar um serviço de locação de caçamba"; "Hoje contratarei uma caçamba, porque acho interessante deixar uma caçamba na frente da minha casa ou do meu terreno".

Salvo algum "esquizofrênico", que, para evitar que qualquer indivíduo estacione automóvel em frente ao portão de sua casa, alugue uma caçamba como impeditivo de que alguém estacione seu automóvel naquele local. Desta forma, a locação da caçamba, nestes casos, de retirada de entulho, constitui "atividade-meio". E qual é, efetivamente, o "serviço-fim"? É a retirada do entulho propriamente dito. Ninguém aluga simplesmente a caçamba; aluga-se a caçamba, mas o que prevalece é o serviço de retirada do entulho. Mesmo que meus funcionários ou que funcionários de uma terceira pessoa retirem este entulho e coloquem na caçamba, alguma pessoa (física ou jurídica) precisa promover a retirada dessa caçamba da via pública e transportar o entulho para local específico. Todas essas atividades compreendem "atividades-meio"; e o "serviço-fim", que é aquele que prepondera, é aquele que revela a essência e a tipificação do ISS (materialidade), é a retirada do entulho propriamente dito. Então, responderia a essas duas questões objetivamente, da forma como abordado.

COORDENADOR DA MESA (PROF. AIRES BARRETO) – Sem embargo, se os componentes da Mesa não quiserem tecer comentários sobre este tema, eu passo a palavra ao Dr. Luiz Nahuz, para responder a pergunta formulada na seguinte conformidade: "A base de cálculo do ISS é o valor integral da nota fiscal?". Com a palavra o Dr. Nahuz.

PROF. LUIZ NAHUZ – Boa tarde a todos! Antes de tudo, gostaria de agradecer ao simpático convite para participar de uma Mesa tão ilustre, ao lado da Profa. Anna Emilia, do Prof. Fábio e do ilustre amigo Prof. Aires Barreto. Quanto à questão que me foi colocada – terceirização –, gostaria de fazer um pequeno comentário a respeito dos serviços públicos, especialmente de Correios.

Os Correios têm inscrição estadual, pois eles comercializam, por exemplo, malotes. Essa comercialização tem o objetivo de fornecer esse produto a seus usuários; são malotes padronizados, que vêm facilitar a prestação de serviços próprios dos Correios. Essa comercialização de malotes, não há dúvida alguma, não é um serviço público, havendo circulação de mercadorias. Incide, no caso, o ICMS, sendo o Correio contribuinte desse tributo. Esta é apenas uma informação necessária para complementar a resposta à pergunta anterior, se todo o serviço ali prestado é público.

Quanto aos comentários feitos pelo Prof. Fábio a respeito de locação, endosso suas palavras, mas, gostaria, apenas, de fazer uma pequena lembrança: a locação caracteriza-se pela posse do bem pelo locatário; se o locador, no caso do guindaste, fornecer o operador, especialmente porque um equipamento caro e complexo como esse exige que seja operado por um funcionário especializado, a posse do bem será do locador, neste caso. Com máquinas de terraplenagem ocorre a mesma coisa: o serviço de locação fica totalmente descaracterizado, pois perde as características da locação, que é um contrato típico, onde a posse do bem deve ser necessariamente do locatário. Em certos casos, tenho visto contratos onde até a manutenção é responsabilidade do locador, porque também é especializada, devendo ser mantida a prerrogativa do locador, que pretende a proteção de seu bem, que normalmente é de alto valor.

Então, endosso suas palavras também por esse motivo, ou seja, a descaracterização da locação. Isto vale para as perguntas relativas aos guindastes, caminhões etc., assim como para o caso da remoção do entulho, onde a caçamba também é um mero instrumento.

Quanto à terceirização, gostaria de dividir essa palavra – "terceirização" – em duas grandes atividades: a terceirização propriamente dita e o fornecimento de mão-de-obra. A terceirização é normalmente contratada quando determinado tomador de serviços transfere para terceiros uma atividade que não é sua vocação, que é uma de suas atividades-meio, mas que, ao mesmo tempo, é atividade-fim do prestador dos serviços (o terceiro contratado).

Este vai executá-la com muito mais eficiência, por ser sua própria vocação, seu objeto social. Neste caso, a prestação daquele tipo de serviço, tipificado na Lista Municipal de Serviços, está perfeitamente caracterizada, sendo cobrado por esse serviço seu próprio preço. Não há dúvida alguma de que vai depender do contrato feito entre as partes. Se seu objeto for uma determinada prestação de serviços, por exemplo, a digitação, sendo executada por funcionários do prestador e sob a supervisão deste, o serviço é de digitação, e não um mero fornecimento de mão-de-obra. Não há dúvida, neste caso, de que a base de cálculo do ISS incidente sobre a prestação desses serviços é seu próprio preço, como define a lei.

No caso do fornecimento de mão-de-obra, há uma velha polêmica e uma velha disputa judicial sobre a base de cálculo do ISS, isto é, se ela deve, ou não, incluir o valor da mão-de-obra e de seus encargos trabalhistas e previdenciários. Temos decisões do STF a esse respeito. A última de que tive conhecimento exclui a mão-de-obra da base de cálculo do tributo. Mas para caracterizar a prestação de determinados serviços de mero fornecimento de mão-de-obra é fundamental que (i) essa mão-de-obra esteja sob subordinação do tomador do serviço; (ii) que não exista qualquer tipo de supervisão praticada pelo próprio prestador, o que está incluído no conceito de "subordinação" (que isto fique bem claro); (iii) que essa mão-de-obra seja contratada pelo prestador especificamente como fornecimento de mão-de-obra – ou seja, terminado o contrato, cessa também o contrato com o próprio trabalhador. Nesse caso é possível discutir se a base de cálculo inclui, ou não, o valor dessa mão-de-obra, da folha de pagamento, dos encargos trabalhistas e dos encargos previdenciários. Particularmente entendo que não inclui, e o serviço seria perfeitamente definido como fornecimento de mão-de-obra; a administração dessa mão-de-obra tem um preço contratado, e somente esse preço seria a base de cálculo do ISS. É o que eu tinha a dizer.

Coordenador da Mesa (Prof. Aires Barreto) – Agradecendo ao Dr. Nahuz, gostaria de lembrar que os congressistas podem formular, por escrito, perguntas para serem respondidas pelos componentes da Mesa. Para isso, temos duas funcionárias. Por favor, recolham as perguntas e fiquem atentas, por obséquio, para colher outras perguntas mais do seleto auditório.

Enquanto isso, proponho aos componentes da Mesa que respondam à seguinte questão: "Afinal, qual é a extensão da cláusula 'o imposto não incide sobre a exportação de serviços para o Exterior do país'?".

Eu começo, lembrando que há um parágrafo único que diz que não se enquadra no disposto do inciso I serviço desenvolvido no Brasil, cujo resultado aqui se verifique, ainda que o pagamento seja feito por residente no Exterior. Pretendendo ouvir a opinião do Dr. Fábio.

Prof. Fábio Soares de Melo – Bem, essa talvez seja a grande e recente discussão jurídica em matéria de ISS. As demais discussões ainda remanescem acerca do local da prestação dos serviços, da sede do estabelecimento prestador dos serviços, daquilo que se tipifica como serviço, ou não, para fins de tributação pelo ISS. Mas essa realmente é uma novidade, apesar de já termos manifestação proferida pelos nossos Tribunais Superiores.

E qual é o cerne da questão propriamente dita? Quando o parágrafo único diz que "não se enquadram no disposto no inciso I os serviços desenvolvidos no Brasil, cujo resultado aqui se verifique, ainda que o pagamento seja feito por residente no Exterior", o ponto "nevrálgico" encontra-se na expressão "cujo resultado aqui se verifique". E qual seria esse resultado? É o resultado do serviço efetivamente, é o resultado econômico, decorrente da contratação do serviço, o que pretendeu efetivamente o legislador da Lei Complementar 116/2003 ao estabelecer aludido comando normativo?

Num primeiro momento, uma leitura concluiu que o parágrafo teria por finalidade evitar as hipóteses de dolo, fraude, simulação e negócios jurídicos indiretos, onde realmente ocorreria uma efetiva prestação de serviço no Brasil, com resultados no Brasil, mas que as pessoas jurídicas acertariam em realizar o pagamento decorrente da prestação dos serviços fora dos limites territoriais do país. Essa foi uma primeira leitura do comando legal.

Por volta do ano de 1992 o STJ, por intermédio do REsp 26.827-1, estabeleceu, sinteticamente, que a remessa de bens materiais ou imateriais para execução de serviços fora do país jamais poderia implicar tributação municipal, pela circunstância de os fatos ocorrerem fora dos limites territoriais do país, sendo estranhos à espacialidade – ou seja, deveria respeitar necessariamente os limites da competência e da autonomia municipal.

Ocorre que, em razão dessa própria questão da Lei Complementar 116/2003, o STF, em algumas oportunidades, tanto no RE 831.142-RJ como na Medida Cautelar em SSeg 2.488-4, do Min. Relator Nelson Jobim, entendeu que esse "resultado" compreenderia o resultado do serviço – caso conhecido pela grande maioria dos congressistas – de retífica e de reforma de turbinas de aeronaves envolvendo a Municipalidade de Petrópolis. Entendeu-se que o tributo era devido ao Município Brasileiro, e não se trataria de um caso de não-incidência do gravame municipal.

A meu ver, salvo entendimento divergente dos demais componentes da Mesa, determinadas atividades desenvolvidas no Brasil somente alcançam seu resultado no Exterior, de forma que o local em que os serviços são efetivamente consumidos, fruídos e utilizados reside nas localidades, nos estabelecimentos, dos tomadores dos serviços no Exterior, no Estrangeiro, fora do país. A leitura que ouso fazer desse parágrafo único do art. 2º da Lei Complementar 116/2003 é a de que o resultado, aqui, deve ter o significado de "consumidos", "fruídos" e/ou "utilizados". Deve-se atentar para aquela situação específica (exportação de serviços), não se trata de prestação de serviço no país exatamente no caso apreciado pelo STF, de retífica de turbinas, mas uma operação de exportação de um *software*, que seja um *software* personalizado desenvolvido no país, mas ele somente passará a ser fruído, consumido e utilizado, pelo tomador localizado no Exterior, por intermédio da conexão que esse tomador realiza no Exterior com seu computador. É por intermédio do encontro do serviço parcialmente realizado no Brasil e parcialmente realizado no Exterior que se dará a tipificação do ISS, mas aqui estamos diante de um caso típico de não-incidência; na verdade, até, jamais se poderia exigir o ISS neste tipo de operação. A leitura que faço, então, é a de que a expressão "cujo resultado aqui se verifique", na verdade, compreende "resultado" como consumo, "resultado" como fruição ou "resultado" como utilização. Mas estou ansioso para ouvir aos demais componentes da Mesa.

Coordenador da Mesa (Prof. Aires Barreto) – Dra. Anna Emília, quer comentar essa questão?

Profa. Anna Emília Cordelli Alves – Eu gostaria, sim. Eu só gostaria de, rapidamente, falar da questão da locação que foi colocada pelo Dr. Nahuz. Devemos nos lembrar apenas de que na Lei Complementar 116 a tributação da locação pelo ISS foi vetada. Quer dizer, na verdade, a locação não consta mais da Lista de Serviços tributáveis . E a hipótese que o Dr. Nahuz levanta está no inciso do item 3, "serviços prestados mediante locação". Então, nesse caso, a locação em que também é colocado à disposição do tomador o operador dessa máquina, na verdade, está previsto no item 3, mas a locação pura e simples foi vetada por declaração de inconstitucionalidade do próprio STF. Ou seja: locação não é serviço, foi excluída da Lista. Portanto, os Municípios não podem mais tributar a locação típica.

Agora, com relação à questão constante da cláusula "o ISS não incide sobre exportação", significa que o imposto não incide sobre as exportações de serviços para o Exterior do país. Aliás, como o Prof. Fábio analisou, nessa cláusula não se enquadram serviços desenvolvidos no Brasil cujo resultado aqui se verifique. Então, parece-me que, *a contrario sensu*, os serviços desenvolvidos parcialmente no Brasil e que venham a ser complementados ou tenham seus resultados ocorridos no Exterior podem ser considerados como serviços exportados (exportação de serviços).

No último Congresso de Direito Tributário eu tive a oportunidade de me manifestar a respeito dessa questão. A mim parece que essa questão da importação e da exportação, como Dr. Fábio colocou, é efetivamente uma questão nova. O legislador constituinte, ao tratar do ISS, poderia adotar, por exemplo, um acréscimo financeiro, a capacidade contributiva do prestador ou do tomador. Mas, na verdade, sob a minha ótica, ele adotou o critério da origem, quer dizer, ele adotou a manifestação de riqueza do prestador. Assim, se o serviço for prestado por nacional, isto é, se o prestador estiver no Brasil, faz todo o sentido que haja essa incidência, porque, na verdade, a prestação está sendo realizada aqui.

Agora, quanto à questão de a exportação não estar sujeita à tributação do ISS, penso decorrer muito mais de uma razão macroeconômica – da economia globalizada, como forma de se buscar uma solução econômica mediante uma regra jurídica – que qualquer outra coisa. E me coloco também contra a tributação na importação de serviço, exatamente por essas mesmas razões. Por quê? Porque, na verdade, não se pode eleger o tomador do serviço como responsável pelo tributo, ou como verdadeiro contribuinte, como faz a Lei Complementar 116, uma vez que não seria possível a lei exigir ISS nessa hipótese, sob pena de contrariar o critério constitucional da origem (capacidade contributiva do prestador), tal como respeitado pela legislação federal que antecedeu a Lei Complementar 116/2003.

Trata-se, pois, de questão constitucional. Quer dizer, ao criar o ISS, quem o constituinte prestigiou e quem ele pretendeu tributar, o prestador ou o tomador? Parece-me, salvo melhor juízo, que a Constituição Federal pretendeu alcançar a capacidade contributiva da pessoa posta na origem do vínculo, isto é, do prestador de serviços.

Coordenador da Mesa (Prof. Aires Barreto) – Passo a palavra ao Dr. Luiz Nahuz.

Dr. Luiz Nahuz – Nós temos, aqui, duas questões. A primeira, "locação de veículo automotor, com serviço de motorista, contratos distintos, locação mais mão-de-obra". A mão-de-obra seria o motorista. Qual a tributação? Há ISS apenas sobre a mão-de-obra?

Bem, desde a promulgação da Lei Complementar 116, e desde a decisão do STF excluindo do campo de tributação do ISS a locação de bens móveis, muitos prestadores de serviços, dentro do objetivo legítimo de reduzir sua carga tributária, têm procurado caracterizar certas atividades como locação para fugir da tributação. Perfeitamente válido.

No caso do veiculo automotor, vejo da mesma forma a que já me referi sobre uma máquina de terraplenagem. Se o automóvel ou o veículo automotor for locado com motorista, este funcionário do locador é quem mantém a posse do bem. Cada caso deve ser analisado. O serviço seria de transporte, não de locação. É claro que falo caso a caso, porque todos os contratos têm suas características particulares e suas minúcias.

Conheço um caso de uma empresa de *telemarketing* que instala seu equipamento, seus computadores e serviços de telefonia dentro do estabelecimento do próprio cliente, para prestar assistência ao consumidor, por exemplo. Caracteriza esse contrato como locação, firmando outro contrato à parte para o fornecimento de mão-de-obra, através do qual seus próprios empregados especializados e treinados se encarregarão de operar o equipamento locado, mantendo, portanto, a posse do mesmo, embora situados no estabelecimento do locatário. O fato de estar esse equipamento localizado no estabelecimento de seu cliente, que é o tomador dos serviços, nada muda, absolutamente. Meu entendimento pessoal é no sentido de que incide o ISS sobre o valor total da operação, descaracterizando-se tanto o serviço de locação como o de fornecimento de mão-de-obra.

A segunda pergunta: "qual a concepção jurídica do signo 'reembolso'? Este compõe a base de cálculo do ISS?". Bem, este é outro caso, deve ser sempre analisado caso a caso. Quando o reembolso é contabilizado como receita e feito pelo próprio cliente do prestador de serviço, ou seja, pelo tomador dos serviços, é preciso analisar se aquela despesa, que foi reembolsada, faz parte, ou não, do preço dos serviços. Muitos prestadores cobram em suas faturas o preço dos serviços contratados e algumas despesas, que são, por exemplo, despesas de viagem ou despesas de *xerox*. Essas despesas são cobradas fora da fatura, com um simples recibo, caracterizando um reembolso contabilizado como receita na rubrica "Reembolso de Despesas". Nesse caso específico, se essa despesa faz parte do próprio serviço, necessária para que seja efetivamente prestado, e foi recebida do próprio cliente, entendo que faz parte da base de cálculo do ISS, porque compõe o preço dos serviços. Em certos casos os prestadores de serviço não contabilizam esse reembolso como receita, contabilizando-o apenas em conta corrente, em contas patrimoniais; ou seja, há em seu plano de contas uma conta corrente de seu cliente. Contabilizam essa despesa única e exclusivamente nessa conta de patrimônio. Nesse caso, fica bem mais difícil caracterizar esse reembolso como parte do preço dos serviços, ou seja, incluí-lo na base de cálculo do ISS. Numa análise minuciosa pode até ser entendido que essa contabilização tenha sido uma simulação. Mas, de maneira geral, o procedimento correto para *não* constituir a base de cálculo do ISS é utilizar apenas contas patrimoniais na contabilização do reembolso de despesas. É esse o meu entendimento.

Coordenador da Mesa (Prof. Aires Barreto) – Pois bem, vou passar a palavra, agora, ao Dr. Fábio. Mas queria fazer um pedido aos expositores no sentido de que fossem, por gentileza, bastante sintéticos, porque nós temos várias perguntas a serem respondidas, e eu sei que o congressista fica frustrado quando não tem ao menos uma idéia daquilo em que consiste sua dúvida.

De outra parte, queria agradecer aos congressistas presentes pela receptividade, pelo número de perguntas que estão sendo efetuadas, que demonstram o interesse efetivo e a participação nesse imposto que outrora foi tão olvidado, que hoje é centro de muitas atrações e preocupações. Com a palavra o Prof. Fábio, pedindo, mais uma vez, que seja o mais sintético possível.

Prof. Fábio Soares de Melo – Pois bem, a questão é a seguinte: "Considerando a decisão do STF sobre a não-incidência do ISS na locação de bens móveis, estamos observando diversos serviços mudando sua forma de contratação, dizendo que são serviços de locação. Em determinado Município já temos academia de ginástica assinando contratos de locação de equipamentos de ginástica por determinado horário, em determinado local, a academia no lugar do contrato de serviço de academia, ginástica. A fim de não pagar o ISS. Nesse caminho, só teremos, daqui para a frente, contratos de locação?".

Veja, o *nomen iuris* pouco ou nada significa. O que importa é a essência, é a natureza jurídica daquela operação e/ou prestação, ou seja, do negócio jurídico efetivamente praticado. Podemos chamar determinado contrato de "locação", podemos chamar um contrato de "doação", podemos chamar um contrato de "permissão", mas, pelo art. 110 do CTN, devemos buscar qual é efetivamente a essência daquela atividade (negócio jurídico), se é uma atividade sujeita a tributação pelo ISS. E, além do mais, já há manifestações doutrinárias e jurisprudenciais no sentido de que o ISS, como os demais tributos, não incide sobre os contratos, mas, sim, sobre os fatos efetivamente praticados. Dentro dessa ótica, cito, aqui, um caso: na linha do RE 116.121-3, o hotel não deveria deixar de pagar ISS, na medida em que, na verdade, não presta serviços de hospedagem, mas, tão-somente, de locação de espaço físico para que determinada pessoa possa passar algumas noites que não seja ao relento? Quando vou ao estacionamento de um *shopping center*, não estaria tomando um serviço de guarda de estacionamento de automóvel, mas, sim, de locação temporária de espaço físico onde meu automóvel ficará por alguns minutos ou horas. Passo para a segunda, Professor?

Coordenador da Mesa (Prof. Aires Barreto) – Por favor.

Prof. Fábio Soares de Melo – "Com a criação do intitulado 'Simples Nacional', foi incluído o ISS no rol de tributos devidos pelas microempresas e empresas de pequeno porte. Todavia, não foi prescrita na referida lei complementar a hipótese de o contribuinte estar discutindo a incidência do ISS na sua atividade. Assim, o contribuinte com ação judicial, discutindo a cobrança do ISS, com liminar favorável, poderá excluir da base de cálculo do Simples Nacional, ou deverá ser retirado do Simples Nacional?".

Entendo que nem uma, nem outra situação. A questão é preocupante, porque realmente fere o princípio da autonomia municipal. De um lado, há determinada legislação nacional que englobou o ISS; por outro lado, a lei complementar, que, pelo art. 146, III, do texto constitucional de 1988, tem por finalidade, dentre outras, definir os serviços e estabelecer regras gerais em matéria de legislação tributária, enfim, não abordou a questão do Simples.

Preliminarmente, entendo que devemos atentar ao princípio da legalidade ("ninguém será obrigado a fazer ou deixar de fazer alguma coisa senão em virtude de lei") – e eu completo: em virtude de lei, decisão judicial e muitas vezes "ofício" – por mais absurdo que isso possa parecer –, "ofício judicial".

Dessa forma, os limites do pedido do contribuinte, neste caso, em relação à não-incidência do ISS sobre as suas atividades, não contemplaram a questão do Simples Nacional, de forma que não poderia entender que aludida medida liminar seja favorável à exclusão do Simples, porque no limite do pedido que foi requerido ao Poder Judiciário essa discussão não foi trazida à baila. Então, dentro do ditado jurídico "dê-me os fatos, que te darei o Direito", não foi abordada, não foi dado o Simples para que ele pudesse ser apreciado, haveria a necessidade de que fosse emendado esse pedido, a interposição de uma nova medida judicial, fazendo menção a esta medida judicial preexistente, cuja medida liminar é favorável, mas trazendo à discussão a questão, efetivamente, do Simples federal.

Por outro lado, "a empresa deverá se retirar do Simples Nacional?". Também entendo que não. Acredito que realmente a discussão tem que se dar no âmbito do Poder Judiciário. Mas realmente a questão é intrincada, porque envolve um problema operacional, eu estou falando do Poder Judiciário e da Administração Pública, e como realmente chegar ao ponto de intersecção entre as duas esferas. Mas me parece que a referida medida liminar não aproveite ao Simples Nacional, sendo imperiosa sua discussão no âmbito do Poder Judiciário.

Coordenador da Mesa (Prof. Aires Barreto) – Com a palavra a Profa. Anna Emília. Peço o obséquio da síntese.

Profa. Anna Emília Cordelli Alves – Bom a primeira questão refere-se à "hipótese da locação de guindaste pura, isto é sem o operador". Pergunta-se: "não havendo necessidade de inscrição estadual, ou seja, não sendo caso de incidência de ICMS e não sendo caso de incidência de ISS para o Município, não há de se falar em emissão de nota fiscal para acompanhar o transporte do guindaste? E a cobrança da cessão?".

Bom, aqui, a gente está diante de um fato raro, ou seja, algum fato da vida, um fato praticado pelo particular e que não pode ser alcançado nem pelo ICMS, nem pelo ISS, para gáudio dos contribuintes e tristeza do Fisco.

Na verdade, as Fazendas Públicas, em geral, quando há um fato não alcançado por tributação – como é o caso, por exemplo, da locação, da veiculação de publicidade, que também está fora da Lista –, buscam construir interpretações que possibilitem a tributação. A nota fiscal é exigida como obrigação acessória e garantidora do cumprimento de uma obrigação principal. Ora, se não existe obrigação de pagar tributo, não há que se falar em cumprimento de obrigação acessória. Então, parece-me que não é o caso. Desculpem a rapidez, mas é porque realmente nós temos muitas questões, e estamos tentando responder a todas.

A segunda questão: "A lei estabelece que a base de cálculo do ISS é o preço do serviço. Como compatibilizar tal disposição com diversas legislações municipais que fixam valores fixos de tributo para profissionais liberais?". E aí um exemplo, quer dizer, valor fixo por médico, por advogado, aqui é exemplo de um consultório médico, ou seja, tributo fixo.

Na verdade, a base de cálculo do ISS é o valor do serviço efetivamente prestado, mas a legislação anterior à Lei Complementar 116 previa a possibilidade da tributação do ISS pela chamada "tributação fixa". Ao que parece, muito embora a lei complementar não tenha tratado do assunto, também não revogou essa disposição, mantendo essa tributação pacificada quer pela doutrina, quer pela jurisprudência pátria.

A terceira questão também é relativa à tributação fixa dos profissionais liberais. Quarta questão: "O serviço público, mesmo prestado por particular, deve ser remunerado por taxa que não seja base de cálculo do ISS. No entanto, taxa é tributo, e como tal está sujeita aos limites constitucionais, tais como legalidade e anterioridade. Assim sendo, aqueles serviços dos Cartórios e dos Correios, remunerados por tarifas, que não se subordinam aos limites constitucionais para os tributos, não descaracterizam o serviço como público em como tal, sujeito a ISS?".

Bom, na verdade, a Constituição prevê que os serviços públicos podem ser prestados diretamente pelo Estado ou pelo particular autorizado pelo Estado. A Lei Complementar 116, no § 3º do art. 1º, diz que: "O ISS incide ainda sobre serviços prestados mediante a utilização de bens e serviços públicos explorados economicamente mediante autorização, permissão ou cessão (...)" – ou seja, se está imaginando um serviço público que possa ser explorado economicamente, aquele em que o particular, além de ser remunerado pelo custo efetivo do serviço, tem também, por contrato, por lei, em decorrência de licitação, de autorização, de concessão, direito a um *plus*: a remuneração do seu capital e percepção do lucro. Então, o que eu disse: quando o serviço público for prestado ao usuário/contribuinte diretamente pelo Estado, tal prestação será remunerada por taxa, como previsto na Constituição. Vale dizer, o particular pagará, a título de taxa, apenas e tão-somente o custo que o Estado teve para prestar aquele serviço. Agora, quando o serviço público for prestado por particular com intuito de lucro, será remunerado por tarifa, mediante a adoção de uma política tarifária. Ora, quando se analisam os valores que integram a referida política tarifária, verifica-se que o valor da tarifa é composto pelo custo do serviço propriamente dito, acrescido de (a) valores outros destinados a remunerar o capital investido pelo particular prestador do serviço público e (b) uma parcela remuneratória do seu lucro. Ora, muito embora a incidência do ISS sobre o serviço explorado economicamente decorra de uma previsão constitucional, se esse serviço fosse prestado diretamente pelo Estado, e não por particular, o usuário estaria obrigado a pagar uma taxa de serviço cuja base de cálculo seria o *valor do custo do serviço*, enquanto o mesmo serviço prestado por particular agravaria a situação do contribuinte, pois o ISS incidiria sobre uma base econômica mais ampla – *valor do custo do serviço + remuneração do capital + lucro*. Ora, o contribuinte não pode ser apenado pela ineficiência ou conveniência do Poder Público que deixa de prestar diretamente o serviço, outorgando sua prestação a um particular, que o fará, evidentemente, com intuito de lucro. De fato, se o serviço é público – e, portanto, deve ser prestado pelo Poder Público, direta ou indiretamente –, tem o usuário o direito constitucional de receber o referido serviço e o dever constitucional de pagar por tal prestação apenas e tão-somente o custo do serviço, não cabendo, pois, impor ao usuário a obrigação de suportar economicamente valores decorrentes da política tarifária, que, juridicamente, deve obrigar apenas as partes – Estado e concessionário/permissionário. Ora, evidentemente, o usuário do serviço público, além de pagar valores alheios à sua relação com o Estado, acaba por suportar também o valor do ISS devido pelo prestador do serviço, que o repassa no preço final do serviço, agravando ainda mais seu encargo financeiro.

"O ISS sobre as sociedades cooperativas médicas: onde fica descaracterizado o ato cooperativo, a base de cálculo é a soma dos valores recebidos, ou há dedução nos honorários médicos?". Bem, quando se tratar do ato efetivamente cooperativo não há possibilidade de incidência, porque, na verdade, aí, nós não teríamos uma efetiva prestação de serviço, não se caracteriza como prestação de serviço a prática de ato cooperativo. Qualquer outro ato que não seja ato cooperativo, e que, portanto, configure prestação de serviço a terceiros, será tributado. E evidentemente essa tributação vai levar em conta o efetivo preço do serviço. Então, aparentemente não deveria haver dedução dos honorários médicos, devendo todos os valores recebidos a título de prestação de serviço estar sujeitos ao ISS.

"A sociedade constituída como limitada que funciona dentro de um hospital, utilizando toda a infra-estrutura do hospital, inclusive despesas com o pessoal, equipamentos, enfim, o objetivo do contrato é a prestação de serviços médicos especializados, na área de Oncologia, e a remuneração é de 40% do resultado líquido mensal, pode ser considerada como sociedade profissional?". Não, eu entendo que não. Na verdade, aqui não estariam presentes, salvo engano, as características de sociedade profissional.

Prof. Aires, essas são as questões a que eu tinha que responder. Obrigada!

Coordenador da Mesa (Prof. Aires Barreto) – Passo a palavra ao Dr. Luiz Nahuz.

Prof. Luiz Nahuz – Bom, eu tenho algumas perguntas. A primeira delas, "da Lista de Serviços da Lei Complementar 116/2003, perícias judiciais. É passível da cobrança de ISS?. Poderá haver retenção por parte da Administração Pública?" Quanto à cobrança do ISS me parece pacífico, porque é fato gerador desse tributo, desde que conste da Lista de Serviços da Lei Complementar 116 (item 17.09) e da Lei municipal 13.701 (item 17.08). Definido como "perícias, laudos, exames técnicos e análises técnicas", estando perfeitamente tipificado como fato gerador do ISS. Não há dúvida alguma, portanto, de que é passível de cobrança.

Poderá haver retenção por parte da Administração Pública? O art. 3º tanto da Lei 13.701, municipal, como da Lei Complementar 116, prevê todos os casos em que o ISS é devido no local, no Município da prestação, sendo devido ao Município onde é prestado, prevendo a retenção na fonte do ISS incidente sobre esses serviços (substituição tributária).

Nesse caso específico, o item 17.09 não está previsto no art. 3º, mas o art. 6º prevê a possibilidade de qualquer Município estabelecer a transferência de responsabilidade tributária para qualquer serviço, desde que seja prestado dentro daquele Município ou que esteja previsto no art. 3º, quando o ISS é devido ao Município onde é prestado. O legislador só pode legislar em relação a essa retenção, a essa transferência de responsabilidade tributária, dentro do seu próprio Município. Então, poderá haver a retenção? Sim, poderá, desde que prevista em lei.

Quanto à locação de mão-de-obra temporária, ao amparo da Lei 6.019/1974, entendo que quanto à locação ou o fornecimento de mão-de-obra temporária e ao fornecimento de mão-de-obra efetiva, há uma única diferença: neste caso, a relação entre os empregados e os seus patrões é regulada pela Consolidação das Leis do Trabalho, e naquele pela Lei 6.019/1974. Desde 1966, quando entrou em vigor o ISS, passaram a existir no Brasil uma grande polêmica e grandes demandas judiciais sobre a base de cálculo do ISS incidente sobre o fornecimento de mão-de-obra, tanto temporária, quanto efetiva.

A Prefeitura de São Paulo vem insistindo, desde então, em cobrar o ISS sobre o valor da nota fiscal, ou seja, sobre a receita bruta. Alguns prestadores de serviços vêm demandando judicialmente e vêm separando, na própria nota fiscal ou em seu anexo, os valores da mão-de-obra e dos encargos sociais, da administração dos serviços, e recolhendo o ISS calculado única e exclusivamente sobre o valor da administração dos serviços. Cada empresa trabalha à sua maneira. Há aquelas que, cuidadosamente, contabilizam como receita própria apenas a administração. A mão-de-obra, os encargos sociais, encargos previdenciários e outros encargos, que estariam, no seu entender, fora do campo de incidência do ISS, ou que não constituiriam a base de cálculo do ISS, são todos contabilizados em contas de patrimônio, seja passivo, seja em contas do ativo. Estas empresas teriam uma chance muito maior de fazer prova pericial nessa demanda. Essa briga é antiga, sobre a qual não gostaria de manifestar outra vez minha opinião, porque entendo que depende de cada caso, de cada contrato, de cada forma de contabilizar e até da forma de contratar essa mão-de-obra.

Tenho a impressão de que, para ser breve, devo parar por aqui. Muito obrigado!

Coordenador da Mesa (Prof. Aires Barreto) – Vou passar a palavra ao Dr. Fábio, mas eu pediria para fazer (eu havia me prometido não fazer) uso da palavra. Infelizmente, não resisto.

Gostaria de ponderar, rapidamente, sobre o tema relacionado com a locação envolvendo servidor para manipular o guindaste, ou coisa que o valha. Um Ministro do STF – eu não lembro se foi o eminente Ilmar Galvão, não tenho certeza (isso, no momento, não importa) – falou: "Se houver o fornecimento de um funcionário para operar o guindaste, deixa de ser locação". Não deixa, não – penso eu –, porque aí se trata do chamado "auto-serviço". Vejam, se eu, dono do equipamento, preciso colocá-lo à disposição do locatário, em condições que ele possa fazer uso (isto é, com ou sem alguém que manipule o guindaste), sem possibilidade de uso não há serviço. Neste caso, vamos deixar de parte que é locação, e não serviço, mas se fosse serviço pouco importaria se há um operador do guindaste ou não, porque o operador do guindaste está ali para viabilizar a locação, ele é instrumento da efetivação da locação, e não outra coisa.

Com relação à questão "preço do serviço". Eu confesso que sempre aceitei o conceito de "preço de serviço" como sendo a receita bruta a ele correspondente, sem qualquer dedução. Mas nunca curei de examinar o conceito de "receita bruta". Ora bem, então, eu pergunto: quando alguém emite uma nota fiscal sobre a qual incidirão PIS, COFINS, imposto sobre a renda, CSL, isso é receita do prestador de serviço? Disse o Min. Marco Aurélio, do STF: "Não, isso é receita da União". Ele (na verdade, o tema era ICMS) destacou: "ICM é receita do Estado, não é receita do contribuinte". Então, esse é o primeiro ponto a considerar, excluindo esses valores da receita bruta. O segundo ponto, valores repassados a terceiros, valores que não pertencem ao contribuinte; portanto, que não representam elemento novo, positivo, àquele que presta serviços. Isso não pode ser incluído na base de cálculo do ISS. Reembolso de despesas, por exemplo. A hipótese aqui mencionada, do chamado "trabalho temporário". Houve um caso em que determinada empresa resultara vencida aqui, em primeira e segunda instância, mas no STJ a exigência foi fulminada, porque o STJ entendeu que a receita era a taxa de administração – um exemplo aqui focalizado em uma das perguntas, e já analisado pelo Dr. Luiz Nahuz. É preciso ter presente a distinção entre "receita" e "ingresso". *Ingresso* é gênero; tudo aquilo que transita no caixa da empresa é ingresso. Parte desses ingressos configura receita. Só pode ser objeto de tributação a receita, e receita daquele contribuinte, e não de terceiros. Se um agente de viagem recebe 1.000 Reais para vender, entre aspas, "uma passagem aérea", a receita dele é apenas o valor da comissão que recebe, e não os 1.000 Reais que entraram, dos quais, sei lá, 990 são repassados, por exemplo, para a TAM, GOL, VARIG.

No caso de administração de bens imóveis a receita do administrador não é o volume dos alugueres que entram no seu caixa – que ele tem que repassar aos proprietários –, senão apenas a taxa de administração que ele cobra. Portanto, sem essa distinção, e recentemente eu reformulei a posição para, a partir da Lei Complementar 116, que lá pelas tantas diz que não se inclui na base de cálculo do ISS o valor de materiais fornecidos no caso da construção civil, cuidar de outras situações cujos valores não podem ser incluídos na base de cálculo do ISS, sob pena de subverter o conceito de que se trata da receita bruta a ele correspondente, sem qualquer dedução.

Com a palavra o Prof. Fábio.

Prof. Fábio Soares de Melo – Bom, serei muito rápido nas questões adicionais ora formuladas À apreciação.

A primeira delas, ligada ao assunto que foi abordado pelo Prof. Aires. "Serviços das agências de publicidade podem ter a base de cálculo com hipótese de dedução limitada aos gastos com serviços de terceiros de produção gráfica e veiculação, uma vez que existem outras hipóteses de gastos idênticas – exemplo: pesquisa e transporte da campanha publicitária para os locais definidos por anunciantes e clientes?".

Acredito que, de certa forma, referida questão já foi respondida. Parece-me realmente que a base de cálculo consiste na diferença entre essas operações ativas e as operações passivas, deve-se buscar nos órgãos contábeis a definição daquilo que seja "receita", no IBRACOM, no FIPECAFI, no Conselho Regional de Contabilidade. E devo tributar tão-somente aquilo que constitui *receita própria*. Isso não somente para os casos de agências de publicidade e os casos mencionados pelo Prof. Aires, mas também para as empresas de *factoring*, *trading companies*, escritórios de Advocacia. Quer dizer, o que é "receita tributável", para fins de ISS, é o "preço do serviço", até porque é ela que vai revelar o princípio da capacidade contributiva. A capacidade contributiva encontra-se ligada à minha receita efetiva, aos valores que transitaram pelo resultado da empresa.

A segunda questão formulada: "Quando uma gráfica imprime um jornal o qual é de um terceiro, a imunidade constitucional é estendida ao serviço gráfico? De outra forma, se um jornal realiza serviços gráficos personalíssimos, é perfeitamente possível a incidência de ISS, por exemplo, na impressão de publicidade?".

Quanto à primeira delas, observo que as normas relativas à imunidade devem sofrer uma interpretação extensiva, mas até essa extensão tem limites. E a questão restou relativamente superada, porque há uma Súmula, salvo engano, do STJ – não me lembro do número, estava tentando procurar, aqui, no emaranhado de Súmulas –, no sentido de que a imunidade tributária não se estende ao terceiro na relação jurídica instaurada. A Súmula, no caso, não era atinente ao ISS, mas para o ICMS ou IPI. Assim, entendo que não seria possível estender a imunidade ao presente caso.

Na hipótese de o jornal realizar serviços gráficos, qual foi, efetivamente, o objetivo do legislador constitucional? Certamente o de prestigiar valores tidos como de fundamental importância à Nação – e, dentre eles, o de desonerar de carga tributária determinados atos, fatos e pessoas, sendo que uma dessas desonerações, no âmbito constitucional, fora a dos "livros, jornais e periódicos". O fato de o jornal imprimir para terceiros qualquer impresso gráfico acaba desvirtuando o grande objetivo da imunidade.

Outra questão formulada: "Como se define o local do estabelecimento prestador, no caso de corretagem de títulos e valores mobiliários, via *home-broker* – exemplo: contrato de prestação assinado com corretora sediada no Rio de Janeiro, mas que gerencia as ordens de compra e venda através de filial em São Paulo?".

Bem, primeiro, relembro o seguinte: o ISS não incide sobre os contratos celebrados, mas sim sobre os fatos efetivamente praticados. Adicionalmente, o local da assinatura do contrato não tem o condão de estabelecer qual é o Município competente. Há resposta da Consultoria Tributária tanto do Município Rio de Janeiro como do Município de São Paulo nesse sentido.

O que eu busco nessa operação, efetivamente, independente de estar no Rio de Janeiro, de estar num computador, o que eu realmente almejo? Busco uma operação de corretagem de títulos e de valores mobiliários. E onde isso se dá, efetivamente? No meu entendimento, na filial, no Município de São Paulo.

É o mesmo exemplo de um laboratório de pesquisas clínicas. Eu moro no Município de Sorocaba e somente realizo exames num determinado laboratório "A", que não existe em Sorocaba. Então, dirijo-me a determinado posto de coleta de sangue, ou o próprio laboratório manda um automóvel à minha residência (em Sorocaba) e promove a coleta do meu sangue. O laboratório, efetivamente, encontra-se localizado no Município de São Paulo. É no laboratório, efetivamente, que ocorre o "serviço-fim", o serviço de análise e pesquisa clínica sobre meu sangue coletado. Da mesma forma, não acordo um dia e penso: "Hoje estou com vontade de tomar um serviço de coleta de sangue. Quero tomar uma 'picada', porque eu gosto de curtir o 'barato' que me dá ver o sangue, pois fico um pouquinho tonto". Ninguém faz isso, não é mesmo?

Então, parece-me que, no caso sob análise, o local seria a filial localizada no Município de São Paulo, porque é lá, efetivamente, onde ocorre a corretagem de títulos e valores mobiliários.

Nova questão formulada: "Correios. Relativamente aos serviços privados prestados pela instituição, é possível a incidência de ISS? Por exemplo, o serviço de cobrança bancária de venda de jogos chamados de títulos de capitalização e outros não-públicos?".

A este respeito, entendo que atividades realizadas pelos Correios ou pelas franqueadas, de certa forma, passaram a ter um caráter misto. Quando realmente realizam operações atinentes ao "serviço postal" há imunidade e não há possibilidade da incidência do gravame municipal. Mas se desvirtuam o objetivo principal, que é o "serviço público" – porque a CF, no art. 21, IV, IX, XII – enfim, confesso que não recordo precisamente os incisos –, diz que o serviço público é o serviço postal... Vender "Tele Sena", "Raspadinha", pagar contas de telefone etc., tudo isso encontra-se, no meu sentir, fora do campo do "serviço postal", constituindo prestação de serviço, estando sujeita a tributação pelo ISS.

Finalmente, questionamento pertinente ao item 14.05 da Lista de Serviços, em face das atividades de "beneficiamento, corte, recorte, polimento (...) para terceiros, sendo esta uma etapa do contrato de compra e venda do produto".

Aqui, estamos tipicamente diante de um caso de conflito de competência entre os Municípios e a União. Precisaria, obviamente, analisar com mais calma, mas me parece que, apesar de a Lista de Serviços prever este beneficiamento, todos nós sabemos que, para fins de tributação do IPI, o que se busca, qual é o fato, qual é a materialidade? É a industrialização.

Estamos diante de uma situação onde a "teoria da preponderância" da "atividade-meio" e do "serviço-fim" não tem o condão de resolver a questão, porque tanto no IPI quanto no ISS estamos diante de "obrigações de fazer". Mas como resolver a questão? Há uma série de pareceres normativos da Secretaria da Receita Federal, atual Receita Federal do Brasil, abordando que os casos de beneficiamento, acondicionamento, instalação, montagem, ainda que previstos na legislação complementar ou ordinária dos Municípios, encontram-se sujeitos à incidência do IPI. A este respeito, quem sou eu para falar qual é o tributo que incide aqui? Não componho o Poder Judiciário, felizmente ou infelizmente, mas acredito que a questão, apesar de comportar enorme discussão, compreenderia a incidência do IPI, e não do ISS.

Coordenador da Mesa (Prof. Aires Barreto) – Nós temos uma condicionante, que é o tempo. O *Maksoud* nos expulsará se ultrapassarmos, aqui, as quinze para as sete. Por essa razão, de modo tristonho, eu encerro os debates, agradecendo ao interesse expressivo do auditório que ficou até agora, tendo coisas muito mais interessantes para fazer do que ouvir nossas exposições. Muito obrigado a todos, e cumprimentos efusivos aos expositores! [*Palmas*]

MESA DE DEBATES "E"

PROCESSO ADMINISTRATIVO

PRESIDENTE DA MESA: PROF. VALDIR DE OLIVEIRA ROCHA
MEMBROS DA MESA: PROF. MARCOS VINICIUS NEDER,
PROFA. FABIANA DEL PADRE TOMÉ,
PROFA. MARIA RITA FERRAGUT, MIN. LUIZ FUX

PRESIDENTE DA MESA (PROF. VALDIR DE OLIVEIRA ROCHA) – É uma satisfação renovada estar aqui, mais uma vez, participante do Congresso Brasileiro de Direito Tributário, promovido pelo Instituto Geraldo Ataliba – IDEPE.

Eu agradeço, inicialmente, ao convite que me foi feito pela organização do Congresso, nas pessoas do Presidente do Instituto, o Prof. Aires Barreto, e do Presidente desta 21ª edição, Prof. Paulo Ayres Barreto.

Nós teremos nesta Mesa a participação dos Drs. Marcos Vinicius Neder, Fabiana Del Padre Tomé e Maria Rita Ferragut. Estava prevista a participação do Prof. Humberto Ávila, mas, por uma razão operacional, houve a necessidade de uma troca. O Prof. Humberto Ávila deve falar na Mesa seguinte, e logo mais deveremos ter a presença, aqui, do Min. Luiz Fux, que falaria na Mesa "F" e que passa para esta Mesa "E".

Os palestrantes são todos muitíssimos conhecidos, mercê de uma grande participação que têm tido em congressos e eventos, acadêmicos e profissionais. O Dr. Marcos Vinicius Neder é daquelas pessoas que podem "chutar com os dois pés", até porque ele tem uma formação acadêmica tríplice: é Bacharel em Direito, Engenharia e Economia; tem atuado como Professor em várias instituições de ensino e tem dado uma contribuição científica muito importante com os textos que vem publicando, seja em livros de sua autoria exclusiva, em parceria com a Dra. Maria Tereza Martinez Lopes, ou mesmo em participações coletivas. Ele é Professor em diversas instituições de ensino e é uma pessoa que tem tido participação muito importante também no âmbito do processo administrativo fiscal.

A Dra. Fabiana Del Padre Tomé igualmente é uma pessoa muito destacada: Mestre, Doutora em Direito Tributário pela PUC/SP e Professora do curso de Mestrado da PUC, também com vários trabalhos publicados.

A Dra. Maria Rita Ferragut é Mestre e Doutora pela PUC, Professora Assistente do Prof. Paulo de Barros Carvalho no curso de Mestrado, Professora da PUC/COGEAE, com livros publicados. Sua participação é sempre muito expressiva.

É uma Mesa que eu considero privilegiada pela constituição, com a participação dessas três pessoas e aquecida e enriquecida ainda mais também com a participação que teremos, logo mais, do Min. Luiz Fux, do STJ.

Eu passo prontamente a palavra, então, para que inicie a sua exposição, ao Dr. Marcos Vinicius Neder.

TRIBUNAIS ADMINISTRATIVOS – COMPETÊNCIA, MISSÃO CONSTITUCIONAL E REVISIBILIDADE DE SUAS DECISÕES

PROF. MARCOS VINICIUS NEDER – Bom dia a todos! Queria expressar, inicialmente, minha satisfação em estar participando desse importante evento acadêmico. Cumprimento os ilustres Professores da Mesa, agradeço as generosas palavras do Prof. Valdir de Oliveira Rocha. E quero dizer que é uma grande honra, para mim, estar aqui, hoje.

O tema que me foi atribuído é relativo à competência dos Tribunais Administrativos, sua missão constitucional e a possibilidade de revisão de suas decisões. Como membro do Conselho de Contribuintes, penso que minha contribuição será mais interessante se tomada como a visão de um observador interno ao sistema, bem nos moldes preconizados por Hart. Participo dos julgamentos administrativos há quase 10 anos, e essa vivência me permite tecer algumas observações sobre o tema.

De fato, o modelo de Tribunal Administrativo existente em nosso país tem sido bastante questionado pela comunidade jurídica. Passamos, recentemente, por grandes alterações no Conselho de Contribuintes com o advento do novo Regimento Interno, que veio exatamente alterar o modelo existente. O mais curioso nisso tudo é que não se discute mais a imparcialidade dos conselheiros representantes da Fazenda, como se fazia no passado, mas a atenção voltou-se a participação dos conselheiros representantes dos contribuintes. Nesse sentido, para dar maior objetividade À minha apresentação, direcionarei minhas reflexões para algumas indagações que normalmente são trazidas à baila, como: a razão da existência dos Tribunais Administrativos, sua competência, problemas decorrentes de sua necessária interação com o processo judicial.

Primeiramente, procurarei situar o âmbito de atuação do processo administrativo tributário, analisando especificamente o Conselho de Contribuintes do Ministério da Fazenda, órgão que conheço melhor. O Conselho, recentemente, comemorou 80 anos de existência e, ao lado do Tribunal de Impostos e Taxas de São Paulo – TIT, é um dos órgãos de julgamento administrativo mais antigos em nosso país. Sua criação remonta à década de 30 do século passado – e, portanto, contemporânea ao surgimento do Estado Novo e da Ditadura Vargas. Como é sabido, havia pouca liberdade para se questionar atos estatais nessa época. E chega a ser surpreendente a criação pelo Estado da complexa estrutura para revisão do ato de lançamento tributário, organizando o contencioso administrativo em dupla instância de julgamento, mais uma instância especial e aparelhada com órgãos de julgamento colegiados e paritários. Na verdade, a Administração Tributária logo percebeu que o Fisco, no afã de arrecadar, tende a exagerar na cobrança de tributos. Chega a adotar interpretações muito restritivas da lei tributária e excessivamente gravosas, tornando necessário estabelecer controles internos na própria Administração, de forma a coibir eventuais excessos.

Não admira que o Tribunal Administrativo tenha sido concebido de forma paritária, em que metade dos componentes é recrutada entre os auditores pertencentes aos quadros da Fazenda Nacional e a outra metade é de representantes dos contribuintes. A idéia, desde o início, era utilizar, nos julgamentos, profissionais especializados em matéria tributária. Por isso se optou por advogados e auditores que atuam no dia-a-dia do contencioso tributário. Se retroagirmos ao tempo de sua criação, é possível traçar um paralelo entre a composição dos Conselhos e a experiência vivida pelos juízes classistas na Justiça do Trabalho, em que participam dos órgãos de julgamento técnicos representantes de classes ou categorias econômicas. No caso do contencioso administrativo fiscal, a indicação ficou a cargo das confederações que representam setores empresariais, como a Confederação da Indústria, Comércio e Agricultura. Se na Justiça do Trabalho essa prática se mostrou anacrônica e acabou sendo revogada, o contencioso administrativo fiscal, ao contrário, angariou boa reputação na comunidade jurídica, justamente pela excelência dos quadros dos representantes dos contribuintes que participaram dos Tribunais Administrativos. Não é difícil citar tributaristas de expressão que integraram os quadros dos Tribunais Administrativos. O Prof. Paulo de Barros Carvalho, por exemplo, participou dos Conselhos de Contribuintes por anos. E ontem, conversando com o Prof. Alcides Jorge Costa, soube que ele também foi Juiz do TIT/SP, bem como Rubens Gomes de Souza e Rui Barbosa Nogueira.

A formação dos órgãos de julgamento com a participação de membros externos à Fazenda Nacional permitiu mesclar profissionais de origens bem distintas e teve o grande mérito de buscar o equilíbrio na relação Fisco/contribuinte. Trazer para a mesma mesa as diversas visões sobre as questões tributárias enriquece o debate jurídico e torna possível evoluir para uma tributação mais justa. Essa contribuição, aliás, passou a ser reconhecida pela comunidade jurídica já de algum tempo, tanto que os Tribunais Superiores do Poder Judiciário prestigiaram seguidamente os entendimentos firmados pelo Tribunal Administrativo, não sendo incomum a Suprema Corte ou o STJ se reportarem a decisões do Conselho de Contribuintes na fundamentação de seus votos.

Em que pese a que os Tribunais Administrativos tenham sido estruturados para atuar de forma independente em relação ao Fisco, a Administração Pública, para conferir maior segurança às decisões que exoneram crédito tributário, criou salvaguardas. Atribuiu aos presidentes das Câmaras, cuja escolha se processa obrigatoriamente entre representantes da Fazenda, a competência para solucionar, pelo voto de qualidade, litígios em que a votação não alcançasse maioria. Também permitiu à Procuradoria da Fazenda Nacional recorrer à Câmara Superior de Recursos Fiscais tanto na hipótese de divergência de entendimento jurisprudencial com outra Câmara dos Conselhos (divergência entre Câmaras) quanto nos casos de divergência entre os julgadores de uma mesma Câmara (decisões por maioria de votos). Este último recurso especial é reservado apenas para a Procuradoria, não podendo ser interposto pelo contribuinte. Além disso, a Câmara Superior de Recursos Fiscais está organizada com a participação de presidentes e de vice-presidentes das Câmaras do Conselho, todos cargos de confiança do Ministro da Fazenda.

Assim, o Tribunal Administrativo, embora seja independente do órgão incumbido de arrecadar, não deixa de expressar a opinião da Administração Pública sobre determinado litígio. No modelo atual identifica-se claramente a participação diferenciada da Procuradoria da Fazenda Nacional no tocante a possibilidades recursais, bem como o poder das autoridades fazendárias na escolha dos conselheiros e na composição do Órgão. Essa preponderância foi reforçada, recentemente, com a delegação da competência do Ministro da Fazenda ao Secretário da Receita Federal para nomeação dos conselheiros.

Por certo a competência dos Conselhos de Contribuintes não é geral, mas reservada ao julgamento de questões tributárias que necessitam de maior especialização. No "Preâmbulo" do Decreto 70.235/1972 o legislador restringe sua aplicação aos processos de exigência de crédito tributário e de consulta; ou seja, o julgamento pelo rito do Decreto 70.235/1972 apenas é possível nos litígios que versam sobre lançamentos tributários, destinando as demais questões à apreciação da própria Administração. Nesse sentido, a regra geral é o recurso hierárquico previsto na Lei 9.784/1999, que estabelece o trâmite dos processos administrativos em geral. Só recentemente a Lei 10.833/2003 estendeu o rito do Decreto 70.235/1972 para outros litígios administrativos, tais como processos de compensação, restituição e ressarcimento.

Observe-se que a opção pela discussão administrativa dos litígios tributários tem sido muito prestigiada pelos contribuintes. Afinal, o processo administrativo apresenta especificidades que podem interessar Aos contribuintes, pois é um processo gratuito, especializado, informal, célere e, sobretudo, permite a suspensão da exigibilidade do crédito tributário até sua decisão final. Na verdade, o Conselho de Contribuintes funciona com filtro de questões tributárias que seriam levadas ao Poder Judiciário, evitando-se o ônus da sucumbência a ser suportado pela Fazenda Nacional em caso de indevida exigência de tributo. Mas, a meu ver, essa não é a única e tampouco a principal razão de sua existência, eis que o contencioso administrativo é instrumento essencial para a legitimação da atuação do Fisco perante a sociedade.

Atualmente, as modernas Administrações Tributárias preocupam-se fundamentalmente em estimular o recolhimento espontâneo do tributo pelo contribuinte. Com a evolução dos mecanismos de arrecadação tributária, a participação do crédito tributário constituído de ofício pela Fazenda perdeu relevância, se comparada ao volume de recursos que ingressam nos cofres públicos pela via do lançamento por homologação, em que a iniciativa de pagar o débito é toda do próprio contribuinte. O procedimento assemelha-se a uma verdadeira "linha de produção", em que o contribuinte promove o cálculo, declara e paga o tributo sem participação do Fisco. Caso o contribuinte não efetue espontaneamente o pagamento do tributo declarado, o débito é imediatamente encaminhado para cobrança administrativa e, posteriormente, judicial. Nesses casos, o papel da Fazenda Nacional restringe-se à estratégica função de verificação da correção dos valores declarados pelo contribuinte e à punição aos infratores. Essa sistemática, do ponto de vista do órgão incumbido de promover a arrecadação, tem se mostrado bastante eficiente; basta verificar o contínuo progresso da arrecadação tributária nos últimos anos.

O grande desafio, então, é desenvolver políticas públicas que procurem minimizar a resistência natural do cidadão ao pagamento de tributo. Organismos internacionais, como Banco Mundial, FMI, CIAT, recomendam aos países em desenvolvimento um rol de ações específicas para estimular a participação espontânea do contribuinte, que assim podem ser resumidas:

• Primeiro, recomenda-se incrementar controles sobre o gasto público, de modo assegurar maior transparência na aplicação dos recursos arrecadados. A contrapartida do Estado ao pagamento de tributo deve ser bem percebida e controlada pela população.

• A segunda recomendação versa sobre a criação de controles internos que permitam identificar ilegalidades nos atos de exigência de tributo promovidos pelas autoridades fazendárias. A criação de órgãos administrativos revisores permite À Administração apreciar reclamações dos contribuintes e invalidar atos reconhecidamente irregulares. Reforçar a imagem de o Fisco trabalhar estritamente dentro dos ditames da lei tem efeitos benéficos ao funcionamento de todo O sistema jurídico, pois legitima a atuação dos órgãos fiscalizadores e, sobretudo, desestimula contribuintes a questionar cobranças em Juízo. Desloca-se, assim, o centro de irresignação dos contribuintes para a atuação dos parlamentares na votação de novas exigências tributárias.

• O terceiro ponto de apoio de uma boa Administração Tributária funda-se na transmissão da certeza na punição do infrator. É o que as autoridades norte-americanas denominam *law enforcement*. Busca-se, com ações exemplares, combater o sentimento de impunidade que impera em nossa sociedade. A idéia nociva – bem explicitada por Klaus Tipke – de só os "bobos" pagarem impostos é um dos fatores que mais contribuem para a corrosão da base de arrecadação dos tributos. A atividade eficiente dos órgãos de fiscalização e a conseqüente punição dos infratores emprestam maior eficácia às leis tributárias.

Nesse contexto, verifica-se que a atuação dos Tribunais Administrativos atende à segunda finalidade acima exposta, ou seja, é uma ação que visa a garantir uma tributação justa. A Administração estabelece procedimentos para que o contribuinte insatisfeito possa impugnar livremente os atos que considere ilegais e ter sua reclamação apreciada por julgadores imparciais. Quanto maior for o reconhecimento da sociedade sobre a imparcialidade dessa apreciação, maior será a legitimidade do órgão encarregado da arrecadação tributária. É a *legitimação pelo procedimento*, a que se refere Niklas Luhmann.

É bom lembrar que os últimos 10 anos foram épocas de maior independência do Conselho de Contribuintes, e a arrecadação tributária não parou de crescer.

Observe-se, ainda, que só há sentido em falar em *tributação justa* se houver imparcialidade no julgamento. As autoridades administrativas devem atentar para a necessária neutralidade em seu julgamento, em que todas alegações, razões de defesa, pontos de discordâncias, devem ser ponderadas de forma equilibrada, afastando-se a influência de interesses privados ou meramente arrecadatórios. Nesse contexto, justifica-se a preocupação da Administração Tributária com o modelo atual dos órgãos de julgamento administrativo. Embora, ao longo dos anos, tenha me convencido de o contencioso administrativo cumprir papel relevante para a eficiência do sistema tributário brasileiro, reconheço que o patrocínio pelos próprios julgadores de causas tributárias perante o Poder Judiciário ou mesmo em outros litígios administrativos investe contra a credibilidade do próprio sistema. É como se diz sobre a mulher de César, que não basta ser honesta, mas deve também parecer honesta. A ausência de remuneração dos representantes dos contribuintes pelos serviços prestados aos Conselhos e a participação de advogados militantes como conselheiros têm sido motivos de constantes questionamentos por parte das autoridades fazendárias e da população em geral.

Vê-se, portanto, que o sistema pode e deve ser aperfeiçoado. A grande questão é: como melhorar algo que opera satisfatoriamente por muitos e muitos anos, sem prejudicar o que se construiu? Frederick Shauer alerta para o perigo de alterações em sistemas que cumprem de forma razoável sua finalidade, sustentando a tese de ser mais producente abandonar a busca de uma solução ideal, quase inacessível, pela adoção da "segunda melhor". Para o Professor de Harvard, ao se tentar introduzir melhoria não-essencial em um processo decisório, corre-se o risco de não ser possível concretizá-la e, ainda, prejudicar o já existente. A experiência tem demonstrado, por exemplo, que a introdução de novos recursos com o objetivo de aperfeiçoar o processo judicial e assegurar a mais ampla defesa possível no caso concreto acaba por transformar o processo em algo mais injusto que a sistemática anterior, em razão da excessiva demora na prolação da decisão final.

Embora todos concordem com a necessidade de aperfeiçoar o processo administrativo tributário, o grande desafio é *como programar essas alterações*. O problema é complexo, e a solução não pode ser simples. Alterações pontuais muitas vezes acabam prejudicando os resultados satisfatórios do modelo atual, sem garantir qualquer progresso. A simples questão da remuneração dos representantes dos contribuintes é um exemplo. É consenso que os representantes dos contribuintes devam ser remunerados por sua participação nos Conselhos de Contribuintes. Afinal, quem trabalha de graça? A dificuldade está em definir qual seria o valor ideal a ser atribuído a essa remuneração. Como o pagamento implicará a atuação profissional exclusiva dos representantes dos contribuintes nos Conselhos de Contribuintes, podem ocorrer duas situações: primeiro, se o valor for baixo, haverá significativa perda de qualidade nessa representação; e se, por outro lado, a remuneração for compatível com a de profissionais experientes no mercado, há necessidade de haver um processo de seleção por concurso público para o preenchimento do cargo de conselheiro, para evitar que as vagas sejam preenchidas por outros critérios que não os estritamente técnicos. A experiência brasileira é plena de relatos de desvios de finalidade no preenchimento de cargos públicos. Alerte-se, ainda, que a promoção de concursos públicos pode não contribuir para a melhoria almejada no Tribunal Administrativo, pois os concursados ingressariam diretamente na segunda instância administrativa e, provavelmente, sem reunir a experiência necessária para enfrentar as complexas matérias que são postas à apreciação dos julgadores. Atualmente, em média, os conselheiros têm mais de 10 anos de experiência na área tributária e são em sua maioria profissionais de destaque em sua área de atividade profissional.

Pelo exposto, procurei evidenciar que uma medida pontual, aparentemente simples, como a criação da remuneração para os conselheiros, se desacompanhada de uma modificação mais abrangente do modelo existente, pode vir a prejudicar a atuação do Tribunal, ao invés de melhorá-la.

Quanto às questões específicas, importante lembrar que o âmbito de atuação do processo administrativo fiscal é o controle da legalidade do ato administrativo, mas é um processo sem jurisdição. A decisão administrativa desfavorável ao contribuinte pode ser revista pelo Poder Judiciário, pois, como prevê o art. 5º, XXXV, do texto constitucional, "a lei não excluirá da apreciação do Poder Judiciário lesão ou ameaça a direito". A unidade de jurisdição foi opção de nossos legisladores desde a primeira Constituição republicana. Noutros países, como a França, os Tribunais Administrativos têm poder jurisdicional e suas decisões sobre a validade do ato administrativo são definitivas. É outro modelo, que decidimos não adotar no Brasil.

O processo administrativo é mencionado no texto constitucional, em seu art. 5º, LV, que o equipara ao processo judicial, concedendo a ambos o direito ao contraditório e à ampla defesa. Além disso, no inciso anterior, LIV, traz a garantia de que "ninguém será privado da liberdade ou de seus bens sem o devido processo legal". Ora, a decisão final administrativa tem claros efeitos patrimoniais; afinal, o devedor é inscrito em Dívida Ativa, no CADIN, não obtém as necessárias certidões para participar de licitações, de financiamentos públicos, e, por fim, é movida ação de execução fiscal para expropriar seus bens, para pagamento da dívida tributária.

Acresce-se, ainda, possível responsabilização na esfera do direito penal quando a decisão administrativa mantém a exigência tributária, pois várias condutas tributárias são tipificadas como crime contra a ordem tributária. O acusado pode vir a ser preso por uma omissão de dever tributário. É bom lembrar que a Suprema Corte tem dito que só há crime tributário, a teor do que prescreve a Lei 8.137/1991, ao final do contencioso administrativo. O elemento normativo do tipo penal da Lei 8.137/1991 – suprimir ou reduzir tributo – só se confirma com a decisão administrativa definitiva. Antes, não há crime. Logo, é ampla a influência da decisão do processo administrativo fiscal na esfera jurídica do contribuinte, seja na proteção ao direito de propriedade, seja ao direito à liberdade. Daí ser consenso a obediência ao devido processo legal no curso do processo administrativo fiscal.

Se, no entanto, a decisão final do processo administrativo for favorável ao contribuinte, opera-se uma espécie de preclusão administrativa, que impede a revisão do ato decisório pela Fazenda. A decisão final no processo administrativo é definitiva por expressa determinação do art. 42 do Decreto 70.235/1972. Nos últimos anos, no entanto, a Procuradoria da Fazenda Nacional, insatisfeita com algumas decisões do Conselho, intentou revisar decisões definitivas dos Conselhos de Contribuintes por meio de recurso hierárquico, conforme previsto no antigo Decreto-lei 200/1967.

O Conselho de Contribuintes, como órgão do Ministério da Fazenda, está submetido ao controle administrativo do chefe do Órgão. A questão refere-se, portanto, à definição do limite de tal controle administrativo. Nesse sentido, a Procuradoria da Fazenda Nacional interpôs recurso hierárquico ao Ministro da Fazenda, que decidiu anular algumas decisões favoráveis ao contribuinte. A discussão foi posta ao conhecimento do Poder Judiciário pela via do mandado de segurança, e o STJ decidiu pela improcedência do ato do Ministro da Fazenda, reforçando a independência dos Conselhos. O poder de revisão pressupõe, segundo o Tribunal, algo descontrolado, em que se constatem vícios na condução do processo e ofensa ao devido processo legal. De fato, se a autoridade administrativa não é competente para realizar o ato ou se comprovada a ocorrência de desvio funcional, o Ministro poderia invalidar o ato. Por outro lado, se a divergência é na interpretação da lei tributária pelos Conselhos de Contribuintes, não há possibilidade de revisão hierárquica. Essa foi decisão muito importante para delimitar o âmbito de competência do Tribunal Administrativo. Segundo o STJ, a Câmara Superior de Recursos Fiscais é o órgão competente para revisar a decisão dos Conselhos que aprecia litígios administrativos relativos aos lançamentos tributários, conforme definido pela lei processual e pelo Regimento Interno dos Conselhos. O Ministro da Fazenda não pode revisar essas decisões administrativas quanto ao mérito. Recentemente essa decisão do STJ foi recebida pelo STF, e estamos aguardando o julgamento.

Discute-se também a possibilidade de a Procuradoria provocar a revisão da decisão administrativa definitiva perante o Poder Judiciário. A Procuradoria editou a Portaria PGFN-820/2005, prevendo o ingresso em juízo para anular decisão administrativa do Conselho de Contribuintes. Segundo soube, a Procuradoria entraria com ação diretamente contra o contribuinte beneficiado com a decisão, pedindo anulação do ato decisório. Essa iniciativa é incoerente se analisarmos a questão do ponto de vista da finalidade de criação dos Conselhos de Contribuintes, eis que a própria Administração criou toda essa estrutura para rever o ato administrativo de lançamento. Se, ao final do processo administrativo, a decisão do órgão de julgamento opta pela invalidade do lançamento, não há sentido em um dos participantes e interessado no processo – a Procuradoria da Fazenda Nacional – retomar a mesma discussão no Poder Judiciário. É como se dois braços de um mesmo corpo iniciassem uma polêmica para ver quem prevalece.

Há precedente do STJ que decidiu contra ato do Ministro da Previdência Social que anulou decisão do Conselho da Previdência Social/CRPS. O STJ reforçou a posição dos Tribunais Administrativos e decidiu, em homenagem à segurança jurídica, pela impossibilidade de a Fazenda Pública ingressar em juízo para rever as decisões definitivas de seu Conselho. Novamente, o Poder Judiciário entendeu definitivas as decisões administrativas quanto ao mérito do litígio, vedando a revisão pela via judicial na hipótese de divergência na interpretação da lei. Atualmente, a Procuradoria revogou a mencionada Portaria, em razão de a matéria estar submetida à apreciação da Suprema Corte, como já mencionamos.

Com relação à interação entre o processo administrativo e O judicial, oportuno comentar que não é possível a discussão simultânea da mesma matéria nas duas esferas, por ofensa ao principio da unidade de jurisdição. Hoje, essa matéria encontra-se sumulada pelo Conselho de Contribuintes, e a opção pela via judicial, desde que tenha o mesmo objeto, implica renúncia da via administrativa. Se o contribuinte for autuado, sua impugnação administrativa não será conhecida pelo órgão de julgamento, e o crédito tributário será inscrito em Dívida Ativa.

O não-conhecimento da impugnação administrativa é, em certa medida, gravoso para o contribuinte, pois a ida prévia a juízo desencadeia uma série de providências do Fisco, que culminam na ação de execução fiscal. Repare-se que surgem duas ações judiciais para discutir a validade da cobrança do mesmo crédito tributário, ou seja: a ação declaratória que o contribuinte interpôs para proteção de seu direito e a ação de execução fiscal interposta pela Procuradoria. Se não houver depósito do montante objeto do litígio ou liminar para impedir a cobrança, o contribuinte pode ter seus bens expropriados antes da decisão final de sua ação. O STJ entende que há conexão entre os embargos à execução fiscal e a ação declaratória ou anulatória interposta pelo contribuinte. Os feitos serão reunidos em juízo por meio do oferecimento de embargos à execução e de garantia do juízo para que se possa embargar a execução. Surge, então, o primeiro inconveniente, pois a ida do contribuinte a juízo depende, ao fim e ao cabo, da apresentação de bens em garantia na execução fiscal.

E não só isso. O débito tributário é encaminhado para inscrição em Dívida Ativa e o contribuinte passa a ser devedor da Fazenda Nacional. Muitas vezes, entre a inscrição e o momento de interposição dos embargos à execução pode transcorrer um período longo. Nesse meio-tempo, o devedor é inscrito no CADIN, não obtém certidões, não consegue se habilitar em licitações. Se o contribuinte depender de contratação com o Governo, há grande probabilidade de não suportar o ônus da demora. Por isso, o STJ tem admitido antecipação dos efeitos jurídicos provenientes do oferecimento de bens à penhora, denominada de *ação de caução*, que determina a emissão das certidões positivas com efeito de negativas pela Fazenda mesmo antes da execução fiscal.

São esses breves comentários que gostaria de fazer sobre as questões relativas à competência, à interação dos processos judicial e administrativo e aos limites à atuação dos Tribunais Administrativos. Agradeço a atenção de todos e me reservo a eventuais perguntas para esclarecimentos complementares. Obrigado! [*Palmas*]

Presidente da Mesa (Prof. Valdir de Oliveira Rocha) – Meus cumprimentos ao Dr. Marcos Vinicius! Com efeito, essa é uma matéria em que ele tem grande domínio, inclusive em função do fato de que é Presidente de Câmara do 1º Conselho de Contribuintes.

Passo, em seguida, a palavra à Profa. Fabiana Del Padre Tomé, que vai discorrer sobre "Arrolamento Prévio de Bens pela Fazenda Nacional – Limites".

ARROLAMENTO PRÉVIO DE BENS PELA FAZENDA NACIONAL – LIMITES

Profa. Fabiana Del Padre Tomé – Dr. Valdir de Oliveira Rocha, Dr. Marcos Vinicius Neder, Dra. Maria Rita Ferragut, eminentes Professores, congressistas, é sempre uma satisfação participar deste Congresso Brasileiro de Direito Tributário, em que reunimos tantas pessoas com diferentes visões, representantes da Fazenda, representantes dos contribuintes, juízes, estudantes, todos voltados a essa idéia de aprofundarmos e discutirmos sobre temas que provocam algum tipo de polêmica.

E o arrolamento de bens é um desses temas. Apesar de sua previsão legal estar completando 10 anos em dezembro, a Lei 9.532/1997 ainda traz muitas dificuldades, dúvidas e questionamentos. Como vou comentar daqui a pouco, o arrolamento e o depósito prévio recursal trouxeram grandes discussões e decisões nos mais variados sentidos. O STF tem, recentemente, efetuado modificações em seu posicionamento a respeito do assunto – o que, a meu ver, também possibilita que tragamos novamente à tona a questão a Lei 9.532/1997. Essa lei veicula uma outra figura de arrolamento, que não se confunde com aquela exigida como pressuposto recursal, mas que também tem certos efeitos danosos ao contribuinte.

A Lei 9.537 prevê o arrolamento prévio de bens pela Fazenda Nacional, a ele se referindo nos arts. 64, 64-A e 65. Assim, no corpo de um diploma legal que altera a legislação federal em várias nuanças, foram inseridos esses dispositivos, que, inclusive, ocasionaram alterações também em relação à medida cautelar fiscal.

Nessa lei temos uma previsão – no meu entender – imperativa, no sentido de que a autoridade fiscal competente "procederá" (parece não ser uma faculdade) ao arrolamento de bens e direitos de sujeitos passivos sempre que o valor dos créditos tributários de sua responsabilidade for superior a 30% do seu patrimônio conhecido. E essa disposição aplica-se à soma de créditos em valor superior a 500 mil Reais. Isso significa que a medida denominada "arrolamento de bens" será efetuada independentemente de outras características que eventualmente levem a crer existir uma atitude fraudulenta ou ilícita por parte do sujeito passivo: basta a simples circunstância de a soma dos débitos do contribuinte corresponder a 500 mil Reais e que esse valor, ou o valor total dos créditos, ultrapasse 30% do seu patrimônio.

E o que causa outras indagações, dúvidas e discussões a respeito é que a legislação não alude apenas a débitos do contribuinte, sujeito passivo da obrigação tributária, mas se refere ao valor de créditos tributários "de sua responsabilidade", que envolve, aqui, um tema que será comentado pela Profa. Maria Rita Ferragut em outra nuança, em outra perspectiva, que é a *responsabilidade*. Essa redação legislativa leva ao entendimento de que um responsável tributário, nos termos previstos no art. 135 do CTN, por exemplo, possa ser alvo desse arrolamento fiscal de bens em virtude de um débito da pessoa jurídica. É claro que esse tema é extremamente controverso, e nós sabemos que existe uma série de requisitos para que essa responsabilidade possa ser atribuída aos sócios, gerentes ou administradores. Mas sabemos também que esses requisitos não vêm sendo respeitados à risca, o que pode levar a um arrolamento prematuro, indevido, sem o preenchimento daqueles próprios requisitos da responsabilidade tributária.

Outro problema diz respeito à forma mediante a qual se opera esse arrolamento. Por que tantas críticas? Porque nós temos uma previsão legal e uma argumentação da Fazenda de quais são os objetivos desse arrolamento, mas as conseqüências práticas não correspondem a tais aspectos, e acabam destoando. É que, em tese, trata-se simplesmente de uma medida administrativa acautelatória dos interesses da Fazenda caso, futuramente, venha a ocorrer uma execução fiscal. Vale lembrar que para que haja arrolamento não é necessário que exista um crédito já decidido definitivamente na esfera administrativa; pode perfeitamente estar numa fase de processo administrativo, com a exigibilidade suspensa, ou seja, não definitivamente julgado, e, posteriormente, vir a ser considerado indevido. Mas, se o crédito for devido e houver execução fiscal, a Fazendo já terá conhecimento dos bens que o contribuinte possui, suficientes para cobrir aquele crédito tributário, e assim ela se acautela. Nessa linha de raciocínio, o arrolamento de bens seria um mero levantamento, um simples inventário desses bens, que nenhum prejuízo, nenhum dano, acarretaria ao contribuinte. A modalidade de arrolamento que ora estamos examinando não se confunde com aquele arrolamento previsto no Decreto 70.235/1972; ou seja, não se trata de um requisito ou pressuposto para apresentação do recurso administrativo perante o Conselho de Contribuintes, o qual, inclusive, já foi julgado inconstitucional pelo STF.

O arrolamento fiscal de que falamos seria, então, muito mais brando que aqueloutro, pelo fato de que seria um mero um levantamento de quais são os bens do contribuinte suscetíveis de garantir uma execução fiscal, tendo como requisitos aqueles previstos na legislação e que, em tese, não tornaria esses bens inalienáveis. Quer dizer, os bens do contribuinte, objeto do arrolamento fiscal, continuariam sendo suscetíveis de alienação, não ocasionando, portanto, transtorno algum à atividade do contribuinte, que continuaria proprietário daqueles bens, exercendo totalmente, de forma livre, de forma ampla, seu direito à propriedade. Esse contribuinte teria apenas um dever instrumental, que seria o de informar ao fiscal, informar ao órgão competente da Fazendo, quando onerar, transmitir, alienar, por qualquer forma, aqueles bens.

Haveria, aí, uma situação ideal, uma situação muito bonita, que preservaria os interesses do contribuinte e os interesses da Fazenda. Porém, essa mesma legislação, embora não torne inalienáveis os bens do contribuinte, determina o registro nos órgãos competentes, e ainda preceitua que esse arrolamento deve recair sobre bens móveis e imóveis, assim como sobre direitos que sejam objeto de registro público; e, se não houver bens dessa modalidade em quantia suficiente, subsidiariamente pode a Fazenda ir em busca de arrolar outros bens que não sejam objeto de registro.

Isso, de um lado, acaba ocasionando um efeito muito semelhante ao da indisponibilidade dos bens, pois nenhum comprador vai querer, em sã consciência, um bem que seja objeto daquele arrolamento fiscal. E é assim na prática: se você vai vender um veículo, um automóvel, que integre arrolamento com registro no DETRAN, você não vai conseguir fazer aquilo, pois não encontrará comprador interessado. Mesmo com um termo emitido pela Fazenda Pública, mencionando que o bem é apenas objeto de um arrolamento e, de certa forma, autorizando sua alienação, ainda assim cria-se uma situação de constrangimento para o contribuinte. Ainda que não torne indisponível, o arrolamento dificulta muito sua alienação. E nós sabemos que vivemos numa sociedade em que a economia é concorrencial. É claro que podemos falar de pessoas físicas procedendo à venda de um veículo, mas nós podemos falar também de pessoas jurídicas que pretendem fazê-lo, e que têm, aí, um ambiente de concorrência bem acirrado, que precisam de agilidade nessa movimentação, nessa transmissão de bens, e que muitas vezes, por conta desse obstáculo, acabam tendo esse seu direito violado.

O art. 64, § 5º, dessa legislação prevê o registro do arrolamento nos órgãos competentes, nas entidades, Cartórios. E, mais que isso, temos decisões do STJ, inclusive uma recente, proferida em outubro do ano passado, que foi pioneira no sentido de dizer que isso não é uma indisponibilidade. Tanto não seria indisponibilidade, no entender daquele Tribunal, que, caso o Cartório não queira registrar a transferência decorrente de uma alienação, cabe ao contribuinte entrar como ação contra o Cartório, para que obtenha essa transferência do bem que ele alienou. Quer dizer, são duas dificuldades: uma, obter alguém disposto a adquirir um imóvel que esteja ali arrolado; outra, fazer com que o Cartório registre a transferência daquele bem imóvel arrolado. Sempre há necessidade de manifestação da Fazenda autorizando que seja feita essa transferência, permitindo que se proceda à alienação. Isso cria um constrangimento para o titular dos bens arrolados, porque, além dessa dificuldade na alienação dos bens, há ainda uma publicidade indevida de sua situação patrimonial. Porque uma coisa é o Fisco tomar conhecimento de qual é a propriedade do contribuinte, para já estar preparado para uma eventual execução fiscal; outra coisa é esse arrolamento, essa indicação dos bens, ser efetuado de forma pública. Dois constrangimentos nós teríamos aí, pela circunstância de que, além de estar registrado que aquele bem está arrolado – e, portanto, todos terem conhecimento daquilo –, quem tiver acesso a esse registro também terá conhecimento de que aquele contribuinte deve um valor superior a 500 mil Reais e que esse valor do débito tributário do contribuinte supera 30% do seu patrimônio. Com isso, leva à inevitável conclusão de que a situação financeira daquele contribuinte não vai às mil maravilhas, de que existe ali uma certa problemática, podendo causar entraves ao desempenho de suas atividades econômicas. O adquirente de mercadorias, por exemplo, precisa ter a segurança de que seu fornecedor irá entregar, na data aprazada, aquilo que se está comprando. Se não houver essa confiabilidade, em virtude de dúvidas sobre a situação financeira do vendedor, isso irá dificultar ainda mais seu negócio, sua atividade. Vejam que os efeitos do arrolamento atingem toda a cadeia negocial; suas conseqüências não vão atingir apenas os bens que são objeto de arrolamento e que se pretende comercializar, mas vão dizer respeito à própria atividade negocial, à própria situação financeira da empresa como um todo.

Isso viola, nitidamente, o art. 198 do CTN, porque nesse dispositivo o Código Tributário Nacional, com o *status* de lei complementar que tem, prescreve a vedação da divulgação de informações que a Fazenda Pública tenha obtido em razão do seu ofício. E isso se dá exatamente porque o tributo recai sobre o patrimônio do contribuinte, a Fazenda Pública tem acesso a esses dados, sabendo qual seu patrimônio, a situação financeira, os débitos do contribuinte; o qual, por sua vez, tem o dever legal de informar à Fazenda.

Então, esse conhecimento de dados tem por origem um ato unilateral, um poder de império que decorre da tributação como um todo. Em virtude disso é que essas informações não podem ser divulgadas, não podem ser disseminadas, exatamente porque, se a pessoa jurídica já está numa situação financeira não muito boa, com a divulgação disso, aí, sim, ficaria mais difícil fechar os contratos, realizar novas operações, e a situação financeira vai ficando ainda pior.

Exceção são os casos previstos no próprio parágrafo único do art. 199, em que (i) ou se tem uma determinação da autoridade judiciária – e aí o Poder Judiciário vai verificar quais são as circunstâncias necessárias que preenchem os requisitos, com fins também acautelatórios, de quaisquer sujeitos que demandem o conhecimento daquele patrimônio; (ii) ou, ainda, a comunicação, entre os próprios órgãos da Fazenda, e, mesmo assim, dependendo de lei ou de convênio com essa finalidade específica – quer dizer, a própria transmissão de informações entre as Fazendas Federal, Estadual e Municipal depende de uma previsão específica em lei ou em convênio.

Isso decorre do direito ao sigilo que todos os cidadãos, inclusive os contribuintes, que também são cidadãos, têm, previsto no texto constitucional. O art. 5º, no inciso X, prevê essa inviolabilidade da vida privada, assim como o inciso XII prescreve o sigilo dos dados, além de outros, como comunicações telefônicas etc. – ou seja, dos dados em geral. Quer dizer, ninguém está obrigado a divulgar seus dados, ninguém está obrigado a divulgar sua situação financeira. Pelo contrário, o contribuinte tem direito ao sigilo, para resguardar sua situação patrimonial, resguardar se ele está numa boa situação financeira ou não, se ele tem débitos tributários ou não, e divulgar quando ele assim entender.

A previsão do registro do arrolamento de bens é que causa todo o transtorno, que causa toda a problemática do arrolamento. Então, um arrolamento em si, como medida administrativa de levantamento, de inventário de bens, realmente não vejo um problema nessa determinação. Mas, ao se determinar que o arrolamento seja registrado, isso se torna público e causa transtornos, como a própria indisponibilidade dos bens, porque tudo vai depender da autorização fazendária. E tal prescrição conflita com o texto constitucional, que assegura os direitos fundamentais. A Carta Maior, além do direito ao sigilo, prevê que ninguém será privado de seus bens sem o devido processo legal, assegura o direito à propriedade, assegura o livre exercício da profissão. Mas tudo isso, com esse registro, essa publicidade, acaba sendo obstaculizado, acaba sendo violado.

E, mais que isso, nós temos a previsão direta no art. 198 do CTN de que haverá o sigilo daquelas informações fornecidas ao Fisco. Então, aquele registro acaba sendo violador desse sigilo. E o Código Tributário Nacional, tendo o *status*, a força, de lei complementar, funciona como mecanismo de ajuste do sistema. Ele tem aquela função de norma geral do Direito Tributário, ou seja, é uma norma nacional, que se dirige a todas as pessoas políticas, inclusive à própria União. A União, mediante leis federais, regula suas relações com o contribuinte, regula aquela relação jurídica que vai se instalar entre ambos; mas a lei complementar tem caráter nacional, para dar harmonia ao sistema, prevalecendo, portanto, em relação àquela legislação federal. Assim, o Código Tributário Nacional, por harmonia do sistema, estabelece que os dados de que o Fisco tenha conhecimento em razão do seu ofício não podem ser divulgados. Então, nós temos, aí, a ilegalidade e a inconstitucionalidade do registro do arrolamento perante os Cartórios.

Não bastasse isso, a própria legislação que criou a figura do arrolamento também acabou implementando alterações na medida cautelar fiscal, prevendo duas novas possibilidades. Cabe medida cautelar fiscal, que torna diretamente e expressamente indisponíveis os bens, quando simplesmente o contribuinte tenha débitos que ultrapassem 30% do patrimônio, ou os aliene sem comunicar a Fazenda. Ora, com a própria previsão de "alienar sem comunicar à Fazenda", a lei cria uma presunção de fraude. Se o contribuinte, então, exercer livremente sua atividade profissional, sem tomar aquelas medidas, presume-se fraudulento seu ato. Eis uma nova criação de presunção de fraude, além daquela prevista no art. 185 do CTN. Só que o art. 185 do CTN presume fraudulenta a alienação ou oneração de bens ou rendas quando houver crédito tributário regularmente inscrito na Dívida Ativa. Quer dizer, aquele crédito tributário que já foi reconhecido em última instância pela Fazenda Pública, depois de passado todo o processo administrativo, que já foi reconhecido realmente como devido, que não está mais com sua exigibilidade suspensa, que não está mais sujeito àquele controle de legalidade, que já passou por todas essas etapas. Mas, com a nova previsão, cria-se uma presunção de fraude sem esses requisitos específicos, sem que o crédito tributário tenha sido definitivamente constituído. E também, se nós compararmos com o Código de Processo Civil, em todas as medidas acautelatórias, inclusive de arrolamento cautelar, que todos os cidadãos têm à sua disposição, exige-se um fundado receio de extravio dos bens. Aqui, não. Para a Fazenda Pública, presume-se fraudulenta a alienação simplesmente pelo fato de o contribuinte ter débitos, pelo fato de ele possuir esses débitos, ainda que não definitivamente constituídos.

Isso acaba criando uma ilogicidade, acaba criando um conflito com a própria figura do surgimento do crédito tributário. Ora, o crédito surge com a norma individual e concreta, seja emitida pelo contribuinte, nos tributos sujeitos a lançamento por homologação, seja mediante lançamento de ofício. Mas, com a impugnação administrativa e com o recurso administrativo, suspende-se sua exigibilidade, nos termos do art. 151 do CTN, porque há previsão de um controle de legalidade pela própria Administração, que já foi reconhecido pelo STF e assegurado como um direito fundamental.

No entanto – já encerrando a exposição, até para não extrapolarmos o tempo previsto –, em relação ao arrolamento fiscal de bens realmente não temos posicionamento jurisprudencial favorável. Pelo contrário, o STJ vem se manifestando no sentido de que esse arrolamento não causa indisponibilidade dos bens, sendo, portanto, perfeitamente legal e constitucional, e cabendo ao contribuinte ingressar com uma ação contra o Cartório, caso não queira efetuar a transferência dos bens que estejam ali registrados na forma de arrolamento.

Mas vale lembrar que o STF, também em ocasiões anteriores, considerou que o depósito prévio recursal e o arrolamento prévio recursal eram constitucionais, que não violavam o direito ao acesso ao Judiciário, nem a dupla jurisdição. Posteriormente, porém, por ocasião da ADI 1.976, essa Corte decidiu em sentido contrário: acabou entendendo que ele atentava, sim, contra o direito ao duplo grau de jurisdição.

E eu chamo a atenção para isso. Trata-se de uma questão distinta, obviamente.

Segundo o atual posicionamento da jurisprudência brasileira, o arrolamento fiscal de bens não é considerado como algo que torne indisponíveis os bens, de modo que ele não causaria ônus algum, não privaria o contribuinte de seus bens, que continuariam na sua titularidade, podendo o contribuinte, inclusive, aliená-los quando bem entendesse. Mas o STF, na ação direta de inconstitucionalidade que mencionei, equiparou o depósito – que é em dinheiro, que é uma concessão patrimonial – a esse arrolamento fiscal, entendendo que ali também haveria uma prestação, porém em bens ou direitos, levando, portanto, à conclusão de não apenas o depósito que era indevido, mas também a exigência de arrolamento como medida preparatória do recurso.

Transportando isso para o arrolamento fiscal acautelatório, não seria outra a conclusão senão a de que esse arrolamento, assim como aquele outro, também causa transtornos e indisponibilidade de bens dos contribuintes, além de a sua publicidade violar o direito ao sigilo, em virtude daquele registro que é efetuado perante o Cartório e que é público e do conhecimento de todos.

Em virtude disso, permanecem a expectativa e a esperança de que, com esse novo posicionamento do STF, nós o possamos utilizar como argumento, porque o assunto é diferente, mas a linha de raciocínio a ser empregada é a mesma. Também na figura do arrolamento fiscal se acaba criando uma medida indevidamente constritiva do patrimônio, independentemente de ter sido o crédito tributário definitivamente constituído, independentemente de estar inscrito em Dívida Ativa, independentemente de estar com sua exigibilidade suspensa e independentemente de haver fundado receio de dano ao Erário, fundado receio de dilapidação patrimonial pelo contribuinte.

Estas eram algumas considerações que eu gostaria, , rapidamente, de fazer aos Srs., e aguardo os questionamentos, para que possamos continuar a discussão desse tema. Muito obrigada a todos! [*Palmas*]

PRESIDENTE DA MESA (PROF. VALDIR DE OLIVEIRA ROCHA) – Cumprimento a Profa. Fabiana, pela clareza e tranqüilidade de sua exposição. Tenho a honra de convidar o eminente Min. Luiz Fux a compor, conosco, esta Mesa. [*Palmas*]

Em seguida teremos a palestra da Profa. Maria Rita Ferragut, que vai falar sobre "Responsabilidade Tributária dos Sócios e Administradores na Sucessão Empresarial – Configuração de Ato Ilícito".

RESPONSABILIDADE TRIBUTÁRIA DOS SÓCIOS E ADMINISTRADORES NA SUCESSÃO EMPRESARIAL – CONFIGURAÇÃO DE ATO ILÍCITO

PROFA. MARIA RITA FERRAGUT – Caros professores e amigos, Dr. Valdir de Oliveira Rocha, Dr. Marcos Vinicius Neder, Dra. Fabiana Tomé, Ilmo. Min. Luiz Fux, prezados congressistas, é um prazer muito grande estar com vocês, aqui, nesta manhã, para tratar do tema de "Responsabilidade Tributária dos Sócios e Administradores na Sucessão Empresarial – Configuração de Ato Ilícito".

Muito se tem falado e estudado atualmente sobre responsabilidade pessoal. Seja em função da necessidade de defesa dos advogados, uma vez que seus clientes passaram a ser constantemente demandados em processos executivos, seja, em contrapartida, em função do Fisco, que detectou relevante eficácia na arrecadação, se a pessoa física for incluída no executivo fiscal. Então, essas necessidades fizeram com que as pessoas passassem a prestar um pouco mais de atenção no que diz respeito a esse tema, que vem ganhando importância, cada vez mais relevante, seja na tipificação do ilícito propriamente dito, seja na questão da sucessão empresarial, porque há diversos planejamentos societários, têm-se ilícitos identificados como culpa, ilícitos identificados como crime, sócios responsáveis por atos de gestão, sócios não-responsáveis por atos de gestão, administradores voltados à gestão, não-voltados à gestão, e responsabilidade patrimonial e pessoal dessas pessoas.

O que eu pretendo trazer para vocês é o limite da responsabilidade pessoal e patrimonial do administrador, porque, na minha visão, o Direito Positivo prevê a responsabilidade, e, se corretamente aplicada, é constitucional. O Fisco, em meu entendimento, pode demandar contra a pessoa física, administradora, responsável pelo ato de gestão tipificado como ilícito. O problema reside na forma de identificação do ilícito e no limite da responsabilidade pessoal. Este é o meu objetivo nesta manhã, com vocês.

Primeiramente, quando tratamos de responsabilidade nas hipóteses de sucessão empresarial, eu identifico três como sendo as principais formas. A primeira delas, fusão. Como vocês sabem, a *fusão* é considerada pelo Direito Comercial como um negócio jurídico no qual se cria uma empresa nova, para substituir duas ou mais existentes. As empresas até então existentes deixam de existir. Tem-se a sucessão universal de direitos e obrigações. Temos também a *incorporação*, em que uma ou mais pessoas jurídicas são absorvidas por outra, que também lhes sucede em direitos e obrigações. Essas duas situações – fusão e incorporação – estão previstas no art. 132 do CTN, que prescreve que os créditos constituídos e em curso de constituição até o evento fusão ou incorporação bem como os constituídos posteriormente, desde que relativos a fatos geradores praticados pela pessoa jurídica extinta, são objeto de sucessão.

Uma discussão importante que se coloca é o objeto da sucessão: o valor principal, a multa e os juros? Sem dúvida alguma, o tributo e os juros são passíveis de sucessão nos casos de incorporação e de fusão. Mas e as multas? Em minha visão, também. Tanto as multas moratórias quanto as multas sancionatórias. Eu excepciono tão-somente as multas tipificadas como crime contra a lei tributária, porque nessas situações se tem responsabilidade pessoal do agente pelo ato doloso, tipificado como crime. Nas demais situações, sim, a multa é objeto de transferência. O STJ tem entendimento no sentido de que tanto a multa moratória quanto a sancionatória podem ser transferidas ao sucessor, desde que constituídas até a data do evento sucessório. Portanto, a posição jurisprudencial, hoje, é no sentido de que, se o crédito estiver formalizado, será objeto de sucessão.

A *cisão* é a terceira forma de planejamento societário. É muito utilizada no Brasil, e não encontra fundamento de validade expresso no art. 132 do CTN, contrariamente às duas hipóteses pretéritas. A cisão, para mim, tem fundamento de validade no art. 128 do CTN, que permite que a legislação ordinária crie outras formas de responsabilidade tributária; na Lei Sociedade por Ações e no Decreto-lei 1.598/1977. Portanto, o direito positivo autoriza a sucessão tributária na cisão.

Mas nosso tema, aqui, não é a sucessão tributária advinda de atos empresariais lícitos. Nosso tema é outro: sucessão na responsabilidade por ilícito, com responsabilidade pessoal do administrador. O administrador da sucessora responde pelo passivo fiscal? Não. Por que não? Porque a responsabilidade pessoal é entendida como sendo a responsabilidade que um terceiro deve, perante um fato jurídico tributário praticado pela pessoa jurídica; mas esse fato jurídico não foi praticado por ele, e sim pela pessoa que ele administra. O passivo fiscal só é objeto de sucessão se houver ilícito.

Os atos de cisão, incorporação e fusão não são ilícitos. Tem-se sucessão tributária, mas decorrente de negócio lícito, tipificado na legislação já referida. Então, não há responsabilidade pessoal, patrimônio pessoal envolvido nessas situações. Quando existe patrimônio pessoal envolvido, quando se identificar ilícito, aí, sim, o Direito Positivo tutela o interesse público, para que ele redirecione á execução do débito para a pessoa física. Ilícitos, Srs. Eles supõem sempre uma livre e consciente eleição entre, pelo menos, duas condutas possíveis. É antecedente de uma norma jurídica sancionatória, é a prática de um ato ilícito voluntário, contrário ao comportamento exigido pela norma.

O Código Tributário Nacional contempla dois artigos que prevêem a responsabilidade pessoal decorrente de atos ilícitos do administrador, os arts. 135 e 137. O art. 135 é velho conhecido de todos nós, tanto pela doutrina quanto pela jurisprudência. É, indiscutivelmente, o artigo mais aplicado, em contraposição ao art. 137, relativamente "renegado". As pessoas pouco estudam e, sobretudo, pouco aplicam o art. 137. Mas para mim eles se completam, têm aplicação diversa e tutelam o interesse público.

O art. 135 prevê a responsabilidade pessoal pelos créditos correspondentes a obrigações tributárias resultantes de atos praticados com excesso de poderes, infração de lei, contrato social ou estatuto. Quais as conclusões que podem ser construídas a partir desse enunciado? A primeira delas, e para mim extremamente relevante, é de que o *caput* do art. 135 faz referência à responsabilidade por obrigações tributárias quando a obrigação *decorrer* do ato ilícito. Isto significa que o ilícito necessita ser prévio à obrigação tributária.

Que conclusão é possível construir, a partir disso? Que a dissolução regular encontra fundamentos de validade no art. 135, como normalmente se defende? Não. E por quê? Porque a dissolução irregular é necessariamente posterior à prática do fato jurídico, à configuração da obrigação tributária. Posso ter um ato de gestão regular; foi praticado um fato jurídico tributário; nasceu a obrigação tributária, mas durante um processo de execução a empresa desaparece, e o oficial de justiça certifica a dissolução irregular. Esse ilícito não é vinculado à prática do fato jurídico, anterior a ele, como autoriza o art. 135, e, sim, posterior. Portanto, na minha visão, a dissolução irregular tem fundamento de validade exclusivamente no art. 137 do CTN, e não no art. 135. Recentemente tive a oportunidade de verificar um acórdão do STJ em que a responsabilidade pessoal do administrador foi afastada porque se entendeu que o ilícito havia ocorrido após a configuração de obrigação tributária, e o art. 135 só autorizaria se fosse anterior. Foi a primeira decisão que, confesso, tive a oportunidade de analisar nesse sentido.

Outra questão relevante na aplicação da responsabilidade do art. 135 é o dolo, a imprescindibilidade do dolo. A culpa é insuficiente para que o administrador responda patrimonialmente por aquela dívida. Por que o dolo é relevante? Porque é necessário que se demonstre uma intenção de fraudar, de gerir indevidamente a sociedade, de prejudicar terceiros, sejam concorrentes, seja o Fisco, seja a sociedade como um todo. Mas existe essa intenção de aproveitamento pessoal e prejuízo de terceiros. Insisto: a culpa é insuficiente. O dolo, uma vez constatado, provoca, sim, a responsabilidade, e o dolo pode ser tanto o tipificado como crime contra a ordem tributária quanto um ilícito administrativo. Pelo art. 137, é só crime. Pelo art. 135, crime e ilícito administrativo, mas sempre dolo. E por que a culpa é afastada? Primeiro, em função da separação das personalidades jurídicas e físicas. No Direito Positivo existe essa separação. Então, se uma pessoa jurídica deve tributos, é ela que deverá responder patrimonialmente por aquele passivo, e não o administrador.

Então, desde que não haja uma intenção de fraudar, quem responde exclusivamente é a pessoa jurídica, não importa se ela está passando por uma situação financeira ruim. Quem deve é ela, a contribuinte. É necessário que se resguarde essa separação das personalidades jurídica e física.

Há a necessidade, também, de se gerir sociedades economicamente saudáveis e deficitárias. Como um executivo contratado para administrar uma sociedade de situação financeira mais delicada aceitaria essa função se soubesse que é necessário responder com seu patrimônio pessoal por qualquer passivo? Uma vez tive a oportunidade de conversar com nosso Presidente do Congresso, Prof. Paulo Ayres Barreto, e ele comentou comigo que um cliente dele havia ido ao escritório para fazer uma consulta. Ele iria assumir a administração de uma empresa, e sua preocupação era: "Como faço para proteger meu patrimônio antes de administrar uma sociedade?". Administração lícita, considere-se.

Portanto, não basta ser administrador, há de ser uma administração fraudulenta. Essa diferença é fundamental. E é essa a diferença prevista no Direito Positivo.

E, por fim, temos o direito constitucional à propriedade e a proibição de confisco.

Diante disso tudo, temos que atos de planejamento societário são insuficientes para gerar a responsabilidade pessoal do administrador. É preciso que se identifique o ilícito. E quais são os ilícitos previstos no ordenamento jurídico positivo brasileiro? O primeiro deles está previsto no art. 135 do CTN. Primeiro tem-se o elemento pessoal, que é o sujeito responsável pela prática do ilícito. Não só o executor material, mas o mandante da infração e o partícipe. Então, todo aquele que contribuir para o ilícito pode ser responsabilizado. E temos também o elemento fático, composto pelas condutas reveladoras do ato ilícito. Excesso de poderes, infração de lei, contrato social ou estatuto.

Infração de lei. É a lei vinculada ao exercício da Administração. Não qualquer lei, mas a lei que diga respeito à gerência da própria sociedade. Exemplos de infrações de lei que podem ser tipificadas como ilícito doloso, para esses fins, são: importação de mercadoria com classificação fiscal errada e mais vantajosa para o contribuinte e venda de mercadorias antes da confecção do talonário de notas fiscais requerido por lei.

Excesso de poderes. Ocorre quando o administrador pratica um ato em nome da sociedade, mas extrapolando os limites previstos em contrato ou no estatuto social. É um ato além do autorizado. O sócio exclusivamente comercial que decide prestar serviço. O diretor de RH que fecha negócios. E esses atos acabem por provocar conseqüências fiscais típicas.

O art. 1.015 do CC confere diretriz segura no sentido de que o excesso de poderes é diferente da impossibilidade de o administrador praticar todo e qualquer ato não expressamente previsto no contrato social ou no estatuto. Quando o ilícito for praticado, é porque é alheio à finalidade da sociedade, não simplesmente por não constar do contrato social. Seria por demais irrazoável pensarmos que os contratos sociais devem descrever todos os atos passíveis de serem executados. Assim, tudo que for praticado para fins de concretização do objeto pode ser feito tranqüilamente, não gerando tipificação de excesso de poderes.

E, por fim, a *infração do contrato social ou estatuto*. Diferentemente da hipótese anterior, temos aqui uma disciplina específica de como um ato deve ser praticado, mas o gestor o faz de forma diversa. Por exemplo: a venda de um ativo fixo deve ser promovida mediante assinatura e concordância de três sócios. Mas um dos sócios decide, por si só, vender, e não paga o imposto de renda sobre o ganho de capital, conseguindo obter, em função disso, um reforço de caixa, que é distribuído ou emprestado para ele, pessoa física. Então, teríamos um benefício daquele administrador, decorrente de um ato pretérito ilícito, considerando o disposto no próprio contrato social.

Até aqui eu pretendi expor quais são os atos passíveis de gerar a responsabilidade pessoal. Nada tão complexo. A dificuldade reside, em contrapartida, na configuração do ilícito. Como provo a ocorrência desse ato? O que é necessário? Linguagem probatória. Uma das principais contribuições do Prof. Paulo de Barros Carvalho, em minha visão, é a divulgação da necessidade da correta construção lingüística.

E, efetivamente, se avaliarmos os eventos, eles ocorrem normalmente, a cada instante, mas os eventos se esgotam no tempo. Como posso fazer com que o Direito conheça os eventos que se esgotaram? Somente por meio da linguagem probatória. E existe verdade no Direito? Sim, mediante manifestação da prova convincente, que só poderá ser lingüística. Se o Fisco produziu a prova do ilícito e o contribuinte, pessoa física, não se defendeu, ou não o fez adequadamente, para o Direito aquele enunciado é válido, obedeceu a todos os princípios constitucionais, foi conferida ao sujeito ampla defesa, contraditório. Ou seja, basta. O fato é verdadeiro. Por isso, a prova é fundamental.

Felizmente nos dias atuais é muito pequeno o número de autos de infração em que a descrição do fato seja motivada de forma muito simplista. São raros esses casos. Normalmente os auditores, quando lavram um auto, descrevem adequadamente o ilícito praticado pelo contribuinte.

Mas o que se deve ter sempre? A descrição minuciosa do que ocorreu. Para quê? Para que se consiga, efetivamente, individualizar qual foi o ilícito praticado, e quem foi o responsável pela decisão da prática do ilícito, para que o julgador, administrativo ou judicial, ao analisar a defesa, tenha condições materiais de formar uma convicção. O auditor vai até a empresa, depara-se com uma infinidade de elementos que formam sua convicção pessoal, de que houve a prática do ilícito, a responsabilidade pessoal. Mas, se ele não descreve adequadamente o fato, por entender ser óbvio, transparente, o julgador, ao decidir o recurso da parte, não terá elementos suficientes para, muitas vezes, manter a autuação. Faltar-lhe-ão indícios e provas diretas. Então, o interesse público será, sem dúvida alguma, lesado. Concluo: a responsabilidade do administrador não é inconstitucional, confiscatória, violadora do direito de propriedade. Não. É possível, desde que haja prova do pressuposto fático. E prova só se constrói com linguagem.

A autoria também precisa ser identificada, já que a conseqüência da responsabilidade de terceiros é atingir o patrimônio pessoal do sujeito por fato jurídico praticado pela pessoa jurídica que administra. E, se a pessoa poderá responder pessoalmente, é fundamental que se identifique a autoria do ato de decisão, pois só quem decidiu, e por vezes executou, poderá ser responsabilizado. Mas, e se não for possível saber quem decidiu pela prática daquele ilícito? Concordo que muitas vezes isso não é fácil, mas também entendo que muitas vezes é possível. O procedimento da Receita Federal do Brasil para fiscalização, por exemplo, de omissão de receitas e rendimentos baseada nos dados da CPMF. Qual é o procedimento que a Receita do Brasil adotou? A identificar a declaração da pessoa física *versus* o que se pagou de CPMF, a Receita Federal do Brasil lavrou imediatamente um auto de infração? Não. O que a Receita Federal fez? Intimou o contribuinte: "Sr. Contribuinte, V. Sa., por gentileza, poderia explicar onde está a diferença entre o que você declarou e aquilo que foi movimentado em sua conta?".

Se apresentada uma declaração ou justificação convincente, não era lavrado auto de infração algum. Se não fosse, considerava-se ilícito, presumia-se a omissão de receitas. Aqui é a mesma coisa: eu tenho um administrador, um auditor fiscal na empresa, e ele acredita que há responsabilidade pessoal de determinado administrador. Intime esse administrador, da seguinte forma: "O Sr. foi responsável por aquela prática? Se o Sr. não foi, quem foi o responsável?".

É necessária uma auditoria investigatória anterior, antes de se lavrar o auto de infração. Você intimando e propiciando que aquela pessoa responda. Se ela não o fizer, e essas tentativas forem devidamente apresentadas, aí, sim, é lícito incluir o nome da pessoa responsável por aquele departamento fiscal. Não o diretor de RH, mas o *controller*, porque este teria, pelo menos, um dever de ofício de saber o que está acontecendo. É insuficiente, nessa medida, o nome da pessoa no contrato social, o responsável pelo CNPJ.

E quais são essas provas admitidas em Direito tanto para uma identificação do fato quanto da autoria? São as provas diretas e indiretas. As diretas são defendidas por todos nós, são aceitas por todos. O problema reside nas provas indiretas, nas presunções. Na minha visão, as presunções também são válidas para demonstração da responsabilidade pessoal do administrador. Por quê? Porque presunção não revela insegurança jurídica. Presunção é meramente um meio indireto de prova, meio indireto de demonstração de ocorrência do fato jurídico tributário, ocorrência da responsabilidade.

A presunção pode ser aplicada de forma indiscriminada? Não. São necessários três requisitos. Primeiro, a comprovação do fato presuntivo, razão pela qual não há inversão do ônus da prova. O Fisco não pode meramente alegar o indício de responsabilidade pessoal, e não provar. Faz-se necessário descrever quais os elementos que fizeram com que a convicção fosse formada. Essa prova é dele, Fisco. Outro requisito é a inexistência de provas em sentido contrário. Esse ônus é do contribuinte, é ele que tem que provar o contrário. E, por fim, gravidade, precisão e concordância dos indícios. São três elementos que considero fundamentais.

Gravidade é intensidade da probabilidade. Não basta um indício fraco, que não possa levar a conclusão alguma, a provocar convencimentos. Essa prova tem que ser relevante, tem que provocar convencimento.

Precisão. São precisos os indícios exatos, definidos. Não posso deduzir diversas conclusões lícitas e não-lícitas a partir de um mesmo fato.

E, finalmente, a *concordância*. Todos os indícios devem convergir para o mesmo resultado. Então, se a Administração, respaldando-se em presunção, chegar à conclusão de que houve responsabilidade pessoal do administrador, para mim ela é válida. Não são necessárias apenas provas diretas, são possíveis também as provas indiretas. É o meio de se preservar o interesse público.

Finalmente, o administrador tem, seja como obrigação, seja como forma de proteção de sua responsabilidade patrimonial, dois deveres: *prevenção* e *investigação*. São direitos e deveres dele, na verdade.

Prevenção. O administrador tem o dever de gerir a sociedade segundo a lei e a ética. De que maneira? Mediante orientação dos funcionários, estabelecimento de regras internas. É claro que o administrador não tem um controle integral de todos os atos que estão sendo praticados por seus funcionários, mas a filosofia daquela pessoa jurídica deve ser no sentido de respeitar a lei e a ética – e não quero ser vaga com vocês; quando digo "filosofia", refiro-me a orientações específicas, de regras internas, de procedimentos internos, que devem ser aplicados. Ademais, deve-se registrar operações societárias, para se evitar a dissolução irregular. Assim, quando esses atos forem incentivados, o administrador terá cumprido com seu dever de prevenção. O art. 1.011 do CC determina, no que diz respeito à ética, que o administrador da sociedade deve ter, no exercício de suas funções, o cuidado e a diligência que todo homem probo costuma empregar na administração dos seus próprios bens.

Investigação. O administrador deve permitir que a fraude ou o indício de fraude sejam plenamente investigados. Essa permissão não é meramente formal, é material, ele tem efetivamente que assegurar que a Administração Pública investigue todos os fatos que ocorreram dentro da empresa. Se for causado algum embaraço à fiscalização, ele não terá cumprido com esse dever de fiscalização. A colaboração dever ser integral, não basta colocar os documentos e pessoas "à disposição". Deve-se propiciar que, realmente, a fiscalização tenha acesso a todos os dados, que os funcionários respondam sobre os esclarecimentos que se fizerem necessários, que a empresa cumpra com todas as intimações que vier a receber.

E, por fim, para encerrarmos esta exposição, eu gostaria de trazer para vocês algumas características da *governança corporativa* que devem ser aplicadas na questão da responsabilidade do administrador. São cinco.

A primeira diz respeito à transparência, ao *dever de transparência* do administrador. O que é dever de transparência? É o dever de tornar públicos aspectos financeiros, fiscais, administrativos, de RH. O administrador pode até chamar para si a gestão da sociedade, mas deve, efetivamente, formalizar essas decisões em atas, em outro suporte documental, mas comunicando os demais sócios das decisões. Assim, quando o administrador age com transparência, ele formaliza todas as suas decisões e as respectivas razões que o levaram a agir de tal forma.

Eqüidade. É igualdade com os sócios, com os herdeiros, com clientes, com fornecedores e, obviamente, com o Fisco.

Prestação de contas. O administrador deve prestar contas para a sociedade. Isso é fundamental. Há uma corrente que interpreta que o art. 135 do CTN só é aplicável se a pessoa jurídica for prejudicada em função do ilícito e o administrador se beneficiar com o produto do ilícito. Se houver prestação de contas, essa linha estaria afastada, porque não haveria, no caso, um ganho pessoal, em detrimento da pessoa jurídica.

Ética. É respeito à lei. É o homem probo. Esse dever de diligência, obediência e lealdade que o administrador deve ter não só em relação à lei, mas com as regras do contrato e do estatuto social.

E, por fim, uma *política clara de distribuição de lucros e bonificações*.

Portanto, respeitadas essas cinco linhas-mestras da governança corporativa, entendo que o risco de o administrador ser responsabilizado patrimonialmente por uma dívida da pessoa jurídica diminui de forma expressiva.

São essas as considerações que eu gostaria de ter feito a vocês. Muito obrigada pela atenção! [*Palmas*]

PRESIDENTE DA MESA (PROF. VALDIR DE OLIVEIRA ROCHA) – Parabenizo a Profa. Maria Rita Ferragut por sua minuciosa, cuidadosa e variada exposição, e convido o eminente Min. Luiz Fux a ocupar a tribuna, para tratar dos "Direitos Humanos e Tributação". O Min. Luiz Fux tem se notabilizado por judiciosos votos no âmbito do STJ. As pessoas que acompanham de perto as manifestações daquele Tribunal sabem que valor esses votos têm. O Min. Luiz Fux é sempre muito cuidadoso, muito acrescentador, e isto realmente faz com que aquelas decisões tenham efeitos para além das partes, pelas notícias, pelos esclarecimentos e pelas lições que ele insere.

Com a palavra o eminente Ministro.

DIREITOS HUMANOS E TRIBUTAÇÃO

MIN. LUIZ FUX [*sem revisão do autor*] – Exmo. Prof. Valdir de Oliveira Rocha, Presidente dos trabalhos; Prof. Marcos Vinicius Neder, Profa. Fabiana Tomé, Profa. Maria Rita Ferragut. Eu saúdo a Mesa e agradeço especialmente ao Instituto Geraldo Ataliba pelo convite que me foi formulado, porquanto esta é a segunda vez, talvez, em um mês, que eu participo de um Congresso de Direito Tributário.

Minha formação foi uma formação de Direito Processual ao longo da minha vida acadêmica, da minha vida profissional. Eu sempre disse, até com uma certa ponta de frustração, que, se não fosse profissional do Direito, gostaria de ter sido médico. Acho os médicos profissionais singulares. Não que tenha passado por qualquer doença – Deus me protegeu disso –, mas os que eu tive que conhecer em razão dos meus gestos de solidariedade para pessoas queridas e amigas, eu só conheci médicos de uma ética absolutamente singular. Mas agora eu começo a mudar um pouco de idéia. Eu acho que, antes de ser médico, eu gostaria de ser tributarista, porque há muito tempo eu venho me encantando com esse segmento, na medida em que eu considero seja a parcela da Ciência Jurídica que me apresenta o maior número de profissionais gabaritados, imaginem os Srs., são todos operadores do Direito. Eu tive minha formação profissional como magistrado estadual, magistrado de Direito Privado, e no final da minha carreira, numa disputa, fui terminar numa turma de Direito Público, cujo movimento representa praticamente 70% do movimento do STJ, e notadamente em relação ao Direito Tributário; e ali, evidentemente, eu cheguei sem poder ter qualquer dúvida, muito embora não tivesse conhecimento algum sobre Direito Tributário.

Então, a participação em congressos, o relacionamento com público tão seleto, é muito importante para mim. E tão mais importante manifestar essa minha admiração por essa formação tão peculiar desses profissionais. Talvez seja hoje – eu comentava com a Professora – o segmento que revela o maior número de professores titulados numa determinada área da Ciência Jurídica. Por exemplo, o Direito Processual Civil, tanto quanto me consta, hoje deve ter, no Brasil, no máximo, 20 a 25 professores titulares. E em relação ao Direito Tributário isso deve ser um número inepto. E a admiração eu acho que nós devemos manifestar desde logo, porque, muito embora desejemos ter muitos anos de vida...

Como já disse, eu gostaria de ter sido médico; gosto muito de ler sobre a área humana, do pensamento humano, da Psicologia. Há um autor no Rio de Janeiro, Luiz Alberto Py, um grande psicanalista, que escreve sobre as sensações da alma humana, talvez retratando inominadamente consultas que já fizera com pessoas que recorreram aos seus serviços. Ele tem um livro cujo título é bem sugestivo, *A Felicidade é Aqui*. Evidentemente que não é um livro de auto-ajuda. Perdoem-me os que acreditam, mas eu acho que auto-ajuda é a gente olhar para o espelho, começar a conversar ou escrever alguma coisa para si próprio. É melhor que essa auto-ajuda que se propõe aí, em várias obras. Descobriram um segredo magnífico...

Mas o Prof. Luiz Alberto Py, nesse livro *A Felicidade é Aqui*, cita um exemplo que eu pude vivenciar na prática. Estive nos Estados Unidos e verifiquei que no saguão de uma grande companhia aérea havia um painel – talvez do tamanho deste, onde foram projetadas as imagens – em que o marido de uma das comissárias de um dos aviões da *United Airlines* que se chocaram com o *World Trade Center* dizia o seguinte: "Se eu soubesse que esta era a última vez que você sairia de casa, e nunca mais iria voltar, eu teria pedido para que você retornasse, para dizer, mais uma vez, que eu te amo!". Eu achei aquilo interessante sob o ângulo humano, porque outras pessoas, às vezes, são retraídas em manifestar suas admirações, seus sentimentos. Eu, sempre que possível, o faço. Evidentemente, não que eu imagine que no dia seguinte não terei a oportunidade de fazê-lo novamente. Mas, de toda sorte, é um gesto de carinho para com tanta receptividade desse meio deveras qualificado.

Queria também agradecer ao Prof. Aires Barreto por este convite muito lisonjeador e dizer que o homem, quando caminha, o que vai à frente é realmente o seu passado. Não é à toa também que estou aqui; quer dizer, eu não "caí de pára-quedas" aqui. Na minha vida profissional, na Universidade do Estado do Rio de Janeiro, nós tínhamos que disputar segmentos que queríamos acompanhar. Eu trabalhava com o Prof. Barbosa Moreira, e gostaria de ocupar a cadeira de Processo Civil, mas a primeira vaga tinha que ser pega, para depois, então, tentar a cadeira específica. E nesse caminhar eu fui de Prática Forense Penal até o Direito Financeiro e Tributário, ajudando meu querido Prof. Flávio Bauer Novelli. Então, talvez isto seja um recomeçar, um despertar, dentro de mim, dessas singularidades, dessas excelências que o Direito Tributário revela.

Feitas estas considerações, e agradecendo muitíssimo ao Prof. Aires Barreto por este convite, mas ainda timbrando, aqui, uma singularidade: eu hoje sou apresentado "Luiz Fux, Distrito Federal", porque eu moro há seis anos em Brasília. Mas eu sou originário do Rio de Janeiro. Então, eu sou carioca. E é até comum – nada tem de pejorativo – dizer que lá no Rio de Janeiro "sempre se dá um jeitinho". E eu vi que isso já se pulverizou, porque, na verdade, em razão de alguns contratempos, eu teria que fazer a palestra no outro painel, mas tiveram que encaixar neste painel, graças ao amigo Humberto Ávila. Então, foi o "jeitinho" que se conseguiu. Eu achei bastante artificioso e inteligente, porque a próxima Mesa é sobre "Direitos Humanos e Tributos Municipais". Certamente eu não falaria sobre tributos municipais, tampouco sobre "Processo Administrativo". Mas o Prof. Humberto Ávila tem como tema "A Fiscalização e Direitos Fundamentais". Então, nada melhor que falar sobre direitos fundamentais, antes de falar como se opera a fiscalização em respeito a esses direitos fundamentais.

Então, realmente foi, assim, um *mixed* com o carioca e o paulista. Talvez esta seja uma boa solução para o Brasil, temos que pensar nisso, dessa fusão Rio/São Paulo, vai dar bem certo...

Nosso tema é um tema, ao mesmo tempo, teórico e absolutamente fascinante. O Prof. Eric Hobsbawm, que lavrou talvez uma das maiores obras sobre a história do Direito contemporâneo – *O Breve Século XX, a Era dos Extremos* –, discorre que nesse século nós tivemos duas guerras mundiais, a derrocada do Comunismo, a queda do Muro de Berlim, as guerras não reveladas contra a população civil, o *apartheid*, a inseminação artificial, e Eletrônica e a Informática utilizadas para o Bem e para o Mal. E foi exatamente nesse quadro dessa obra que o Prof. Eric Hobsbawm no último capítulo, mencionou o originário "fenômeno Lula" no Brasil, há um capítulo sobre ele, ainda quando presidente sindicalista, e se diz, então, que nesse contexto é que ressurge a proteção dos direitos fundamentais. Evidentemente inaugurada alhures em 1215, pela Magna Carta, pela Declaração Americana dos Direitos Humanos, pela Declaração Francesa. E nós sabemos que a Declaração Francesa foi a que "botou fogo" no mundo, mas mais importante foi a Declaração Americana. E hoje nós estamos vivenciando isso, e diz ele que nesse momento é que surgiram movimentos em defesa dos direitos fundamentais, principalmente porque as guerras representaram, na visão de Hanna Arendt, uma ruptura desse respeito à pessoa humana, ao passo que a vitória sobre o nazifascismo restaurou essa primazia da pessoa humana no ordenamento jurídico nacional e internacional. Daí a lavratura desses documentos legislativos internacionais de defesa dos direitos fundamentais da pessoa humana, por todos os Continentes: a Declaração da ONU, a nossa Declaração Americana, o Pacto de San José da Costa Rica, a Declaração Européia das Liberdades Fundamentais, a Declaração de Madagascar, a Declaração Fundamental dos Povos Muçulmanos, e todas as declarações contra qualquer tipo e forma de discriminação.

Então, [*truncado na gravação*] no seu livro sobre Direito Processual, *A Filosofia do Direito Processual*, afirma que o homem passou a ser o centro de gravidade do ordenamento jurídico – vou pedir licença para fechar com calma, que sou muito inábil, ... há algumas pessoas a quem eu gostaria também de dar atenção. Então, ele diz que o homem se tornou o centro de gravidade da ordem jurídica internacional. E, evidentemente, como nós sabemos, essas tutelas universais perpassam para os Direitos internos, têm uma consagração interna, através da constitucionalização dos direitos fundamentais. Quer dizer: assim como a Constituição é a fonte primária da legislação infraconstitucional, tais Declarações representam a fonte primária da constitucionalização da tutela desses direitos fundamentais.

E a constitucionalização dessa tutela dos direitos fundamentais em qualquer campo do Direito, notadamente no campo do direito da tributação, tem uma importância ideológica, porque a Constituição é o ideário da nossa Nação, revelado ao povo, o que nós pretendemos como Nação, e tem uma importância magnífica na nossa atividade, e a dos Srs. Juízes que estão presentes, de aplicadores do Direito. Porque, hoje, a aplicação do Direito perpassa necessariamente por uma exegese do tecido normativo na sua integração com a norma infraconstitucional. É absolutamente impossível ser magistrado, promotor, defensor, advogado, sem imaginar uma solução para o caso concreto que seja tipicamente extraída de uma legislação infraconstitucional sem que ela esteja em consonância com a Constituição Federal.

Um exemplo coloquial, que acho muito interessante, que nós tivemos a oportunidade de julgar no STJ, que talvez até por isso seja conhecido como o "Tribunal da Cidadania". Tratava-se de um delegado que, para salvar a vida de um preso que tentara o suicídio cortando os pulsos, se contaminara de Hepatite C. Então, perdeu completamente aquelas boas condições de subsistência que ele mantinha em razão do dispêndio com os remédios que ele tinha que tomar. Esse homem peregrinou por 10 anos pela Justiça, tentando comprovar que ele caíra numa situação de miserabilidade, que aquele não era o padrão de vida dele, ele tinha o direito de ter sua vida protegida, na medida em que salvara a vida alheia. E, então, o STJ, malgrado a lei não o considerasse, juridicamente, uma pessoa miserável, entendeu, à luz do princípio da dignidade da pessoa humana, que ele perdera aquelas condições de uma vida digna e saudável, que é o que promete a Constituição Federal.

Isso é um exemplo de aplicação ao caso concreto da legislação infraconstitucional em consonância com a Constituição Federal, porque o princípio-mor em razão dessa constitucionalização é o princípio da supremacia da Constituição Federal: tudo o que a ele se contrapõe é absolutamente inconstitucional.

Então, a constitucionalização desses direitos fundamentais fez com que também se perdesse talvez aquela dicotomia de que nós sempre ouvíamos falar nos bancos da faculdade – e olha quanto tampo faz isso" –, de que duas repartições da Ciência Jurídica eram muito uníssonas: Direito Público e Direito Privado. Aqui, seria instigante indagar a que Direito pertencem os direitos fundamentais. Ao Direito Público? Ao Direito Privado? Pietro Perlingieri, falando sobre os novos perfis do Direito, afirma que os direitos fundamentais da pessoa humana são irredutíveis a uma relação jurídica-tipo, isso se verifica na prática do dia-a-dia. Por exemplo, no âmbito do Direito Constitucional nós podemos dizer: "Bom, os direitos fundamentais são direitos que pertencem ao ramo do Direito Constitucional". Também como, por exemplo, a Constituição garante o direito à saúde. Então, nós tivemos casos de ações promovidas por pessoas que queriam fazer um tratamento, por exemplo, de retinose pigmentar da vista, que era bem cuidada em Cuba, e entraram com mandado de segurança. E como é que se decidiu essa questão? O Direito Brasileiro, infraconstitucional, autorizava essa viagem? Literalmente, não. Mas a interpretação mais odiosa é a interpretação literal, porque todo mundo sabe ler. O importante é conhecer as virtualidades da lei, os antecedentes da lei. E aí verificamos, numa visão interdisciplinar – essa visão é que os tributaristas têm bem aguçada –, que a esperança é o coração da cura. Isso não é só uma expressão que seduz, porquanto sentimental. O ganhador do Prêmio Nobel de Medicina, o Prof. Jerome Groopman, escreveu um livro chamado *A Anatomia da Esperança*, onde ele comprova que não só espiritualmente a esperança ajuda na cura, na medida em que ele só tratava de pacientes terminais, de órgãos vitais, como também ela libera algumas substâncias que coadjuvam aquele tratamento e os medicamentos que são fornecidos.

E nós poderíamos, então – vamos dizer assim, numa linguagem coloquial –, "puxar a brasa para a nossa sardinha": "Não, não! Os direitos fundamentais pertencem ao Direito Tributário". Também é verdade, porque se pode entrever numa luta entre Poder Estatal e direto de propriedade e direito de liberdade, como sói ocorrer no Direito Tributário, uma defesa de um dos direitos fundamentais do cidadão. O que se verifica, aí, é a tentativa de evitar que o Poder Estatal, através de uma atividade atrabiliária, possa invadir a vida humana de tal maneira que leve ao que a Constituição italiana denomina de uma impossibilidade de um mínimo vital. Isto já representa uma vinculação entre os direitos fundamentais e a tributação. As próprias limitações ao poder de tributar encerram por parte do Governo o devido respeito a alguns direitos fundamentais, como, por exemplo, dispõe o art. 150, que as pessoas iguais não podem ser tratadas desigualmente no campo tributário. Eis aí uma demonstração de que também podemos puxar para o Direito Tributário os direitos fundamentais.

No Direito Administrativo, por exemplo, nós deferimos, à luz dos direitos fundamentais, o direito de uma criança estudar enquanto o pai não termina de pagar a escola, ainda que esteja inadimplente, porque ela não pode ser punida por isso.

No Direito Processual, hoje, os direitos fundamentais são intimamente vinculados à necessidade de maior ativismo judicial. O juiz não pode mais ser aquele homem distante do povo, e o resultado do processo não pode ser fruto da desigualdade técnica dos litigantes. Há estudos empíricos ingleses, capitaneados pelo Prof. John Major, no sentido de que se deve aumentar o grau de conhecimento da população em relação ao instrumental jurídico; que quem não sabe os direitos que tem não pode exercê-los em juízo.

Então, esse mito da neutralidade do juiz só leva a resultados injustos. E vejam o seguinte – e, aqui, sem qualquer problema, fazendo um *mea culpa*, porque eu sou juiz de carreira, eu sou juiz de Vara Cível do Interior: eu conheço e já ouvi muita coisa procedente por parte dos profissionais, como, por exemplo, ouço hoje alguns colegas dizendo, alguns advogados dizendo: "Ah! É mais fácil nós sermos atendidos aqui que na Justiça de primeira instância". O que é absolutamente inexplicável. Por quê? Porque os juízes se esquecem de que topo o poder emana do povo e é para o povo que ele deve ser exercido. Então, o juiz tem que ser um homem aproximado do povo, o juiz não pode ser um homem distante nem do povo, nem do advogado; tem que atender a qualquer momento, ouvir tudo quanto a parte tem para dizer, que ali é a última porta que o aflito tem para bater, na medida em que o exercício próprio da jurisdição é crime, na medida em que é exercício arbitrário das próprias razões.

Vou contar um caso pitoresco – é a última palestra, imagino que os Srs. estejam com uma "overdose" de Direito. Então, eu também tenho uma certa obrigação de retribuir essa compensação que me fizeram de me permitir falar agora. Enfim, eu, antes de ser juiz, fiz toda a carreira, como muitos aqui, há jovens aqui, também fui estagiário de Vara Criminal. Os estagiários de Vara Criminal fazem absolutamente tudo. O estagiário de Vara Criminal é um advogado – quer dizer, quando nós estudamos Direito, desde o primeiro período, entramos no nosso prédio e o vizinho já vai até nosso andar fazendo perguntas, fazendo consultas, somos "advogados"; mas o estagiário criminal tem um *plus*, ele é advogado. Então, naquela oportunidade, estagiário – isso para demonstrar como o juiz não pode estar longe do público –, minha defensora me pediu que fizesse a defesa de um réu. E eu falei: "Por que a Sra. não faz? Eu não tenho muita experiência". Aí, ela falou: "Não, porque tem que fazer". Manda quem pode, obedece quem tem juízo, não é? Mas depois eu descobri: a folha penal, Professor, era como se fosse um catálogo telefônico, com a característica de que o réu era muito coerente, ele só praticava 121, homicídio doloso e grave. Então, era indefensável, tinha, mesmo, que ser para o estagiário fazer... [*Risos*]

Agora, o mais interessante é que ele trouxe testemunhas de defesa. Ele tinha testemunhas de defesa, mas só que eram testemunhas de conduta. Imaginem os Srs. que um homem com essa gama de homicídios tinha testemunhas de conduta... Aí veio uma senhora paupérrima – a Professora disse-o muito bem hoje, há um grande movimento de simplificação da linguagem do Direito, a linguagem é importantíssima para a percepção do que nós pretendemos realizar em termos de justiça –, uma pessoa que não era obrigada a conhecer tal linguagem, e eu lhe disse: "A Sra. viu os fatos?". Ela disse: "Não sei nada". Não sabia nada. "O que a Sra. sabe?" "Eu sei que ele é uma boa pessoa [*risos*] e que é ótimo filho", e aí pode ser que mata por amor à mãe, não sei... (*Risos*]

Ali foi aquela pobre senhora, o juiz não admitiu nem que o réu tirasse as algemas, ele presenciou a inquirição posterior das testemunhas de defesa algemado. E aí o juiz, um homem que deveria ser caridoso com os indigentes, foi opulento, e perguntou a ela: "Eu vou lhe perguntar à luz do Código de Processo Penal: a Sra. viu os fatos?". Uma senhora que nunca havia saído lá de cima do morro ... Ela falou assim: "Não, eu não vi". "Então, o que a Sra. veio fazer aqui?" Aí, ela me olhou, e eu falei: "Fale dele". Ela: "Não, eu vim aqui dizer que ele é uma bela pessoa, muito bom filho, eu vi ele nascer..." etc. Só que ela não sabia os termos jurídicos. Mais uma vez, o juiz falou: "A Sra. tem certeza de que não viu os fatos, porque eles ocorreram ali perto da localidade?". "Mas eu já não te falei, meu filho, que não vi?" Imaginem um homem com essa gama de poderes, com essa sensação... Deve ter sido um rapaz que no colégio a mãe dizia que ele era o mais bonito da sala... Quem é que vai agüentar, depois, um homem desses ser juiz? Ninguém! [*Risos*]

Aí, ela falou: "Eu não vi, meu filho". O juiz virou para mim, como que me chamando a atenção, e disse: "Doutor, avise a sua cliente – que não era minha cliente – que o tratamento privativo do juiz é 'Excelência', e eu faço questão".

Então – vejam como é que é, o juiz não pode ficar longe do povo –, como é que aquela senhora iria saber disso? Ela, lá pelas tantas: "Ah! Vossa Senhoria". E o juiz se aborreceu, bateu na mesa e exigiu que ela o chamasse de "Excelência". E na última pergunta ela falou assim: "Mas, Vossa Majestade...". [*Risos*] Porque realmente era aquilo que ela mais imaginava.

O juiz é um homem aproximado do povo exatamente porque os direitos fundamentais terminaram por influir no processo, também. Então, o processo não pode ter como resultado a desigualdade técnica entre os litigantes. E o juiz não pode conviver com esse mito da neutralidade. Ele é o destinatário da prova, ele tem que buscar a prova para que o resultado seja o mais justo possível e coincidente com a realidade. E é por isso que hoje os juízes determinam a realização de provas etc.

No campo do Direito do Trabalho temos ainda um problema à luz da dignidade da pessoa humana, que é essa definição constitucional de *salário mínimo*, que nós até evitamos comentar. Que o salário mínimo dá para tudo, e mais para fazer poupança...

E no campo do Direito Civil a tutela dos direitos da personalidade, hoje em capítulo próprio do Código Civil, que protege a honra, a imagem, o direito ao nome etc., representa também a defesa dos direitos fundamentais.

Então os direitos fundamentais são unos e indivisíveis, eles são tanto de Direito Público como de Direito Privado, irredutíveis a uma relação puramente de Direito Público ou puramente de Direito Privado.

Com relação à tributação, também há na tributação uma ênfase bastante expressiva, tanto mais que prevista na Constituição federal e na legislação infraconstitucional, acerca da defesa dos direitos fundamentais da pessoa humana.

Não há maior direito fundamental que o direito à igualdade material, e não à igualdade formal, aquela que seduz, conquanto letra morta no papel. Mas esse princípio da isonomia é exatamente a expressão de um dos direitos fundamentais da pessoa humana, tratar igualmente os iguais e desigualmente os desiguais. Isso influencia nas decisões dos tribunais, notadamente do STJ.

Nós temos casos em que os benefícios fiscais têm como destinatários os hospitais, e não as clínicas, porque o que um hospital realiza é completamente diferente do que hoje realiza, por exemplo, uma clínica oftalmológica que faz cirurgias em 15 minutos, depois a pessoa vai embora para casa, como se nada tivesse acontecido.

O STJ ora se depara com a aplicação prática do direito fundamental de igualdade quando uma entidade recebe um benefício, porquanto filantrópica, e outra não recebe. Porque o cerne, a essência, do princípio da isonomia é tratar igualmente os iguais e desigualmente os desiguais. Um subprincípio do princípio da isonomia, que é uma garantia fundamental, é a capacidade contributiva. Todas as revoluções da América e da Europa no campo tributário levaram em consideração a capacidade contributiva. Porque, se é verdade que se funda na solidariedade o dever que todos nós temos de colaborar com os gastos públicos, também é verdade que só se pode colaborar dentro da respectiva capacidade de contribuir. Que é a regra de ouro do livro do Prof. Eurico sobre a capacidade contributiva. Não se pode contribuir além do mínimo vital, não se pode contribuir além de uma faixa de exação que conduz o ser humano a uma vida indigna.

Certa feita assisti a uma [*truncado na gravação*] de tributação em que o empresário comprovava que o produto dele, com tantos tributos e contribuições, sofria um ônus tributário de 91%. Ontem, os jornais *Financial Times* e *New York Times* estampavam na capa, além da notícia desastrosa, o fato de que a política tributária no Brasil é conducente à fraude como inexigibilidade de uma conduta diversa. Estava escrito isso nos jornais. Porque, certamente, num país mais libertário como eles, os princípios constitucionais não são aplicados ou desaplicados, são valorados – na melhor acepção da obra do Prof. Humberto Ávila, aqui presente. Então, é possível que num país com essa amplitude de liberdade se faça uma valoração sobre isso [*truncado na gravação*] se era exigível uma conduta diversa daquela entidade..

A capacidade contributiva, ao mesmo tempo, cria esse dever solidário para todos nós, cidadãos, mas também estabelece os limites do poder de tributar. O Estado não pode invadir, além daquilo que possa levar o cidadão a uma subsistência indigna. E, consecutivamente, os tributos não podem ser confiscatórios. Quer dizer: alguns países, nos seus tribunais – por exemplo: na Argentina, na Alemanha –, fixam percentuais. Mas o STF já considerou confiscatórios alguns tributos com alíquota superestimada como, também, muito exageradas no âmbito tributário, violadoras do princípio da vedação do confisco.

Por outro lado, dentre essa categoria de direitos fundamentais nós poderíamos incluir vários aspectos do Direito Tributário. Por exemplo, a tipicidade fechada, que é uma decorrência da legalidade.

Não se pode criar uma exação que não esteja claramente definida, com fato imponível, base de cálculo, alíquota etc.

E é por essa razão que nós, do STJ, em inúmeros arestos entendemos que a Lista, por exemplo, dos serviços enumerados na Lei do ISS é uma Lista taxativa. Na medida em que esse princípio da tipicidade, que está intimamente ligado à legalidade, não admite nem interpretação extensiva, nem aplicação analógica. O próprio Código Tributário Nacional estabelece que a analogia não pode criar tributo, nem a interpretação extensiva, e a Lista é, evidentemente, taxativa.

Mas, como dizia Rui Barbosa – e eu tenho um prazo aqui, não é o Rui Barbosa que dizia que eu tenho um prazo [*risos*] –, não adiantam só os princípios que são explicitantes; é preciso que nós tenhamos as garantias assecuratórias desses direitos. E aí, ainda como direito fundamental, nós temos o acesso à Justiça, que foi aqui mencionado, com todas as suas cláusulas pétreas do contraditório, do devido processo legal.

É claro que o Estado dificilmente ingressa em juízo para criar a tributação. Ele tem o poder estatal de fazer o lançamento vinculativo e obrigatório, inscrever a dívida e iniciar a execução fiscal. Mas nós temos o contraditório dos embargos e até mesmo a admissão da exceção de pré-executividade, que tão bem é utilizada pelos ilustres Advogados, e que nós temos aceitado, no bojo da execução fiscal.

O comum é exatamente o contribuinte se defender no bojo da execução fiscal. E aí surgem vários direitos fundamentais do executado-cidadão, como, por exemplo, citado aqui, o redirecionamento da execução para os sócios, só naqueles casos específicos que a Professora mencionou. A inteirabilidade do faturamento, que evita, que conjura, o capital de giro do empresário. A impenhorabilidade do bem de família. A prescrição, que retira do contribuinte aquela "espada de Dâmocles". Além, evidentemente, de inúmeros processos judiciais oferecidos ao contribuinte, na medida em que nenhuma lesão ou ameaça de lesão está fora da apreciação do Poder Judiciário.

Então, se uma lesão ou ameaça de lesão escapa à apreciação do Judiciário, nós temos a utilização quase que imoderada de mandados de segurança repressivos e preventivos, tutelas antecipatórias – porque a urgência às vezes é fundamental na iminência de um lançamento tributário desastroso, de um levantamento de depósito para suspensão da exigibilidade da dívida fiscal –, ações de repetição do indébito... E, como a todo direito corresponde uma ação que o assegura, não há uma tipicidade estrita em matéria processual: desde que a ação seja adequada, aqueles direitos civis e tutelares, é admissível, pelo princípio da liberdade jurídica que vigora no nosso ordenamento. A possibilidade jurídica do pedido não é a existência no ordenamento do pedido formulado, previsto numa lei, no Código de Processo, numa lei esparsa; mas é uma noção que se afere *a contrario sensu*: o que não é impossível juridicamente é possível juridicamente. Ou seja: se não há veto legal, não se pode impetrar mandado de segurança para promover na prática a compensação, pela iliquidez do direito; mas é possível impetrar mandado de segurança para ver declarado o direito à compensação. Sem prejuízo, a utilização também é enorme no campo das ações difusas, ações populares contra favores fiscais que violam o princípio da isonomia, ações de controle da constitucionalidade dos tributos com eficácia, hoje, no meu modo de ver, *ex nunc*, e não *ex tunc*.

A partir do advento da lei que regulou a argüição de descumprimento de preceito fundamental, o que se visou, na minha percepção, *data maxima venia* das opiniões em contrário, foi à segurança jurídica. Porque não é justo tratar de modo diferente o cidadão que confiou na presunção de legitimidade da lei e aquele que simplesmente não pagou o tributo.

Então, essa lei veio com essa finalidade, e hoje nós temos o controle da constitucionalidade por ação e omissão, e talvez essa dê iniciativa ao Estado como meio preventivo de litígios.

Eu teria muito mais a dizer aos Srs. Mas isso me faria escapar a possibilidade de aqui voltar, para mais uma vez conviver com esse meio que me é tão entusiasta, que é o meio do Direito Tributário.

E eu, então, finalizaria dizendo que a defesa dos direitos fundamentais no campo da tributação representa, na essência, uma justiça fiscal. É justiça fiscal, de um lado, a conduta ética do Estado, que tem que ter limite para a tributação. Do outro lado, o dever de solidariedade do cidadão.

E mais uma vez eu invoco as lições desse querido psicólogo, psicanalista, Alberto Py, quando ele fala de solidariedade. Ele cita um exemplo lindíssimo: diz ele que nas Paraolimpíadas de Chicago, se eu não me engano, na corrida de 100 metros, um menino com Síndrome de Down caiu no meio da corrida, e todos os outros voltaram para buscá-lo, para que chegassem todos na mesma hora na linha de chegada. Então, se pessoas tão desfavorecidas têm tanta solidariedade, por que não nós, que temos essa felicidade de conviver num ambiente, na melhor acepção da palavra, elitizado, sob um ângulo intelectual?

E justiça fiscal não é senão o que é justo E o que é justo é exatamente o objetivo da nossa longa e perene caminhada. Rudolph Von Ihering viveu uma vida em prol da justiça, e terminou sua vida lavrando uma obra, *O que é a Justiça*. Diz ele que o que é importante não é saber a resposta, é não parar de perguntar. Até porque por esse valor maior morreu na Cruz o Senhor das idéias e das palavras.

Obrigado pela atenção que me dispensaram! [*Palmas*]

Presidente da Mesa (Prof. Valdir de Oliveira Rocha) – Cumprimentando o Min. Luiz Fux, pela riqueza de sua exposição – aliás, simpática exposição –, nós encerramos aqui esta Mesa de Debates. Não haverá tempo para respostas às perguntas encaminhadas. Faz-se aqui um breve intervalo.

MESA DE DEBATES "F"

DIREITOS HUMANOS/TRIBUTOS MUNICIPAIS

PRESIDENTE DA MESA: PROF. TÁCIO LACERDA GAMA

MEMBROS DA MESA: PROF. HUMBERTO ÁVILA, PROF. JOSÉ EDUARDO SOARES DE MELO, PROFA. SUSY GOMES HOFFMANN, PROF. RENATO LOPES BECHO

PROF. TÁCIO LACERDA GAMA – Retomando o início dos trabalhos, vou pedir a atenção dos Srs. para iniciarmos a Mesa "Direitos Humanos/Tributos Municipais". Na minha opinião, existiria uma série de outros conceitos que vão bem além dos tributos municipais, mas talvez seja essa a atração da Mesa.

E, para iniciar, sem demorar muito e passar logo ao que interessa: esta Mesa conta com os Profs. Humberto Ávila, José Eduardo Soares de Melo, Susy Gomes Hoffmann e Renato Lopes Becho, todos expoentes muito conhecidos pelos Srs., de certa forma especialistas nesses pequenos subsistemas que acabam virando as espécies tributárias. Passo logo a palavra ao Prof. Humberto Ávila, que é Professor da UFRGS e recentemente obteve, com todo brilho, o título de Livre-Docente pela USP, com árdua experiência na Alemanha, Doutorado lá, livro publicado lá, já produziu alguns dos principais clássicos que nós temos debatido recentemente, como *Sistema Constitucional Tributário*, *Teoria dos Princípios*; é também um palestrante de mão cheia, como vocês poderão observar agora. Prof. Humberto Ávila, com a palavra.

FISCALIZAÇÃO E DIREITOS FUNDAMENTAIS DO CONTRIBUINTE

PROF. HUMBERTO ÁVILA – Bem, inicialmente, eu gostaria de cumprimentar a todos os presentes, especialmente o Presidente desta Mesa, e agradecer notadamente o convite que me foi formulado pelo Prof. Paulo Ayres, que é um grande advogado, um grande teórico e, acima de tudo, uma grande pessoa, que muito me honra com seu convite.

Eu pretendo obedecer àquelas características de uma palestra com qualidade, que precisa ser curta e boa, mas se for curta não precisa nem ser boa. A minha palestra vai ser curta.

Essa característica fica ainda mais importante com a afirmação do Prof. Paulo Ayres. Ele disse que, depois da brilhante palestra do Min. Luiz Fux, eu não precisaria falar mais nada. Houve até pessoas que chegaram para assistir à palestra do Ministro, agendada inicialmente para depois do intervalo, e, sem saber que ela já havia sido proferida, me cumprimentaram pela minha brilhante palestra, [*risos*] que eu ainda nem havia proferido...

De maneira que, enfim, com esta sobrecarga comparativa – na medida em que uma palestra é boa ou ruim dependendo do ponto de vista comparativo adotado –, eu, que tinha a possibilidade de fazer uma boa palestra e agora tenho a certeza de que não farei uma boa palestra, vou falar sobre "Fiscalização e Direitos Fundamentais do Contribuinte".

É um tema importantíssimo, especialmente no Brasil atual, bastando para esse efeito verificar o que os jornais de hoje mesmo publicaram a respeito de fiscalizações feitas pela Polícia Federal, em conjunto com a Receita Federal, em que praticamente todos já estão condenados, apesar de a fiscalização tributária, tecnicamente, não ter sido sequer iniciada.

Mas, em virtude disso, o meu ponto será uma análise dos *direitos fundamentais procedimentais*, ou, se vocês quiserem, a relação entre os direitos fundamentais e o procedimento ou o processo.

E a primeira questão a ser considerada é a seguinte: há uma imbricação entre direitos fundamentais e procedimento e as instituições organizacionais da Administração Pública. Em primeiro lugar, há *direitos fundamentais no procedimento*, isto é, direitos fundamentais que só são úteis na medida em que estiverem previstos em algum procedimento, como é o caso do contraditório, da paridade de armas ou do direito à intimação.

Além de existirem direitos fundamentais no procedimento, há *direitos fundamentais procedimentais*, ou direitos fundamentais de procedimento, como é o caso da universalidade da jurisdição, do devido processo legal, do contraditório e da ampla defesa.

Além disso, há *direitos fundamentais com procedimentos específicos*. Alguns direitos fundamentais já vêm antecipadamente com a garantia que os torna efetivos. É o caso, por exemplo, do direito à informação e do *habeas data*.

E há, ainda, *direitos fundamentais por meio do procedimento*, isto é, alguns direitos fundamentais só terminam sendo efetivamente realizados por meio de um procedimento previamente estabelecido que lhes garanta efetividade. Nesse sentido, existe uma relação de imbricação entre, por exemplo, liberdade e propriedade: é o devido processo que vai garantir a instrumentação para a realização dessa liberdade – devido processo, esse, que só se realiza se houver determinadas garantias de imparcialidade, direito à intimação, juiz natural, e assim sucessivamente.

Nesse sentido, pode-se perceber que não se pode falar em "direitos fundamentais sem procedimento", porque existem direitos fundamentais "no" procedimento, "de' procedimento, "com" procedimento e "por meio do" procedimento. Falar de direitos fundamentais, digamos, exaltando sua importância mas sem, ao mesmo tempo, apresentar mecanismos idôneos para sua efetividade é fazer um debate meramente político, eventualmente muito interessante e bastante emocional, mas pouco racional e, certamente, pouco efetivo.

O essencial é o seguinte: quando nós temos estabelecidos na nossa Constituição direitos fundamentais, e esses direitos fundamentais pressupõem a existência de determinados bens jurídicos sem os quais eles não se revelam como tais, na sua eficácia normativa, esses direitos fundamentais assumem a natureza de "princípios", pois apontam para o estado ideal de coisas, como, por exemplo, liberdade, sem de antemão prever os meios necessários cuja adoção provocará efeitos que levarão a atingir esse estado ideal de coisas. É nesse sentido que nós temos que compreender a maior parte dos direitos fundamentais. E aí nós vamos verificar que nossa Constituição não só estabelece direitos fundamentais, mas institui garantias e, do ponto de vista normativo, estabelece subprincípios e regras que levam à realização desses mesmos princípios.

Então, nós temos, por exemplo, algo que é fundamental no caráter dos princípios, que é sua *eficácia interpretativa*, isto é, se já existem regras postas pelo legislador infraconstitucional, eu devo ler estas regras já postas de acordo com os princípios fundamentais estabelecidos pela Constituição. Nós temos, portanto, regras procedimentais já estabelecidas na lei de procedimentos federais, nós temos no Código Tributário e nós temos também em algumas leis federais esparsas. Essas leis que instituem regras devem ser interpretadas conforme os princípios fundamentais na eficácia interpretativa que eles têm.

Em segundo lugar, os princípios fundamentais têm *eficácia integrativa*. Por vezes o legislador não institui o meio adequado; ela fornece o fim, mas não o meio. Estabelece o estado ideal de coisas, mas não diz como esse estado será promovido. No procedimento de concretização dos direitos fundamentais devem ser criados os meios adequados pela eficácia integrativa dos princípios.

E, por fim, os princípios têm o que eu chamo de *eficácia bloqueadora*. Às vezes o legislador estabelece o meio, mas o meio é insuficiente e inadequado para preservar aquele fim que deve ser garantido pela Constituição. Nesse caso, o princípio vai bloquear aquele meio estabelecido e fixar um novo. Por exemplo, se o prazo previsto é exíguo, e não garante a produção de prova necessária para o exercício de ampla defesa, outro prazo deverá ser estabelecido. Outro exemplo: se não há previsão expressa do direito de obter vista dos autos, em virtude de alguma falha procedimental ou em virtude de uma lacuna legal, a eficácia direta do princípio irá criar um mecanismo que não está estabelecido.

Tudo isso para lhes dizer que nós temos uma mútua implicação entre direitos fundamentais e procedimentos e processo. Não se pode pensar um sem o outro, e o outro sem o um. Isso nos leva a algumas conseqüências, sobre as quais eu gostaria de, rapidamente, falar.

Em primeiro lugar, nós temos uma *eficácia negativa*, que normalmente é a mais conhecida pelos operadores do Direito. Se os direitos fundamentais estão garantidos para o contribuinte, é dever da Administração não adotar meios que possam restringir sua efetividade. Aí nós temos, portanto, uma prescrição negativa. É proibição de restrição, ou proibição de violação. É aí que entra o que os teóricos chamam de "proibição de excesso", isto é, os direitos fundamentais, quando garantem determinados bens jurídicos que devem estar presentes sob pena de o direito fundamental não ser efetivo em medida alguma, trazem implicações com relação à atividade administrativa, que não poderá, no aspecto negativo, portanto, restringir demasiadamente (além da medida) os direitos fundamentais do contribuinte. E nós temos, nesse aspecto, uma jurisprudência muito rica do STF no que se refere às chamadas "sanções políticas". A Administração, na atividade procedimental anterior ao processo administrativo, deve garantir determinados meios para a efetividade de direitos fundamentais e, por exemplo, não pode deixar de fornecer talonário fiscal, de permitir abertura de estabelecimento, para que a atividade do contribuinte possa ser exercida.

Nesse sentido, então, os direitos fundamentais vão *proibir* que a Administração Tributária estabeleça meios que impossibilitem ou que restrinjam excessivamente o exercício de direitos fundamentais.

Esse, todavia, é o aspecto negativo. Nós temos, no entanto, um *aspecto positivo* dos direitos fundamentais, que é pouco estudado no Brasil, mas bastante estudado na Alemanha, de onde eu tomo de empréstimo algumas reflexões, para que a gente possa fazer algumas ponderações sobre o assunto.

Lá, além de existir a proibição de restrição excessiva, há também o reverso, que é o dever de promoção mínima dos direitos fundamentais. Há, de um lado, o que eles chamam de *Übermaßverbot*, isto é, proibição de ir "além da medida", e o que eles denominam de *Untermaßverbot*, que é a proibição de ir "aquém da medida". Eis, aqui, o aspecto positivo da Administração.

Normalmente no Brasil, pela nossa história, nós compreendemos a relação que se estabelece entre a Administração e o contribuinte, que é uma relação de poder, quase como uma relação de soberania. Essa relação, porém, é uma relação jurídica, que se desenvolve em torno dos direitos fundamentais. E esses direitos fundamentais não só repercutem sobre os direitos – e, portanto, sobre a proteção dos interesses dos particulares frente à Administração –, mas também repercutem internamente relativamente aos próprios deveres da Administração; deveres, esses, que devem ser exercidos sobre o influxo dos direitos fundamentais. Nesse quadro, pode-se falar no dever de a Administração não atuar aquém daquilo que é absolutamente indispensável para que o contribuinte possa exercer seus direitos. É o dever de garantir o básico, o dever de garantir o mínimo de efetividade dos direitos fundamentais.

Então, se nós temos normas procedimentais que estabelecem prazos que são insuficientes para o exercício do direito de ampla defesa, elas são inconstitucionais. Se há determinadas instituições que devem funcionar ou determinadas prerrogativas específicas que devem ser criadas em algum procedimento, cabe à Administração criar esses procedimentos, e não simplesmente dizer: "Olha, simplesmente o direito de vista não está previsto", "Não há direito de manifestação do contribuinte", "Simplesmente nós não temos nas regras procedimentais qualquer dispositivo que possa permitir esse tipo de manifestação".

Nesse sentido, então, essa eficácia positiva dos direitos fundamentais, por dentro do exercício das competências administrativas, vai levar à criação de institutos específicos dentro do procedimento. Nesse sentido, então, por exemplo, se não está prevista a intimação, ela terá de ser feita, se essa intimação for absolutamente necessária para que o contribuinte possa exercer seu direito de ampla defesa. Se o contraditório, eventualmente, na fase procedimental, não for garantido, deverá a Administração agir no sentido de garanti-lo.

Em face disso, nós temos, de um lado, uma proibição de ir além da conta, mas, de outro lado, um dever de não ir aquém daquilo que é absolutamente necessário. Nesse aspecto, nós temos um desdobramento que diz respeito ao que se chama de "princípio da proporcionalidade", e que vai orientar, justamente por esse viés positivo, a atividade de fiscalização. Em que medida? A Administração, quando vai fiscalizar, tem uma finalidade, às vezes persecutória, mas, em princípio, no Direito Tributário, quando não há questões penais envolvidas, uma finalidade de esclarecimento de fiscalização da cobrança de tributos. Nesse sentido, para atingir essa finalidade, e por implicação lógica do estabelecimento dessa finalidade pública, vão surgir três deveres que devem ser obedecidos. Em primeiro lugar, todo ato administrativo deverá ser adotado unicamente se for adequado para atingir o fim da fiscalização. Se a Administração utilizar um meio cuja adoção não provocará efeitos que irão contribuir para a promoção da fiscalização, ele é absolutamente vedado pela proporcionalidade. E por que isso? Porque, quando a Constituição estabelece determinada finalidade, está implicitamente estabelecendo que a Administração tem de adotar um meio que leve à promoção daquele fim. Se está adotando um meio legitimado supostamente para implementação daquele fim, mas sua utilização provoca efeitos que não promovem aquele fim, mas outro, falta à Administração a legitimidade para atuar daquela maneira.

Há vários exemplos de fiscalizações que adotam instrumentos que não têm qualquer relação com a atividade de fiscalização, mas relação com constrangimento, com formação de opinião pública, enfim, com criação de situações de coação, garantias de vantagens, e assim sucessivamente – quando não, mesmo, autopromoção do fiscal que está fazendo a operação.

Esses meios são meios inadequados. De onde vem a adequação? Provém normativamente do estabelecimento mesmo da atividade-fim da Administração. Para atingir o fim, deve-se utilizar o meio adequado. Nesse sentido, há uma série de casos que poderiam ser mencionados, mas os exemplos da vida às vezes nos permitem compreender melhor. Se eu estou com dor de cabeça, eu tenho que tomar um analgésico. Se o médico me prescreve sal-de-frutas, alguma coisa está errada, porque, se esse remédio não serve para curar o sintoma de que eu estou me queixando, outro fim deve estar sendo atingido. Se eu quero curar a dor de cabeça, eu tenho que tomar um remédio para dor de cabeça, e não para outro problema. Nesse sentido, a Administração tem fins a atingir, e os meios só podem ser aqueles meios adequados. Nenhum meio inadequado será legitimado.

De outro lado, no entanto, a atividade administrativa deve se pautar pela necessidade. De onde surge a necessidade? Surge normativamente da positivação não só de um fim atribuído à Administração, mas de vários fins. Esse é o ponto talvez principal, porque a Administração não deve atingir apenas finalidades públicas, mas, também, fins que protegem os contribuintes. Vale dizer, a Administração não deve apenas atingir fins administrativos, mas proteger direitos fundamentais. Aí entra a questão da necessidade. Se há simultaneamente o dever de atingir mais de um fim ao mesmo tempo, surge, por implicação lógica, o dever de escolher o meio menos restritivo, porque é só o meio menos restritivo que irá garantir a preservação dos dois fins simultaneamente.

Há exemplos variados, mas, para continuar na família de exemplos que eu acabei de utilizar, podemos pensar no seguinte: se eu estiver com dor no joelho, o eu posso fazer para curá-la? Eu posso tomar um analgésico, fazer uma infiltração no joelho, operar o menisco ou amputar a perna. Se eu conseguir curar minha dor no joelho com analgésico, por que razão eu vou fazer uma infiltração? Se eu puder curar minha dor com uma infiltração, por que vou empreender mais esforços, gastar mais recursos humanos, físicos etc., para fazer uma operação de menisco? E se eu conseguir resolver meu problema com a operação de menisco, por que razão eu vou fazer uma amputação na perna? A Administração, dentre os meios disponíveis igualmente adequados para atingir o fim, tem obrigação de escolher o meio menos restritivo, porque só assim cumpre seu dever de atingir a finalidade, ao mesmo tempo em que preserva os direitos fundamentais do contribuinte.

Há, por fim, a questão da proporcionalidade em sentido estrito. A Administração não pode escolher o meio que preserve o fim administrativo mas que termine, obliquamente, restringindo em muito maior medida os direitos fundamentais dos contribuintes.

É nesse sentido que me parece deva ser interpretada a relação entre os direitos fundamentais e a fiscalização. Os direitos fundamentais vão operar *por dentro* das competências administrativas. Ora simplesmente bloqueando o exercício de competência, ora conformando o exercício da competência e ora calibrando o exercício da competência, em aspectos positivos e em aspectos negativos. O essencial é que o procedimento de fiscalização não é estanque. Pela dimensão normativa dos direitos fundamentais, determinados direitos e garantias vão surgir precisamente no decorrer do processo. Não há, por exemplo, como saber se o prazo de cinco dias vai ser suficiente. Isso só pode ser avaliado no decorrer do processo.

Na medida em que os direitos fundamentais adquirem uma espécie de *eficácia emergente*, dentro do processo, conformando as competências administrativas, as competências normativas vão ter de se vincular ao contexto em que se estabelece a relação entre o particular e a Administração.

É que o contexto fiscalizatório é um contexto marcado pela potencialidade de restrição dos direitos fundamentais. Nesse contexto, a eficácia de proteção desses direitos fundamentais é a mais importante.

Nesse sentido, é preciso pensar a relação que se estabelece entre os fiscais e o contribuinte não como uma relação de poder, mas como uma relação jurídica que se desenvolve não fora dos direitos fundamentais, mas dentro dos direitos fundamentais, porque os direitos fundamentais vão funcionar como espécies de competências negativas e competências positivas para a Administração. O que não se pode é simplesmente entender que todas essas garantias são válidas apenas para o processo administrativo, e não para a fase procedimental anterior.

E aí vem a grande questão. O procedimento é preparatório para o processo. O procedimento só se legitima se for para documentar adequadamente, se for para permitir a construção de provas, e assim sucessivamente.

Então, vejam que, além de todas aquelas eficácias de que lhes falei anteriormente, os direitos fundamentais têm uma espécie de *eficácia prévia*. Os direitos fundamentais processuais têm uma eficácia que antecede o processo e atinge o procedimento, porque o procedimento é instrumento do processo, e o processo, por sua vez, é o instrumento do Direito Material.

Não é possível compreender os procedimentos sem esse aspecto positivo. A jurisprudência tem seguido esse entendimento. O STF tem alargado o devido processo legal, inclusive para a fase procedimental. Procedimentos de fiscalização sem intimação prévia, como tem ocorrido em procedimentos de fiscalização pelo INCRA, foram declarados nulos. Como a maior parte das regras procedimentais é anterior à Constituição, ou nós precisamos de novas regras, ou nós vamos ler as regras anteriores de acordo com a nova Constituição. E a Constituição estabeleceu um novo paradigma. E esse novo paradigma ainda não foi percebido totalmente pelos operadores do Direito, e muito menos pela atividade de fiscalização.

Os direitos fundamentais são tão sérios e tão importantes que nem o contribuinte, em alguma medida, pode deles renunciar. Esse é um outro tema que mereceria uma outra palestra, mas o fato é que há direitos fundamentais e direitos fundamentais. Alguns direitos fundamentais dizem respeito exclusivamente ao aspecto individual de desenvolvimento da pessoa. Estes até podem ser objeto de auto-restrições. Nunca renúncias no seu todo. Mas há direitos fundamentais que não dizem respeito apenas ao indivíduo, mas dizem respeito à construção de instituições democráticas que fazem parte do Estado de Direito Brasileiro. E essas garantias supra-individuais ou individuais-institucionais não podem ser objeto de renúncia pelo particular. Por que eu digo isso? Porque muitas vezes a Administração se aproxima do contribuinte e diz: "Você presta essas informações sob pena de prisão de dois anos com reclusão"; "O Sr. presta essas informações, se não eu vou abrir um procedimento fiscal para fins penais". O contribuinte, amedrontado, obedece. Abre seu sigilo bancário, por exemplo. O contribuinte, em determinadas situações, abre mão até do devido processo legal. Pergunta-se: pode o indivíduo abrir mão de um direito que não é só dele? Nós todos conhecemos o caso clássico, que não é anedótico, posto julgado pelo Tribunal Francês, relativo ao arremesso de anões. Uma boate em Paris, que tinha uma atividade de arremesso de anões, de um grupo para o outro. Qual é o problema? O problema é que os anões queriam exercer a tal atividade, porque não conseguiam um trabalho adequado, eram discriminados etc., e eles foram até a última instância para que o Tribunal lhes garantisse que eles pudessem decidir o que eles queriam fazer. O Tribunal, porém, decidiu que a dignidade não é só do indivíduo. A dignidade é um direito fundamental que forma instituições que são importantes para um país e, em virtude disso, não podem ser objeto de renúncia.

Nessa linha, há muitos contribuintes que optaram pelo REFIS e confessaram débitos que foram declarados, depois, inconstitucionais pelo STF. Nesses casos a confissão é inválida. Há determinados contribuintes que são depois autuados em virtude de determinadas prerrogativas administrativas irrenunciáveis que foram objeto de renúncia porque foi criado um contexto coativo na atividade de fiscalização. As renúncias são inconstitucionais. Há determinados direitos fundamentais coletivamente vinculados que não podem ser objeto de renúncia.

O que me parece fundamental para que nós possamos fazer uma conclusão é o seguinte aspecto: nós temos que sempre pensar direitos materiais junto com procedimentos. Dar o fim sem dar o meio é não dar o fim. É isso que nós precisamos conceber, e aí entramos num outro problema. Nós falamos em solidariedade fiscal, nós falamos em Direito Cooperativo. Mas as nossas instituições e a nossa história brasileira permitem um tipo de análise como essa? Aqui entramos num ponto que me parece fundamental. O teórico, quando formula sua proposição, deve ter atenção, de um lado, aos efeitos sistêmicos da sua proposição e, de outro, às posições intermediárias, isto é, a quais instituições irão fazer valer aquilo que é pretendido. Nesse aspecto, o Brasil tem sua história, passou de um período autoritário, e tem determinadas instituições públicas que ainda agem de acordo com este paradigma de relação de poder. Não se pode, enfim, formular uma teoria desconectada da nossa realidade.

Nós falamos sobre interpretação, falamos sobre eficácia, e o que eu gostaria de lhes dizer, por fim, é que, depois de alguns anos estudando e pensando sobre essas questões, eu cheguei à seguinte conclusão. O paradigma que todos nós utilizamos é sempre o seguinte: Qual o sentido do texto? Qual o sentido do texto? Qual o sentido do texto? É um paradigma hermenêutico semântico. Nós sempre ficamos preocupados com o sentido. Esse paradigma, enquanto paradigma exclusivo, está equivocado.

O essencial não é apenas esse aspecto, mas também outro: quem dará o sentido e como será dado esse sentido? Nós não podemos ter uma teoria interpretativa semântica desvinculada das instituições reais que farão valer aquelas proposições teóricas. Caso contrário nós teremos um Direito absolutamente irreal. É preciso preocupar-se com o sentido, sim. É preciso, porém, também analisar quais instituições irão tornar reais aqueles sentidos e os métodos necessários a essa realização. Eu costumo sempre dizer, repetindo o que se dizia a respeito do pintor Picasso, que um grande pintor é aquele que pode transformar um ponto amarelo num sol, e um mau pintor é aquele que transforma um sol num ponto amarelo. Nós temos na nossa Constituição um sol, mas, infelizmente, temos transformado esse sol apenas num ponto amarelo. Obrigado! [*Palmas*]

PROF. TÁCIO LACERDA GAMA – Bom, ainda iluminados por esse sol de clareza, eloqüência e carisma, eu me valho do paradigma não tanto ditatorial, mas sem querer ir além e aquém da minha função, também para garantir o direito fundamental do almoço. Eu passo, de imediato, a palavra ao Prof. José Eduardo Soares de Melo, sobre o qual eu não poderia, em um só segundo, dizer de quem se trata. Vou começar de trás para a frente: Professor que tem 10 livros publicados, boa parte tratando de tributos em espécie, alguns já na 8ª edição, e pelo menos 5 deles já em 3ª ou 4ª. É sucesso escrito. Professor, conferencista, a quem, em várias oportunidades, eu tive a oportunidade de ver, mostra também que é um sucesso falando. Mestre, Doutor, Livre-Docente, Professor da PUC, eu não teria mais nada a dizer, a não ser passar logo a palavra para ele.

ISS, IPI, ICMS E TAXAS: CONFLITOS – INCIDÊNCIA NA IMPORTAÇÃO

PROF. JOSÉ EDUARDO SOARES DE MELO – Sempre que o apresentador inicia a leitura do *curriculum*, nós, aqui, dizemos: "Não! Não precisa ler nada!". Mas, na verdade, estamos torcendo para que ele leia as 15 páginas... Uma vez participei de simpósio no Estado do Rio Grande do Sul, e o conferencista fez questão de que fosse lido todo seu *curriculum* e, não satisfeito com isso, ficou andando na frente da platéia, com as mãos atrás das costas, concordando com tudo aquilo que o apresentador descrevia. Costumamos dizer que não precisa ler, mas a verdade é que o nosso ego é massageado.

Em primeiro lugar, digo que é uma grande satisfação estar aqui, sendo que somente não pude comparecer ao I Congresso de Direito Tributário do IDEPE, mas vim a todos os demais. Desta forma, é uma honra, uma felicidade, poder cumprimentar o Paulo Ayres, nosso querido Presidente deste Congresso, e dizer que esta Mesa, além do Humberto Ávila, de quem vocês já foram brindados com uma palestra muito bonita, é bonita também pela presença da Susy Gomes Hoffman, que é Mestre, Doutora, Membro do Conselho de Contribuintes, Diretora Jurídica da FIESP, do Renato Lopes Becho, Juiz, Doutor e também Professor de Direito Tributário, além do Tácio Lacerda Gama.

O que pretendo colocar a vocês nesse curto espaço de tempo serão visões conceituais, mas com caráter prático. Embora lecione há muito tempo, sempre fui advogado em minha vida, e sei que as questões teóricas são fundamentais para podermos resolver os casos práticos; mas também somente com a teoria, sem conhecer uma nota fiscal, sem saber como as operações ocorrem, o caminho será um pouco tortuoso.

Tomei aqui como tema questão emprestada, questão dessa chamada "interface", desse conflito que ocorre no âmbito do ISS, a Lei Complementar 116/2003, o IPI, o ICMS e também os serviços públicos, que têm sido tributados pelo ISS. E na segunda parte, espero que dê tempo, pretendo tecer algumas considerações sobre a questão do ISS na importação, que muito me incomoda.

Primeiramente, sempre nos lembramos, aqui, dos grandes ensinamentos do saudoso Prof. Geraldo Ataliba e do Cléber Giardino no sentido de que, quando pretendemos resolver determinado problema jurídico, não adianta apenas ficar naquela leitura do texto, da significação das palavras. É importante que nós tenhamos em mente três questões fundamentais. A primeira, os princípios constitucionais (os princípios jurídicos). Em segundo lugar, qual é o critério jurídico que deve nortear nosso exame (nossa interpretação) diante dessas distintas figuras tributárias. E, um terceiro momento, o tal do regime jurídico. Saber como o legislador trata a matéria. É claro, se conhecemos a parte operacional, ela será de extrema e fundamental importância.

Desta forma, no primeiro momento, verificamos que a Lei Complementar 116/2003, que é o grande "Estatuto Nacional do ISS", tem um festival de inconstitucionalidades, o que já vem sendo repetido desde a sua edição no mês de julho/2003 (até agora), mas sem que ainda o Poder Judiciário se tivesse manifestado de forma definitiva, e até com grande dificuldade para todos os operadores do Direito, Fisco e contribuinte.

Resolvi, nesta oportunidade, pinçar alguns itens da referida lei complementar e tecer algumas apreciações, sem querer ser o "dono da verdade", apenas ponderando com vocês algumas questões.

Verificamos na Lei Complementar 116/2003 alguns itens que têm como tópico o capítulo "Atividades Realizadas sobre Bens de Terceiros". Isso significaria aquele "fazer", aquele exercício do prestador de serviços, com bens materiais, com mercadorias, que não lhe pertencem. E, agora, a Lei Complementar 116/2003 conferiria um tratamento exclusivo da tributação do ISS. Há duas palavras, há duas atividades que estão previstas na Lista de Serviços que, da mesma forma, estão previstas na legislação do IPI. Então, mostra-se importante que saibamos quando ocorrerá a incidência do IPI, excluindo a incidência do ISS, e vice-versa.

Aqui se trata da questão do "beneficiamento" e da "montagem". O item 14.05 da Lista de Serviços, entre outras atividades, arrola atividade de beneficiamento – evidentemente, sem explicar o que seja. E dispõe mais. Que deverá pagar o ISS a pessoa que presta aquele serviço de beneficiamento, independentemente da destinação daquele material. Então, em termos práticos, é uma empresa, um profissional autônomo, que recebe um bem, para trabalhar em cima daquele bem e torná-lo mais perfeito para seu uso normal, seria o beneficiamento.

Mas o Regulamento do IPI, tradicionalmente, também estipula e caracteriza como fato gerador a "industrialização" ou "beneficiamento". E o pior é que a Lei Complementar 116/2003, agora, ao não dispor sobre sua destinação, entra em choque com o IPI e, por tabela, com o ICMS. Desta maneira, no meu modo de ver, qual seria o critério, qual seria o caminho para traçarmos acerca de tal distinção?

Eu penso o seguinte. Em primeiro lugar, é claro que vamos considerar a surrada mas importante distinção atinente à natureza das obrigações, a obrigação de "dar", onde se colocaria o ICMS, e a obrigação de "fazer", o ISS, mas que poderia haver, aí, um vínculo com IPI. E eu me atreveria a dizer que no IPI, além da obrigação de "fazer", estamos diante da obrigação de "dar". No entanto, a solução se encontraria no plano constitucional, porque, quando examinamos a Constituição Federal, verificamos que o legislador procurou traçar as competências em razão do "ciclo produtivo". Num primeiro momento, em que aquele profissional, aquele industrial, está elaborando determinado bem, e uma das etapas da elaboração consiste no "beneficiamento", somente poderia ocorrer a incidência do IPI. No momento em que esse bem já se encontra perfeito e acabado, e aí necessita, para o consumidor final, da prática de um ato para restaurar as condições originárias, estaremos diante da incidência do ISS. Darei um exemplo, para ser mais claro. Na hora em que se fabrica uma mesa, tem-se um tampo de madeira, e esse tampo de madeira se encontra áspero. Enquanto naquele tampo de madeira não for passada uma máquina e não se criarem condições para seu uso, aquele beneficiamento implica o IPI. No momento em que essa mesa se encontra perfeita e acabada, mas vem alguém e risca a mesa, e eu tenho que criar as condições anteriores, restaurar as condições para que ela possa ser utilizada, estaremos, então, diante do beneficiamento via ISS.

Portanto, sob essa ótica, parece-me que esse item, o 14.05, da Lista de Serviços, que trata do beneficiamento em sentido amplo, revela uma inconstitucionalidade, na medida em que não se acomodaria com o IPI.

Outro vocábulo também que muito incomoda, outra atividade que também está prevista no ISS e no IPI, é aquela que trata da "montagem". Tradicionalmente, o IPI estipula que a montagem é reunião de partes e peças que resultam em um produto novo. Exemplificativamente, são as fábricas de automóveis, as montadoras, que tratam com os insumos, fornecidos muitas vezes por terceiros, e teremos um produto novo, onde haverá incidência do IPI, conseqüentemente pagamento do ICMS.

Mas a Lista de Serviços, no item 14.06, trata da "montagem", articulando com a palavra "instalação"; e, pior ainda, utiliza a expressão "montagem" para montagem industrial, se bem que seria aquela realizada por um terceiro. Parece-me que esta expressão inserida no âmbito do ISS se coloca totalmente desarrazoada, ainda que possa ser realizado por um terceiro que não tenha sido o originário elaborador daquele bem.

Há também uma grande preocupação com uma postura que o STF adotou naquela questão relativa à elaboração dos bens "sob encomenda". Há mais de 20 anos atrás se discutia a questão dos "impressos gráficos"; se vou fazer um cartão de visita ou solicitar a uma gráfica que elabore um produto gráfico para minha utilização, especialmente, se estaríamos diante do IPI, do ICMS ou do ISS. E o STF fixou diretriz jurídica no sentido de que aquela atividade, embora a gráfica pudesse ter toda uma concepção operacional de uma indústria, não ficaria sujeita ao IPI, o que da mesma forma se verificou, recentemente, na discussão do *software*, quando o STF asseverou o seguinte: quanto ao *software* que é elaborado sob encomenda somente será devido o ISS. Aquele *software* que eu encontro na loja, o *software* de prateleira, aquilo é mercadoria, a base de cálculo será o valor irrisório do material – e parece que aludido procedimento pode levar a situações terríveis. Vamos supor que eu me dirija a uma fábrica de automóveis e solicite a elaboração de um automóvel com outras características: desejo que se retire o banco de trás, quero que se adapte ou tenha uma outra potência de motor, quero ter pára-brisas nos vidros laterais: aquele bem estará sendo elaborado sob encomenda. Então, qual é a diferença entre a elaboração do material gráfico e a elaboração do referido veículo? Aí se poderia dizer: "Sim, mas isso está arrolado na Tabela do IPI, isso é um produto industrializado". Mas também encontramos aludida circunstância no material gráfico.

Sabemos que os elevadores geralmente são fabricados sob encomenda. Não existem numa fábrica de elevadores "elevadores de prateleira", em que a empresa construtora fala: "Quero aquele da esquerda", "Esse daqui da direita", "Gostei deste, é simpático". Não. Não existe isso! E não é pelo fato de ser elaborado sob encomenda que ele deixará de se sujeitar ao IPI. Então, nesse momento, parece-me que referida colocação, da Lista de Serviços, no âmbito do "beneficiamento" e no âmbito da "montagem", de certa forma, atropela e invade a competência do IPI. E a outra repercussão coloca-se na esfera de incidência do ICMS. Por quê? Porque sabemos que quando ocorre o fato gerador do IPI, ninguém fabrica para deixar na fábrica, ocorre da mesma forma, simultaneamente ou paralelamente, a tributação por meio do ICMS.

Mencionada Lista de Serviços, da mesma forma, apresenta um problema que devemos debater, e acredito que a solução ainda não tenha sido encontrada pelo Poder Judiciário: a questão das operações de arrendamento mercantil (*leasing*). Em todo Congresso conversamos e discutimos sobre o *leasing*, e passam-se os anos e o Poder Judiciário profere, infelizmente, decisões... Então, chega no STF a questão do arrendamento mercantil (*leasing*). O *leasing* encontra-se colocado na Lista de Serviços, tanto como "agenciamento" como na própria operação bancária, o item 15.09, quando a boa doutrina entende que o *leasing* é um negócio jurídico complexo. O Prof. Roque Antônio Carrazza dá uma lição brilhante, mostrando que no *leasing* temos a figura que é parte "locação", pode ser parte "alienação" e a outra parte "crédito", em que revelaria sua predominância jurídica.

Por sua vez, o STJ, por meio da Súmula 138, estabelece que o *leasing* é sujeito a ISS. Acontece que temos duas leis complementares estipulando tratamentos jurídicos tributários distintos. A Lei Complementar 116/2003, que estipula e arrola o arrendamento mercantil (*leasing*) como sujeito à tributação pelo ISS, e, paralelamente, a Lei Complementar 87/1996, que é o grande "Estatuto Nacional do ICMS", que, no art. 3º, VIII, começa com a seguinte redação: "Não incide o ICMS na operação de arrolamento mercantil", mas, sutilmente, coloca uma vírgula e fala: "salvo alienação do bem arrendado".

Apenas para aumentar a confusão, vamos para o "campo da importação". Há um ano e meio atrás, acredito que antes desse Congresso, o STF, por intermédio de seu Plenário, decidiu que a importação de bens a título de arrendamento mercantil (*leasing*) caracterizaria hipótese de incidência do ICMS. E os argumentos enfocados pelo STF foram no sentido de que, em síntese, se estaria protegendo o bem importado em detrimento do produtor nacional, na medida em que, se aquele bem vem ao país (geralmente um avião) a título de arrendamento mercantil (*leasing*), se não houver opção pela compra e o mesmo for devolvido ao Exterior, não ocorrerá o fato gerador do ICMS, ao passo que o arrendamento mercantil (*leasing*) nacional incorreria nessa implicação.

Recentemente, há questão de, aproximadamente, dois meses atrás, o STF voltou a se manifestar acerca da matéria vertente, numa importação realizada pela empresa TAM, e deu uma outra distinção. Mas o que o STF, pelo menos nas pesquisas que todos fazemos, ainda não tratou é da questão do ISS na importação – que será objeto da minha fala da segunda etapa –, ou seja, como a Lista de Serviços prevê a incidência no arrendamento mercantil (*leasing*). Como a Lei Complementar 116/2003, agora, ao meu ver, inconstitucionalmente, dispõe que o serviço prestado no Exterior e que tenha sua utilização no território nacional ou que tenha início no Exterior e se conclua no país será fato gerador de ISS, pode, mais adiante, em razão de impugnações de contribuintes, chegar ao STF também essa tormentosa questão, se incidiria ou não.

Parece-me também que, no âmbito do ICMS, essa Lista de Serviços coloca outro item muito preocupante, qual seja, o item que trata da chamada "comunicação visual", que nada mais representa que a publicidade visual. O que ocorre? Sabemos que a atividade de publicidade e de propaganda tipifica o fato gerador do ISS. Não compreende nem produção industrial, muito menos mercadoria. Mas isso não se passa de uma forma muito tranqüila. Algum tempo atrás, aqui em São Paulo, alguns empresários propuseram medida judicial, me parece que uma ação declaratória, para que o juiz declarasse a não-incidência do ICMS, e sim a incidência do ISS, sobre essas atividades de publicidade e propaganda, que são veiculadas por meio de folhetos, sendo objeto de confecção. Vamos ser mais claros, a questão dos chamados *outdoors*.

Esse assunto foi bater no STJ, e hoje, quando fazemos uma pesquisa da jurisprudência do referido Tribunal, já encontramos ementa no sentido de que *serviço de publicidade é sujeito ao ISS, reiteradas decisões do STJ*. Assim, essa primeira leitura pode nos conduzir ao entendimento seguinte: "Mas é uma 'atividade de fazer', não seria 'mercantil'". Será que há comunicação? E o que ocorre? Aquele empresário dedica-se a, tem por objeto, esta atividade de publicidade e propaganda, não agência de publicidade, mas aquela que veicula por intermédio dos *outdoors*, desses *totens* (...) aqui em São Paulo. Isso acabou diminuindo, mas é extremamente comum em outros grandes Municípios. Daí se colocaria a questão seguinte: qual é a obrigação tributária que ele tem?

Evidentemente, o ato de confeccionar um bem envolve uma circulação de mercadoria que numa determinada etapa deveria estar sujeita ao ICMS. Mas o objeto da atividade principal, que é a veiculação, jamais poderia ser tributado pelo ICMS, o "S" do "serviço de comunicação", porque, vejam, senão, amanhã pode entrar aqui um fiscal da Prefeitura e querer, da mesma forma, tributar a minha fala – se bem que não é remunerada, mas se fosse remunerada, por entender que estou realizando uma "comunicação". Se vier aqui um conjunto musical e tocar uma música (um espetáculo), também haveria uma "comunicação", na medida em que ocorra uma interação com a platéia. Mas essa "comunicação" não é objeto principal da atividade, ou seja, promovo uma atividade referente ao ensino (educacional). Aquele conjunto musical atua no âmbito das diversões públicas (entretenimento). E até o Prof. Roque Antônio Carrazza coloca muito bem que somente deveria haver a tributação pela comunicação do ICMS, a tal da "relação comunicativa", cujo exemplo típico é a operação de telefonia.

Destarte, parece que nos incomoda o fato de a Lei Complementar 116/2003 estipular como atividade "comunicação visual", porque a comunicação, de certa forma, já se encontra prevista na Constituição Federal, em tese, como fato gerador do ICMS.

Da mesma forma, no âmbito da Lista de Serviços isso também tem sido debatido, sem ainda obter efetiva postura judicial a questão dos "serviços públicos". Encontramos na Lista de Serviços diversas atividades que não deveriam ser tributadas pelo ISS, ou seja, o imposto é para remunerar a atividade pública – isso, sim –, mas decorre de um negócio jurídico privado, não há qualquer atividade estatal. Atividade estatal específica é remunerada por "taxa" ou até pela figura do "pedágio", mas nunca pelo "imposto".

Encontramos aludida figura no item 21.01 da Lista de Serviços: os registros públicos, os cartorários, os notariais. E aqui há uma singularidade. O art. 236 da CF de 1988 estabelece que esta atividade será realizada em caráter particular, dando a falsa impressão ou a primeira impressão de que se trataria de um serviço particular. Mas não posso ter em minha casa um Cartório, e dizer: "Olha, passo escrituras mais baratas, venham aqui, que vocês serão mais felizes". Ou, então: "Vamos fazer uma justiça na nossa casa, organizar um tribunal". Por quê? Porque essas atividades têm natureza pública por definição constitucional. Portanto, não podem ser entendidas como de âmbito particular, sujeitas a impostos. Acontece que há uma ADI 1.441, do Estado do Paraná, em que fora decidido pelas características de "serviço público remunerado por taxa", mas há cerca de dois anos atrás a ANOREG – parece nome de doença, não é? –, Associação Nacional dos Registrários, ingressou com uma ação direta de inconstitucionalidade, e o "caminho da carruagem" encontra-se complicado, porque a maioria do STF está entendendo que há objetividade e intenção de lucro e tudo mais, assim, também, como na exploração de rodovia por meio da cobrança de pedágio.

E, nos meus últimos cinco minutos, gostaria de comentar com vocês a incidência do ISS na importação, que é uma figura nova no âmbito da Lei Complementar 116/2003. Penso o seguinte: o princípio que norteia a tributação, um dos princípios basilares, é o *princípio da territorialidade*, ou seja, onde a riqueza é gerada é que deve ocorrer o fago gerador do tributo, com algumas exceções.

O território nacional produz seus fatos jurídicos, suas riquezas, e as pessoas competentes podem tributá-las. Os fatos jurídicos ocorridos fora do território nacional não poderiam ser alcançados pela pessoa política interna, no caso, os Municípios, a não ser por exceção. E a própria Constituição Federal de 1988 estabelece essas exceções. Quais são?

Em primeiro lugar, o imposto de importação (art. 153, I) é da sistemática do comércio exterior, trazer bem do Exterior para o país. O fato inicia-se fora do país; ingressa no país, é tributado, extraterritorialidade. O segundo é o imposto de renda (art. 153, III, e § 2º), em razão do princípio da universalidade; ou seja, as rendas e os proventos de qualquer natureza obtidos fora do país (renda mundial, com bases universais) são tributados também pelos nacionais. A terceira situação, o próprio ICMS: ao lermos o art. 155, § 2º, IX, "a", encontramos operações iniciadas no Exterior ou serviços prestados exclusivamente no Exterior. Recentemente, o PIS-Importação, a COFINS-Importação e até a CIDE-Combustível, com as alterações dos arts. 149 e 195 do texto constitucional. E até um imposto de transmissão *causa mortis*. Alguém falece no território nacional, deixou um bem no Exterior, que deve integrar o inventário. Então, essas matérias, esses fatos que ocorrem fora do território nacional, são alcançados pela nossa tributação. E não é o caso do ISS, e alguns argumentos – já estou encerrando –se colocam no seguinte sentido: "Ah! Mas temos que tratar do princípio da tributação no destino". Bom, não sei se este é um argumento econômico, mas jurídico me parece que não seja. E tanto isso não é verdade que para que o ICMS pudesse alcançar fatos que se iniciam no Exterior e se concluem no território nacional foi necessário a própria Constituição Federal tratar disso, por meio da Emenda Constitucional 33/2001. Argumento adicional que, da mesma forma, me parece não ter maior prestígio é aquele que fala: "Não, mas a Constituição fala 'imposto sobre serviços', e aí nós estaríamos tributando o 'consumo dos serviços'". Creio que isto aqui é um pouco elementar, *data venia*, porque não se tributa "serviço", se tributa "prestação de serviço". E a própria lei complementar tem uma figura esdrúxula ao eleger como devedor do tributo nesse ISS-Importação o tomador do serviço; não há contribuinte, porque o contribuinte seria alguém residente fora do território nacional.

Em face do exposto, gostaria de deixar colocado para vocês que, embora essa matéria não seja exatamente nova, como ainda não há uma postura definitiva por parte do Poder Judiciário, creio que seja importante para nossa reflexão. Muito obrigado! [*Palmas*]

PROF. TÁCIO LACERDA GAMA – Prof. José Eduardo, são sempre renovadas sua clareza e a habilidade para lidar com temas relativamente complexos do dia-a-dia da tributação. E essa mesma clareza eu costumo observar nas exposições da Profa. Susy Gomes Hoffmann, que, como já disse o Prof. José Eduardo, é Advogada em Campinas, Mestre, Doutora, Professora em Direito, Juíza do Conselho de Contribuintes, e nos falará sobre "Substituição Tributária e Domicílio do Prestador e Local de Prestação". Profa. Susy!

SUBSTITUIÇÃO TRIBUTÁRIA E DOMICÍLIO DO PRESTADOR E LOCAL DE PRESTAÇÃO

PROFA. SUSY GOMES HOFFMANN – Bom dia a todos, quase boa tarde! Gostaria muito de agradecer ao querido amigo Paulo Ayres pelo gentil convite de estar aqui, cumprimentar todos da Mesa, Prof. Renato, Prof. José Eduardo, Prof. Tácito, Prof. Humberto. Para mim é uma alegria imensa estar aqui, hoje, neste Congresso. Eu venho aqui com uma tarefa difícil, porque no ano passado, no XX Congresso, eu falei de um tema parecido. E no decorrer deste ano, pensando bastante no assunto, mudei meu posicionamento. Então, hoje eu venho aqui ao Congresso mudar a posição, e "balancei" bastante para fazer isso. Quem me conhece e vai ao meu escritório, à minha casa, sabe que sou devota de São Francisco, e São Francisco tem uma oração que é fundamental para as pessoas, para os advogados e para o momento que estou vivendo, que diz mais ou menos assim: precisamos ter coragem para mudar as coisas que precisam ser mudadas, serenidade para aceitar as coisas que não podem ser mudadas, e discernimento para distinguir uma das outras.

Então, estou, assim, num momento de coragem, porque eu escrevi muito sobre isso, tenho vários artigos, meu próprio artigo no Curso de Especialização no IBET defende a posição contrária, e eu venho aqui mudar a posição. Então, peço, aqui, licença até aos meus Mestres, que eu segui antes, para mudar meu entendimento.

A questão é difícil, é uma questão muito polêmica: a questão do *local da prestação de serviços para o ISS*. E esse é o tema introdutório na questão do ISS e na questão da substituição. Esta discussão (sobre o Município competente para cobrar o ISS) vem desde o surgimento do Decreto-lei 406/1968.

Bem, há a previsão constitucional, no art. 156, da competência dos Municípios para instituir impostos sobre serviços de qualquer natureza; e o art. 146, que nos diz que a lei complementar poderá dispor sobre conflitos de competência. Inclusive quem já leu meu artigo que está no Curso de Especialização, em que eu falo do ISS, pode verificar que eu trabalho bastante a questão da lei complementar, das funções da lei complementar, se pode haver o conflito ou não pode haver o conflito. Eu concordo que, efetivamente, na teoria, o conflito é aparente, pois quando você vai olhar e analisar um a um os serviços, pode-se destacar em que momento ocorre a prestação de serviço. Mas eu vou ultrapassar um pouco essas questões, neste momento.

Quando se fala em "local de prestação de serviços", há várias perguntas que não quererem calar, que existem desde 1968. Qual a abrangência da competência do Município para fins de cobrança do ISS? São os serviços prestados nos limites territoriais aqui do Município? Existe um critério espacial constitucional? Tal competência, de acordo com o que está na Constituição, só surte efeitos para os fatos ocorridos nos limites territoriais do Município? Há exceções a tais regras? O legislador infraconstitucional tem competência para dirimir conflitos? Existem esses conflitos? E é possível, frente à legislação e à jurisprudência atuais, a existência de uma regra geral que resolva de forma pacífica estas questões? Eu creio que esse foi o mote para minha mudança de opinião.

E aqui, para chegar a isso, eu percorri a regra-matriz, o decreto-lei, o histórico jurisprudencial relativo ao tema, a fatídica Lei Complementar 116/2003, para ir buscar uma nova perspectiva para o ISS.

Então, vamos começar da nossa velha, conhecida e querida *regra-matriz*, para entender um pouco melhor esta questão do local da prestação de serviço e a discussão toda que existe. O critério material do ISS é a prestação de serviço. O Dr. José Eduardo já disse – creio que não há qualquer dúvida sobre isso – que o ISS incide sobre a prestação de serviços. E usando, aí, o conceito de que o tributo vai incidir sobre o negócio jurídico da prestação de serviço, esse conceito eu creio que é do próprio Dr. José Eduardo, sob o regime de Direito Privado, como atividade-fim do prestador de serviço. Então, temos de olhar a prestação de serviço, e, para saber qual é o negócio, eu vou olhar qual é essa atividade-fim.

Isso é muito importante, porque há muita dúvida sobre qual é a prestação de serviço, onde ela ocorre. Além disso, ainda há aquela distinção sobre qual é a atividade-meio e qual é a atividade-fim. Ainda temos de lembrar que essa divisão do antecedente, no critério material, temporal ou espacial, é apenas didática, porque o fato sempre vai acontecer numa determinada coordenada de espaço e numa determinada coordenada de tempo. O que importa, neste momento, é a coordenada de espaço; a de tempo pode ter até outra polêmica, mas não será tema de nossa discussão, aqui.

Em que local ocorre o fato jurídico do ISS? Aí eu tenho um que é o natural, que é o da Constituição, podemos dizer, inicialmente. O natural seria entendermos sempre que o fato jurídico do ISS ocorre nos limites territoriais do Município em que aconteceu a prestação do serviço. Isso é o natural, e essa deveria ser a regra. Isso seria tranqüilo e fácil se nós tivéssemos na nossa Federação 5, 10, 20 Municípios. Com 1.000 Municípios, eu posso até falar: "Eu posso encontrar em que local ocorreu o fato jurídico da prestação de serviços". E, aí, alguém aqui vai me perguntar: "Você pode falar em cada um dos mais dos 100 itens que nós temos, entre itens, subitens, onde vai ocorrer a prestação de serviços?". Creio que temos casos em que a solução é difícil e questionável.

Vou dar um exemplo. A Karen Dias – que é também Conselheira no Conselho de Contribuintes – e eu estávamos em Brasília e tivemos a maior discussão no café da manhã esta semana, porque eu estava dando esse exemplo, sobre em que local ocorreu o fato jurídico do ISS. Se, por exemplo, for contratado o Dr. José Eduardo Soares de Melo para fazer uma sustentação oral no Conselho de Contribuintes – eu vou propor para ele: Dr. José Eduardo, o Sr. não precisa fazer memoriais, o Sr. já conhece a matéria, não precisa nem falar de Direito, o Sr. só vai lá: o seu serviço, a prestação de serviço que vai constar no contrato da empresa que o está contratando, é realizar a sustentação oral perante a 1ª Câmara do 3º Conselho, da qual eu faço parte, pois o que importa é sua presença.

Prof. José Eduardo Soares de Melo – Mas paga honorários?

Profa. Susy Gomes Hoffmann – Paga honorários, porque, com sua presença, não precisa mais nada. E, aí, a Karen falou: "Não, o estabelecimento vai ser sempre o do escritório". E eu falei: "Não, Karen, a prestação do serviço é a sustentação oral, é isso que vai ser o objeto da contratação de serviços". Enfim, nós ficamos um tempão discutindo isso. Assim, aqui, vamos dizer que para os serviços advocatícios não tivesse a questão de pagar pelo valor fixo, não teria fim a discussão. Então, essa discussão vai longe, pois há inúmeros casos semelhantes. Eu poderia falar de serviço de resgate, vou colocar, aqui, outro exemplo: serviços de escolta – e por aí afora. O que eu quero mostrar é que a questão não é tão simples como parece quando se vai discutir em que local ocorreram algumas espécies de prestações de serviços.

Então, no critério espacial eu tenho, primeiro, o Município natural ou, então, poderia entender que há uma outorga ou uma permissão para que o legislador infraconstitucional eleja algum; da mesma maneira que se entende que pode eleger alguns dos sujeitos passivos relacionados ao fato jurídico, que eleja um dos Municípios relacionados ao fato jurídico. E aqui eu coloquei só dois, ou o Município em que está estabelecido o prestador de serviços, ou o Município em que está estabelecido o tomador. Porque eu ainda teria uma terceira opção: o Município, neste caso, por exemplo, do evento do Dr. José Eduardo, ele está em São Paulo, a empresa está no Rio de Janeiro, ele fez a sustentação oral em Brasília. Então, até teria o Município em que efetivamente aconteceu o serviço, e aqui no exemplo, no *slide* anterior, seria o constitucional.

E se determinar o local em que ocorre a prestação de serviço é fundamental para entender e para definir quem é o sujeito ativo que pode cobrar o ISS, temos de considerar a prestação de serviços que pode ocorrer em diversos Municípios ou pode ser dividida. Então, essa é, hoje, a grande dificuldade, isto é, saber o critério espacial, que, por sua vez, vai influenciar diretamente qual é o agente competente para a cobrança do tributo; enfim, qual é o Município competente para cobrar o ISS.

Em 1968, quando veio o Decreto-lei 406, havia uma gama de serviços. Em 2007, passados quase 40 anos, a prestação de serviços aumentou consideravelmente, pois há a complexidade, a tecnologia, a questão da Internet, os serviços prestados virtualmente. Ora, eu posso estar no meu escritório, posso estar num hotel, posso estar em qualquer lugar, e prestar efetivamente um serviço. Então, como resolver essas questões?

Eu quis elencar, não-exaustivamente, alguns tipos de prestação de serviços: (a) serviços que sempre serão prestados no local indicado pela empresa tomadora – o serviço de vigilância, o de jardinagem, o de limpeza; (b) serviços que sempre serão prestados na sede do prestador – os hospitalares, os exames laboratoriais, entre outros; (c) alguns que dependerão da disposição contratual – uma empresa que realiza treinamentos; o treinamento pode ser realizado na empresa tomadora, na prestadora ou em outro local combinado entre as partes; (d) Serviços em que não há como estipular o local do núcleo de sua prestação ou, como coloquei, haverá muita dificuldade – como serviços de entrega de documentos, por exemplo; eu contrato a empresa de entrega de documentos para pegar determinado documento em São Paulo, só que eu estou em Americana, o serviço de encomenda está em Campinas, eu peço para pegar em São Paulo e levar até São Bernardo. Então, há quatro Municípios envolvidos: o do prestador, o do tomador, o do local em que a encomenda foi retirada e o do local em que a encomenda foi entregue; (e) serviços em que o local pode ser eleito pelo prestador, que eu entendo possível – como por exemplo, o caso de uma administradora de cartão de crédito, e aí se coloca a equipe toda naquele lugar, independentemente do local em que o cartão é vendido, a administração vai acontecer nesse lugar anteriormente eleito, até porque esse Município tem uma alíquota menor; (f) serviços predominantemente intelectuais, serviços em que somente com a análise específica, caso a caso, com bastante dificuldade, nós vamos saber onde ocorreu a prestação.

Como exemplo desta complexidade cito um caso no meu trabalho, em que uma empresa cliente, quando veio a Lei Complementar 116, colocou para nossa análise todos os contratos – eram uns 200 contratos –, para verificação sobre qual Município seria o competente para a cobrança do ISS. E foi exaustiva a análise, caso a caso. Vamos dizer que, dos 200, metade conseguimos concluir rapidamente, sobre a outra metade tivemos que nos debruçar e discutir para concluir em qual local teria ocorrido a prestação de serviços. E tivemos uns 20 restantes em que a discórdia foi tal entre tomador e prestador que, no final, decidiu-se pagar o ISS para os dois Municípios envolvidos.

Então, qual uma conclusão preliminar que podemos tirar? A gama de possíveis prestações de serviços já indica que teremos muitas dúvidas, mesmo na aplicação de qualquer que seja a regra geral. Há, sim, a necessidade de uma regra para dirimir os possíveis conflitos de competência. E há uma necessidade, eu entendo, de conciliar o dispositivo constitucional com a efetiva e pacífica cobrança do tributo.

E aqui vou fazer uma outra interrupção, para rapidamente contar uma questão também lá do escritório. Num dia estávamos às voltas com uma consulta, e a minuta foi dada para que um advogado recém-contratado na equipe a elaborasse. A consulta envolvia ICMS, ISS e tal, e esse advogado – Rafael – me trouxe a minuta do breve parecer para eu corrigir, e eu falei: “Ah! Mas prestação de serviço, nós já temos praticamente isso pronto”. Ele falou: “Ah! Já têm? Não fiz segundo o modelo do escritório”. Falei: “Epa! Deixa eu dar uma olhada”. E, aí, eu peguei a resposta da consulta dele. E era uma resposta simples, objetiva. Era um serviço de assistência técnica, daqueles bem confusos, pois a prestação de assistência técnica poderia ser feita no tomador, no prestador, no lugar que o tomador indicasse. Ele falou: “Tem que ser pago no local do prestador”, afirmando, mais ou menos, que, se a empresa prestadora está efetivamente estabelecida nessa cidade, pela regra do art. 3º da Lei Complementar 116, era aquele o Município competente. Ele, em tese, fez certo, a explicação básica. Eu cheguei para ele e falei: “Olha, eu acho que ninguém te avisou, mas não é essa a minha posição”. E dei o meu artigo desse livro, acho que 50 páginas, para ele ler. E aí voltou ele, uma semana depois, com um calhamaço e com a resposta para a empresa: “Olha, como prestadora, deveria pagar no local onde está estabelecido, mas provavelmente a tomadora, sua principal cliente, que é ‘X’, vai fazer a retenção, pois nesse Município tem a retenção, mas se eventualmente algum dos seus funcionários for para outra cidade, você deve também recolher, abrir inscrição, explicar, e talvez o melhor caminho seja uma ação judicial para consignação em pagamento”. Ou seja, aquela consulta, que era simples, ficou extremamente complexa. E para o cliente ficou difícil, pois parece que eles dizem para nós: “O que eu faço, agora? Eu quero pagar, para quem eu pago? Eu quero ter segurança jurídica. Não é possível que você, como advogada, não me responda isso”. Eu falo: “Pois é, mas é isso que existe hoje na doutrina, na jurisprudência”. É difícil sair disso. Realmente, essa consulta eu creio que foi o mote para mim, que mexeu e que mostrou que uma questão que poderia ser resolvida de maneira extremamente pacífica e tranqüila passou a ser extremamente complexa e causar insegurança jurídica, no sentido de trazer a opção por se pagar o tributo para dois Municípios, porque não se quer ir ao Poder Judiciário.

Então, voltando, eu creio que a gente precisa, para entender um pouquinho mais essa questão, retornar para o Decreto-lei 406/1968. O que aconteceu? Houve sob a égide da outra Constituição a opção, a possibilidade, da instituição do ISS. Alguns artigos existiram rapidamente no Código Tributário Nacional e foram revogados pelo Decreto-lei 406/1968, que já fez a previsão, no seu art. 12, de que o local da prestação de serviço seria o do estabelecimento do prestador ou do domicílio e fez, aí, algumas pequenas exceções com relação à construção civil.

O que aconteceu? Se considerarmos só a regra do art. 12 do decreto-lei não haveria problema, pois há o critério espacial da regra-matriz, e o ISS ocorreria no local em que estivesse estabelecido o prestador de serviços, e o sujeito ativo seria o Município em que estivesse localizado o estabelecimento do prestador de serviços.

É preciso lembrar que até o advento da Lei Complementar 116, mesmo com a jurisprudência do STJ, nunca foi julgado inconstitucional (ainda que parcialmente) o art. 12 do Decreto-lei 406/1968, pois não foi colocado em julgamento pelo STF. Eu já pesquisei, acho que falei isso, até, no Congresso do ano passado. Eu só encontrei um julgamento do STF sobre o art. 12, falando muito rapidamente, não entrando realmente no âmago da questão.

Então, o que existia antes da Lei Complementar 116? Não vou entrar, ainda, na Lei Complementar 116. Havia dois critérios espaciais possíveis, o do Município em que ocorria a efetiva prestação de serviços – e aqui eu coloquei constitucional, para indicar que da Constituição já emergia esse critério espacial – ou então, o do Município em que localizado o estabelecimento ou domicílio do prestador de serviços, de acordo com a regra do decreto-lei – se se aceitar que esse decreto-lei tinha a função de lei complementar para dirimir conflitos.

O que aconteceu? Qual foi a realidade advinda à interpretação do art. 12? Efetivamente, os serviços eram prestados no Município e tributados por outro, por quê? O maior motivo foi a guerra fiscal. Temos, perto de São Paulo, Barueri, em Campinas tem próxima a cidade de Santo Antônio de Posse. Barueri e Santo Antônio de Posse são paraísos fiscais. Esses Municípios tinham 0,5% de alíquota de ISS contra os 5% das outras cidades. Então, as empresas, na maioria das vezes, ficticiamente, tinham seu endereço nestas cidades, porque de fato elas não estavam estabelecidas lá, e, nestes casos, havia, a fraude, o que tinha de ser afastado.

Então, este "falso" planejamento tributário era feito com base, no meu entendimento, numa interpretação equivocada do art. 12. Ora, a empresa, de fato, não estava estabelecida no Município, que era um "paraíso fiscal". Ela poderia até, no contrato social, estar estabelecida naquela cidade, mas ela tinha toda sua estrutura, sua sede administrativa, tudo, em outro Município. Mas havia também os casos em que os serviços eram prestados em determinado Município e tributados por outro. E, aí, o Município em que ocorreu a efetiva prestação de serviço começou a autuar essas empresas, exigindo o ISS.

A doutrina, inicialmente, pelo Prof. Roque Antônio Carrazza, levantou a questão, mostrando que o art. 12 não estava em consonância com a Constituição, porque o Município competente sempre vai ser o Município em que o serviço foi efetivamente prestado.

E os Municípios tomadores de serviços passaram, então, a autuar as empresas que prestavam serviços dentro dos seus limites territoriais e pagavam o ISS para outros.

Vejam, naquilo que eu acompanhei e que eu analisei na jurisprudência, as autuações, em sua maior parte (a maior parte, mas não tudo) – até ocorreu o segundo caso (a empresa efetivamente estava estabelecida com toda sua estrutura no Município que era o "paraíso fiscal") –, no início, eram relativas às fraudes. Aquelas empresas que prestavam serviços que eram prestados, por sua natureza, em local diverso do local do prestador, se estabeleciam, ficticiamente, nos "paraísos". Por exemplo, uma empresa de vigilância: ela estava dentro de São Paulo, ela treinava os funcionários em São Paulo, os funcionários todos dela eram de São Paulo, a tomadora era de São Paulo, e ela tinha um endereço em Barueri, vamos dizer, ou em Santana de Parnaíba, que não tinha nada lá, e aí ela só usava desse artifício para pagar 0,5%.

Então, a maior parte dos casos que chegaram do Judiciário veio desse tipo de autuação. Mas tivemos também outros casos. Por exemplo, acho que foi o Município de Itu, cobrando o ISS da administradora de consórcios que estava localizada lá e que deveria pagar na sede do local da prestação da administração, que seria o Município de Itu, e não nos Municípios em que buscava a clientela.

Então, rapidamente, que meu tempo já está esgotando, o histórico jurisprudencial relativo ao tema mostrou que, quando as questões chegaram ao STJ – eu colacionei, aqui, acho que quatro julgados –, todos os julgados falaram que a Municipalidade competente para realizar a cobrança do ISS é a do local da prestação dos serviços, em que efetivamente ocorre o fato gerador do imposto.

Isso está nesses quatro julgamentos que eu trouxe aqui, mostrando o quê? Este aqui, último, que é o caso do consórcio, mostrando o quê? Que a doutrina apontava que o Município competente para cobrar o ISS é o da efetiva prestação do serviço. A locução do Decreto-lei 406 indicava a competência do Município em que estivesse localizado o estabelecimento, e a jurisprudência do STJ, quando chegava lá a questão, falava que o Município competente é aquele onde ocorreu a efetiva prestação de serviços.

E aí, no meio disso tudo, surgiu a Lei Complementar 116/2003, que revogou o art. 12 do Decreto-lei 406/1968 e determinou que o serviço se considera prestado e o imposto devido no local do estabelecimento do prestador, como regra geral. E traz uma série de exceções. Entre elas os famosos serviços de vigilância, de limpeza, que eram os que causavam mais polêmicas, e uma série de outros casos.

Mas o art. 4º dessa mesma lei complementar disciplina que se considera "estabelecimento prestador o local onde o contribuinte desenvolva atividade de prestar serviços, de modo permanente ou temporário, que configure a unidade econômica profissional" – e vai por aí afora, mostrando que o estabelecimento não é o local onde está seu endereço no contrato social, nos documentos societários, mas, sim, onde efetivamente se presta o serviço.

Então, numa primeira leitura, parece que continuam as duas regras também com a Lei Complementar 116. E, para piorar a situação, ela explicitou a questão da responsabilidade com a possibilidade da retenção. Ademais, a Lei Complementar 116, ao tratar da questão da responsabilidade, indica vários casos de responsabilidade para o tomador de serviços, e dando a possibilidade aos Municípios de criar outros casos.

Então, a lei complementar mesclou as duas regras, tanto a que determina que é competente para cobrar o ISS o Município em que estiver estabelecido o prestador de serviços, feitas as exceções, e a competência do Município em que ocorrer a efetiva prestação, se eu entender dessa maneira o art. 4º.

Quem ficou seguro, a partir da Lei Complementar 116? Somente aquelas prestações de serviços que constam das exceções que estão no art. 3º, pois sobre essas questões não há qualquer dúvida.

E, também como eu falei, trouxe a questão da substituição tributária. E aí se estabeleceu o caos. Eu creio que todo mundo que trabalha com ISS sabe que o caos está estabelecido. Eu vou dar, aqui, o exemplo que eu conheço de Campinas e São Paulo. Os dois Municípios aplicam as duas regras ao mesmo tempo, isto é, cobram o ISS daquelas empresas que estão estabelecidas em seu Município mas prestam serviço em outro, como cobram o ISS das empresas que estão estabelecidas em outro Município mas prestam serviços em seu Município. Estou dando o exemplo de dois, mas muitos outros Municípios estão elaborando as leis desta forma. Todos se utilizam das duas regras ao mesmo tempo e, além disso, atribuem a responsabilidade ao tomador, em muitos casos, determinando a retenção do tributo.

Então, para complicar, aplica-se a substituição tributária, falando: "Tomador, preste atenção, se você tem interesse no fato jurídico tributário, você é responsável, posso cobrar de você". Então, na dúvida, retenha. E, enfim, os Municípios criam deveres instrumentais muito complexos, até falamos sobre isto no Congresso passado. Em Campinas, por exemplo, alguém que queira se inscrever para pagar uma guia está completamente perdido, tamanha a gama de deveres instrumentais. E observo que também para os tomadores de serviços há as exigências de notas de entrada e uma série de questões.

Então, frente a toda essa situação – e já terminando aqui –, parece-me que nós temos uma realidade, hoje, de insegurança jurídica, de burocracia, de tributação para mais de um Município, para não chegar até três. E, por outro lado, há o desafio de tentar conciliar uma alternativa para o "caos" com o dispositivo constitucional que indica o critério espacial natural do ISS, que seria o Município em que ocorrer a prestação de serviços.

Existe a conciliação? Hoje eu entendo que o único caminho para a conciliação seria uma lei complementar para dirimir a guerra fiscal; ainda que o conflito seja um conflito tecnicamente aparente, ele existe, ele está causando caos, nós temos centenas de Municípios – não poderia falar que são todos, mas centenas de Municípios – fazendo da vida de tomadores e prestadores de serviço uma insegurança jurídica.

Então, creio que o intérprete e o aplicador do Direito têm que buscar a solução. E a solução é criar um "CONFAZ" de Municípios ou uma lei complementar que admita uma solução pacífica, que permitisse a cobrança. Daí que, para finalizar, justificando, eu entenderia, que frente a essa realidade, ainda que eu enxergue na Constituição um critério espacial natural, que poderia ser a regra geral do ISS, não vejo impedimento constitucional para que o legislador infraconstitucional, para dirimir os conflitos, eleja como local da ocorrência da prestação de serviços o local do efetivo estabelecimento de uma das pessoas envolvidas com a prestação (o tomador ou o prestador). Enfim, eu não encontro impedimento constitucional para que o legislador infraconstitucional possa presumir que o local da prestação de serviço é ou do prestador ou do tomador, que seriam os dois únicos critérios que pacificariam o local da efetiva prestação de serviço. E, aí, essa lei complementar poderia dirimir o conflito e a guerra fiscal, optando ou por um ou por outro caso.

Não acho que a atual lei complementar seria a ideal. Ela precisa de ajustes para isso, porque para aproveitá-la se teria que fazer um esforço interpretativo, entender que realmente o art. 3º traz a regra geral e um rol exaustivo de exceções, isso não é claro na lei; que o art. 4º seria meramente interpretativo para evitar fraudes, e que o art. 6º só poderia atribuir a substituição e a retenção, no meu entendimento, para aqueles casos que estão previstos no art. 3º, isto não poderia ser uma regra geral.

Então, meu posicionamento se altera, porque eu era radicalmente contra entender que a Constituição permitiria uma outra eleição, para fins de instituição e cobrança do ISS, que não fosse a do Município do local da prestação do serviço. Hoje eu entendo que não há uma vedação constitucional para que o legislador infraconstitucional eleja como Município competente o relativo a uma das pessoas envolvidas na prestação de serviços – do tomador ou do prestador. Acrescento, ainda, que vejo que a autonomia do Município é autonomia para tributar as prestações de serviços cujos estabelecimentos de prestadores ou tomadores (a depender do critério eleito) estivessem dentro dos seus limites territoriais. E aí, inclusive, ele teria poderes fiscalizatórios muito mais efetivos.

O tempo já se esgotou, creio que é um tema que mereceria um pouco mais de explanação, e eu fico no aguardo dos questionamentos. [*Palmas*]

PROF. TÁCIO LACERDA GAMA – Profa. Susy, parabéns por sua exposição, com a clareza e vigor de sempre. Só muda de opinião, especialmente em público, quem pode e que tem solidez para isso. Parabéns também por isso!

Aproveito para destacar, aqui, a presença do Min. Carlos Mário Velloso. Sua presença, Ministro, nos honra a todos nós!

E destaco o nosso próximo palestrante, Prof. Renato Lopes Becho, que há pouco mantinha um diálogo bastante erudito com o Prof. Eduardo Bottallo a respeito das súmulas vinculantes, e que vai poder transmitir a todos os Srs. um pouco daquilo a que eu tive acesso um pouco antes.

Prof. Renato Lopes Becho, Mestre e Doutor em Direito Tributário. Professor de Direito Tributário de várias instituições de renome nacional, entre as quais destaco a PUC/SP. Juiz Federal aqui na cidade de São Paulo. Autor e co-autor de vários livros, entre os quais destaco, por minha predileção, *Tributação das Cooperativas* e *Sujeição Passiva e Responsabilidade Tributária*, ambos publicados pela Editora Dialética. O grande palestrante que ele é vocês vão poder acompanhar agora. Prof. Renato...

SÚMULAS VINCULANTES EM MATÉRIA TRIBUTÁRIA

PROF. RENATO LOPES BECHO – Boa tarde a todos! Cumprimento os meus colegas de Mesa na pessoa do Prof. Tácio Lacerda Gama, a quem agradeço as gentis palavras de apresentação; cumprimento os Diretores do IDEPE aqui presentes; e cumprimento o Prof. Paulo Ayres Barreto, agradecendo imensamente o convite para estar aqui, hoje.

Um dos diretores do IDEPE, o meu estimado e caríssimo amigo Prof. Dr. Eduardo Domingos Bottallo, tratou do tema "Súmulas Vinculantes" em uma conferência durante o XV Congresso Brasileiro de Direito Tributário, conferência que foi publicada na *RDTributário* 85/11-18. O Prof. Bottallo falou sobre súmula vinculante, ainda, no Congresso do IGA – IDEPE do ano passado, publicada na *RDTributário* 98, que os congressistas receberam, às pp. 26-29. É uma responsabilidade muito grande falar sobre súmula vinculante depois das excelentes manifestações do Prof. Eduardo Bottallo. Mas a riqueza do tema nos instiga a fazer outros comentários. Vou procurar dar outro enfoque ao tema, não no intuito de ser original, mas apenas com o objetivo de trazer para o debate outros aspectos, visando a enriquecer a temática.

Gostaria de começar estes comentários apresentando um depoimento pessoal. Sou Juiz da 10ª Vara Federal de Execução Fiscal de São Paulo, onde tramitam pouco menos de 40 mil feitos. A Justiça Federal na 3ª Região (São Paulo e Mato Grosso do Sul) tem 285 juízes no primeiro grau e aproximadamente 100 outros cargos vagos de juiz federal. Há um projeto de lei no Congresso Nacional criando, no Brasil, mais 230 Varas Federais, que significarão mais 460 juízes federais, titulares e substitutos.

O TRF-3ª Região, ao qual, com muita honra, estou vinculado, tem 43 desembargadores e em torno de 400 mil feitos a serem julgados. Isso significa uma imensa desproporção entre o número de julgadores e de processos. Mesmo com muita dedicação dos magistrados, há uma impossibilidade fática no julgamento de tantos feitos em prazos razoáveis. Um dos aspectos que mais me angustia é ver vários processos que eu sentenciei, por exemplo fixando honorários advocatícios em execuções fiscais em que o exeqüente pediu a extinção por cancelamento, mas que na verdade foi motivada por provocação do executado no manejo de exceção de pré-executividade, ir com apelação ao Tribunal Regional e, posteriormente, até o STJ, para ver minha sentença mantida na íntegra.

Gostaria de, invertendo a ordem do que eu havia imaginado falar, propor aos colegas congressistas aqui presentes uma súmula vinculante que tenha a seguinte redação: "São devidos honorários advocatícios em exceção de pré-executividade acolhida pelo juízo". Essa súmula vinculante, em princípio, iria contra a redação expressa de um texto legal, o art. 26 da Lei das Execuções Fiscais, Lei 6.830/1980. Entretanto, quando a Lei das Execuções Fiscais foi aprovada não se previa uma enormidade de execuções, considerando, aliás, desconsiderando o crédito pago, desconsiderando a existência de uma ação anulatória prévia, às vezes com depósito, desconsiderando uma medida liminar em mandado de segurança, efetivamente gerando os seu efeitos... Aliás, que deveria ter gerado seus efeitos, e não gerou. Ou seja, não se imaginou que nós teríamos uma enorme quantidade de execuções fiscais que não poderiam ser ajuizadas, mas que são. E o julgador acolhe a exceção de pré-executividade, condenando a Fazenda em honorários. E também há os casos de responsabilidade tributária que não deveria ter sido manejada. Enfim, poderíamos pegar quase tudo que foi trabalhado no Congresso aqui, hoje, nesses três dias, e situar esses temas no processo de execução fiscal, simplesmente porque a execução fiscal não é o "patinho feio" de lugar nenhum, ela é simplesmente a espada do juiz tributário. É a espada que coloca, por ordem do Estado, o patrimônio do contribuinte à submissão do Poder Judiciário.

Então, o que nós discutimos aqui – por exemplo, a execução fiscal administrativa e tantos outros temas – se encaixa dentro da realidade de um grande universo de demandas tributárias para poucos julgadores. Em realidade, o ponto final de tudo o que se discute em congressos como este pode vir a ser o objeto de uma execução fiscal.

A súmula vinculante que foi proposta provavelmente não causou muitos arrepios dentre os congressistas, talvez apenas em alguns, mas não a muitos. Entretanto, se nós tivéssemos ou se um dia viermos a ter uma súmula vinculante que acolha honorários advocatícios em exceção de pré-executividade, vamos reduzir, de um modo significativo em relação aos 40 mil feitos que eu tenho, os processos que vão até o TRF, e eventualmente os que vão ao STJ.

Então, Prof. Bottallo, é sob essa ótica que eu vou fazer a minha exposição, dizendo aos colegas que, principalmente, gostaria de situar alguns outros pontos de reflexão em relação à súmula vinculante. E começo fazendo-o pelo título desta Mesa, "Direitos Humanos/Tributos Municipais".

Súmula vinculante não está relacionada apenas aos tributos municipais, pois não teremos só súmula vinculante para o Direito Municipal. Vamos focar nos direitos humanos.

Súmula vinculante e direitos humanos

Anoto que a súmula vinculante foi inserida em nosso ordenamento jurídico pela Emenda Constitucional 45/2004 (Reforma do Poder Judiciário), ao acrescentá-la à competência do STF (art. 103-A da CF), após longos anos de debates.

O dispositivo constitucional foi regulamentado pela Lei 11.417, de 19.12.2006.

Três súmulas vinculantes já foram editadas, nenhuma em matéria tributária.

Qual a norma, o dispositivo, o texto, que abre a Emenda Constitucional 45? O inciso LXXVIII do art. 5º da CF, que declara que os brasileiros têm direito a uma duração razoável do processo. Quem tiver processo conosco vai ter muita dificuldade de fazer valer essa norma, mesmo que eu "desse meu sangue" pelo trabalho no Fórum, diante do acervo de 40 mil feitos para um magistrado. Qual é a duração razoável para um processo, qual é a razoabilidade na duração de um processo? Dez anos? Vinte anos? Eu não sei. Essa duração por um tempo razoável é uma coisa que a sociedade brasileira vai ter que discutir. Sendo assim, a minha avó, que tem 93 anos e quase começou uma ação judicial no primeiro semestre (conseguimos resolver administrativamente), teria uma certa dificuldade de aguardar 20 anos pela solução, por mais que nós tenhamos leis que busquem conferir prerrogativas ao processo dela. Contudo, há certas prerrogativas em 40 mil feitos que não surtem resultado. Por exemplo, se eu for buscar todos aqueles executados que têm mais de 65 anos, teremos um número, por si só, já elevado de feitos. Por incrível que pareça, eu tenho um processo cujo fato imponível é de 1957, a matéria é FGTS, e o casal que foi incluído como responsável tributário depositou em juízo e os embargos começaram a correr, sendo que a média de idade desses contribuintes, a média de idade do casal, é de 80 anos!

Com esses dados apresentados, vou sair da realidade fática e entrar no mundo dogmático, que é até muito mais confortável. Vou entrar no mundo dogmático através do realismo jurídico, que é considerado por muitos um ramo filosófico do Positivismo Jurídico.

Do ponto de vista filosófico, a súmula vinculante remete-nos ao Realismo Jurídico, escola que tomou impulso nos Estados Unidos.

Segundo Mauro Barberis, professor de Filosofia do Direito na Universidade de Trieste, o Realismo Jurídico estadunidense "exercitou uma crítica radical ao fingimento jurídico tradicional, e acima de tudo do fingimento de que os juízes não criam Direito".[1]

Um dos maiores expoentes do Realismo Jurídico foi Oliver Holmes Jr., Juiz da Corte Suprema. Holmes ensinava que: "Não percebemos que uma grande parte de nossa lei está aberta à reconsideração com uma leve mudança de hábito na mente pública".[2] Ou, ainda, de forma nada simpática: "As profecias sobre o que os tribunais farão de fato, e nada mais pretensioso, são aquilo que quero dizer com Direito".[3] Ou seja: para o realismo jurídico, o direito é o que os tribunais dizem que seja.

Assim como o Jusnaturalismo e o Juspositivismo (outras fundamentações filosóficas), o Realismo Jurídico possui mais de uma vertente. Sua linha mais radical pugna que os juízes criam o Direito tomando-se como referência suas convicções, enquanto a linha mais ponderada defende que eles criam o Direito valendo-se de outras fontes sociais, como a legislativa e a consuetudinária (usos e costumes).

Nossos tribunais, sabidamente, não reconhecem facilmente o poder criador do Direito pelos magistrados.

As fontes do Direito

A súmula vinculante atinge o tema das fontes do Direito, inclusive do Direito Tributário. A linha filosófica que recebeu maior acolhida em nosso meio jurídico destaca que o Poder Legislativo é a única fonte do Direito. Entretanto, essa visão – em sua forma mais radical – está superada desde meados do século passado. Ainda bem. Atualmente, sabemos como votam nossos representantes. Vide o senador Wellington Salgado (PMDB/MG), que ajudou a derrubar uma medida provisória porque o Governo o desagradou sobre cargos que ele politicamente detinha.[4]

Hoje se reconhece o Poder Judiciário como emanador de normas gerais e abstratas, como ocorre com os precedentes.

A verdadeira fonte do Direito é a Constituição Federal. O Direito está disciplinado na Constituição, de forma expressa ou implícita. Assim, tanto o Poder Legislativo como o Poder Judiciário criam o Direito, com fundamento nas escolhas constitucionais.

Em que sentido os juízes criam o Direito? Em primeiro lugar, pela interpretação. Atualmente se reconhece que *interpretar*, notadamente os textos jurídicos, é

1. Tradução livre, nossa. No original consta: "(...) corrente che esercitò una critica radicale delle finzioni guridiche tradizionali, e anzitutto della finzione che i giudici non creino diritto" (*Filosofia del Diritto: un'Introduzione Teorica*, 2005, p. 24).

2. Oliver Holmes, "O caminho do Direito", *10 Harvard Law Review* 457 (in Clarence Morris (org.), *Os Grandes Filósofos do Direito*, trad. de Reinaldo Guarany, São Paulo, Martins Fontes, 2002, pp. 425-439; citação: pp. 430-431).

3. Idem, p. 427.

4. *Folha de S. Paulo* 3.10.2007.

atividade criadora. Neste sentido são os ensinamentos de Eros Roberto Grau.[5]

É evidente que temos que levar em consideração a distinção entre fontes de cognição e fontes de qualificação do Direito, nuanças destacadas por Norberto Bobbio. Dentre as fontes de cognição do julgador estão a percepção do magistrado sobre os fatos sociais, as análises doutrinárias e até as críticas da imprensa. O "Direito vivente – conforme Bobbio – é pura e simplesmente um fato ou uma série de fatos de onde o juiz tira conhecimento das aspirações jurídicas que vêm se formando na sociedade". E isso não deve ser desprezado.

Após a decisão judicial, seus conteúdos passam a ser fontes de qualificação do Direito. É Direito vivente, na dicção de Bobbio, a partir do "momento em que o juiz, reconhecido como criador do Direito, lhe atribui também a validade".[6]

Vejamos um exemplo. Tenho em minhas mãos um acórdão do egrégio TRF-3ª Região,[7] da lavra do eminente e estimado Des. federal Carlos Muta, referente à taxa de licença para localização, instalação e funcionamento do Município de São Paulo. O tema já esteve pacificado pela Súmula 157 do egrégio STJ. Esta Súmula, entretanto, foi revogada. O voto-condutor do julgado unânime é todo baseado na jurisprudência do STF, do STJ e do próprio TRF. Os únicos textos de leis mencionados são do Código de Processo Civil. O julgamento tem data de 22.6.2005.

O ponto que quero destacar é o seguinte: nós vamos negar o caráter de norma geral e abstrata aos precedentes jurisprudenciais? Constantemente a dogmática jurídica nacional sustenta que somente a lei veicula os textos gerais e abstratos que nos conduzem às normas gerais e abstratas. Mas não devemos negar – e isso a súmula vinculante realça – que os precedentes jurisprudenciais exercem, por vezes, o mesmo papel dos textos legais na solução dos casos individuais e concretos.

O fato é que a súmula vinculante pode resolver, de forma prática, parte do acúmulo de feitos que emperram o Judiciário. Ela permite ao juiz ser mais ágil e confere segurança jurídica, ao pacificar o entendimento dos Tribunais Superiores. As súmulas vinculantes, como estamos vendo, não inovam o ordenamento jurídico.

Nesses termos, não vejo problema com a adoção de súmulas vinculantes.

Sobre o texto constitucional

Vejamos o que devemos ressaltar, em tão pouco tempo como o previsto neste Congresso, do texto constitucional. Ele está vazado na seguinte dicção: "Art. 103-A. O Supremo Tribunal Federal poderá, de ofício ou por provocação, mediante decisão de dois terços dos seus membros, após reiteradas decisões sobre matéria constitucional, aprovar súmula que, a partir de sua publicação na Imprensa Oficial, terá efeito vinculante em relação aos demais órgãos do Poder Judiciário e à Administração Pública direta e indireta, nas esferas federal, estadual e municipal, bem como proceder à sua revisão ou cancelamento, na forma estabelecida em lei".

Destaco o seguinte: o que são "reiteradas decisões"? Não há regra jurídica a esse respeito. Teremos que aguardar a interpretação que o STF dará ao que sejam as "reiteradas decisões". Podemos adiantar que uma decisão não é reiterada, assim como temos certeza de que 300 processos julgados da mesma forma são reiteradas decisões. Mas 3, 5, 10 julgamentos já formam um material suficiente para ser considerado reiterado? Não há resposta positivada a esse respeito.

5. *Ensaio e Discurso sobre a Interpretação/Aplicação do Direito*, 2ª ed., São Paulo, Malheiros Editores, 2003 (240 pp.).

6. Norberto Bobbio, *O Positivismo Jurídico. Lições de Filosofia do Direito*, trad. e notas de Márcio Pugliesi, Edson Bini e Carlos E. Rodrigues, São Paulo, Ícone, 1995 (239 pp.; citação: p. 68).

7. 3ª Turma, Proc. 2003.61.82.030811-2.

Ressalto que o constituinte derivado andou bem ao exigir *quorum* qualificado (2/3) dos ministros para a aprovação das súmulas vinculantes. Também foi bom ter previsto a revisão e o cancelamento das súmulas vinculantes, mostrando que o objetivo foi acelerar o julgamento dos processos e evitar recursos meramente procrastinatórios, e não engessar as decisões judiciais.

Destaco, também, que as súmulas vinculantes podem ter por objeto a validade e a eficácia das normas jurídicas, mas também sua interpretação. Hoje nós sabemos que o neoconstitucionalismo ressalta a importância e a amplitude das interpretações. Raramente há uma só interpretação para um fato e para um texto de lei. Mas há interpretações que são perniciosas, contrárias aos valores mais elevados de nosso ordenamento jurídico. Interpretações que valorizam mais o interesse arrecadatório do Estado que o princípio da segurança jurídica ou o do devido processo legal, como ocorre com o entendimento de que basta o ajuizamento da execução fiscal para que a prescrição esteja interrompida. Eu pergunto: essa interpretação está de acordo com os direitos fundamentais do contribuinte, com os direitos humanos aplicados à tributação? Evidentemente que não. Pois bem. O § 1º do art. 103-A da CF, ao permitir súmula vinculante que tenha por objeto interpretação de normas determinadas, admite a negativa de validade de certas interpretações, sem reduzir-lhes o texto. Veja-se que temos a possibilidade de declaração de inconstitucionalidade sem redução de texto, ou seja, nega-se apenas uma ou outra interpretação, sem tocar na validade do texto de Direito Positivo.

Outro aspecto que vejo como digno de louvor é o significativo número de pessoas e instituições que podem provocar a aprovação, revisão ou cancelamento das súmulas. Ao menos todos aqueles que podem propor a ação direta de inconstitucionalidade (demonstrando, mais uma vez, como as súmulas vinculantes podem ser vistas dentro do neoconstitucionalismo e ser uma garantia dos direitos humanos também na tributação), de acordo com o § 2º do art. 103-A da CF. A Lei 11.417/2006, que regulamenta a matéria das súmulas vinculantes, ampliou os legitimados, para incluir os Tribunais Superiores e os demais Tribunais, das Justiças Comum Estadual e Federal, bem como das Especializadas.

Anoto, sem comentar, que o descumprimento da súmula vinculante pela Administração Pública ou pelo Poder Judiciário é passível do incidente de reclamação diretamente ao STF, que poderá anular o ato administrativo ou cassar a decisão judicial (§ 3º do art. 103-A da CF).

Os textos da Constituição e da Lei 11.417/2006 estão preenchidos de menções à Administração Pública, indicando aos ilustres Ministros do STF como os constituintes derivados querem que a Administração Pública seja também enquadrada dentro dos mais elevados valores do ordenamento jurídico, principalmente que deixem de poder se valer da imensa capacidade recursal para simplesmente negar validade às decisões judiciais que são tomadas a seu desfavor.

Nessa linha, o art. 9º da referida lei de regência é endereçado aos julgadores em processo administrativo, de importante aplicação no campo tributário, prevendo responsabilização para os que não aplicarem as súmulas vinculantes.

Eu vejo na súmula vinculante um importante mecanismo de o STF enquadrar as políticas públicas desastradas e ilegais dentro do verdadeiro Estado Democrático de Direito. Assim, os constantes esqueletos judiciais a que o Prof. Alcides Jorge Costa fez menção na quarta-feira poderão ter uma resposta mais firme do STF, no mesmo tom em que os ministros estão enquadrando os parlamentares na fidelidade partidária.

A responsabilidade dos prolatores das súmulas

As súmulas, entretanto, aumentam a responsabilidade de seus prolatores. Não que o STF vá superar o Congresso em qualidade, eqüidade, isonomia, imparcialidade. Vai ter que passar pelo crivo da doutrina e de todos os operadores do Direito.

Exemplos que gostaria de ver: súmula vinculante reconhecendo que são devidos honorários advocatícios em exceção de pré-executividade acolhida seria bem-vinda; súmula que vier a reconhecer prazo para resposta do exeqüente em exceção de pré-executividade também seria bem-vinda. Talvez também se definisse as matérias passíveis de serem manejadas por exceção de pré-executividade resolveria algumas questões mais imediatas.

Se os ministros do STF tiverem a altivez de exarar súmulas vinculantes que inibam o Poder Executivo de se valer do Poder Judiciário para procrastinar o cumprimento de suas obrigações financeiras, as súmulas vinculantes terão alterado a atuação dos Poderes Públicos deste país.

Novamente as fontes do Direito

Para finalizar, do ponto de vista filosófico, os direitos humanos e o neoconstitucionalismo prestigiam tanto os legisladores quanto os juízes na formação do Direito vigente.

O problema – como os Srs. Congressistas estão percebendo – não é com o remédio, e sim com o uso que se lhes dê.

Eu desejo que o STF faça um bom uso das súmulas vinculantes. Para o bem da segurança jurídica e, pois, de todos nós.

Caminhando para o final, eu ressalto que o constituinte apontou exaustivamente para o STF que a sociedade vê de bom grado súmulas vinculantes contra o interesse da política administrativa ou, de certa forma, da Administração Pública. Não da Administração Pública no nível mais elevado, mas Administração Pública no nível bem mais – digamos – pedestre. Lembrando a palestra do Prof. Alcides Jorge Costa, aqueles chamados "esqueletos" que os administradores deixam nos armários para as próximas Administrações, eles podem ser decididos com as súmulas, ou seja, súmulas contrárias ao interesse imediato da Administração, mas súmulas favoráveis ao interesse superior da Administração. E vendo o Min. Carlos Velloso aqui, eu fico pensando como deve ter sido a atuação de V. Exa. na devolução dos empréstimos compulsórios. Milhares de processos... Quanto tempo foi perdido... Como seus assessores não poderiam estar fazendo pesquisas para V. Exa. de temas muito mais relevantes... Como eu gostaria que os meus pudessem fazê-lo.

Para terminar, eu gostaria – já que o tempo se esgotou – de ressaltar que as súmulas vinculantes podem concretizar os direitos humanos, sim. O problema que eu vejo não é com o remédio, súmula vinculante. É – vamos ter atenção – com o uso a ser dado a esse remédio. Muito obrigado! [*Palmas*]

PROF. TÁCIO LACERDA GAMA – Bom, Srs., dado o adiantado da hora, informaram-me que não haverá espaço para debates. Peço a todos que retornem para o início dos trabalhos, as 14h15min. Agradeço aos Profs. Renato Lopes Becho, José Eduardo Soares de Melo, Humberto Ávila e Susy Gomes Hoffmann. Parabéns pelas suas brilhantes exposições!

Muito obrigado a todos! Está encerrada esta Sessão.

SESSÃO MAGNA

PRESIDENTE DO IDEPE (PROF. AIRES BARRETO) – É com grande satisfação que nós damos início à Sessão Magna do *XXI Congresso Brasileiro de Direito Tributário*.

Compõem a Mesa o Min. Carlos Mário Velloso, dileto amigo de Geraldo Ataliba e grande colaborador de todos os nossos Congressos; o Dr. Antônio Cláudio Mariz de Oliveira, Criminalista ímpar, orador da maior suposição e dileto amigo; mestre José Souto Maior Borges, a quem dedico muito daquilo que escrevo, porque se trata de um jurista notável; Prof. Roque Antônio Carrazza, que fará a exposição, a palestra de encerramento do nosso Congresso, Professor Titular de Direito Tributário da PUC; e o Prof. Eduardo Domingos Bottallo, Diretor do IDEPE, Professor da PUC/SP e da Faculdade de Direito do Largo de São Francisco.

Nesta Sessão Magna incumbiram-me de falar sobre "Os Limites entre a Infração Tributária e a Infração Penal – A Atuação do Ministério Público e das Autoridades Policiais em Matéria Tributária". Pediram-me que, nesta Sessão, falasse sobre tão difícil tema. Mas fazê-lo seria pretensão abusada e extrema. Nesse campo a palavra tem que ser precisa e aguda, por isso peço a ajuda – copiando o nosso Doin Vieira: que venha nos ensinando o eminente criminalista que é Mariz de Oliveira. [*Palmas*]

OS LIMITES ENTRE A INFRAÇÃO TRIBUTÁRIA E A INFRAÇÃO PENAL – A ATUAÇÃO DO MINISTÉRIO PÚBLICO E DAS AUTORIDADES POLICIAIS EM MATÉRIA TRIBUTÁRIA

PROF. ANTÔNIO CLÁUDIO MARIZ DE OLIVEIRA – Prezado Prof. Aires Barreto, prezado Ministro Carlos Velloso, Prof. Souto Maior, meu fraterno amigo Eduardo Bottallo, meu não menos querido amigo Roque Carrazza, Advogadas, Advogados, Professores, eu me sinto amedrontado – diria aterrorizado – por participar de um encontro dessa envergadura. Por tal razão, quero dividir a responsabilidade e as críticas que com certeza virão com o Dr. Bottallo, pois foi ele quem cometeu a ousadia, a temeridade, de me convidar.

Eu sou um rábula, um mero rábula da Advocacia Criminal, "advogado de porta de cadeia", [*risos*] e me orgulho disso. E estou, aqui, guindado à condição de palestrante num conclave talvez, sem demérito dos demais, o mais importante de Direito Tributário deste país.

Ademais, o I Congresso Brasileiro de Direito Tributário foi realizado por iniciativa do pranteado amigo Geraldo Ataliba. Eu fui aluno de Geraldo Ataliba. Na verdade, a minha Turma foi a primeira da PUC/SP para quem Ataliba lecionou, nos idos de 1967, 1966. Eu me formei em 1969. Portanto, são 38 anos de profissão. E um dos meus inspiradores, um dos meus Mestres, foi Geraldo Ataliba.

Não enveredei pelo caminho do Direito Tributário, mas segui os exemplos de vida de Geraldo Ataliba. Portanto, a minha honra é muito grande.

Incumbiram-me de falar a respeito dos limites do Direito Tributário, ou, melhor, da infração tributária e da infração penal, dos limites não muito claros, dos limites doutrinariamente tênues existentes entre os dois ilícitos. Cumpre notar que esses limites, nos dias de hoje, estão se tornando mais frágeis, o que gera confusão entre os ilícitos civil e penal, uma vez que os responsáveis pela *persecutio criminis* cada vez mais tornam tênues e inseguros tais limites. Limites doutrinários, limites impostos por princípios constitucionais, por princípios processuais, pela dogmática penal ou pela dogmática tributária. Tais limites são transpostos amiúde, com o objetivo de transformar o ilícito tributário em ilícito penal. Os operadores do sistema penal estão se arvorando em verdadeiros combatentes do crime, certos de estarem empunhando a lança da moralidade pública. E não reconhecem tais limites, pois, segundo eles, têm a missão elevada de combater o crime, de impedir a corrupção, de impedir a sonegação fiscal, nem que para tanto tenham que violentar princípios e garantias constitucionais e processuais.

Nós veremos, no entanto, que a doutrina e a jurisprudência têm procurado tornar mais claros e objetivos tais limites Já com a edição da Lei 8.137 os estudiosos detectaram diferenças substanciais em relação à natureza do crime de sonegação fiscal em comparação com a lei anterior, a de n. 4.729.

A Lei 4.729 limitava-se a afirmar o seguinte: constituem crime de sonegação fiscal as condutas descritas em seu art. 1º, todas elas de caráter fraudulento, que, se praticadas, já por si sós caracterizariam o crime de sonegação fiscal. Assim, esse delito era formal, era um delito independente de resultado, independente de dano. Para alguns, até, um delito de mera conduta. Bastava a prática de uma dessas condutas, sem qualquer objetivo específico, sem qualquer resultado ou dano, para que estivesse caracterizado o tipo penal na sua integridade.

Então, constituía crime de sonegação fiscal, por exemplo, alterar faturas e quaisquer documentos fiscais. Essa conduta, por si só, configurava o crime. A própria conduta era o núcleo do tipo. Houve uma modificação. Uma modificação fundamental. Hoje, a Lei 8.137 afirma, no seu art. 1º, constituir crime contra a ordem tributária suprimir ou reduzir tributos ou contribuição social e qualquer assessório, mediante as seguintes condutas – passa, em seguida, a descrever as condutas, que são muito semelhantes àquelas da lei anterior, só que, aqui, tais condutas fraudulentas constituem um meio, um instrumento de alcance do que resultado específico, qual seja, o de suprimir ou reduzir tributos.

Portanto, o crime não é mais formal, e sim material, de dano ou de resultado. É preciso objetivar-se um fim específico a ser alcançado por meio de uma das condutas fraudulentas previstas pela lei.

A diferença existente entre as descrições constantes das duas leis é que pela atual o crime tem duas elementares, e pela anterior havia elementar única, que era a fraude. Bastava a prática de uma das condutas fraudulentas para que o delito se consumasse. Hoje, a fraude é uma das elementares, mas tem caráter instrumental, pois para a configuração do arquétipo é necessário o resultado de ser suprimido ou reduzido determinado tributo. Assim, o crime passou a ser material, e o tributo constitui sua outra elementar.

É claro que se não houver a certeza da exigibilidade do tributo a figura penal não estará completa, pois não se pode sonegar – vale dizer, reduzir ou suprimir – o que não existe. Não existe ainda. Só vai existir no momento do lançamento definitivo, no momento em que a autoridade competente, que é a tributária, declarar a existência e a exigibilidade do tributo. O tributo passou a ser a materialidade delitiva. Enquanto não houver, por parte da autoridade administrativa, a declaração de constituição do crédito tributário e sua obrigatoriedade, não se pode falar em crime de sonegação fiscal. Portanto, tendo havido impugnação ao auto de infração, enquanto não forem esgotadas as instâncias administrativas não haverá exigibilidade do crédito. E, como conseqüência, o crime de sonegação fiscal só estará aperfeiçoado quando houver o trânsito em julgado da decisão administrativa.

Muito bem, por essa razão, o STF, que ainda contava com o concurso valioso do Min. Velloso, quando dos primeiros julgamentos a respeito dessa questão, afirmou que o reconhecimento da existência e da exigibilidade do tributo seria uma condição de procedibilidade para a ação penal. Sem essa condição não seria possível a instauração do processo penal. Segundo essa orientação inicial, a suspensão da ação penal poderia se dar com base num dispositivo do Código de Processo Penal, que permite ao juiz criminal sustar o curso da ação penal quando houver discussão na área cível a respeito da existência de uma elementar do crime.

Mas, em seguida, o entendimento foi modificado, para não se reconhecer o lançamento definitivo do tributo como condição de procedibilidade. Aventou-se ser uma condição objetiva de punibilidade. O tributo, ou, melhor, sua redução ou sua supressão, mesmo que tentadas, passaram a ser essenciais para o reconhecimento da conduta delituosa, pois obviamente ninguém irá praticar uma fraude sem ter um objetivo, sem uma finalidade, ninguém irá adulterar uma nota fiscal, iludir o Fisco com informações falsas ou omitidas, se não for para deixar de pagar um tributo ou para pagá-lo a menor.

O STF, na verdade, acabou reconhecendo que o tributo é uma elementar do crime de sonegação fiscal, corresponde ao corpo da vítima no crime de homicídio. Ambos constituem a materialidade de seus respectivos delitos.

Desta forma, o crime de sonegação fiscal – repita-se –, atualmente, tem duas elementares. Uma que é a fraude, utilizada como meio para a redução ou supressão do tributo, que constitui a outra elementar.

O STF determinou, em razão do reconhecimento do tributo como elementar do crime, que não fosse proposta a ação penal antes da declaração final na área tributária da exigibilidade do tributo. O entendimento da Corte foi e é no sentido de inexistir crime antes da constituição definitiva do crédito tributário.

Portanto, não havendo uma declaração final da exigibilidade do tributo, não se pode admitir a existência de imputação da prática de crime tributário. Assim, não pode haver a propositura de ação penal, bem como não há de se falar em prescrição. Nos primeiros acórdãos dizia-se que o lapso prescricional deveria ficar sustado enquanto estivesse suspenso o curso da ação penal. O Min. Peluso, entendendo que o crime não se caracterizara, que a conduta ainda era conduta estranha ao Direito Penal, afirmou que não se deveria sequer cogitar de suspensão da prescrição, pois esta não começara a correr. A prescrição não estava correndo, porque não havia crime.

Quando, então, passará a haver o crime? Quando o Fisco disser, em caráter definitivo, que o tributo é devido. Mas há um problema a ser enfrentado. Admitam os Srs. que na data da conduta fraudulenta os diretores da empresa sejam "A", "B" e "C". Esses praticaram a conduta que ensejou a autuação fiscal. Suponhamos que a empresa conteste a autuação na esfera administrativa. Nesse interregno muda a diretoria da empresa, sendo aqueles diretores substituídos por outros. Quando transita em julgado a decisão administrativa, afirmando a pertinência, a exigibilidade, do tributo, outros são os diretores.

Segundo a orientação do STF, o crime estaria caracterizado, consumado, nesse momento. Mas teria sido praticado por quem? Pelos três atuais? Pelos três anteriores?

Os Srs. sabem que no Direito Penal a responsabilidade é subjetiva. Salvo no caso dos crimes ambientais, a pessoa jurídica em prol da qual a sonegação teria sido praticada não é penalmente responsável. A relação entre a conduta e o fato delituoso é uma relação pessoal. De acordo com a dogmática, o alvo da censura penal é a conduta. Então, não há conduta por parte de pessoa jurídica. Há conduta por parte de pessoa física em nome da pessoa jurídica. Assim, no exemplo dado, parece-me que a solução é a seguinte: como o crime de sonegação fiscal tem duas elementares – quais sejam: a fraude e o tributo –, o crime configura-se com o lançamento definitivo do tributo, sendo que a responsabilidade penal deve recair sobre os responsáveis pela conduta, os que subjetivamente tinham a intenção de suprimir ou reduzir tributo. Então, a mim parece que os responsáveis, embora não mais pertencentes aos quadros dirigentes da pessoa jurídica, sejam aqueles que praticaram a conduta, os diretores da época da autuação fiscal.

Pode-se dizer que as elementares do crime de sonegação surgem em dois momentos diversos. Em um primeiro aparece a elementar da fraude, com a conduta praticada. Tal conduta, no entanto, só terá relevância para o Direito Penal Tributário se houver, posteriormente, a constituição definitiva do crédito tributário. Desta forma, o crime se perfaz com a ocorrência desses dois momentos.

A questão acima exposta sobre a autoria naquela hipótese é uma questão que está sendo travada casuisticamente. No entanto, o que está assentado pelo STF é que antes do lançamento não se pode punir alguém, processar alguém, sequer abrir inquérito policial. E o STF disse mais: não há que se falar em prescrição. A prescrição começa a ocorrer após o lançamento e trânsito em julgado, e também se discute em que momento específico ocorre o início da prescrição.

A respeito das responsabilidades penal e tributária existe um célebre acórdão do Min. Maurício Corrêa em que ele afirma que o contribuinte não pode, pura e simplesmente, contestar o Fisco. Se ele tiver um entendimento diverso daquele esposado pelo Fisco, deve colocá-lo à consideração da Administração Tributária, se a orientação do contribuinte for diversa da do Fisco, sob pena de ser acusado de estar praticando algo semelhante, segundo o Ministro, ao delito de exercício arbitrário das próprias razões.

A concepção do Min. Maurício Corrêa não vingou. Em verdade, constituiu uma voz isolada. É óbvio que o contribuinte não deve obediência ao poder de tributar do Estado. Como afirmou Hugo de Brito Machado, a relação entre Fisco e cidadão é uma relação de direito, e não uma relação de poder. Caso contrário constituiriam letra morta várias normas e princípios consagrados constitucionalmente. Dentre estes destaca-se o direito de petição, inclusive para se opor a exigências dos órgãos públicos. Isto é o direito de petição, quer no Judiciário, quer fora dele. O princípio da legalidade igualmente deve ser mencionado. O Fisco não pode de uma forma absolutamente descriteriosa, arbitrária, cobrar tributos, pois também impera no Direito Tributário o princípio da reserva legal.

Saliente-se que não pagar impostos não é crime. Interpretar a lei tributária de forma diversa da interpretação dada pelo Fisco também não é crime. Buscar maneiras legais de pagar menos impostos, igualmente, não constitui delito tributário. Estes aspectos que delimitam os dois ilícitos também estão sendo desrespeitados e desobedecidos.

Eu dizia que no Direito Penal não há responsabilidade objetiva. No entanto, há alguns anos, sistematicamente, o Ministério Público Estadual e o Ministério Público Federal denunciam todos os diretores, todos os membros de Conselho Fiscal, todos, enfim, que integram uma pessoa jurídica, independentemente da perquirição sobre o vínculo entre a conduta e determinada pessoa. Está havendo a adoção da responsabilidade objetiva no Direito Penal.

A jurisprudência, por sua vez, nos casos de *habeas corpus* impetrado contra denúncias que não especificam as condutas dos acusados, tem afirmado não haver necessidade de uma descrição pormenorizada nas denúncias, para que sejam elas recebidas.

As denúncias contra todos os sócios da pessoa jurídica, independentemente de se saber quais os que têm poderes de gerência e, portanto, efetiva responsabilidade pelos atos praticados em nome da sociedade, têm gerado situações de gritante injustiça. Há casos em que os acusados apenas emprestam o nome ou estão incluídos na empresa porque herdaram algumas cotas, mas jamais administraram a empresa. São pessoas – por vezes esposas, viúvas, irmãs de donos de empresas – que nem sequer sabem onde a companhia está localizada, que jamais assinaram um cheque, mas que, por figurarem no contrato social, são denunciadas por sonegação fiscal.

Na verdade, nós estamos passando por uma crise – e aqui vai o desabafo do advogado criminal. Nós nunca tivemos um período tão difícil no que tange à Administração da Justiça Penal no que diz respeito ao exercício da Advocacia e no que diz respeito ao exercício da Cidadania.

Em primeiro lugar, os juízes, especialmente os mais jovens, não estão respeitando o advogado, e não o estão fazendo porque entendem que o advogado é desnecessário, e apenas o toleram uma vez que Constituição determina sua presença em todos os procedimentos, como titulares do exercício do direito de defesa. Alguns juízes nos encaram como cúmplices dos clientes, esquecendo-se de que nós somos porta-vozes dos direitos constitucionais e processuais do acusado. Nós não somos apologistas do crime, não somos defensores da sonegação, não defendemos homicídio. Defendemos, sim, os direitos que são de todos e de cada cidadão. Na hipótese de esses direitos serem violados em um caso concreto, poderão sê-lo em quaisquer outros, porque o processo penal não é só para o culpado. Aliás, culpado ninguém o é antes de sentença transitada em julgado.

Deve-se lembrar que qualquer um de nós pode se ver envolvido em uma acusação. O crime não é uma entidade que esteja fora da sociedade. O crime é nosso. O crime é uma entidade humana, razão pela qual os direitos e as garantias penais e processuais penais, que têm origem na Constituição, são direitos e garantias de todos, devendo, portanto, ser respeitados para cada acusado, para serem respeitados para todos os cidadãos.

Eu vou confessar uma coisa, Sr. Ministro, Srs. da Mesa: eu advoguei na época do Governo Militar. Embora tivesse poucos casos nas Auditorias, nunca me foram negadas vistas de autos. Atualmente demora vários dias para se saber por que o cliente foi preso, pois o acesso ao inquérito nos é sistematicamente negado.

As prisões temporárias e preventivas estão sendo decretadas sem obediência aos critérios da necessidade e da proporcionalidade, que devem nortear o juiz ao aplicar tais medidas, que, em face da nossa sistemática constitucional e processual, são medidas de caráter excepcional. Perdoe-me o Min. Velloso, perdoem-me os magistrados, mas o Poder Judiciário tem uma grande parcela de responsabilidade pelos abusos que estão sendo cometidos na *persecutio criminis*.

Alguns magistrados têm se posto na condição de verdadeiros combatentes do crime. Juiz não é combatente. Juiz não tem ideologia. Juiz aplica a lei com isenção, baseado na prova dos autos. Na hora em que o juiz abraçar e se comprometer com uma ideologia, ele perderá sua imparcialidade. Esta visão de combate, por meio do Direito Penal como instrumento apto a enfrentar o delito, retira a serenidade do juiz, radicaliza suas posições e o leva a encarar o acusado como adversário, e como adversário também o advogado do mesmo acusado.

O Direito Penal não é instrumento de combate ao crime. Combate-se o crime, verdadeiramente, não por meio exclusivo da repressão, como se tem feito no Brasil, historicamente. Combate-se o crime atacando suas causas, seus fatores desencadeadores, que são de ordem social, ética, econômica e moral. A repressão por meio da aplicação da lei penal atua após o crime ter sido cometido. Trabalha junto a um fenômeno já ocorrido, já posto, quando a conduta deveria ser para evitar o fenômeno, para evitar a ocorrência do crime.

Por outro lado, não se deve olvidar que o Direito Penal, além de proteger interesses e valores aclamados pela sociedade e punir sua violação, também procura proteger o acusado contra penas exorbitantes, contra a vingança, contra a expiação pública. O Direito Penal, portanto, ao lado de sancionar a prática de condutas por ele previstas, prevê institutos de proteção e de garantia ao acusado, tais como os limites máximo e mínimo de penas, a prescrição, o concurso formal, o crime continuado, a legítima defesa, o estado de necessidade, além de outras excludentes e dirimentes; prevê normas para o regime progressivo de cumprimento de pena, dá critérios para o juiz aplicar a pena, além de outras previsões em prol dos acusados.

E, agora voltando ao nosso tema, é inadmissível que nós tenhamos no Brasil uma ação da *persecutio criminis* de tal agressividade contra indigitados sonegadores fiscais, muitos dos quais figurando como suspeitos em inquéritos instaurados antes mesmo da autuação fiscal. Apenas com base em interceptação telefônica, prova precária e insegura, contra esses suspeitos são deferidas buscas e apreensões e até prisões temporárias. Como a prisão é, via de regra, acompanhada pela mídia, o apontado sonegador é exposto à execração pública, como se sua culpa já tivesse sido reconhecida após a regular tramitação de um processo. Sua imagem fica indelevelmente comprometida. Pouco importa se, posteriormente, não venha sequer a ser denunciado em processo crime. Sua dignidade já foi irremediavelmente atingida, como um castigo não previsto em lei.

Tem-se a impressão de que um dos objetivos dessa movimentação repressiva é mostrar que no Brasil rico também vai para a cadeia, que o Brasil não é o país da impunidade .O receio é que em nome dessa redenção as punições passem a se basear no arbítrio, em uma alegada vontade popular, capitaneada por uma mídia que está sempre à cata de escândalo, de tragédia e do mal, de uma mídia que só tem compromisso com IBOPE e com faturamento.

Muito obrigado! [Palmas]

Quero dizer que neste Congresso os assistentes fazem a boa justiça, pois eu não fui punido nem pelas minhas deficiências e nem por ter estourado o tempo.

PRESIDENTE DO IDEPE (PROF. AIRES BARRETO) – Como ouviram, nós precisamos tomar cuidado, porque, além de ilustre Criminalista, ele conhece Direito Tributário como poucos.

Agora, em continuação, pretendia eu falar sobre "Responsabilidade Tributária e Redirecionamento da Execução Fiscal – Responsabilidade dos Sócios". Com galhardia, porém, não tenho como fazê-lo. O tema exige, para tanto, Mestre da maior suposição. Eis por que, agora, venho pedir a colaboração de um supremo Juiz, competente e prestimoso. Peço que fale por mim o Min. Carlos Mário Velloso.

RESPONSABILIDADE TRIBUTÁRIA E REDIRECIONAMENTO DA EXECUÇÃO FISCAL – RESPONSABILIDADE DOS SÓCIOS

MIN. CARLOS MÁRIO VELLOSO* – Exmo. Sr. Professor, meu querido amigo, Aires Barreto; caros Profs. Antônio Mariz de Oliveira e José Souto Maior Borges, participantes do painel; Profs. Roque Carrazza, Maria Leonor Vieira, Eduardo Bottallo, José Eduardo Soares de Melo, que compõem a Mesa; Srs. e Sras. Congressistas. Comovidamente, retorno ao Congresso do inesquecível Geraldo Ataliba. Gostaria de proclamar que participei praticamente de todos eles, sempre sob a liderança de Mestre Ataliba, de quem nós todos nos tornamos discípulos e cujo nome pronuncio com respeito, admiração e uma profunda saudade.

Ouvi a exposição do Prof. Antônio Cláudio Mariz de Oliveira, do notável Advogado Criminalista, Criminalista "sangue puro", cuja prova tivemos aqui, ao qual não falta coragem para denunciar, e sempre o faz, em nome daqueles que não podem falar. Prof. Mariz, eu não poderia deixar de me referir às suas palavras. Já aposentado, não tenho mais a responsabilidade do car-

* Ministro Aposentado do STF; Professor Emérito da UnB e da PUC/MG, em cujas Faculdades de Direito foi Professor Titular de Direito Constitucional e Teoria Geral do Direito Público; Professor de Direito Constitucional Tributário do Instituto Brasiliense de Direito Público/IDP; Advogado.

go, mas carrego a tradição de 40 anos na Magistratura, desde o primeiro grau. Quero dizer-lhe que ouvi com profunda preocupação as suas palavras, e é preciso que cada um de nós se preocupe com isso.

Convidado a falar para os novos juízes federais, pelo Presidente da AJUFE, em razão de compromissos assumidos, não pude comparecer Por escrito mandei a minha mensagem, nela incluindo que me sentia preocupado com essas prisões provisórias de advogados que vêm ocorrendo. E – o que é realmente preocupante – todas elas mediante mandado judicial. Preocupado com essas buscas e apreensões que se fazem em escritórios de Advocacia. Todas elas cobertas, também, por mandado judicial. E eu dizia aos novos juízes: no meu tempo a Polícia sempre esteve a nosso serviço; hoje, parece que há juízes a serviço de um Estado policialesco. Isto gera conseqüências sérias. É preciso que cada um de nós dê seu testemunho a respeito. É preciso que outros advogados, da têmpera do Dr. Mariz, denunciem, porque o que está ocorrendo degrada o Estado Democrático de Direito em que se constitui a República Federativa do Brasil.

Passo ao exame do tema que me foi distribuído: a responsabilidade tributária, redirecionamento da execução fiscal, responsabilidade dos sócios. Começaria minha exposição relembrando a classificação das sociedades. As sociedades ou são de pessoas ou são de capital. Meu velho Mestre na Faculdade de Direito da UFMG, Prof. João Eunápio Borges, no seu *Curso de Direito Comercial*, ensina que as sociedades serão de pessoas quando contratadas *intuitu personae*. Os sócios se escolhem, tendo em conta principalmente razões de ordem pessoal, conhecimento e a confiança recíproca. E de capital seriam aquelas em que tais considerações não existem e passam a plano secundário.

Sempre preferi, entretanto, a classificação pelo grau de responsabilidade dos sócios. É dizer, as sociedades de pessoas são aquelas sociedades em que a responsabilidade dos sócios é ilimitada. Por exemplo, a sociedade em nome coletivo e aquelas outras que não se enquadrem como sociedades anônimas ou sociedades por quotas de responsabilidade limitada. E as sociedades de capital seriam aquelas nas quais a responsabilidade dos sócios limita-se à integralização do capital. Então, são sociedades de capital, as sociedades anônimas, a comandita por ações e a sociedade por quotas de responsabilidade limitada.

Essas sociedades, pessoas jurídicas, têm personalidade jurídica. A personificação das sociedades é uma realidade. Teorias explicam essa personificação, explicam a natureza das pessoas jurídicas. Por exemplo, temos as teorias da ficção, da propriedade coletiva, da realidade, a teoria institucional. Outro grande Mestre, de quem fui aluno, Caio Mário da Silva Pereira, menciona a teoria da personalidade real, ensinando que as pessoas jurídicas constituem uma realidade técnica ou realidade jurídica. A lei, diante da realidade de que as pessoas se agrupam com a finalidade de satisfazer necessidades – se nos aprofundarmos no tema, vamos chegar às sociedades políticas e ao próprio Estado –, confere personalidade jurídica aos agrupamentos constituídos com observância de seus preceitos. Esses agrupamentos passam a ser, portanto, pessoas jurídicas, com vontade própria, capazes de adquirir direitos e contrair obrigações, sujeitos, portanto, de direitos e obrigações.

E surge outra questão. Aquela que os alemães chamam de *disregard doctrine*, a desconsideração dessa personalidade jurídica. Essa desconsideração da personalidade jurídica surgiu na Inglaterra, ainda no século XIX, num caso que se tornou famoso, “Salomon *vs.* Salomon & Co. Ltd., de 1897, julgado pela Sessão Judicial da Câmara dos Lordes. Pela primeira vez se desconsiderou a personalidade jurídica da sociedade e se impôs obrigação aos sócios dessa mesma sociedade.

Essa *disregard doctrine* teve desenvolvimento no Direito Norte-Americano, sob o nome *disregard of legal entity* (“desconsideração da pessoa jurídica”) ou *lif-*

ting the corporate veil ("descerramento do véu corporativo"). *Legal entity*: entidade jurídica; *corporate entity*: personalidade jurídica. É que, na realidade, há momentos em que os sócios, os acionistas, os dirigentes, abusam da personalidade jurídica da sociedade, e muitas vezes em detrimento dessa própria sociedade – é dizer, em detrimento de sócios, da maioria dos sócios, em detrimento da sociedade, das pessoas que contratam com esta.

A *disregard doctrine* não visa a anular a personalidade jurídica, mas apenas à sua desconsideração em determinados casos concretos. Essa doutrina foi acolhida pelo Direito Brasileiro e pela jurisprudência dos nossos Tribunais, e hoje está positivada, por exemplo, no Código de Defesa do Consumidor, art. 28, e no CC de 2002, art. 50. Trataremos, nesta nossa conversa, justamente dessa desconsideração da personalidade jurídica das sociedades em que os sócios, em princípio, não respondem pelas suas dívidas.

Primeiro de tudo, gostaríamos de mencionar algumas obras que servem de base para nossas considerações: José Otávio de Vianna Vaz, *A Responsabilidade Tributária dos Administradores de Sociedade no Código Tributário Nacional*, Belo Horizonte, Del Rey, 2003; Márcio Tadeu Guimarães Nunes, *Desconstruindo a Desconsideração da Personalidade Jurídica*, São Paulo, Quartier Latin, 2007; Suzy Elisabeth Cavalcante Koury, *A Desconsideração da Personalidade Jurídica – "Disregard Doctrine" – e os Grupos de Empresas*, Rio de Janeiro, Forense, 1998; Thereza Christina Nahas, *Desconsideração da Pessoas Jurídica – Reflexos Civis e Empresariais nas Relações de Trabalho*, São Paulo, Atlas, 2004. Além de artigos de doutrina, como, por exemplo, o de Carlos Alberto Bittar Filho, "O redirecionamento da execução fiscal", em *Valor Econômico* 21.2.2008.

O fundamento da *disregard* – dizia – está no abuso da personalidade mediante desvio de finalidade. Na confusão patrimonial – com muita graça, dizia um meu velho professor, na Faculdade de Direito: o sujeito confunde o bolso dele com o bolso da sociedade. Tem-se, então, o abuso de direito, a fraude através da personalidade jurídica. É o excesso de poder. É a infração da lei ou dos estatutos. Com a desconsideração da personalidade jurídica da sociedade, serão responsabilizados pessoalmente os sócios, acionistas, administradores e diretores da sociedade.

Vamos transportar, então, isto para o campo tributário, para o Código Tributário Nacional, cuidando, entretanto, de examinar a questão com os olhos postos na Constituição, porque temos um direito constitucional tributário, temos um sistema constitucional tributário.

Tem-se, portanto, aqui, a responsabilidade tributária dos sócios e administradores.Os arts. 134 e 135, I e III, do CTN cuidam do tema sob uma outra perspectiva. Nos casos de impossibilidade, diz o art. 134, de exigência do cumprimento da obrigação principal pelo contribuinte, respondem solidariamente com este, nos atos em que intervieram ou pelas omissões de que foram responsáveis, os sócios, no caso de liquidação da sociedade de pessoas. Daí por que comecei esta minha exposição fazendo a distinção entre sociedade de pessoas e sociedade de capital.

E o art. 135: "São pessoalmente responsáveis pelos créditos correspondentes a obrigações tributárias resultantes de atos praticados com excesso de poderes ou infração da lei, contrato social ou estatutos: I – as pessoas referidas no artigo anterior". Quer dizer: os sócios. Os sócios, então, estão expressamente aqui incluídos. E: "III – os diretores, gerentes ou representantes de pessoas jurídicas de Direito Privado". Deixei de lado o inciso II do art. 135, que pouco nos interessa.

Sabemos que o contribuinte, no caso, caso específico, é a pessoa jurídica, não os sócios. A responsabilidade deles, portanto, tem natureza de sanção, sanção administrativa, e não de obrigação tributária, em sentido estrito. E aqui eu quero mencionar alguns autores, além dos já citados, que cuidaram proficientemente da matéria. É que vamos fazendo a exposição e muitas vezes nos apropriamos de lições e ensinamentos. Quero, então, deixar claro, que na elaboração desta minha pequena palestra eu me apoiei, por exemplo – além, repito, dos autores já indicados –, em Aires Barreto, em Geraldo Ataliba, em Paulo de Barros Carvalho, em Misabel Derzi, que escreveram sobre esses temas; em Sacha Calmon, em Aliomar Baleeiro, no jovem professor paulista Ary Timóteo dos Reis Jr., que escreveu um excelente trabalho a respeito; em Souto Maior Borges, que já cuidou desse tema; em Gilberto de Ulhôa Canto, em Roque Carrazza, em Marçal Justen Filho, em Luciano Amaro, em Ives Gandra Martins, em Hugo de Brito Machado, em Daniel Monteiro Peixoto, em Eurico de Santi – autores que li para fazer essa exposição.

Mas – dizia eu – os sócios e administradores não participam da situação que configura o fato gerador. A pessoa jurídica é que tem tal participação, é que revela capacidade contributiva. A natureza jurídica, portanto, da responsabilidade dos sócios e administradores decorre de norma jurídica sancionatória, segundo Paulo de Barros Carvalho (*Direito Tributário: Fundamentos Jurídicos da Incidência*, 2ª ed., São Paulo, Saraiva, 1999, p. 159). É realmente uma sanção. Não podemos perder de vista o que está na cabeça do art. 134: nos atos em que intervierem ou pelas omissões de que forem responsáveis. E na cabeça do art. 135: atos praticados com excesso de poderes ou infração da lei, contrato social ou estatutos. Há que ter ocorrido, pois, um ilícito, que implica aplicação da sanção.

Sócios não-administradores podem ser responsáveis? Podem, sim. Por que? É que os sócios têm atuação limitada, é certo, mas participam, de certa forma, da gestão. Por exemplo, participam das deliberações da sociedade, na nomeação do administrador, na incorporação, na fusão, na dissolução da sociedade, na cessação do estado de liquidação, na autorização para o liquidante realizar rateios por conta da partilha. Então, é importante que o sócio fique atento, porque dessas deliberações ele participa. Todavia, quero deixar claro meu pensamento: sua responsabilidade não é objetiva, pelo simples fato de ser sócio ou ser administrador; o mesmo se aplicando também ao gerente, ao diretor da sociedade. A responsabilidade decorre do descumprimento de um dever jurídico imposto ao administrador, ela não é objetiva, mas subjetiva.

Analisemos alguns dados da responsabilidade dos sócios das sociedades de pessoas, da liquidação da sociedade por pessoas, inscrita no art. 134 do CTN.

Essa responsabilidade ocorrerá nos casos de impossibilidade de exigência do cumprimento da obrigação principal pelo contribuinte. Então, há, aí, uma responsabilidade solidária do sócio ou diretor com o verdadeiro contribuinte. Não se trata da solidariedade do art. 124, porque aqui, ao contrário daquela inscrita no art. 124, há benefício de ordem.

O que há no art. 134 é a atribuição de responsabilidade em caráter subsidiário. O terceiro somente é responsabilizado na impossibilidade de se exigir do contribuinte o cumprimento da obrigação principal.

É necessário que o terceiro aja intervindo no ato ou praticado o ato, omissivo ou comissivo. Aqui, então, pode-se trazer ao debate a idéia de culpa. Culpa *stricto sensu*, aquela decorrente de negligência etc.

A responsabilidade é por transferência. A obrigação é do contribuinte; sendo impossível exigir dele o cumprimento da obrigação, ela se transfere às pessoas enumeradas nos incisos I a VII do art. 134. No ponto, interessa-nos o inciso VII, relativamente aos atos em que intervierem ou pelas omissões de que forem responsáveis.

Art. 134, VII: os sócios, no caso de liquidação de sociedade de pessoas, sociedade em nome coletivo e outras que não se enquadrem nas categorias de sociedade anônima ou responsabilidade limitada.

E mais, a responsabilidade dos terceiros depende da ocorrência de fato ilícito: ação ou omissão, descumprimento do dever, legalmente previsto, contratualmente nascido, de providenciar o recolhimento do tributo devido pelo contribuinte ou de fiscalizar seu pagamento. Esta afirmativa é de Misabel Derzi, em *Direito Tributário Brasileiro*, de Aliomar Baleeiro, que a mestra Misabel atualizou de forma magnífica.

Convém esclarecer que o simples inadimplemento da obrigação tributária não caracteriza infração à lei. O Prof. Mariz, transportando essa questão para o campo penal, disse, com propriedade: deixar de pagar imposto não é crime, dado que muitas vezes o imposto não é pago porque não se está concordando com aquele lançamento, com aquela incidência que dera origem à cobrança.

E, finalmente quanto às penalidades, a responsabilidade diz respeito apenas às de caráter moratório.

Vejamos a responsabilidade prevista no art. 135 do CTN. Analisemos algumas questões. Primeiro, nós dizíamos que a responsabilidade do art. 134 do CTN é subsidiária. A responsabilidade inscrita no art. 135 é pessoal, exclusiva, excluindo-se do pólo passivo da obrigação a pessoa jurídica. Lições, por exemplo, de Luciano Amaro, Ives Gandra , Aliomar Baleeiro, Misabel Derzi e Sacha Calmon. Trata-se de sanção ao sócio ou ao administrador ímprobo.

O inciso I coloca, na situação do inciso III, sócios, conforme já mencionado. O administrador pode não ser sócio, pode ser terceiro, eleito mediante deliberação dos sócios: a sociedade limitada, por exemplo, do CC, art. 1.061. Não basta a mera condição de sócio ou administrador para estabelecer sua responsabilidade pessoal, mas a prática de atos com excesso de poderes ou infração da lei, contrato social ou estatutos.

Não se trata de responsabilidade objetiva, mas subjetiva, decorrente de dolo (art. 135). A mera culpa está na responsabilidade do art. 134 do CTN.

A responsabilidade do art. 135 do CTN abrange créditos decorrentes de obrigações principais e acessórias. Daí abranger quaisquer penalidades, ao contrário da responsabilidade do art. 134, que abrange apenas penalidades de caráter moratório.

O não-recolhimento de tributo – repito, dado que isso me parece muito importante – não constitui infração legal capaz de ensejar a responsabilidade do art. 135, III, do CTN. A jurisprudência tem caminhado nesse sentido, desde o antigo TFR. Todavia, aqui surge uma questão: havendo dissolução irregular da sociedade, os débitos fiscais podem ser exigidos dos seus sócios ou administradores: dissolução irregular da sociedade de pessoas, CTN, art. 134, VIII, e na sociedade de capital, art. 135

Selecionei alguns acórdãos do STJ a respeito desse tema. Por exemplo, com relação ao não-recolhimento, o REsp 785.219, bem recente, publicado em 21.11.2005. Segundo a jurisprudência do STJ – está na ementa do acórdão –, a simples falta de pagamento do tributo não configura, por si só, nem em tese, situação que acarrete a responsabilidade subsidiária do sócio; são citados precedentes.

Todavia, na dissolução irregular, havendo indícios de que a empresa encerrou irregularmente suas atividades, é possível redirecionar a execução ao sócio, a quem cabe provar o contrário em sede de embargos à execução, e não pela estreita via da exceção de pré-executividade.Trata-se de decisão do STJ, Relator o eminente Min. Teori Zavaski. Com todo o respeito ao eminente Ministro, que admiro e estimo, não concordo integralmente com essa decisão.

No caso de desaparecimento da sociedade, tem-se um caso específico em que o gerente pode ser responsabilizado, e essa jurisprudência é do STF, o RE 96.607, Relator o saudoso Min. Soares Muñoz.

Falta de pagamento de tributos com distribuição de lucros ou dividendos ao sócio. Deixa-se de pagar os tributos e se faz a distribuição de dividendos aos sócios. Nesta hipótese a jurisprudência tem entendido que há lesão dolosa ao Erário.

Alterações societárias sem registro na Junta Comercial. O sócio que se retira da sociedade e não promove as alterações na Junta Comercial e perante a Receita Federal pode ser responsabilizado. Há acórdãos nesse sentido.

O que significaria o *excesso de poder*? O sócio ou dirigente que age com excesso de poder – seriam aqueles poderes conferidos pela lei às pessoas referidas no inciso II do art. 135, poderes decorrentes dos mandatos e funções inerentes à sua atividade. Por exemplo: infração do contrato social ou estatutos. Excesso de poderes conferidos pelo contrato social ou pelos estatutos. Infração da lei. Que lei é essa, que poderia ser violada e acarretar esta responsabilidade? Seria a lei tributária? Não, não é a lei tributária, mas a infração da legislação civil e da legislação comercial, vale dizer, da legislação que rege a sociedade anônima, que rege a sociedade de capital. E essa jurisprudência também é velha, RE 85.241, Relator Min. Leitão de Abreu.

Uma questão também interessante é aquela da Lei 8.620/1993, art. 13, parágrafo único. O titular da firma individual e os sócios das empresas por quotas de responsabilidade limitada respondem solidariamente com seus bens pessoais pelos débitos junto à Seguridade Social. Os acionistas controladores, os gerentes e os diretores respondem solidariamente e subsidiariamente com seus bens pessoais quanto ao inadimplemento das obrigações para com a Seguridade Social, por dolo ou culpa.

Há uma questão: esta é uma lei ordinária. Ela poderia dispor a respeito, quanto a responsabilidade tributária? – e nós sabemos que essas contribuições, hoje não há dúvida, são tributos. Seria possível a lei ordinária dispor a respeito da responsabilidade tributária? O STJ tem entendido – por exemplo, no REsp 325.375, Relatora a Min. Eliana Calmon – que a Lei 8.620/1993, art. 13, serve de regulamento para o art. 124, II, CTN, quando se diz que aqueles expressamente indicados pela lei são responsáveis.

Mas com o art. 134, II, veio o tempero que é útil, mas o art. 134, II, deve ser interpretado em consonância com o art. 135, III – quer dizer, existência de fato ilícito. No Ag. no REsp 812.194, Relator o Min. Castro Meira, decidiu-se que, mesmo tratando-se de débitos para com a Seguridade Social, a responsabilidade pessoal dos sócios da sociedade por quotas de responsabilidade limitada prevista no art. 13 da Lei 8.620 só existe quando presentes as condições estabelecidas no art. 135, III, do CTN.

Há uma questão importante, que é a questão da prescrição. A jurisprudência tem entendido que a citação da pessoa jurídica interrompe a prescrição em relação aos sócios, não havendo necessidade de o redirecionamento ser realizado num prazo de cinco anos.

Finalmente, vou encerrar justamente fazendo uma indagação, muito na linha do discurso teórico do Prof. Mariz, quanto ao redirecionamento da execução fiscal, já se incluindo na certidão de Dívida Ativa o nome dos sócios. Nós sabemos que a certidão de Dívida Ativa é um título extrajudicial que confere ao crédito fiscal a presunção de certeza, liquidez e exigibilidade. Portanto, ele pressupõe a existência do lançamento com o contraditório, vale dizer, com o devido processo legal, devido processo legal processual, aplicável ao processo administrativo por força do inciso LV do art. 5º da CF. É dizer: a responsabilidade dos sócios e dos administradores pelas dívidas tributárias da sociedade deve ser apurada na via administrativa, já que a responsabilidade não é objetiva, dependendo da prova do dolo, culpa, fraude, conluio, sonegação etc.

O redirecionamento da execução fiscal contra os sócios na via judicial, e é isso que tem ocorrido, simplesmente se faz mediante uma petição, na qual é pedida a citação dos sócios para responder pela obrigação tributária.

O redirecionamento da execução fiscal contra os sócios na via judicial sem que tenha havido a apuração da responsabilidade administrativamente não me parece correto, não me parece condizente com a Constituição, que exige o devido processo legal processual sempre que o patrimônio de alguém, seja o patrimônio material, seja o patrimônio moral, deva ser atingido.

Infelizmente a jurisprudência não tem caminhado nesse sentido, com um argumento, aliás, razoável. Sustenta-se que nos embargos do devedor toda a discussão pode ser posta, pode ser trazida a lume. O argumento é razoável, mas, diante da expressa determinação constitucional no sentido da aplicação, no processo administrativo, do devido processo legal, parece-me que essa jurisprudência há de ser repensada. E repensada porque o devido processo legal é um dos pilares do Estado Democrático de Direito que queremos e devemos institucionalizar e praticar.

Muito obrigado! [*Palmas*]

PRESIDENTE DO IDEPE (PROF. AIRES BARRETO) – Antes de nós fazermos um pequeno intervalo, um rapidíssimo intervalo, uma vez que temos, ainda, a exposição do Prof. José Souto Maior Borges e o encerramento com o Prof. Roque Antônio Carrazza, queria, se me derem licença – para suavizar um pouco os temas aqui expostos –, falar-lhes um minuto sobre "Paixão e Direito Tributário". Não me perguntem, por gentileza, quem escreveu, nem quem a complementou: "Difícil é a definição do que vem a ser paixão. Dir-se-ia um tributo, em que pese ao original. Acontecendo é obrigatório, absolutamente compulsório; não se tem como fugir e nem é recomendável. Seu fato gerador é aleatório; mas há um dado real, que não gera divergência: sua hipótese de incidência é de extrema raridade. Falar em legalidade no caso não tem valor; não há qualquer previsão, sequer na Constituição. A ela, poucos estão sujeitos, acabando com a verdade sobre a universalidade. Atinge só quem sabe sentir, paga só quem sabe dar. Logo não há igualdade, muito menos proporcionalidade. A questão é tudo ou nada. Anterioridade é princípio inaplicável; nasce a qualquer hora e aumenta de ofício bem no meio do exercício. Nela não cabe o confisco e nem tem caráter promíscuo; é bem individual. Pode ser retroativa, mesmo que não benigna; mais de uma é pouco digna, não pode ser cumulativa. Também não há respeito à questão dos sujeitos nessa típica relação; só existe com sujeitos ativos, acaba se um vira passivo. E pode haver progressão que não há reclamação. Dispensa lançamento; mas o pagamento é só à primeira vista, não pode ser parcelado; se ficar atrasado não há como reaver, e se fenece, acaba, prescreve, na verdade decai, ou então se extingue. Sua vantagem é que não é preciso cobrar, paga-se com todo prazer, mesmo sem compensação ou após a remissão. Mas cuidado, cuidado quando ela é louca, mesmo que seja pouca, pois não há perempção para coisas do coração." [*Palmas*]

Vamos fazer um intervalo rapidíssimo, para depois ouvirmos o Prof. Souto e o Prof. Roque Carrazza.

UM CAMINHO DE ESPECIALIZAÇÃO: DIREITO TRIBUTÁRIO AMBIENTAL E MECANISMOS DE MERCADO (CRÉDITO DE CARBONO)

PROF. JOSÉ SOUTO MAIOR BORGES – Exmo. Sr. Prof. Paulo Ayres Barreto, demais membros desta Mesa Diretora, Srs. e Sras. Congressistas, autoridades aqui presentes, cujos nomes me dispenso de nomear, pela premência de tempo, e não por uma indesculpável descortesia. Passarei, inicialmente, a abordar o tema o que me proponho: "Um Caminho de Especialização: Direito Tributário Ambiental e Mecanismos de Mercado (Crédito de Carbono)". Advirto de saída que o método a ser empregado para nortear e dirigir os caminhos da própria exposição será o método histórico-evolutivo no sentido tradicional. E aplicando-se os princípios filosóficos da identidade e da diferença, o histórico-evolutivo, por si só, já fornece o princípio da sua tipificação e caracterização: critério da identidade, pré-excluindo todos os outros métodos, inclusive o método sistemático, isto é a diferença.

Se nós examinarmos os sistemas jurídicos sob a perspectiva da sua evolução ao longo do tempo, verificaremos que o Direito, sob essa perspectiva, rege-se por uma tendência à especialização, que é o nome rebuscado ou sofisticado para esconder o fenômeno que está por trás disso, uma pulverização normativa cada vez maior. Os segmentos de normas que constituem a linguagem-objeto de descrição e explicação do seu sentido pelo jurista, e a estrutura e funcionamento desse mesmo sistema. Entra aí uma consideração teleológica ou finalística.

Essa tendência para a especialização é verificável há muito tempo. O saber humano progride. No campo do Direito provoca alterações quer na linguagem-objeto (Lo), ou seja, prescritiva do comportamento devido, o sistema jurídico, campo de testabilidade das asserções doutrinárias, quer na metalinguagem, a das preposições doutrinárias, sob essa perspectiva lingüística que procura descrever adequada, consistente e congruentemente o sistema jurídico positivo.

O Direito Tributário não está imune a essa tendência. Mas, para que ela seja demonstrada, até porque o processo é histórico a evolutivo, é preciso ousar o passo atrás, a atitude retrospectiva.

Na primeira metade do século passado os livros de Direito Administrativo – atente-se bem para essa característica, geralmente sem destaque algum – incluíam nos seus textos capítulos sobre atividade financeira do Estado. Assim, por exemplo, as obras clássicas de Fritz Fleiner e Otto Mayer, apenas para exemplificar com o Direito Administrativo alemão.

Meros capítulos do Direito Administrativo, as atividades financeiras do Estado eram estudadas sem qualquer preocupação de destaque pela sua importância, que somente veio a ser adquirida e reconhecida com a evolução do próprio Direito e sobretudo do Estado Moderno, tributador por definição. O verdadeiro Leviatã ao qual nós todos estamos submetidos.

Naquela época falava-se apenas em "Ciência das Finanças", até nas Faculdades de Direito os currículos eram integrados por uma disciplina chamada "Ciência das Finanças". Os livros de Direito Administrativo mal tratavam disso. Mas o tributo adquiriu uma importância tal, que se destacou via especialização (um dos caminhos da especialização), e hoje constitui um ramo à parte da Ciência do Direito. Porém, não começou assim. Como começou? Que é *atividade financeira do Estado*? A atividade financeira do Estado, sob uma perspectiva jurídica, desconsiderados os outros campos, políticos, econômicos, técnicos etc., consiste na regulação jurídica das atividades financeiras do Estado, todas elas.

Há várias classificações da atividade financeira do Estado. Eu prefiro a mais simples e sucinta, em homenagem a um valor que nas outras Ciências é fundamental: a *simplicidade*. Ser simples nada tem de simplório. É simplesmente um critério de clarificação de exposição cuja entendimento é facilitado pelos termos em que a própria exposição é feita.

Então, o Direito Financeiro, por ser a regulação jurídica das atividades financeiras do Estado, envolvia os seguintes campos materiais (classe de normas): receita, despesa, orçamento e crédito públicos. Foi um avanço muito grande estudar o Direito Financeiro como uma província especializada do Direito, destacada, portanto, da sua origem no Direito Administrativo.

Mas, por seu turno, o Direito Financeiro envolvia a receita patrimonial ou de Direito Privado, como se usava dizer no jargão da época. E essa receita decorria da exploração pelo Estado, de seus bens e serviços públicos.

E a outra receita chamada "derivada", ou "de Direito Público" ou "coativa", isto é, "compulsória", era a receita decorrente dos tributos. É este o campo do Direito Tributário.

Pois bem, de todo esse cipoal normativo restou em segundo plano toda a atividade financeira do Estado que não fosse caracterizável como atividade tributária propriamente dita, gerando o Direito Tributário, um ramo autônomo de especialização que hoje justifica, explica, essa nossa presença, aqui, neste Congresso, para estudá-lo em seus lineamentos fundamentais.

Portanto, o Direito Tributário representa apenas a persistência dessa tendência à especialização desde os seus primórdios. Tendência que se manifesta, como dito, quer na linguagem-objeto, de conhecimento pelo jurista, quer na linguagem do jurista que se propõe a descrever determinados segmentos de normas. Depois nós veremos o que resulta dessa tendência. É tão persistente essa tendência à especialização, que eu poderia dizer que é quase um fenômeno essencial ao Direito. *Essência* manifesta o que é, quando manipulada essa palavra sem caráter de irresponsabilidade conceitual. Essência não é aquilo que é apenas importante, aquilo que tem um significado maior na vida das instituições jurídicas. A essência é aquela invariância, aquilo que permanece o mesmo, sempre imutável ao longo das suas variadas formas que os fenômenos manifestam, sucessivamente.

Então, seria da essência do Direito em geral o especializar-se. Por quê? Porque o Direito progride, o conhecimento humano progride. E, progredindo o conhecimento humano, cada vez mais nós alcançamos estágios que não eram alcançados em etapas antecedentes: conservando aqueles conhecimentos que nortearam o desenvolvimento das instituições jurídicas, antecedentes a essa expansão da especialização, mas de maneira tal que acaba ela se exacerbando sensivelmente e tornando o jurista (aí é que está o problema), com a lição da metáfora, especialista na "cabeça de um alfinete", porque cada vez mais se reduz seu campo de estudo.

A dogmática jurídica, inclusive a dogmática do Direito Tributário, vive um impasse, uma situação em que a colocam diante de um obstáculo: é que, se se vai reduzindo o campo de conhecimento, nós chegamos, nesse ponto, a um conhecimento extremamente fragmentado no campo das Ciências Jurídicas especializadas, como Direito Constitucional, Administrativo, Tributário etc. Nesse campo reina a opinião sem controle algum. Cada jurista expõe a sua, e ninguém pode testá-la com o simples argumento da autoridade, e não com a autoridade do argumento. Opinião não pode ser sindicada pelo jurista, mas – isso, sim – remete ao ato praticado por aquele que põe a norma no sistema; aquele que cria autoritariamente uma determinada regulação jurídica, o órgão competente para tanto. O jurista não tem essa atribuição. Então, fica o cipoal opinativo, do reinado da opinião, a disputar a primazia entre teorias concorrentes.

Muito bem: no campo do Direito Tributário, pense-se no seguinte: já notaram que há juristas especializados, pura e simplesmente, em certos e determinados tributos? Não avançam para outros tributos, examinam apenas aquele. Por exemplo, há especialistas no Brasil em imposto de renda. Há especialistas, diversamente, em IPI. Há, no campo no campo estadual, especialistas em ICMS, e ISS, no plano municipal. Sem omitir os especialistas em Direito Ambiental, um ramo mais recente.

Aproveito a oportunidade para dizer, aqui, sob forte presunção de erro meu, porém mais forte ainda minha convicção pessoal: acho que é uma enormidade essa tese de que a Lista de Serviços tributáveis pelo

Município é, na lei complementar, taxativa. Hoje eu não sei nem quantos itens essa lei complementar tem, e não faço a menor questão de apurar.

E se essa lei complementar fosse taxativa? Só cabe o ISS naqueles casos da lei complementar? Como é que fica o princípio da autonomia municipal? Suponhamos, quem inclui 60 itens numa lei complementar tributária de normas gerais pode incluir 3. É possível isso? Sem afronta à clausula constitucional: "serviços de qualquer natureza"? Ou simplesmente omitir os serviços tributáveis, e, se omitir, vai provocar congressos e mais congressos, para saber se o Município ainda pode usar o ISS. Isso não é digno de uma reflexão científica séria.

Escrevi um trabalho que já vai por muito tempo, já não me lembro quanto, para sustentar a enormidade disso. E fiquei deliciado com uma saída salomônica no STF. Um parecer que eu dei a pedido da Prefeitura de Belo Horizonte, dizendo exatamente isso. E, salvo engano, o Min. Xavier de Albuquerque, quando foi apreciar isso no STF, deu a solução salomônica, dizendo: "Olha, não é preciso examinar isso, não, porque o serviço de vigilância privada *[que era o caso]* está incluído na Lista; portanto, *tollitur quaestio* (processualmente ele estava certo). E acrescentou que, mais recentemente, juntou-se às opiniões que acham que a Lista não é taxativa um parecer do Prof. Souto Maior Borges que "dá o que pensar", ponto. Foi a maior homenagem que ele me fez a respeito, porque o resto é uma conspiração de silêncio, é acomodação total. Não se enfrenta o problema de taxatividade, ou não, da Lista de Serviços tributários na lei complementar.

Muito bem, um campo novo no Direito vem se destacando, pelos notórios problemas que provoca, a poluição não respeita as fronteiras nacionais. Os problemas fronteiriços são muito grandes, com relação, por exemplo, à utilização de ecossistemas de água, está ai Itaipu, que nos ensina isso. Então, um campo que está interessando a Humanidade toda é o Direito Ambiental, que, dentro desse tendencial para a especialização, se insere como um ramo destacado de outros ramos do Direito. O Direito é uma consagração de dualismos, tais como: público, privado, internacional, nacional, real e pessoal, mas "gosta" muito, também, das metáforas. E metáfora pelo menos é uma linguagem poética, bonita, e, se a pessoa sabe que aquilo é figurado, não faz da metáfora verdade concreta. Por exemplo, "fontes do Direito" é expressão nitidamente metafórica. E sua beleza explica, até certo ponto, sua persistência ao longo de tempo. "Ramos do Direito" – infelizmente, o Direito não nasce em árvores. Aliás um poeta, *doublé* de poeta e jurista – e grande jurista –, Augusto Becker, dizia: "Eu não escuto o canto dos pássaros no Código Florestal". Ninguém era capaz de dizer isso, ele já dizia isso na época dele.

Mas essa linguagem é bonita, é expressiva, a gente adota, e eu o faço de bom grado. Sobretudo porque ela está nas origens, e o que vem das origens nos condiciona a vida toda.

Muito bem. Há um ponto que deve ser assinalado. A CF de 1988, no art. 225, dispôs sobre o meio ambiente. E disciplina o meio ambiente – diria eu, ainda usando a linguagem figurada – com uma exuberância de pormenores que não era preciso ser profeta para antecipar que iria provocar um surto de estudos de Direito Ambiental no Brasil.

Para usar a linguagem popular, porque é de comunicação mais imediata: "não deu outra". Dir-se-á que não é preciso ser profeta para se constatar isso. Não é preciso fazer profecia, aliás, porque, excetuadas as manifestações de revelação religiosa, uma determinada confissão religiosa, a profecia pode ser uma pura e simples charlatanice. O que o jurista faz, se ele quer ser cientista do Direito, se ele trata sua especialização como Ciência, o que ele faz é uma predição, uma hipótese que se antecipa a uma corroboração ou falseamento *a posteriori* pela sua base empírica. E nós estamos tratando de padrões de Direito Positivo; portanto, essa base empírica é o sistema jurídico, num dos seus segmentos especializados, porque não é possível dominar todo ele. Mas também não é necessário que se extraia quase tudo da simples especialização.

Muito bem. Eu fico muito impressionado, porque isso impõe um critério de demarcação, e eu vejo, meu caro Paulo Ayres, meus caros Colegas de Mesa e meus caros Congressistas, que o jurista tem um medo pânico de demarcação. Ah! Se for para ampliar conhecimento é com ele mesmo. Agora, não assim para demarcar seu conhecimento, como se a demarcação fosse um fator de superficialidade; pelo contrário, é exatamente o oposto. Quanto mais você concentra seu conhecimento, mais você o aprofunda. O método oposto é o seguinte: fugir da crítica é fugir da refutação; então; vamos deixar reinar a superficialidade, onde é mais difícil o erro.

É impressionante, olhem, eu vou tocar, aqui, num tema que foi abordado, porque eu não ficaria em paz com minha consciência se não tocasse. É o seguinte: a questão dos *direitos humanos*. O direito humano tem duas perspectivas – aliás, todo direito é humano, aí é um pleonasmo, não é? [*Risos*]

Há antecedentes históricos muito remotos de processos contra formigas, porem nós não estamos mais nesse tempo. Calígula nomeou cônsul seu cavalo *Incitatus*, mas nós tampouco estamos também nessa época. Portanto, "direito humano" é pleonasmo congênito. E é sobretudo o regime da indefinição e da incontenção conceitual. É uma ideologia política, exceto aqueles direitos que estão contemplados no texto constitucional brasileiro, art. 5º, I-LXXVIII. O resto é conjectura, cabe tudo ali.

Um dos maiores filósofos franceses da atualidade, Michel Villey, nele eu localizei, Bottallo, uma coisa impressionante: o homem é uma fera quando se trata de atacar direito humano. Ele termina por usar uma argumentação irônica, quando diz: "direito à neve", por que não "direito ao calor"? "Direito de ir à praia", "direito à própria diferença", que não são as minorias sexuais, não, minorias raciais, por exemplo. Cabe tudo.

E aí, o que aconteceria? Reparem que conclusão! O que aconteceria quando admitirmos o "direito à ventura", "à felicidade"? E se a felicidade, por exemplo, do Sr. "X" consistir em matar sua própria esposa? [*Risos*] O jurista é católico, tradicional, respeitadíssimo. Por que o ataque? Direito humano não tem critério de demarcação alguma; portanto, a incontenção é a lei.

Então, vejam vocês, no campo do Direito do Meio Ambiente insere-se a questão dos tributos ambientais. Sobretudo, tradicionalmente sempre se falou na questão do "poluidor-pagador". Eu até hoje tenho minhas dúvidas sobre se o poluidor-pagador é um princípio, como dizem muitos autores, ou se é uma regra, uma norma-regra. Mas isso não tem importância, o importante é o seguinte: a doutrina estrangeira costuma chamar de "tributos ecológicos" ou "tributos verdes". Eu tenho um medo horrível disso. Por quê? Porque, do jeito que são as coisas no Brasil – a CPMF não me deixa mentir –, do jeito que são as coisas no Brasil – eu digo isso aí, quem já ouviu vai ter que ouvir de novo – se falar em "tributo verde" no Brasil, vão criar "tributo vermelho", "preto", "azul", "encarnado", de todas as cores, [*risos e palmas*] eu me recuso a tratar disso. É a verdade.

Aqui eu me lembro de Becker. Becker dizia, num dos seus textos célebres: "Amigo leitor, se esta exposição possa parecer caótica, não esqueça que estou tentando descrever o caos que é o sistema tributário brasileiro". [*Risos*]

Muito bem, de uma forma ou de outra, essa norma do "poluidor-pagador" é tradicional, você encontra isso em todos os livros de Direito Ambiental, Internacional e Comunitário. Ela é uma norma repressiva, sancionatória no sentido tradicional. Independentemente dos métodos, eu não estou aqui para avaliar, "psicanalisar" o legislador – como diria o saudosíssimo Min. Aliomar Baleeiro.

Hoje, essas normas repressivas não esgotam o campo do normativo todo, porque, além do campo sancionatório ou repressivo, existem as chamadas "sanções premiais" ou "estimulantes", cuja finalidade não é reprimir uma atividade, como o "poluidor-pagador", mas o incentivo dado em caráter, por exemplo, industrial, no campo internacional, para atividades não-poluidoras. É uma sanção premial, estudada magistral e pioneiramente por Norberto Bobbio na Itália.

Pois bem, o Direito Ambiental, é desnecessário insistir na importância dele. Isso a gente já sabe, que a Humanidade está vivendo um impasse desde a explosão das bombas nucleares de Hiroshima e Nagasaki. Mas o que importa é o seguinte: esse complexo de normas tem, hoje, acrescida mais uma especialização, uma novidade – ou seja, a comercialização de *créditos de carbono*. Vocês vão falar nisso, isso provoca nossa curiosidade. Eu não vou analisar isso aqui, não teria essa pretensão ingênua de analisar, no sentido preciso da palavra, decompondo analiticamente as questões, porque não haveria tempo e seria até desrespeitoso para com os meus colegas e a audiência. Mas eu chamaria a atenção para o seguinte: diziam os antigos, isso é imemorial, aquilo que a gente não sabe nem como começou na vida do Direito, "o Direito nasce do fato", não nasce da norma fundamental kelseniana, ele nasce do fato.

Ex facto oritur ius, todo mundo conhece esse brocardo. Aqui nesse campo dá-se a necessidade de se regular certas relações novas, que se instituíram. Nesse campo, tudo é contestável. O chamado "efeito-estufa", o aquecimento do globo terrestre. Tudo é contestável, eu não tenho competência alguma a respeito, sou um mero advogado, procuro entender as coisas do Direito e respeito as outras especializações. Li há pouco um trabalho de um especialista em matéria ambiental, na *Veja*, o entrevistado contestava veemente esse efeito.

Mas, na verdade, o que ocorre? Nós verificamos que nesse campo há muita conjectura. Olha, eu andei lendo muito sobre isso, ultimamente.

Pois bem, quais foram as conclusões que eu tirei? Primeiramente, não há uma sintonia entre as disciplinas que regem esta matéria, nas relações interestatais e no plano do Direito interno. Eu vou procurar esclarecer o que é isso.

Primeiro, no campo das relações interestatais, relações convencionais, passo por convenções internacionais, as mais famosas nesta matéria são a Convenção-Quadro da Eco-Rio/92, da qual derivou o Protocolo de Kioto, que trata dos problemas de emissões de gases de efeito poluente. E propõe normas, são programas dirigidos aos Estados subscritores do Protocolo, para diminuição dos efeitos ambientais negativos que essas atividades provocam.

Agora, o que me parece mais expressivo em tudo isso é o seguinte: a essa disciplina interestatal que esgota praticamente todas as suas virtualidades, no estágio atual do desenvolvimento do Direito, não é possível ir além do Protocolo de Kioto e da Eco-Rio/92, não é possível no momento, tudo tem seus condicionamentos históricos. Então, no plano internacional há uma regulação adequada disso, dirigida para os Estados. E no plano do Direito Nacional há anomia, no sentido de inexistência de normas. Vocês não têm normas precisas. Ah! Fazer com que se instale no plano interno o reinado da segurança jurídica, que é o valor fundamental da Constituição, só perde para a isonomia, sem a qual não há, inclusive, dignidade da pessoa humana. Entre desiguais não há dignidade alguma.

Essa ausência de demarcação conceitual normativa provoca exatamente o fenômeno correlato: a doutrina vai tentando preencher os claros da legislação, e os empresários vão tomando a frente com o fato, comercializando créditos que ainda estão com sua determinação de regime jurídico inteiramente em aberto. Ninguém sabe se isso, esses negócios, que são negócios de ordem internacional, são regulados pelo Direito Internacional Privado – vou usar a linguagem, que é muito imprecisa, "Direito Internacional Privado" –, mas os Estados não regulam adequadamente isso, sobretudo o Brasil.

Há muita discussão e divergência na doutrina; isso é um contrato de compra e venda – portanto, matéria de Direito Privado; é uma cessão de direito – matéria de Direito Privado; é uma *commodity*. Olhem, tudo se tenta explicar, esclarecer, e não se vai chegar a conclusão satisfatória, porque, enquanto não houver a disciplina interna, dando execução ao programa do Protocolo de Kioto, nós não vamos ter como definir esses fenômenos novos que estão aparecendo na vida do Direito.

Agora, o que é importante? Sentir a sua novidade e, inclusive, a sua especialidade. É uma coisa que suscita nosso interesse o fato de que nós estamos diante de um fenômeno curiosíssimo, é que não há disciplina ainda sobre isso, mas a coisa se impõe de tal forma, independentemente se está certo ou errado esse critério, é o método que se está usando, se está tentando e tem que ser experimentado.

Quanto ao Direito Tributário, aí, a coisa envolve muito mais, sim, porque estão as empresas tentando descobrir o impossível. O que é que eu posso ter de segurança jurídica para saber, por exemplo, qual é a tributação aplicável aí, quais seus quantitativos adequados, bases de cálculo, alíquotas sobretudo? Discute-se muito como contabilizar esses créditos de carbono, até a propriedade, a titularidade deles é discutida, já está se pretendendo dividir meio a meio, entre uma empresa estatal e o empresário privado.

Como é que ela vai poder incluir na sua contabilidade, qual é a alíquota? Porque são diferenças brutais, se fizer a consulta ao Fisco é muito simples, porque todo mundo sabe qual é a resposta: "A maior alíquota" – isso pode ser dito *a priori*. Mas – bom humor à parte – não há segurança jurídica alguma com relação a isso. E nós estamos vivendo exatamente uma antecipação dos fatos com relação ao fenômeno tributário. Nós não sabemos como a contribuição sobre o lucro líquido vai disciplinar essa matéria. Não há, até hoje, critério algum de demarcação.

A impressão que me ficou de tudo isso é o que estou fazendo para vocês, é uma espécie de confissão plenária: realmente é necessária uma regulamentação muito urgente disso, que é matéria de política jurídica, não é matéria de dogmática jurídica nesse sentido de anomia, de falta de regulamentação legal, precisamente porque, quando a gente identifica critérios para disciplinar juridicamente uma determinada relação de vida que não existe na prática, critérios que não existem na prática, nós estamos no campo da política jurídica. É lícito, Kelsen dizia isso há mais de 100 anos, o jurista pode fazê-lo. Agora, não pode fazê-lo em nome da Ciência do Direito, ele ingressa no campo de outros saberes. Mas o jurista não tem qualquer preocupação com isso, eu não sei por que não há qualquer preocupação, primeiro, em preservar o legado doutrinário do qual todos nós somos beneficiários. É uma coisa autofágica, porque, a longo prazo, nós todos seremos, se formos dignos disso, se e somente se dignos, legado doutrinário, e vamos ter o mesmo tratamento, está tudo esquecido.

O maior jurista brasileiro de todos os tempos, Pontes de Miranda, hoje não resta recordação alguma dele. Impressionante! Vocês escutam Pontes de Miranda ser citado em congressos, ou serem utilizados seus ensinamentos, que até hoje não foram superados? Eu não, pode ser deficiência minha.

Mas, na realidade, para esses fenômenos novos, tratamentos novos. Vamos esperar como eles se comportam, para só então dar uma resposta à luz de critérios consistentes, congruentes e que não violentem o ordenamento jurídico como um todo.

Muito obrigado pela atenção! [*Palmas*]

PRESIDENTE DO IDEPE (PROF. AIRES BARRETO) – Agradecemos ao Prof. José Souto Maior Borges pela brilhante exposição! Para encerrar nosso Congresso, toda a atenção eu peço à fala de um jurista, orgulho de todo paulista. Refiro-me a Roque Carrazza, que em discurso sempre arrasa. [*Risos e palmas*]

SESSÃO DE ENCERRAMENTO

PROF. ROQUE ANTÔNIO CARRAZZA

Exmo. Sr. Prof. Aires Fernandino Barreto, DD. Presidente do Instituto Geraldo Ataliba – IDEPE.

Exmo. Sr. Prof. Paulo Ayres Barreto, DD. Presidente deste *XXI Congresso Brasileiro de Direito Tributário*.

Exmo. Sr. Prof. Vasco Branco Guimarães, DD. Professor Titular da Faculdade de Direito da Universidade de Lisboa, em cuja pessoa peço vênia para saudar a todos os ilustres integrantes da Mesa e as demais autoridades presentes neste auditório.

Exmo. Sr. Prof. Eugênio Doin Vieira.

Colegas Congressistas.

1. Concede-me o prestigioso Instituto Geraldo Ataliba – IDEPE, pela voz autorizada de seu ilustre Presidente, o Prof. Aires Fernandino Barreto, a subida honra de encerrar este *XXI Congresso Brasileiro de Direito Tributário*.

Afeito à tribuna, ainda que a ela nunca assome sem temor e sem tremor – que bem lhe conheço as tramas, as sutilezas e as armadilhas –, confesso-lhes, colegas congressistas, que poucas vezes na vida enfrentei missão tão complexa e espinhosa.

Explico-me melhor.

Ao longo do último quarto de século, a tarefa sempre coube ao notável Prof. Eugênio Doin Vieira, que, com sua extraordinária retórica, demonstrou, ano após ano, porque é o *Príncipe da Palavra Erudita*.

Agora, porém, S. Exa. encontra-se na platéia, e não aqui, em seu posto de combate, porque decidiu, sob os nossos protestos, que já era tempo de ensarilhar as armas e de conceder tréguas ao repouso.

Em resumo, nosso campeão, para grande tristeza de Calíope, a Deusa da Eloqüência, pediu para ser substituído.

Mas será possível encontrar-lhe um substituto à altura? Se é, este alguém positivamente não sou eu.

Num ponto, no entanto, acertou o Prof. Aires Fernandino Barreto ao escolher-me, pois, se outros me sobreexcederiam como orador, a nenhum cedo a primazia na admiração e na estima pelo Prof. Eugênio Doin Vieira. [*Palmas prolongadas; todos, em pé, voltam-se para o Prof. Eugênio Doin Vieira, que, do meio da platéia, acena e agradece, comovido, a consagradora e merecida aclamação*]

2. Colegas congressistas, permitam-me retroceder no tempo. Aos idos de 1981. Aqui mesmo, neste auditório, do então recém-inaugurado *Hotel Maksoud*.

Era uma sexta-feira, como hoje. Fim de tarde, como hoje. Sensação de dever cumprido, como hoje. Estava se encerrando o I Congresso Brasileiro de Direito Tributário.

A Sessão Inaugural fora dirigida pelo então Presidente do STF, o Min. Xavier de Albuquerque. Sucesso absoluto.

Nos três dias subseqüentes sucederam-se, neste mesmo palco, expoentes do mundo jurídico: Geraldo Ataliba, Celso Antônio Bandeira de Mello, Paulo de Barros Carvalho, Cléber Giardino, Antônio Roberto Sampaio Dória, Carlos da Rocha Guimarães, Aires Fernandino Barreto, Eduardo Domingos Bottallo, José Souto Maior Borges, Pedro Luciano Marrey Jr., Célio de Freitas Batalha, Agostinho Sartin, Fernando Albino de Oliveira, Elizabeth Nazar Carrazza, Estevão Horvath, Maria Leonor Leite Vieira, Rosoléa Folgosi, Sônia de Almeida Prado, Francisco Octávio de Almeida Prado, Diva Prestes Marcondes Malerbi, Pérsio de Oliveira Lima, Helga Klug Doin Vieira, o então jovem Ministro do TFR Carlos Mário da Silva Velloso e tantos, e tantos outros, que minha falta de memória e a emoção deste momento não me permitem lembrar.

A maioria destes juristas de escol felizmente ainda pontifica entre nós. Outros – Geraldo Ataliba, Cléber, Pérsio, Dória, Chico Almeida Prado, Célio Batalha, Carlos Guimarães – estão aqui presentes em espírito. Vivem em nossas mentes e em nossos corações. Aguardam por nós, o reencontro na Eternidade. Saudade.

3. Eu me lembro muito bem. Teses foram sendo apresentadas. Debatidas. Aprovadas umas, rejeitadas outras. Discussões acaloradas. Fomos protagonistas da maior das aventuras humanas: a aventura de pensar.

Começamos a aprender, com José Souto Maior Borges, que, em Ciência, só o provisório é definitivo. Portanto, que, em Ciência, tudo pode ser repensado e, eventualmente, revisto. Que, em Ciência, mais vale um erro ousado que um acerto vulgar. Que devemos nos precatar contra a tentação do brilho, se quisermos fazer uma "Ciência Feliz".

E, em meio a tais práticas, três proveitosos dias se passaram.

4. Geraldo Ataliba, este, brilhou, como sempre. Onipresente e incansável, intervinha nos debates; arrebatava o auditório; envolvia-se em polêmicas; concedia entrevistas; concitava-nos a pedir apartes, a redigir moções. Exercia, enfim, em toda a plenitude, sua função de "Chefe de Escola".

E foi nesta condição – de "Chefe de Escola" – que decidiu que alguém, que não ele, deveria fazer o discurso de encerramento.

Mas quem? Ali, diante de mais de 500 congressistas? Diante da imprensa? De ministros do STF, de professores universitários, de secretários de Estado, do Secretário da Receita Federal, do Procurador-Geral da Fazenda Nacional? E, ainda por cima, de improviso? O que fazer?

Timidamente sugeri ao Prof. Geraldo Ataliba que confiasse a missão ao Prof. Eugênio Doin Vieira. Afinal – argumentei –, ele é Professor Titular de Direito Tributário da Faculdade de Direito da UFSC, foi Secretário de Estado, foi Deputado Federal, foi cassado pela Revolução Militar, por sua combatividade, por sua altivez, por sua independência. Decerto, algo haverá de dizer.

Aprovada a idéia, o convite foi formulado ao Prof. Eugênio Doin Vieira, que o aceitou.

Instantes após, subia a esta mesma tribuna. E imediatamente a todos encantou. Primeiro, pela excepcional destreza no manejo da palavra. Depois, por sua cultura humanística, por sua veia poética. E, finalmente, por sua extraordinária capacidade de compreender o momento histórico e de traduzir os sentimentos do nosso grupo e de toda a sociedade.

Pronto! Tínhamos encontrado o nosso Demóstenes. O nosso Cícero. O nosso Vieira, que não é o padre, mas que, pela graça de Deus e por unânime aclamação de seus pares, tornou-se, a partir daí, o *orador oficial* de todos os Congressos Brasileiros de Direito Tributário.

5. E os anos foram passando. Ouvi Eugênio defender, desta tribuna, as "Diretas-Já". Clamar por uma Constituinte ampla e soberana, que restabelecesse o Estado Democrático de Direito. Invectivar contra um Presidente da República que se revelou indigno da confiança do povo brasileiro. Vergastar "mensalões" e "mensalinhos". Zurzir o imperialismo norte-americano, que não respeita pátrias nem fronteiras, nem os mais elementares direitos e garantias da pessoa humana.

Mas também ouvi Eugênio fazer poesia. Decantar a graça e o encanto das mulheres. Lembrar-nos que já era primavera e que as flores começavam a desabrochar em nossos parques e jardins. Uma vez, para nosso assombro, transformou-se em astrônomo, para nos informar que, naquela noite, precisamente às 20h54min, seria plenilúnio.

Como podem perceber, fui recolhendo, embevecido, as palavras do Prof.

Eugênio Doin Vieira. Palavras que ainda ressoam em meus ouvidos, como se acabassem de ser pronunciadas.

6. Mas *verba volant, scripta manent*. Assim, proponho, Sr. Presidente Aires Barreto, que se reúnam em livro os memoráveis discursos de Eugênio Doin Vieira. Os *Anais* dos vários Congressos foram preservados, e S. Exa. decerto não se negará a nos prestar mais este relevante serviço, corrigindo as notas taquigráficas correspondentes.

Lendo estes discursos, as novas gerações terão, sem dúvida, a oportunidade de conhecer os cuidados e preocupações dos grandes tributaristas brasileiros no final do século XX e nos primórdios do século XXI. São obras-primas, que só poderiam ter brotado da experiência de um homem como o Prof. Eugênio Doin Vieira, que dedicou toda sua vida à aquisição de uma mundividência que apenas a verdadeira sabedoria, e não o mero conhecimento, pode oferecer.

7. Colegas congressistas, na justa homenagem ao Prof. Eugênio Doin Vieira, descurei do tempo, e só agora me dou conta de que devo prosseguir.

E prosseguir para enaltecer a figura maiúscula do saudoso e inolvidável Prof. Geraldo Ataliba, o grande "presente-ausente" – na feliz expressão de José Souto Maior Borges – deste Congresso Brasileiro de Direito Tributário.

De fato, assim como Victor Hugo simboliza o romantismo, assim como Johann Sebastian Bach simboliza a música erudita, assim como Emanuel Kant simboliza a Filosofia, Geraldo Ataliba simboliza o Congresso Brasileiro de Direito Tributário.

Como se sabe, o homem revela-se por suas obras. E a obra de Geraldo Ataliba garantiu-lhe a imortalidade.

Trabalhador incansável, ainda que sem as aflições da pressa, soube empregar generosamente o tempo, e, por esse motivo, tornou-se dono de uma obra admirável, que inclui 12 livros e centenas de artigos e pareceres, publicados nas mais prestigiosas revistas jurídicas do País e do Exterior.

Geraldo Ataliba foi, também, um conferencista brilhante, que percorreu – pode-se dizer – todos os grandes centros culturais da América Latina e da Europa, além de ter ministrado cursos nos Estados Unidos, sempre honrando o nome do Brasil. Foi, também, Professor Titular, por concurso, da Faculdade de Direito da PUC/SP e da Faculdade de Direito da USP.

Mas Geraldo Ataliba foi, acima de tudo, um homem de princípios, de caráter, de posições definidas, que, pela força irradiante de suas qualidades, era por todos respeitado.

Homens como ele são raros.

Com efeito, Geraldo Ataliba estava entre os que não desertam, entre os que não renunciam, entre os que não capitulam, entre os que não se degradam. Estava, enfim, com a verdade. Com a verdade que liberta, segundo a palavra eterna de Cristo. E, porque estava com a verdade, não se importava se alguma vez corria o risco de ficar só.

Além disso, Geraldo Ataliba foi, sem dúvida, o grande responsável, no Brasil, pela transformação do Direito Tributário – antes um conglomerado de noções econômicas, financeiras e pseudojurídicas – num "ramo" de primeira grandeza do Direito.

Deu-lhe dignidade constitucional. Fez com o Direito Tributário o mesmo que Michelangelo com aquele desprezado bloco de mármore, do qual retirou seu monumental *David*: de uma força comunicativa estonteante, de uma beleza ímpar, diante do qual os *Davids* precedentes transformaram-se, da noite para o dia, em toscos bonecos.

8. Colegas congressistas, há quem diga – os fatalistas – que o destino dos homens está escrito nas estrelas. Talvez o de alguns. Há homens, porém, que são os donos do próprio destino.

Geraldo Ataliba foi um destes homens. Foi um infatigável edificador da própria vida e, eu ousaria dizer, da própria lenda.

Fez muito, e o muito que fez foi inspirado pelo entusiasmo. Afinal – como bem observou Ortega y Gasset –, só se consegue descobrir a verdade fazendo refulgir e, até mesmo, arder as coisas.

Lamentava Goethe ser "tão verde a árvore da vida e tão cinzenta a teoria". Pois Geraldo Ataliba logrou a proeza de inventar teorias tão estimulantes, tão seivosas, tão verdejantes quanto a própria árvore da vida.

9. Com tão privilegiado Patrono, não é de admirar que nosso Congresso de Direito Tributário seja, no gênero, absolutamente único.

É absolutamente único, pelo alto nível das conferências e das Mesas de Debates. É absolutamente único, pela seriedade científica das Comissões de Trabalho. É absolutamente único, pela excelência das teses apresentadas. E é absolutamente único, pela confraternização que aqui se registra entre nós paulistas e os colegas que acodem de todos os quadrantes do país para nos trazer não só o calor de sua amizade, como o fruto de suas meditações, de suas preocupações intelectuais.

Aqui realmente se faz Ciência do Direito Tributário.

Não vou, colegas congressistas, realizar, agora, uma profissão-de-fé. Mas peço vênia para proclamar, em alto e bom som, ser o estudo, ainda, a melhor arma de combate; é um tesouro que se acumula dia a dia; não vem de herança, mas do próprio esforço. Termina sempre por dar a vitória a quem o possui em maior extensão e com maior profundidade.

10. Minhas Sras. e meus Srs., é soada a hora de cassar as velas do discurso.

Como se sabe, o Brasil vive uma grave crise moral, política e social. Longe, de muito longe, vem o estribilho, que já enfastia.

Algo vai mal, quando a honra do Senado da República é "desnudada" nas páginas de revista de grande circulação nacional. Algo vai mal, quando se pretende criar a *execução fiscal administrativa*, que – como demonstrou o eminente Prof. Eduardo Domingos Bottallo, em sua magnífica conferência de anteontem – literalmente dará a "chave do galinheiro à raposa". Algo vai mal, quando se planeja editar uma *Lei de Transações Fiscais*, que, na prática – como pontificou este jovem e talentoso jurista que é o Prof. Eurico Diniz de Santi –, aluirá o sistema constitucional tributário brasileiro e, com ele, os direitos fundamentais dos contribuintes.

No momento em que as pessoas aceitam o absurdo como normal, é porque a cultura está decadente. E uma cultura decadente só oferece boas oportunidades aos corruptos, aos mal-intencionados e aos satiristas, que, estes, o Brasil têm em profusão.

11. Muito bem. O Instituto Geraldo Ataliba – IDEPE tem a missão institucional, bem travejada em seus estatutos, de apontar e ajudar a corrigir os erros e desvios que nos apequenam e envergonham perante as Nações que o lugar-comum apelidou de cultas e civilizadas.

Todos nós, que aqui estamos, ao retornarmos aos nossos gabinetes de trabalho, às nossas cátedras, ao trato com nossos clientes, vamos continuar privilegiando a idéia do Direito como fonte de paz e de segurança jurídica.

Vamos sair deste Congresso prontos para lutar, com ânimo redobrado, pelo aperfeiçoamento jurídico do país. Para tornar mais acessíveis os degraus da Justiça, a fim de que todos os contribuintes possam por eles caminhar.

Costumo dizer que o contribuinte brasileiro está, como Prometeu no Cáucaso, com o corpo acorrentado. Mas seu espírito – este, não – continua livre. Recusa-se a se submeter à opressão. Precisa apenas de amparo. E este amparo pode e deve vir – e virá – de todos nós que, ano após ano, acudimos ao chamamento do Instituto Geraldo Ataliba – IDEPE para durante três dias, estudar e debater os grandes temas do Direito Tributário. Afinal, sempre mais a injustiça fiscal precisa ser denunciada e combatida.

Vale a pena? Respondo com o grande Fernando Pessoa: "Tudo vale a pena, se a alma não é pequena".

Está encerrado o *XXI Congresso Brasileiro de Direito Tributário*! [*Palmas prolongadas*]

TESE APROVADA NO XXI CONGRESSO

SÚMULA VINCULANTE EM MATÉRIA TRIBUTÁRIA

BRUNO MACIEL DOS SANTOS

1. Introdução. 2. O conceito de "norma jurídica". 3. A crescente valorização do precedente judicial na solução de conflitos em matéria tributária. 4. A súmula vinculante em matéria tributária: 4.1 O objeto da súmula vinculante – 4.2 A função da súmula vinculante – 4.3 Legitimidade quanto à edição, revisão e cancelamento de súmula vinculante – 4.4 Da possibilidade de modulação dos efeitos da súmula vinculante – 4.5 Da reclamação nos casos de não-obediência à súmula vinculante. 5. Conclusões.

1. Introdução

No presente estudo analisaremos a crescente utilização do precedente judicial como um instrumento necessário à prestação jurisdicional célere e isonômica, em face da enorme quantidade de litígios de ordem constitucional-tributária que atualmente congestionam o Poder Judiciário.

Com efeito, partindo do conceito de *norma jurídica*, entendida, em última análise, como a interpretação dada pelo STF ao texto legislado, verificaremos a notória aproximação do Direito Brasileiro, sistema codificado (*civil law*), ao sistema judicialista (*common law*), no qual o entendimento firmado pela Suprema Corte no *leading case* sobre determinada matéria repercute diretamente nos demais órgãos do Poder Judiciário e indiretamente em toda a Administração Pública.

E essa transição só foi possível pelo fato de as causas de natureza tributária envolverem, em sua maioria, apenas questões de direito (teses jurídicas), dispensando a análise de peculiaridades e provas em cada caso concreto, comuns em outras áreas do Direito (Criminal, Família, Contratos etc.).

Ademais, inserem-se nesse contexto as reiteradas notícias e estatísticas que apontam o Poder Público como o principal responsável pelo exagerado volume processual nos Tribunais pátrios, notadamente em discussões de natureza tributária.

Ou seja, o precedente (*stare decisis*) passa a ser imprescindível à atividade jurisdicional moderna e fundamental no combate à tormentosa morosidade que acomete o Poder Judiciário, especificamente na solução de processos em que se discute matéria tributária.

Por fim, verificaremos a evolução legislativa e jurisprudencial do Direito Brasileiro no sentido da prevalência das decisões do STF no julgamento de questões constitucional-tributárias que culminaram na "Reforma do Judiciário" promovida pela Emenda Constitucional 45, de 8.12.2004, apontando os principais aspectos constitucionais e legais da *súmula vinculante em matéria tributária*.

2. O conceito de "norma jurídica"

A partir da leitura de uma regra jurídica (texto de Direito Positivo), diversas proposições podem ser criadas, pois cada leitor é capaz de formular em sua mente um juízo hipotético diferente para um mesmo enunciado posto à apreciação.

Com efeito, significados iguais permitem a criação de uma ou mais significações, tendo em vista o contexto histórico, cultural, social, político e econômico dos que se deparam com a prescrição normativa em análise.

Por esse motivo, a doutrina há tempos distingue *texto de Direito Positivo* de *norma jurídica*, sendo esta o resultado da interpretação daquele, conforme leciona Eros Roberto Grau: "Em verdade o que se interpreta são os textos normativos; da interpretação dos textos resultam as normas. Texto e norma não se identificam. A norma é a interpretação do texto normativo".[1]

Na mesma linha, Paulo de Barros Carvalho: "A norma jurídica é exatamente o juízo (ou pensamento) que a leitura provoca em nosso espírito. Basta isso para nos advertir que um único texto pode originar significações diferentes, consoante as diversas noções que o sujeito cognoscente tenha dos termos empregados pelo legislador".[2]

Essa distinção também é defendida por J. J. Gomes Canotilho e Vital Moreira ao estabelecerem que "a disposição, preceito ou enunciado lingüístico é o objeto da interpretação; a norma é o produto da interpretação".[3]

O próprio STF, no julgamento da ADI/MC 605-DF (rel. Min. Celso de Mello),[4] já manifestou esse entendimento, ao decidir que "a norma jurídica – todos sabemos – nada mais é, na expressão de seu sentido e conteúdo, que sua própria interpretação. Daí a observação lapidar do eminente Prof. Miguel Reale, para quem a lei é a sua interpretação".

E é em virtude dessa divergência interpretativa, ou seja, da possibilidade de serem criadas diferentes normas jurídicas por aqueles que interpretam igual substrato, que o Poder Judiciário é acionado, já que é o único legitimado a dizer qual será a única norma jurídica a ser extraída do texto de lei em discussão.

Louváveis são os esforços interpretativos de advogados, procuradores do Estado e doutrinadores na defesa de suas teses, os quais, todavia, apenas serão úteis à formação do convencimento de cada julgador, pois a única norma a ser validamente extraída do texto legislado e aplicada ao caso concreto é a resultante da atividade exegética dos tribunais – no caso do presente estudo, do STF.

Daí a razão pela qual fixamos como ponto de partida o conceito de *norma jurídica*, pois ao STF é atribuída a função de dizer, em última instância, qual é efetivamente a norma jurídica que se extrai de determinada lei ou ato normativo, bem como se essa norma jurídica que se obtém da interpretação do dispositivo legal é válida à luz do texto constitucional vigente.

Corrobora esse entendimento Luís Roberto Barroso: "Embora a interpretação sempre deva respeito aos limites impostos pelas possibilidades semânticas do texto, a verdade é que apenas após a interpretação judicial será possível dizer qual é a norma que o texto realmente produz ou, em outros termos, qual o Direito vigente no particular".[5]

Portanto, adotaremos como premissa que a norma jurídica será a interpretação dada pelo STF aos enunciados do Direito Positivo.

3. A crescente valorização do precedente judicial na solução de conflitos em matéria tributária

Apesar de ser nosso objeto de estudo a *súmula vinculante em Direito Tributário*, buscaremos demonstrar que a "Reforma do

1. Eros Roberto Grau, *Ensaio e Discurso sobre a Interpretação/Aplicação do Direito*, p. 17.

2. Paulo de Barros Carvalho, *Curso de Direito Tributário*, p. 8.

3. J. J. Gomes Canotilho e Vital Moreira, *Fundamentos da Constituição*, p. 47.

4. *RT* 145/466.

5. Luís Roberto Barroso, *Mudança da Jurisprudência do Supremo Tribunal Federal em Matéria Tributária. Segurança Jurídica e Modulação dos Efeitos Temporais da Decisão, Processo Administrativo Tributário*, p. 144.

Judiciário" promovida pela Emenda Constitucional 45/2004, adicionando ao texto constitucional a previsão de edição de súmulas vinculantes pelo STF, em verdade nada reformou, eis que as decisões do STF em matéria tributária há muito vinculavam os demais órgãos do Poder Judiciário.

Deveras, a súmula vinculante em matéria tributária apenas ratificou aquilo que vinha sendo observado na prática forense, onde o posicionamento firmado pelo Órgão Plenário do STF deixa de ser uma simples orientação ao magistrado, aproximando-se de um comando com o seguinte conteúdo: "Cumpra-se a norma desta forma, pois é assim que esse enunciado deve ser interpretado".

Esse é o principal motivo pelo qual os precedentes da Suprema Corte alcançaram extrema importância nos julgamentos de questões de Direito Tributário.

De fato, o raciocínio desenvolvido é um tanto quanto simples: se o STF já decidiu a matéria de uma determinada maneira, estabelecendo qual a norma jurídica aplicável naquela hipótese, não há razão para que se alongue a discussão de um caso idêntico, sob o mesmo contexto e fundamentos jurídicos, para ao final prevalecer a decisão da Suprema Corte.

Por essa razão, é notória em matéria tributária a transição do sistema codificado (*civil law*) para um modelo que se aproxima da doutrina do *stare decisis* do Direito Consuetudinário, que determina que os juízes e tribunais, diante de casos semelhantes, pautem suas decisões na forma como decidido anteriormente.

Entendemos que esse movimento de crescente valorização do precedente judicial nas discussões de natureza tributária, sob a égide da Constituição de 1988, teve como pedra inaugural o julgamento da ADC 1-DF, no qual foi declarada pelo STF a constitucionalidade da COFINS instituída pela Lei Complementar 70/1991.[6]

É que, diante da previsão expressa da CF, no seu art. 102, III, e § 2º (com a redação dada pela Emenda Constitucional 3/1993), de que "as decisões definitivas de mérito, proferidas pelo Supremo Tribunal Federal, nas ações declaratórias de constitucionalidade de lei ou ato normativo federal, produzirão eficácia contra todos e efeito vinculante, relativamente aos demais órgãos do Poder Judiciário e ao Poder Executivo",[7] inúmeras causas que tramitavam em todo o país, nas quais se cuidava da constitucionalidade da COFINS na forma como estabelecida pela Lei Complementar 70/1991, foram decididas rápida e isonomicamente apenas com a aplicação da decisão da Suprema Corte.

Tornavam-se, portanto, nítidas a importância e a eficácia do precedente na solução de conflitos envolvendo questões de ordem constitucional-tributária, notadamente as decisões proferidas pelo STF.

Isso porque as matérias de natureza tributária em sua maioria envolvem questões exclusivamente de direito, sem peculiaridades relevantes no contexto fático e tampouco necessidade de produção de provas.

Todavia, em virtude de o "efeito vinculante", que se apresentou como remédio eficaz ao problema da morosidade da prestação jurisdicional, estar limitado às decisões proferidas no controle concentrado de constitucionalidade, cuja propositura de ação é restrita aos legitimados do art. 103 da Constituição da República,[8] passou-se a reconhecer esse importante efeito também nas decisões do Órgão Plenário do STF.

6. STF, Tribunal Pleno, ADC 1-DF, rel. Min. Moreira Alves, *DJU* 16.6.1995.

7. Este artigo teve sua redação alterada pela Emenda Constitucional 45/2004, estendendo os efeitos vinculantes também para as ações diretas de inconstitucionalidade.

8. A Emenda Constitucional 45/2004 alterou a redação do *caput* e revogou o § 4º do art. 103 da CF, igualando os legitimados para a propositura de ação direta de inconstitucionalidade e ação declaratória de constitucionalidade, em consonância ao art. 102, III, e § 2º, da CF de 1988.

Tanto é assim que, quando o STF afeta ao Órgão Plenário um *leading case* sobre determinada matéria tributária, tem-se a certeza de que do julgamento emanará o conceito de norma jurídica a ser aplicado pelos demais órgãos do Poder Judiciário.

Com efeito, nos últimos anos, juízes e tribunais passaram a julgar as causas já decididas pelo Órgão Plenário do STF, ainda que em controle difuso sem o "efeito vinculante", somente com a aplicação do precedente ao caso concreto.

Citem-se como exemplos os RE 116.121 (julgou inconstitucional a incidência do ISS sobre locação de bens móveis, por não se tratar de prestação de serviços); 148.454 (julgou inconstitucionais os Decretos-leis 2.445 e 2.449/1988, que alteraram o PIS); 343.446 (julgou constitucional a contribuição para o SAT); 290.079 (julgou constitucional a contribuição para o salário-educação); e 357.950 (julgou inconstitucional o alargamento da base de cálculo do PIS/COFINS pela Lei 9.718/1998)[9] – cujo entendimento neles fixado foi reproduzido no julgamentos realizados pelos demais órgãos do Poder Judiciário em todas as instâncias.

Nesse diapasão, importante mencionar que o próprio legislador ordinário realizou significativas mudanças no Código de Processo Civil visando a conferir maior força às decisões pacificadas nos Tribunais Superiores, possibilitando aos julgadores a aplicação do precedente, como se "efeito vinculante" tivesse, para decidir os casos concretos de matéria semelhante.

É o caso do art. 557 do CPC (com a redação dada pela Lei 9.756/1998), que determina: "O relator negará seguimento a recurso manifestamente inadmissível, improcedente, prejudicado ou em confronto com súmula ou com jurisprudência dominante do respectivo tribunal, do Supremo Tribunal Federal, ou de Tribunal Superior". Apesar de impreciso, tem-se claro que o legislador quis dizer que o recurso será desprovido na referida hipótese.

Já no seu § 1º-A, o mencionado dispositivo determina que, "se a decisão recorrida estiver em manifesto confronto com súmula ou com jurisprudência dominante do Supremo Tribunal Federal, ou de Tribunal Superior, o relator poderá dar provimento ao recurso".

Importante notar que a "súmula" do STF prevista nos dispositivos legais acima transcritos não é a "súmula vinculante" do art. 103-A da CF, que a seguir será examinada. Em verdade, essa súmula é uma síntese das reiteradas decisões do Tribunal sobre a matéria, mas sem os requisitos formais necessários à edição da súmula vinculante.

Assim, é clara também a preocupação do legislador em valorizar o precedente na resolução do processo, ainda que sem força vinculante, facilmente evidenciada pelo fato de a lei fazer referência apenas à "jurisprudência dominante", sendo, portanto, inquestionável a influência da doutrina do *stare decisis* do *comon law* no sistema jurídico brasileiro como um todo.

Nessa linha podemos ainda citar o § 3º do art. 544 do CPC (também com a redação dada pela Lei 9.756/1998), que permite ao relator do agravo de instrumento interposto contra a decisão que não admitiu o recurso especial dar provimento ao próprio recurso especial desde que "o acórdão recorrido estiver em confronto com a súmula ou jurisprudência dominante do Superior Tribunal de Justiça"; e o art. 475, § 3º (incluído pela Lei 10.352, de 26.12.2001), que dispensa o reexame necessário nos casos em que "a sentença estiver fundada em jurisprudência do Plenário do Supremo Tribunal Federal ou em

9. Note-se que a matéria discutida nesse *leding case* foi objeto de proposta de súmula vinculante, com o seguinte enunciado: "É inconstitucional o § 1º do art. 3º da Lei n. 9.718/1998, que ampliou o conceito de receita bruta, a qual deve ser entendida como a proveniente das vendas de mercadorias e da prestação de serviços de qualquer natureza, ou seja, soma das receitas oriundas do exercício das atividades empresariais". Entretanto, essa proposta foi rejeitada em sessão administrativa realizada pelo STF em 14.5.2007.

súmula deste Tribunal ou do Tribunal Superior competente".

Por fim, o § 1º do art. 518 do CPC (incluído pela Lei 11.276/2006), que determina ao juiz o não-recebimento do recurso de apelação "quando a sentença estiver em conformidade com súmula do Superior Tribunal de Justiça ou do Supremo Tribunal Federal".

Em resumo, tendo como ponto de partida (i) o conceito de *norma jurídica*, verificamos que (ii) as decisões do Órgão Plenário do STF acerca da constitucionalidade de determinado tributo, mesmo que proferidas no controle difuso de constitucionalidade, são adotadas pelo Poder Judiciário como se força vinculante tivessem e (iii) a própria legislação infraconstitucional vem se adaptando a essa realidade, conferindo cada vez mais poderes aos juízes para que decidam conforme a jurisprudência consolidada nos Tribunais Superiores.

Com suporte nessas considerações, entendemos que o poder constituinte derivado, ao promulgar a Emenda Constitucional 45/2004, introduzindo o art. 103-A na Constituição da República, ratificou e deu força ao que já vinha sendo observado pelos tribunais, ao conferir às decisões do STF, também oriundas do controle difuso de constitucionalidade, a possibilidade de serem sintetizadas em súmulas dotadas de efeitos vinculantes.

Assim, muito mais que uma inovação, a súmula vinculante em matéria tributária pode ser considerada como uma verdadeira evolução do sistema jurídico brasileiro, na medida em que é o resultado de uma crescente integração do sistema judicialista com o legalista, na busca de uma prestação jurisdicional mais rápida e isonômica.[10]

Nesse sentido é a lição de Luís Roberto Barroso: "No Brasil dos últimos anos, o papel da jurisprudência teve tal expansão que alguns autores passaram a incluí-la no rol das fontes formais de Direito. Independentemente de se aderir ou não a essa doutrina, é inegável o movimento no sentido de valorizar o papel dos precedentes judiciais".[11]

Conclui-se, portanto, que a súmula vinculante representa importante avanço para a solução de processos em que se discutem teses tributárias iguais, impedindo, pela força vinculante, a proliferação de recursos protelatórios e incidentes processuais que abarrotam os tribunais, comprometendo sua credibilidade, a segurança jurídica e, em última análise, o próprio desenvolvimento econômico do país.

4. A súmula vinculante em matéria tributária

Depois de fixados os conceitos acima delineados, vejamos, agora, as disposições constitucionais sobre a súmula vinculante, bem como as da Lei 11.417/2006, que a regulamentou, levando em consideração a sua aplicação no Direito Tributário.

4.1 O objeto da súmula vinculante

O art. 103-A da CF[12] estabelece que: "O Supremo Tribunal Federal poderá, de

10. Pedro Lenza também aponta que o Direito Sumular no Brasil remonta ao período colonial, quando foram firmados os primeiros "Assentos da Casa de Suplicação", sob a égide das "Ordenações Manuelinas" (Livro V, 58, § 1º), posteriormente com força vinculativa na vigência das "Ordenações Filipinas" (Livro I, 5, § 5º), e por fim com força normativa no período imperial (Decreto Legislativo 2.684, de 23.10.1875, regulamentado pelo Decreto 6.142, de 10.3.1876) (*Direito Constitucional Esquematizado*, pp. 565-566).

11. Luís Roberto Barroso, *Mudança da Jurisprudência do Supremo Tribunal Federal em Matéria Tributária. Segurança Jurídica e Modulação dos Efeitos Temporais da Decisão, Processo Administrativo Tributário*, p. 142.

12. Este artigo é reproduzido pelo art. 2º da Lei 11.417/2006, *in verbis*: "Art. 2º. O Supremo Tribunal Federal poderá, de ofício ou por provocação, após reiteradas decisões sobre matéria constitucional, editar enunciado de súmula que, a partir de sua publicação na Imprensa Oficial, terá efeito vinculante em relação aos demais órgãos do Poder Judiciário e à Administração Pública direta e indireta, nas esferas federal, estadual

ofício ou por provocação, mediante decisão de dois terços dos seus membros, após reiteradas decisões sobre matéria constitucional, aprovar súmula que, a partir de sua publicação na Imprensa Oficial, terá efeito vinculante em relação aos demais órgãos do Poder Judiciário e à Administração Pública direta e indireta, nas esferas federal, estadual e municipal, bem como proceder à sua revisão ou cancelamento, na forma estabelecida em lei".

De início, é imperioso destacar que, apesar de a súmula vinculante estar limitada às "reiteradas decisões sobre matéria constitucional", como a Constituição Federal de 1988 disciplinou a matéria tributária de forma exaustiva e minuciosa, grande parte das teses defendidas em juízo tem como fundamento jurídico alguma violação ao texto constitucional. Dessa forma, essa limitação à edição da súmula vinculante não atinge o Direito Tributário.

De fato, a Constituição Federal não só outorga as competências impositivas aos entes políticos, estabelecendo os princípios gerais que devem ser observados para a instituição e a cobrança de tributos e as limitações às competências tributárias (imunidades), como também determina as especificidades de cada tributo a ser instituído.

Ademais, conforme salientam José M. G. Medina, Luís Rodrigues Wambier e Teresa Arruda Alvim Wambier: "A súmula pode versar sobre matéria infraconstitucional e dispor, por exemplo, sobre a compatibilidade do texto da lei, ou de determinada interpretação, com a Constituição Federal".[13]

Ou seja, ainda que os veículos introdutores de normas tributárias não violem diretamente a Constituição Federal, a questão poderá chegar ao conhecimento do STF e ser objeto de súmula vinculante por incompatibilidade da lei ou de determinada interpretação conforme a Constituição.

Assim, as súmulas vinculantes são extremamente relevantes sob o ponto de vista do Direito Tributário, uma vez que as discussões sobre ilegitimidades das leis tributárias, em sua maioria, têm como substrato a Constituição Federal.

Cabe também ressaltar que, ao estabelecer efeitos vinculantes "aos demais órgãos do Poder Judiciário e à Administração Pública direta e indireta, nas esferas federal, estadual e municipal", o mencionado dispositivo traz notável alteração no sistema jurídico vigente.

Deveras, como o efeito vinculante das súmulas também é dirigido à Administração Pública, entendemos que nesse ponto o legislador reformador alcançará de forma satisfatória os efeitos pretendidos pela "Reforma do Judiciário".

Isto porque, como a Administração Tributária é regida pelo princípio da legalidade, as decisões proferidas pelo STF no controle difuso de constitucionalidade não a vinculavam.

Com efeito, como o que foi decidido no caso concreto não tem efeitos *erga omnes*, a Fiscalização Tributária não deixa de aplicar a norma já reconhecida como inconstitucional em todos os outros casos não albergados pela decisão do STF, obrigando, dessa forma, que o contribuinte ingresse em juízo, para só então ver reconhecido seu direito de não se sujeitar a uma norma inconstitucional.

De outro lado, procuradores do Fisco, até que a norma seja retirada do sistema pelo órgão competente, manejam recursos, meramente procrastinatórios, mesmo cientes da decisão já proferida pelo STF ao julgar um recurso extraordinário sobre a matéria.

Nesse sentido, são precisas as palavras do Ministro do STJ Luiz Fux, para quem "a técnica da súmula empreende celeridade ímpar à solução dos conflitos, a

e municipal, bem como proceder à sua revisão ou cancelamento, na forma prevista nesta Lei".

13. José M. G. Medina, Luís Rodrigues Wambier e Teresa Arruda Alvim Wambier, "A súmula vinculante, vista como meio legítimo para diminuir a sobrecarga de trabalho dos Tribunais Brasileiros", *Revista do Advogado* 92/10.

partir mesmo da desnecessidade de ingresso ao juízo, porque a vinculação, repita-se, opera-se em todos os níveis, e não só em relação ao Poder Judiciário".[14]

Por esses motivos, entendemos que a introdução de súmulas vinculantes é bastante salutar como óbice às situações acima descritas.

Demais disso, a nosso sentir, essa foi a mais relevante alteração promovida pela Emenda Constitucional 45/2004 na solução de questões de natureza tributária, uma vez que, expressamente dotadas de força vinculante, as súmulas impedirão o Poder Público de: (i) na esfera judicial, continuar recorrendo de forma meramente protelatória em questões pacificadas pelo STF; e (ii) na esfera administrativa, aplicar determinada norma que tenha sido julgada inconstitucional pelo STF no controle difuso de constitucionalidade.

4.2 A função da súmula vinculante

O § 1º do art. 103-A da CF de 1988[15] retoma os conceitos acima abordados, conferindo expressamente ao STF a competência para estabelecer qual é a norma jurídica que se extrai do texto de Direito Positivo, *in verbis*: "A súmula terá por objetivo a validade, a interpretação e a eficácia de normas determinadas, acerca das quais haja controvérsia atual entre órgãos judiciários ou entre esses e a Administração Pública que acarrete grave insegurança jurídica e relevante multiplicação de processos sobre questão idêntica".

Dessa forma, julgando o STF qual é a norma jurídica validamente extraída de determinado enunciado, essa decisão deverá ser observada por todos os demais órgãos do Poder Judiciário e da Administração Pública, como a solução dos processos idênticos, bem como impedindo o ajuizamento de novas ações sobre a mesma matéria, preservando, assim, a segurança jurídica.

Além disso, esse dispositivo assegura a efetividade da garantia fundamental de duração razoável do processo no âmbito judicial e administrativo, inserida no art. 5º, LXXVIII, da CF de 1988 pela Emenda Constitucional 45/2004.

4.3 Legitimidade quanto à edição, revisão e cancelamento de súmula vinculante

O § 2º do artigo 103-A da CF determina que os legitimados para o ajuizamento de ação direta de inconstitucionalidade podem propor a aprovação, revisão ou cancelamento de súmula vinculante.

A Lei 11.417/2006, no seu art. 3º, VI e XI, aproveitando a previsão constitucional, estendeu o rol de legitimados do § 2º do art. 103-A da CF, para incluir, respectivamente, o Defensor Público da União e os Tribunais Superiores, Tribunais de Justiça de Estados ou do Distrito Federal e Territórios, Tribunais Regionais Federais, Tribunais Regionais do Trabalho, Tribunais Regionais Eleitorais e Tribunais Militares.

Os dispositivos acima citados visam a assegurar que as súmulas vinculantes não sejam alteradas com facilidade, eis que instituídas com o objetivo de pôr fim a questões idênticas que se perpetuam no tempo.

Com efeito, as súmulas vinculantes têm como função primordial pôr fim aos processos que versem sobre a mesma matéria de forma ligeira e igual, sendo que, para tanto, devem ser dotadas de certa estabilidade, sob pena de, ao invés de garantirem a segurança jurídica, fulminá-la.

Por essas razões, e pelo quanto já exposto, discordamos de Eduardo Domingos Bottallo, para quem a súmula vinculante "atenta contra o juiz naquilo que é mais próprio e específico de sua atividade, ou

14. Luiz Fux, "A súmula vinculante e o Superior Tribunal de Justiça", *http:bdjur.stj.gov.br*.

15. Novamente a Lei 11.417/2006 repete a previsão constitucional, *in verbis*: "§ 1º. O enunciado da súmula terá por objeto a validade, a interpretação e a eficácia de normas determinadas, acerca das quais haja, entre órgãos judiciários ou entre esses e a Administração Pública, controvérsia atual que acarrete grave insegurança jurídica e relevante multiplicação de processos sobre idêntica questão".

seja, a maneira de oferecer a prestação jurisdicional que lhe é solicitada no interior do processo, obrigando-o a decidir não em função da livre apreciação dos fatos da causa (CPC, art. 131) e do Direito aplicável, mas sim pela compulsória aplicação de fórmulas sintetizadas, que, ademais, trazem embutido o grave risco da 'coisificação', da 'civilização do número', que Alfredo Augusto Becker, com sua brilhante e santa irreverência, tão bem denunciou".[16]

E mais adiante pontua o Professor: "(...) o excesso de poder decisório concentrado em alguns poucos órgãos de cúpula do Judiciário, por mais respeitáveis que possam ser, dá margem a efetivas contaminações, oriundas dos interesses perseguidos por outros Poderes e que nem sempre correspondem aos da sociedade em suas maioria".[17]

Em que pese aos contundentes argumentos colacionados pelo Ilustre Professor, ousamos discordar de tal posicionamento, pelas razões abaixo aduzidas.

Conforme exposto no tópico acima, os juízes há tempos vêm decidindo as causas tributárias com base nos precedentes firmados pelo STF.

Muitos magistrados até ressalvam seu entendimento pessoal nas decisões por eles proferidas, mas terminam por se curvar aos precedentes do STF, em homenagem aos princípios da segurança jurídica, da isonomia e da economia processual. Do contrário terão suas decisões reformadas de plano pela instância hierarquicamente superior.

Por esse motivo, sustentamos que a súmula vinculante é uma proposta saudável e necessária à realidade do Poder Judiciário, que também atende aos anseios dos jurisdicionados, não sendo, portanto, uma imposição constitucional apartada da realidade.

Acrescente-se o fato de que, se há efetivamente influência de outros Poderes nas decisões do STF, pouco importa se a decisão vai ser sumulada ou não, já que as decisões da Suprema Corte acabam prevalecendo, de uma forma ou de outra, nos julgamentos subseqüentes.

Demais disso, a possibilidade de revisão ou cancelamento de uma súmula vinculante aniquila o principal argumento daqueles que são contrários à sua aplicação, eis que, diante da possibilidade de revisão ou cancelamento, não há que se falar em "engessamento" do sistema.

Por fim, destacamos que adotamos o posicionamento de serem pertinentes as súmulas vinculantes que se destinam à solução de questões de direito (teses jurídicas), sendo, por essa razão, plenamente ajustáveis às causas idênticas em matéria tributária, nas quais, por óbvio, não há peculiaridade nos fatos e nas provas de cada caso concreto.

Nessa linha é a opinião do Ministro do STJ Antônio de Pádua Ribeiro, *in verbis*: "A 'súmula com efeito vinculante', a meu ver aceitável, é aquela que tem por objeto assegurar às partes, em demandas múltiplas, tratamento isonômico em situações absolutamente idênticas. Não tem sentido que em causas análogas e repetitivas, em virtude de aspectos meramente formais, uma parte venha a perder a demanda e outra venha a obter sentença favorável. Isto não é justificável aos olhos da população: dois ou mais cidadãos, fundados na mesma lei, pedem um benefício previdenciário, a declaração de inconstitucionalidade de um tributo ou uma vantagem funcional; alguns ganham a causa e outros a perdem, neste último caso, simplesmente, porque o advogado não observou o prazo para recorrer ou deixou de recolher as custas devidas".[18]

Conclui-se, assim, que é extremamente plausível a aplicação de súmulas vinculantes em matéria tributária como forma de assegurar uma prestação jurisdi-

16. Eduardo Domingos Bottallo, "Súmulas vinculantes e Direito Tributário", *RDTributário* 85/16.

17. Idem, p. 17.

18. Antônio de Pádua Ribeiro, "A súmula vinculante", *http://bdjur.stj.gov.br*.

cional célere e isonômica, compatível com a realidade atual.

Ressaltamos, contudo, que as súmulas vinculantes que vierem a ser editadas, para serem consideradas válidas e, portanto, com eficácia *erga omnes*, deverão reproduzir fielmente o quanto decidido pela Suprema Corte.

Dessa forma, a súmula vinculante que não reproduza fielmente a interpretação dada pelo STF ao texto legislado, ou que contenha conteúdo vago, permitindo mais de uma interpretação, deverá ser retirada do sistema, por se afastar da finalidade pretendida pela Emenda Constitucional 45/2004.

4.4 Da possibilidade de modulação dos efeitos da súmula vinculante

O art. 4º da Lei 11.417/2006 traz previsão expressa sobre a possibilidade de modulação dos efeitos vinculantes da súmula quando de sua aplicação possa resultar ameaça à segurança jurídica, ou atingir excepcional interesse público, *in verbis*: "A súmula com efeito vinculante tem eficácia imediata, mas o Supremo Tribunal Federal, por decisão de dois terços dos seus membros, *poderá restringir os efeitos vinculantes ou decidir que só tenha eficácia a partir de outro momento, tendo em vista razões de segurança jurídica ou de excepcional interesse público*" (grifos nossos).

Os requisitos previstos no enunciado acima transcrito – quais sejam, preservação da segurança jurídica e do excepcional interesse público – são relativamente comuns em matéria tributária.

Deveras, tendo em vista que o princípio da segurança jurídica, em matéria tributária, assegura ao contribuinte a possibilidade de realizar um planejamento tributário de forma a reduzir sua carga tributária, eventual mudança na jurisprudência, com a edição de súmula vinculante com efeitos imediatos e retroativos, poderia comprometer o desempenho da atividade empresarial de um ou mais setores da Economia, acarretando indesejável instabilidade nas relações de ordem jurídica, política, econômica e social.

Essa situação ocorre, por exemplo, quando há alteração do posicionamento do STF, em que um tributo já reconhecido como inconstitucional venha a ser declarado constitucional, com a edição de súmula vinculante. Nessa hipótese, em respeito ao princípio da segurança jurídica, os efeitos da mencionada súmula poderão ser condicionados a fatos jurídico-tributários futuros.

Nesse sentido é o ensinamento inolvidável de Luís Roberto Barroso, *in verbis*: "É o Judiciário, em última análise, a instância que irá decidir quais direitos e obrigações foram criados pelos dispositivos legais. Dentro dessa linha de raciocínio, é natural que o princípio da segurança jurídica se dirija também à atividade jurisdicional. Mesmo porque, se a cada momento o Judiciário pudesse modificar seu entendimento sobre a legislação em vigor e atribuísse às novas decisões efeitos retroativos, instalar-se-ia a absoluta insegurança jurídica".[19]

Também nessa linha foi a recente discussão no STF Federal quando do julgamento do RE 353.657-PR, no qual foi suscitada questão de ordem pelo Min. Ricardo Lewandowski no sentido de atribuir efeitos prospectivos à decisão proferida no referido recurso, em analogia ao disposto no art. 27 da Lei 9.868/1999,[20] tendo em vista a "preservação das relações jurídicas preexistentes", em virtude da alteração do

19. Luís Roberto Barroso, *Mudança da Jurisprudência do Supremo Tribunal Federal em Matéria Tributária. Segurança Jurídica e Modulação dos Efeitos Temporais da Decisão, Processo Administrativo Tributário*, p. 146.

20. Art. 27 da Lei 9.868/1999: "Ao declarar a inconstitucionalidade de lei ou ato normativo, e tendo em vista razões de segurança jurídica ou de excepcional interesse social, poderá o Supremo Tribunal Federal, por maioria de dois terços de seus membros, restringir os efeitos daquela declaração ou decidir que ela só tenha eficácia a partir de seu trânsito em julgado ou de outro momento que venha a ser fixado".

entendimento da Corte sobre o direito ao crédito de IPI decorrente da aquisição de matéria-prima cuja entrada é isenta, não-tributada ou sobre a qual incide alíquota zero, consolidado em sentido oposto no julgamento do RE 212.484.[21]

De outro lado, o excepcional interesse público surge exatamente da situação oposta, na qual uma norma tida como constitucional passa a ser, agora, entendida como inconstitucional. Neste caso poderia haver um comprometimento dos gastos públicos estimados com base em uma arrecadação mais robusta (previsão orçamentária), que justificasse a postergação dos efeitos vinculantes.

Assim, como os fatos jurídico-tributários previstos no aspecto material das regras-matrizes de incidência tributária de grande parte dos tributos são compostos de verbos cuja ocorrência é reiterada (exemplos: "auferir receita", "circular mercadorias", "prestar serviços" etc.), as relações jurídico-tributárias são em sua maioria continuativas, sendo a modulação dos efeitos da súmula vinculante de extrema relevância em matéria tributária.

4.5 Da reclamação nos casos de não-obediência à súmula vinculante

O § 3º do art. 103-A da CF estabelece o cabimento de reclamação ao STF nos casos em que o ato administrativo ou a decisão judicial contrariarem a súmula vinculante aplicável, ou ainda nos casos em que a súmula é aplicada de maneira indevida. Da decisão de procedência da reclamação resultarão a anulação do ato administrativo ou a cassação da decisão judicial reclamada, sendo determinado, ainda, que "outra seja proferida com ou sem a aplicação da súmula, conforme o caso".

Importante ressaltar que o § 1º do art. 7º da Lei 11.417/2006 condiciona o ajuizamento de reclamação contra omissão ou ato administrativo ao esgotamento das vias administrativas.[22]

Entretanto, a nosso sentir, esses dispositivos em nada alteram o texto constitucional, uma vez que a reclamação prevista no art. 102, I, "l", da CF já albergava a hipótese desobediência de súmula do STF, *in verbis*: "Art. 102. Compete ao Supremo Tribunal Federal, precipuamente, a guarda da Constituição, cabendo-lhe: I – processar e julgar, originariamente: (...) l) a reclamação para a preservação de sua competência e garantia da autoridade de suas decisões; (...)".

Nessa linha são os ensinamentos de José M. G. Medina, Luís Rodrigues Wambier e Teresa Arruda Alvim Wambier, *in verbis*:

"A reclamação está entre os feitos de competência originária do STF e tem como objetivo preservar a competência desse Tribunal e garantir a autoridade de suas decisões.

"Segundo o dispositivo ora comentado, a reclamação para o STF terá também a função de corrigir decisões que desrespeitem as Súmulas desse Tribunal, o que, de certo modo, já se poderia dizer em desrespeitar as suas decisões, já que uma súmula consiste exatamente na cristalização de uma posição reiteradamente assumida em decisões isoladas, em certo tribunal, sobre uma determinada questão jurídica."[23]

Assim, ainda que não houvesse previsão expressa nesse sentido, nos casos em que não se observasse a súmula ou lhe fosse dada finalidade diversa da pretendida pelo STF seria possível o ajuizamento de reclamação ao STF, por força do disposto no art. 102, I, "l", da Carta Maior.

21. *Informativo de Jurisprudência* 463 do STF, 25.4.2007.

22. Acerca desse dispositivo há uma recente discussão sobre eventual violação ao disposto no art. 5º, XXXV, da CF de 1988. Como não é o escopo deste estudo, apenas fizemos esta ressalva.

23. José M. G. Medina, Luís Rodrigues Wambier e Teresa Arruda Alvim Wambier, "A súmula vinculante, vista como meio legítimo para diminuir a sobrecarga de trabalho dos Tribunais Brasileiros", *Revista do Advogado* 92/10.

Em suma, em casos de não-obediência ou aplicação incorreta de súmula vinculante pelo Poder Judiciário e demais órgãos da Administração Pública haverá a possibilidade de ajuizamento de reclamação constitucional, a qual, julgada procedente, poderá resultar na anulação do ato ou da decisão judicial, com a determinação, se for o caso, de que outro ato ou nova decisão judicial sejam proferidos no lugar do anulado.

5. Conclusões

Ao cabo do presente estudo, podemos enumerar as seguintes conclusões:

(i) O STF é o competente para determinar, a partir dos textos de Direito Positivo, qual a norma jurídica válida na solução dos conflitos de natureza constitucional-tributária.

(ii) A súmula vinculante introduzida pela Emenda Constitucional 45/2004 apenas corroborou e legitimou aquilo que vinha sendo observado nos últimos anos, a aplicação dos precedentes do STF pelo Poder Judiciário na resolução de processos onde se discute matéria tributária.

(iii) O art. 103-A da CF apresentou importante alteração no sistema vigente ao estender os efeitos vinculantes da súmula à Administração Pública, impedindo a utilização de recursos meramente protelatórios pelos representantes do Fisco, bem como obrigando a Administração Tributária a não aplicar a norma julgada inconstitucional pelo STF no controle difuso de constitucionalidade, evitando-se, assim, o ajuizamento de novas ações sobre a mesma matéria pelos demais contribuintes.

(iv) A súmula vinculante é importante instrumento para a efetiva garantia dos princípios da celeridade, segurança jurídica e isonomia, levando-se em consideração que as discussões em matéria tributária versam no geral sobre questões de direito (teses jurídicas), e:

(v) Não há qualquer óbice à aplicação das súmulas vinculantes em questões tributárias, desde que reproduzido fielmente o entendimento STF sobre a matéria, sendo possível, ainda, a modulação do efeito vinculante.

Bibliografia

BARROSO, Luís Roberto. *Interpretação e Aplicação da Constituição*. São Paulo, Saraiva 2006.

————. *Mudança da Jurisprudência do Supremo Tribunal Federal em Matéria Tributária. Segurança Jurídica e Modulação dos Efeitos Temporais da Decisão, Processo Administrativo Tributário*. São Paulo, Quartier Latin, 2007.

BOTTALLO, Eduardo Domingos. "Súmulas vinculantes e Direito Tributário". *RDTributário* 85/11-18. São Paulo, Malheiros Editores.

CANOTILHO, J. J. Gomes, e MOREIRA, Vital. *Fundamentos da Constituição*. Coimbra, Coimbra Editora, 1991.

CARVALHO, Paulo de Barros. *Curso de Direito Tributário*. São Paulo, Saraiva 2004.

FUX, Luiz. "A súmula vinculante e o Superior Tribunal de Justiça". Disponível em *http:bdjur.stj.gov.br*.

GRAU, Eros Roberto. *Ensaio e Discurso sobre a Interpretação/Aplicação do Direito*. São Paulo, Malheiros Editores, 2002.

LENZA, Pedro. *Direito Constitucional Esquematizado*. São Paulo, Método, 2007.

MEDINA, José Miguel Garcia, WAMBIER, Luís Rodrigues, e WAMBIER, Teresa Arruda Alvim. "A súmula vinculante, vista como meio legítimo para diminuir a sobrecarga de trabalho dos Tribunais Brasileiros". *Revista do Advogado* 92. São Paulo, Associação dos Advogados de São Paulo/AASP, 2007.

MOREIRA, Vital, e CANOTILHO, J. J. Gomes. *Fundamentos da Constituição*. Coimbra, Coimbra Editora, 1991.

RIBEIRO, Antônio de Pádua. "A súmula vinculante". Exposição realizada na Comissão de Constituição, Justiça e de Redação Câmara dos Deputados em 21.1.1988 (Disponível em *http://bdjur.stj.gov.br*).

WAMBIER, Luís Rodrigues, WAMBIER, Teresa Arruda Alvim, e MEDINA, José Miguel Garcia. "A súmula vinculante, vista como meio legítimo para diminuir a sobrecarga de trabalho dos Tribunais Brasileiros". *Revista do Advogado* 92. São Paulo, Associação dos Advogados de São Paulo/AASP, 2007.

INSTITUTO GERALDO ATALIBA – IDEPE

Instituto Internacional de Direito Público e Empresarial

PRESIDENTE: PROF. AIRES BARRETO

XXII CONGRESSO BRASILEIRO DE DIREITO TRIBUTÁRIO

Tema: 20 Anos da Constituição Federal

22 a 24 de outubro de 2008

Presidente: SIDNEY SARAIVA APOCALYPSE

Professores

AIRES F. BARRETO

ALCIDES JORGE COSTA

BETINA TREIGER GRUPENMACHER

CARLOS ALBERTO CARMONA

EDUARDO DOMINGOS BOTTALLO

EURICO DE SANTI

ELIZABETH NAZAR CARRAZZA

ESTEVÃO HORVATH

EUGÊNIO DOIN VIEIRA

JOSÉ ARTUR LIMA GONÇALVES

JOSÉ EDUARDO SOARES DE MELO

JOSÉ SOUTO MAIOR BORGES

MARIA LEONOR LEITE VIEIRA

MISABEL DE ABREU MACHADO DERZI

MODESTO CARVALHOSA

OSÍRIS DE AZEVEDO LOPES FILHO

PAULO AYRES BARRETO

PAULO DE BARROS CARVALHO

REGINA HELENA COSTA

ROQUE ANTONIO CARRAZZA

SACHA CALMON NAVARRO COÊLHO

CONFERÊNCIAS

TEMÁRIO

Sistema Tributário

- Reforma Tributária.
- Sanções Tributárias – apreensões, multas confiscatórias, perdimento de bens, prisão, Cadin, Serasa e SPC

Processo Administrativo

- Coexistência dos processos administrativo e judicial
- Proteção de dados, sigilo bancário e direito à intimidade em face da Administração Tributária
- Processo eletrônico e instrumentos de fiscalização. Nota fiscal eletrônica e escrituração digital: segurança jurídica e eficiência
- Decadência, prescrição, perempção e preclusão

Processo Judicial

- Declaração de inconstitucionalidade: modulação de efeitos
- Utilização de precatórios para pagamento de tributos
- Execução fiscal e as alterações do CPC
- Responsabilidade tributária dos sócios e administradores nas esferas fiscal e penal

Tributos Federais

- Compensação tributária e preservação de direitos adquiridos
- Sociedades por ações e reflexos tributários da nova legislação
- Tributação do agronegócio, setor elétrico e petrolífero
- Industrialização e serviços: critérios do IPI e ISS
- PIS e COFINS: base de cálculo e não-cumulatividade
- Planejamento Fiscal. Evasão e propósito negocial

Tributos Estaduais

- A importação por encomenda e conta e ordem: reflexos tributários
- Guerra fiscal do ICMS. Efeitos na origem e no destino dos bens
- Comunicações pessoais e em massa. Incidências do ICMS e do ISS
- Substituição Tributária. Antecipação, valor agregado, e ressarcimento

Tributos Municipais

- Guerra fiscal do ISS
- ISS sobre serviços bancários, *leasing, factoring e franchising*
- Serviços públicos e imunidade do ISS
- Taxa, Tarifa, Preço Público e Pedágio: distinções

Oficinas: A efetiva oportunidade de perguntar

Os Congressistas terão a oportunidade de debater questões práticas com os professores e solucionar suas dúvidas, em oficinas dedicadas exclusivamente a esse propósito.

GRÁFICA PAYM
Tel. (011) 4392-3344
paym@terra.com.br

RDT 101

XXI CONGRESSO BRASILEIRO DE DIREITO TRIBUTÁRIO

CONFERÊNCIAS

- O papel discursivo dos princípios na retórica jurídico-tributária – Paulo de Barros Carvalho
- A reforma da tributação do consumo no Brasil: contributo para um diagnóstico do sistema – Vasco Branco Guimarães

MESAS DE DEBATES

A) Sistema tributário brasileiro: alterações e propostas de reforma – Presidente: Eugênio Doin Vieira
B) Tributos Federais – Presidente: Américo Lacombe
C) Tributos Estaduais – Presidente: Robson Maia Lins
D) Processo Judicial – Presidente: Elizabeth Nazar Carrazza
E) Processo Administrativo – Presidente: Valdir de Oliveira Rocha
F) Direitos Humanos/Tributos Municipais – Presidente: Tácio Lacerda Gama

OFICINAS

- Processo Administrativo Tributário – Coord.: Eduardo Domingos Bottallo
- ISS – Coord.: Aires Barreto

SESSÃO MAGNA

- Limites entre a infração tributária e a infração penal – A atuação do Ministério Público e das autoridades policiais em matéria tributária – Antônio Cláudio Mariz de Oliveira
- Responsabilidade tributária e redirecionamento da execução fiscal – Responsabilidade dos sócios – Carlos Mário Velloso
- Um caminho de especialização: direito tributário ambiental e mecanismos de mercado (crédito de carbono) – José Souto Maior Borges

SESSÃO DE ENCERRAMENTO – Roque Antônio Carrazza

TESE APROVADA NO XXI CONGRESSO: Súmula Vinculante em matéria tributária – Bruno Maciel dos Santos

MALHEIROS EDITORES